国家林业和草原局普通高等教育"十三五"规划教材

# 经济法

## （第2版）

戴秀丽　郭海霞　杨桂红　◇主编

中国林业出版社
China Forestry Publishing House

## 图书在版编目(CIP)数据

经济法 / 戴秀丽,郭海霞,杨桂红主编. —2 版. —北京:中国林业出版社,2020.7

国家林业和草原局普通高等教育"十三五"规划教材

ISBN 978-7-5219-0707-0

Ⅰ.①经… Ⅱ.①戴…②郭…③杨… Ⅲ.①经济法-中国-高等学校-教材 Ⅳ.①D922.29

中国版本图书馆 CIP 数据核字(2020)第 130981 号

**中国林业出版社·教育分社**

策划、责任编辑:许 玮  曹鑫茹

电 话:(010)83143576

| | |
|---|---|
| 出版发行 | 中国林业出版社(100009 北京市西城区德内大街刘海胡同7号)<br>http://www.forestry.gov.cn/lycb.html |
| 印 刷 | 河北京平诚乾印刷有限公司 |
| 版 次 | 2020年8月第1版 |
| 印 次 | 2020年8月第1次印刷 |
| 开 本 | 787mm×1092mm  1/16 |
| 印 张 | 22.75 |
| 字 数 | 526 千字 |
| 定 价 | 60.00 元 |

未经许可,不得以任何方式复制或抄袭本书之部分或全部内容。

**版权所有  侵权必究**

# 《经济法》(第2版)
# 编写成员名单

**主　　编**：戴秀丽　郭海霞　杨桂红
**副 主 编**：魏　华
**编写成员**(按章的编写顺序排序)：
　　　　　　赵　亭(国家林业和草原局管理干部学院教授)
　　　　　　黄军辉(北京大学　法学博士)
　　　　　　郭海霞(东北农业大学副教授)
　　　　　　戴秀丽(北京林业大学教授)
　　　　　　魏　华(北京林业大学副教授)
　　　　　　杨桂红(北京林业大学副教授)
　　　　　　李　皎(云南农业大学副教授)
　　　　　　庄乾龙(北京林业大学副教授)
　　　　　　展洪德(北京林业大学副教授)
　　　　　　孙碧涛(东北农业大学副教授)
　　　　　　汤晓江(上海工程技术大学讲师　法学博士)
　　　　　　陈凤芝(北京工商大学副教授)

# 前　言

《经济法》教材是国家林业和草原局与中国林业出版社,为深入贯彻落实《教育部关于"十二五"普通高等教育本科教材建设的若干意见》和《国家中长期教育改革和发展规划纲要(2010—2020年)》等文件精神,保证教材出版的高质量和可持续性,充分发挥教材建设在提高人才培养质量中的基础性作用,在"十二五"与"十三五"期间分学科立项,滚动建设的系列规划教材之一。《经济法》(第2版)是在第一版教材使用五年的基础上,吸纳最新修订的法律法规(如2020年7月1日起施行的《中华人民共和国森林法》,2020年3月1日起施行的《中华人民共和国证券法》等十余部),对原书结构进行调整,更新案例与思考题等进一步完善而成。

经济法是运用法律手段调整国民经济整体运行过程中所产生的经济关系的一门学科,是法学、经济、管理类本科专业学生的重要必修课。本教材主要内容包括:经济法基础理论、市场主体法、市场运行法、宏观调控法、环境与资源保护法、劳动与社会保障法六篇十八章。通过对本课程中的经济法基本概念、主要法律制度、基本法学原理的学习,使学生掌握我国国民经济整体架构中法律调整的主要内容;了解经济法律调整的基本原理;领会经济纠纷可能涉及的法律问题;增强法律意识以及风险的防范意识。因此其学习既要注重理论的系统性,又要兼顾实践的应用性。

教材的编写原则,是在"法治中国"建设的大背景下,紧跟经济法治建设和相关理论研究的最新进展,以夯实学生的理论基础,提高学生的实践能力为导向,在体系设计与内容编排上,致力于扩展学生的法学视野,提升学生的经济法律素质,进而为社会主义市场经济发展培养知识储备丰厚、理论思维开放、实践能力较强的人才。

本教材坚持"学以致用"的教学理念,博采众长,形成自己的特色:(1)理论与实践相结合,用具体的案例分析加深对法律条文的理解,培养学生分析问题、解决问题的能力;(2)知识性与趣味性相并重,在阐述经济法理论的同时,增加趣味性,使抽象的法律知识与现实生活紧密相连而达到通俗易懂的效果,提高学生学习的兴趣,增强学习的主动性;(3)纳新与继承相并存,在吸收和反映有关经济法研究与立法最新成果的同时,保持经济法注重基本理论的优势,将基本理论讲述完整、准确、透彻;(4)讲授与自学兼顾,学生在老师讲解后,可以通过各模块内容的学习巩固讲授的内容,把握学习的重点与难点,使需掌握的内容条理化、清晰化,教材中设计的"重要提示"即是方式之一。上述特点体现在撰写体例的创新:首先,比一般同类教材增设"法学基础理论概述"一章,因教材的使用对象很大部分是经济、管理类专业学生,因此增加基础知识的介绍更具实用性和针对性;第二,将案例融入各章节中,以求通过案例更好地理解主要知识点;第三,将思考题设置在各章节中,调动学生学习的能动性；第四，在各章末对本章的知识点进行总结和归纳，帮助学生对该章内容有一个全面的了解；第五，设置补充阅读或知识链接板块，扩大学生相关知识量。

本教材由戴秀丽、郭海霞、杨桂红任主编，魏华任副主编，主要编写分工为：赵亭第一、二章，黄军辉第一章，郭海霞第三、十章，戴秀丽第四章，魏华第五、十七、十八章，杨桂红第六、七、十三章，李皎第八、九章，庄乾龙第十一章，展洪德第十二章，孙碧涛第十四章，汤晓江第十五章，陈凤芝第十六章。北京林业大学的研究生程琳琳对本教材的资料进行搜集和整理。本教材适合于高等院校法学、经济、管理类专业本科生、专科生及相关专业的学生使用，也可以为相关领域的教学科研人员提供参考。

本教材撰写过程中，参考了一些国内外学者的著述，我们对这些著述的作者表示由衷的感谢。本教材难免有疏漏和不足之处，欢迎读者批评指正。

作　者
2020 年 7 月

# 目 录

前言

## 第一篇　经济法基础理论

### 第一章　法学基础理论 ... 2
第一节　法律的内涵与特征 ... 2
第二节　法律的分类与渊源 ... 4
第三节　法律的应用 ... 9

### 第二章　经济法概述 ... 13
第一节　经济法的含义及调整对象 ... 13
第二节　经济法律关系 ... 15
第三节　经济法律责任 ... 20

## 第二篇　市场主体法

### 第三章　公司法 ... 26
第一节　公司法概述 ... 26
第二节　有限责任公司 ... 32
第三节　股份有限公司 ... 43
第四节　公司财务、会计和利润分配 ... 51
第五节　公司的变更、解散和清算 ... 54
第六节　违反公司法的法律责任 ... 56

### 第四章　合伙企业法 ... 63
第一节　合伙企业法概述 ... 63
第二节　普通合伙企业 ... 64
第三节　有限合伙企业 ... 73
第四节　合伙企业解散、清算 ... 77
第五节　合伙企业相关法律责任 ... 81

## 第五章 个人独资企业法 ... 84
### 第一节 个人独资企业法概述 ... 84
### 第二节 个人独资企业的设立与变更 ... 87
### 第三节 个人独资企业的投资人及事务管理 ... 89
### 第四节 个人独资企业的解散与清算 ... 92

# 第三篇 市场运行法

## 第六章 反不正当竞争法 ... 98
### 第一节 反不正当竞争法概述 ... 98
### 第二节 不正当竞争行为 ... 102
### 第三节 对涉嫌不正当竞争行为的调查 ... 108
### 第四节 不正当竞争行为的法律责任 ... 109

## 第七章 反垄断法 ... 113
### 第一节 反垄断法概述 ... 113
### 第二节 垄断行为 ... 116
### 第三节 反垄断行政调查 ... 124
### 第四节 法律责任 ... 125

## 第八章 产品质量法 ... 129
### 第一节 产品质量法概述 ... 129
### 第二节 产品质量的监督和管理 ... 131
### 第三节 生产者、销售者的产品质量义务 ... 135
### 第四节 违反产品质量法的法律责任 ... 137

## 第九章 食品安全法 ... 145
### 第一节 食品安全法概述 ... 145
### 第二节 食品安全风险监测和评估法律制度 ... 147
### 第三节 食品生产经营和食品检验法律制度 ... 152
### 第四节 食品进出口法律制度 ... 158
### 第五节 食品安全事故处置法律制度 ... 161
### 第六节 食品安全监督管理法律制度 ... 163

## 第十章 消费者权益保护法 ... 167
### 第一节 消费者权益保护法概述 ... 167

| | | |
|---|---|---|
| 第二节 | 消费者的权利和经营者的义务 | 169 |
| 第三节 | 消费者权益的社会保护 | 175 |
| 第四节 | 消费争议解决与法律责任 | 177 |

## 第四篇　宏观调控法

### 第十一章　金融法 … 184
| | | |
|---|---|---|
| 第一节 | 金融法概述 | 184 |
| 第二节 | 中国人民银行法 | 186 |
| 第三节 | 商业银行法 | 193 |

### 第十二章　证券法 … 204
| | | |
|---|---|---|
| 第一节 | 证券法概述 | 204 |
| 第二节 | 证券发行制度 | 208 |
| 第三节 | 证券上市与交易制度 | 212 |
| 第四节 | 上市公司收购制度 | 217 |
| 第五节 | 信息披露 | 220 |
| 第六节 | 投资者保护 | 222 |
| 第七节 | 证券监管制度 | 223 |

### 第十三章　税　法 … 228
| | | |
|---|---|---|
| 第一节 | 税法概述 | 228 |
| 第二节 | 流转税法 | 232 |
| 第三节 | 所得税法 | 241 |
| 第四节 | 税收征收管理法 | 247 |

## 第五篇　环境与资源保护法

### 第十四章　环境保护法 … 256
| | | |
|---|---|---|
| 第一节 | 环境保护法概述 | 256 |
| 第二节 | 环境保护法的基本原则 | 259 |
| 第三节 | 环境保护法的主要制度 | 261 |
| 第四节 | 环境法律责任 | 267 |

### 第十五章　森林法 … 272
| | | |
|---|---|---|
| 第一节 | 森林法概述 | 272 |

第二节　森林权属法律制度 ················································· 274

　　第三节　森林保护法律制度 ················································· 277

　　第四节　造林绿化法律制度 ················································· 280

　　第五节　森林经营管理法律制度 ············································ 281

　　第六节　违反森林法的法律责任 ············································ 284

第十六章　野生动植物保护法 ················································· 289

　　第一节　野生动物保护法 ··················································· 289

　　第二节　野生植物保护法 ··················································· 298

## 第六篇　劳动与社会保障法

第十七章　社会保障法 ························································ 306

　　第一节　社会保障法概述 ··················································· 306

　　第二节　社会保险法 ······················································· 309

　　第三节　社会救助法 ······················································· 319

第十八章　劳动合同法 ························································ 324

　　第一节　劳动合同法概述 ··················································· 324

　　第二节　劳动合同的订立和内容 ············································ 326

　　第三节　劳动合同的履行、变更、解除和终止 ································ 331

　　第四节　集体合同、劳务派遣与非全日制用工 ································ 336

　　第五节　劳动争议的解决 ··················································· 339

　　第六节　违反劳动合同法的法律责任 ········································ 344

参考文献 ····································································· 349

# 第一篇

## 经济法基础理论

# 第一章 法学基础理论

## 学习引导

对法学基础理论知识的了解是学习具体经济法律制度的前提,因此本章的学习对后续章节的学习具有提纲挈领的作用。通过本章学习,理解法律的概念和特征;了解常见的法律分类;掌握我国主要的法律渊源;掌握法律的规范作用与社会作用;培养主动地使用法律知识、增强法律意识的习惯。

## 第一节 法律的内涵与特征

### 一、法律的内涵

法律是人类社会中重要的制度规范,中外学者们也对其进行了林林总总的归纳与定义。其中为人所熟知的是马克思政治经济学对法律本质的概括,法律是统治阶级意志的体现。对此,政治经济学课程已有详细的描述。为了更加具体、感性地了解法律的特征,进而有助于掌握具体的经济法律制度,本书将其定义为:法律是由权力机构制定的或在其参与下形成的具有强制执行力的社会规范。

在我国当代法学理论中,法律有广义和狭义之分。广义的法律是指法的整体,包括法律、有法律效力的解释及其行政机关为执行法律而制定的规范性文件;而狭义的法律则专指拥有立法权的国家机关依照立法程序制定的规范性文件。在我国当代法律制度中,法律也有广义和狭义之分。广义的法律是指包括宪法、行政法规、地方性法规在内的一切规范性法律文件;狭义的法律是指全国人民代表大会(简称全国人大)及其常委会制定的基本法律以及基本法律以外的法律。

 **补充阅读1-1 "法"字的词源**

"法"在中国古代汉语中的原体为"灋"。据《说文解字》解释:"灋,刑也,平之如水,从水;所以触不直者去之,从去。"又名"獬豸"。獬豸,为中国上古传说中的一种神兽,它似羊非羊,似鹿非鹿,头上长着一只角,故又俗称独角兽。在中国古代的法律文化中,獬豸一向被视为公平正义的象征。当人们发生冲突或纠纷的时候,独角兽能用角指向无理的一方,甚至会将罪该处死的人用角抵死。令犯法者不寒而栗。自古以来被认为是驱害辟邪的吉祥瑞物。汉字"律",据《说文解字》解释:"律,均布也。""均布"是古代调音律的工具,这样的解释说明"律"有规范人们行为的作用。在秦汉时期,"法"与"律"二字已同义。《唐律疏议》中则更为明确地指出"法亦律也,故谓之为律。"到后来,把"法"和"律"二字作为独立合成词连用,是在清末民初由日本传入的。

"法"和"律"在西语中的表达则有所区别。一般来说，在西文中，"法"有权利、公平、正义等抽象含义，"律"指具体规则。法指永恒的、普遍的正义和道德公理，而法律则是法的表现形式，是由国家机关制定和颁布的规则。

## 二、法律的特征

### （一）法律是一种社会规范

社会规范是对社会关系进行调整的准则。比如，某人借了朋友的钱不还，两人的经济关系发生了矛盾，可以通过合同法进行调整。另外，有些法律规定是直接针对自然界或者其他客观现象的，但其出发点与落脚点仍然在于人与人之间的社会关系。比如，空气污染防治法的直接目的是保护空气质量，但其最终目的仍是保护人类的生存。

### （二）法律是由国家制定或认可的社会规范

所谓国家制定，是指有立法权的国家机关在法定的职权范围内依照法律程序，制定、修改、废止规范性法律文件的活动；所谓国家认可，是指国家根据需要，赋予某些既存的社会规范或先前的判例以法律效力的活动。

### （三）法律是由国家强制力保证实施的社会规范

社会规范一般都有强制性，但法律却具有获得普遍遵守的效力的特殊强制性。法律是凭借国家强制力保证实施的，既表现为国家对合法行为的肯定和保护，也表现为国家对违法行为的否定和制裁。常见的是，当法律被违背时，司法机构会强制恢复被破坏的社会秩序。

---

**案例1-1　"e租宝"非法吸收公众案**

案情：2016年12月15日，北京市检察院第一分院以被告单位安徽钰诚控股集团、钰诚国际控股集团有限公司以及被告人丁某等10人涉嫌集资诈骗罪，被告人王某某等16人涉嫌非法吸收公众存款罪，依法向北京市第一中级法院提起公诉。检察机关经依法审查查明，2014年6月至2015年12月间，被告单位安徽钰诚控股集团、钰诚国际控股集团有限公司及被告人丁某等人违反国家法律规定，组织、利用其控制的多家公司，在其建立的"e租宝""芝麻金融"互联网平台发布虚假的融资租赁债权及个人债权项目，以承诺还本付息为诱饵，通过媒体等途径向社会公开宣传，非法吸收公众资金累计人民币762亿余元，扣除重复投资部分后非法吸收资金共计人民币598亿余元。至案发，集资款未兑付共计人民币380亿余元。

2016年1月14日，"e租宝"平台实际控制人、钰诚集团董事会执行局主席等"e租宝"平台21名涉案人员被北京市检察机关批准逮捕。此外，与此案相关的一批犯罪嫌疑人也被各地检察机关批准逮捕。

## 第二节 法律的分类与渊源

### 一、法律的分类

根据不同的标准,可以对法律做不同的分类,择其常见的几种分类介绍如下:

(一)制定法与判例法

在目前世界各国的法律体系中,制定法与判例法是很有影响力的两种法律形式。两者的区分是依据制定或者形成法律的权力机构的不同。

制定法是由专门的立法机构制定的规范性文件。制定法源于欧洲大陆诸国,如德国、法国、意大利等。我国从清朝末年开始修订法律,与世界各国法律接轨,一直采取由立法机构立法的模式。我国的经济法律制度也多由制定法构成,本书的介绍也以制定法为主。

判例法是法官在判决具体案件时所形成的对以后法官的判案具有约束力的不成文的约束性规范。判例法源于英国,广泛传播至曾经为英属殖民地的国家或者地区,如美国、澳大利亚、加拿大(魁北克省除外)、我国的香港地区等,判例法也被称为不成文法。

近代以来,两种法律形式各取所长,制定法国家越来越重视判例对案件审判的指导作用;判例法国家也越来越注重制定成文法对社会关系进行调整。

(二)公法与私法

公法与私法的划分是制定法国家的一种重要法律分类。公法是指调整国家与普通公民、组织之间关系以及国家机关及其组成人员之间关系的法律规范的总称,一般包括宪法、刑法、行政法等。私法是指调整平等主体之间社会关系的法律规范的总称,一般包括民法、商法等。两者因为所调整的社会关系属性不同,在法律制度中有许多不同的规定。比如,对于政府机构等公法主体而言,"法有明确授权才可为"是其行为的原则,即其必须有法律明确的授权才可以从事某个行为;而对于私法主体而言,"法无明文禁止皆可为"是其行为的原则,即其可以从事任何行为,除非该行为被强制性法律规范所禁止。

(三)实体法与程序法

这种分类是理论上对法律的划分,是根据法律的内容和功能的不同作出的划分。实体法是对主体的职权或者权利、义务进行具体规定的法律规范的总称,如民法、刑法、行政法、经济法等;程序法是规定保障实体权利与义务、职责与职权得以实现的方式和手段的法律规范的总称,如民事诉讼法、刑事诉讼法、行政诉讼法等。

实体法与程序法是相互辅助的,在法律纠纷的解决过程中,两者缺一不可。比如,某同学网购了假货,为了维护其权利,首先可以查阅合同法、产品质量法、消费者权益保护法等实体法的规定,了解自己享有何种权利;然后查阅民事诉讼法、仲裁法等程序法的规定,了解如何具体主张和实现自己的权利。

随着现代社会关系的复杂化，法律制定中出现了实体法与程序法规定在同一部法律中的趋势，这一现象在经济法中尤为明显。比如，反垄断法中既有对垄断行为如何进行判定的实体法规范，也有对涉嫌垄断行为如何进行调查的程序法规范。法律适用中应遵循"特别法优先于一般法"的原则，如果某法律中对如何处理纠纷的程序问题作出了专门规定，该规定优先适用。没有明确规定的，可以适用民事诉讼法、行政诉讼法、刑事诉讼法或者其他程序法的一般规定。

（四）强制性法律规范与任意性法律规范

法律规范是法律中规定的具体行为规则，主要体现为法律制度中具体条款。法律规范按照其强制性程度的不同可以分为两种：强制性法律规范与任意性法律规范。

强制性法律规范是指所规定的权利和义务明确肯定，不允许违反的法律规范。强制性规范又分为禁止性规范和义务性规范。禁止性法律规范是法律禁止从事某项行为的规范。比如，某人由于赌博或者吸毒而借了他人的钱财，而对方明知其借钱的目的是赌博或者吸毒，则法律认为该借钱行为无效。义务性法律规范是法律规定应当从事某项行为的规范。比如，纳税是公民应尽的法律义务，符合纳税条件的公民，如果拒绝履行纳税义务，应承担相应的法律责任。强制性法律规范不仅包括具体、明确的禁止性规定，也包含一些原则性的禁止性规定。比如，"禁止贩毒"是一种明确具体的强制性法律规范；"尊重社会公德，不得损害社会公共利益"就是原则性的强制性法律规范。

任意性法律规范是指允许法律关系的参加者在一定的范围内可以自行确定其权利和义务的法律规范。比如，《消费者权益保护法》第九条第二款规定："消费者有权自主选择提供商品或者服务的经营者，自主选择商品品种或者服务方式，自主决定购买或者不购买任何一种商品、接受或者不接受任何一项服务。"

> **案例 1-2　法律原则的作用**
>
> 案情：这是一则发生在我国四川省的案例。男子甲生前写了一份协议，将其自己所有的一套房产赠送给情人，该房产系甲唯一的一套房产，且正在被甲的妻子和女儿自住。该男子死亡后，情人依据此协议，将其妻子和女儿起诉至人民法院，主张该房屋的所有权，要求该男子的妻子和女儿搬出该房屋。
>
> 请问：此协议是否有效？
>
> 点评：法官认为，从具体法律规定上看，我国继承法允许所有权人可以自由订立遗嘱或者遗赠协议，并没有明确禁止不得将财产赠与婚外情的情人的具体规定。但法律原则中，规定了公民的行为不得违反公序良俗。最终，法院就依据此原则判定该男子房屋赠送的协议无效。因为该协议虽然是该男子真实意思的表达，但因为违反了公序良俗，其情人也无法根据这份无效的协议主张自己对该房屋的所有权。

## 二、法律的渊源

法律的渊源是指法律的形式，根据法律的制定机关和法律的效力不同，我国法律的渊源可以有如下划分：

(一) 宪法

宪法是国家的根本法，由全国人民代表大会制定，规定国家的根本制度和根本任务，具有最高的法律地位和法律效力，是制定一切法律、法规的依据，一切法律、行政法规和地方性法规都不得同宪法相抵触。

 补充阅读1-2　12月4日"国家宪法日"

宪法是国家的根本法，是治国安邦的总章程，设立"国家宪法日"是中国法律界由来已久的呼声。之所以确定12月4日这一天为"国家宪法日"，是因为中国现行的宪法在1982年12月4日正式实施。党的十八届四中全会提出了坚持依法治国首先要坚持依宪治国的要求，全国人大便拟以立法形式设立了"国家宪法日"。

设定"国家宪法日"是为了增强全社会的宪法意识，弘扬宪法精神，加强宪法实施，全面推进依法治国。

(二) 法律

法律是由全国人民代表大会及其常务委员会制定的规范性文件，包括基本法律和基本法律以外的法律。基本法律是指由全国人民代表大会制定和修改的，规定或调整国家和社会生活中，在某一方面具有根本性和全面性关系的法律，包括关于刑事、民事、国家机构的和其他事项的基本法律；基本法律以外的法律是指由全国人民代表大会常务委员会制定和修改的，规定和调整除基本法律调整以外的，关于国家和社会生活某一方面具体问题的关系的法律。

(三) 行政法规

行政法规是指作为国家最高行政机关的国务院根据宪法和法律或者最高权力机关的授权而制定的规范性文件。其效力仅次于宪法和法律，但高于地方性法规、部门规章和地方性规章。此外，国务院发布的规范性的决定和命令，同行政法规具有同等的法律效力。

(四) 部门规章

部门规章是指国务院的组成部门及其直属机构在其职责范围内制定的规范性文件。

(五) 地方性法规

地方性法规是省、自治区、直辖市的人民代表大会及其常务委员会，以及省、自治区人民政府所在的市和经国务院批准的较大的市的人民代表大会及其常务委员会制定的规范性文件。地方性法规是根据宪法、法律、行政法规，结合本地区的实际情况制定的，解决法律和行政法规不能独立解决或暂时不宜由法律和行政法规解决的问题。地方性法规不得同宪法、法律、行政法规相抵触，并报全国人民代表大会常务委员会备案。

（六）自治条例和单行条例

民族自治地方的人民代表大会有权依照当地民族的政治、经济和文化的特点，制定自治条例和单行条例，其法律效力仅限于自治权管辖的范围。自治区的自治条例和单行条例，报全国人民代表大会常务委员会批准后生效。自治州、自治县的自治条例和单行条例，报省或者自治区的人民代表大会常务委员会批准后生效，并报全国人民代表大会常务委员会备案。

（七）国际条约

国际条约是指两个或两个以上国家关于政治、经济、贸易、法律、文化、军事等方面规定其相互之间权利和义务的各种协议的总称。

 **补充阅读1-3　国际条约**

国际条约是国际法主体间缔结的相互权利义务关系的书面协议。广义的条约除以"条约"为名的协议外，还包括公约、宪章、盟约、规约、协定、议定书、换文、最后决定书、联合宣言等。狭义的条约仅指重要的以条约为名的国际协议，如同盟条约、边界条约、通商航海条约等。在国际法理论上，按照条约的参加国数，条约可分为双边条约(即两个国际法主体间缔结的协议)、多边条约(即两个以上国际法主体间缔结的协议)和国际公约(即多数国家缔结或参加的通常对非缔约国开放的协议)。按照条约的法律性质，条约可分为造法性条约和契约性条约，前者创设新的国际法原则、规则和制度或修改原有的国际法原则、规则和制度，后者指依照原有的国际法规则规范缔约国间某些具体的权利义务关系。1969年维也纳条约法公约对国际条约的缔结、生效、保留、遵守、适用、解释、修正、变更以及条约的无效、终止、中止、退出等制度作了具体的规定。

## 三、法的效力

法的效力，即法律的约束力，指人们应当按照法律规定的行为，必须服从。法的效力通常分为规范性法律文件的效力和非规范性法律文件的效力。规范性法律文件的效力，也叫狭义的法的效力，即指法律的生效范围或适用范围。本书所涉及的法的效力，指的是狭义的法的效力，是指法对哪些人、在什么空间、时间范围内有效。一般来讲，狭义的法的效力包括对人的效力、空间效力和时间效力三个方面。

（一）法对人的效力

法对人的效力是指法律对谁有效力，适用于哪些人。根据我国法律，对人的效力包括以下两个方面：

1. 对中国公民的效力

中国公民在中国领域内一律适用中国法律。在中国境外的中国公民，也应遵守中国法律并受中国法律保护。但当中国法律与所在国法律发生冲突时，要区别不同的情况和具体的国际条约及国内法的规定来确定是适用中国法律还是外国法律。

### 2. 对外国人的效力

中国法律对外国人的适用问题，包括两种情况：一是对在中国领域内的外国人的适用问题；二是对在中国领域外的外国人的适用问题。外国人在中国领域内，除法律另有规定者外，一般适用中国法律。外国人在中国领域外对中国国家或者公民犯罪，而按《刑法》规定的最低刑为3年以上有期徒刑的，可以适用中国刑法，但是按照犯罪地的法律不受处罚的除外。

## （二）法的空间效力

法的空间效力，指法在哪些地域、空间范围有效力。法的空间效力范围主要由国情和法的形式、效力等级、调整对象或内容等因素决定。法的空间效力通常有如下几种：

### 1. 在全国范围有效

有的法在全国范围内有效，即在一国主权所及全部领域有效，包括属于主权范围的全部领陆、领空、领水，也包括该国驻外使馆和在境外航行的飞机或停泊在境外的船舶。这种法一般是一国最高立法机关制定的宪法和许多重要的法律，最高国家行政机关制定的行政法规一般也在全国范围有效。中国宪法和全国人大及其常委会制定的法律，国务院制定的行政法规，除本身有特别规定外，都在全国范围内有效。

### 2. 在一定区域内有效

地方性法律、法规仅在一定行政区域有效，如民族自治条例只适用于该民族自治地区。有的法律、法规虽然是由最高国家立法机关或最高国家行政机关制定的，但它们本身规定只在某一地区生效，因而也只在该地区发生法的效力，如特别行政区基本法。

### 3. 有的法具有域外效力

有的法律，不但在国内有效，在特定条件下其效力还可以越出国境。一国法的域外效力范围，由国家之间的条约加以确定，或由法本身明文规定，如涉及民事、贸易和婚姻家庭的法律。

## （三）法的时间效力

法的时间效力，指法何时生效、何时终止效力以及法对其生效以前的事件和行为有无溯及力。

### 1. 法的生效时间

法律的生效时间主要有四种：①自法律公布之日起生效；②由该法律规定具体生效时间；③规定法律公布后到达一定期限时生效；④由专门决定规定该法的具体生效时间。

### 2. 法终止生效的时间

法终止生效，即法被废止，指法的效力的消灭。我国法律终止效力的形式有：①新法公布后，原有的法即丧失效力；②新法取代原有法律，同时宣布旧法废止；③法律本身规定的有效期届满；④由有关机关颁布专门文件宣布废止；⑤法律自行失效。

### 3. 法的溯及力

法的溯及力，也称法溯及既往的效力，是指法对其生效以前的事件和行为是否适用。如果适用，就具有溯及力；如果不适用，就没有溯及力。我国一般以法律不溯及既往为原则，但是，法律不溯及既往并非绝对，如在刑法中，我国采用的是"从旧兼从轻"的原则，即新法原则上不溯及既往，但是新法不认为犯罪或者处刑较轻的，适用新法。

## 第三节　法律的应用

### 一、法律的作用

法律的作用是指法律对人们的行为以及对社会关系所产生的影响，是国家权力运行和国家意志的具体表现，也是社会经济状况的具体反映。根据法律的作用对象可以把法律的作用分为规范作用和社会作用。

（一）法律的规范作用

法律的规范作用是指法律调整人们的行为所产生的影响。其主要内容包括：

(1) 指引作用。法律的指引作用是指法律通过授权性行为模式（权利）和义务性行为模式（禁止性行为和命令性行为）的规定，指引人们作出一定行为或不作出一定行为。指引作用的对象是每个人自己的行为。这种指引不同于个别指引，是一种规范指引。

(2) 评价作用。评价作用是指法律作为一种行为标准和尺度，对他人行为进行评价所起到的作用。评价作用的对象是他人的行为。法律的评价不同于道德评价、政治评价等一般社会评价，法律的评价是用法律的规范性、统一性、普遍性、强制性等标准来评价人们的行为。

(3) 预测作用。预测作用是指人们可以根据法律规范预测人们相互之间将会怎样行为以及行为的法律后果，从而指导对自己的行为作出合理的安排。法律的规范性、确定性的特点使人们可以进行相互行为的预测；法律的内容的明确性和连续性，使人们之间进行行为预测有了可能。

(4) 强制作用。法律的强制作用是指国家运用强制力制裁、惩罚违法行为，以保障法律得以充分实现。法律的强制作用是实现其他作用的保证，如果没有强制作用，法律的指引作用就会降低，评价作用就会在很大程度上失去意义，预测作用就会产生疑问，教育作用的实效就会受到影响。

(5) 教育作用。法律的教育作用表现在两个方面：一方面，通过对违法行为实施制裁，对包括违法者本人在内的一般人均起到警示的作用；另一方面，通过对合法行为加以保护、赞许或奖励，对一般人的行为起到表率、示范作用。

> **案例 1-3　上海首例高空抛物危害公共安全案**
>
> **案情**：蒋某因家庭矛盾与父母发生争吵，在争执过程中，蒋某将手边的平板电脑、手机、水果刀等物品从 14 楼扔出窗外，窗户下方是小区公共道路，蒋某抛出的物品将停在公共道路上的三辆轿车击中，并造成不同程度的损坏。2019 年 11 月 29 日，上海市闵行区人民法院对该案公开宣判，蒋某因以危险方法危害公共安全罪，被判处有期徒刑 1 年。该案系《最高人民法院关于依法妥善审理高空抛物、坠物案件的意见》施行后，上海法院判决的首起高空抛物入刑案件。
>
> **请问**：该案的意义何在？
>
> **点评**：同时该案具有司法和社会生活双重意义。近年来，高空抛物、坠物事件时有发生，严重地危害了公共安全。本案对高空抛物行为的司法认定，对于今后办理该类案件准确把握司法认定标准发挥积极作用，同时对于有效预防高空抛物行为的发生，树立民众正确的生活观念，引领正向社会价值，形成良好社会风尚具有重要作用。

（二）法律的社会作用

法律的社会作用是指法律对社会的影响，表现在两方面：一方面，法律是实现阶级政治统治的工具；另一方面，法律又有执行社会公共事务的职能。法律这两方面的作用是密切联系的，统治阶级通过法律执行社会公共事务的作用，从而达到维护阶级统治的目的。

## 二、法律意识的培养与提升

法律意识是人们关于法律现象的认知、情绪和意志的总和。在全面依法治国的大背景下，大学生法律意识的培养与提升意义重大，不仅关系到大学生综合素质的全面提升与发展，还关系到我国民主法治化进程，对我国建设社会主义法治国家也具有重大意义，直接关系到法治中国建设的未来。大学生法律意识的培养与提升可包括丰富法律知识、树立法律信仰、养成法律习惯三个不同内容。

（一）丰富法律知识，完善知识体系

法律基础知识是形成法律意识的物质基础，只有对法律有一定的认知的基础之上才能形成法律意识。目前大学生的法律意识不容乐观，法律知识缺乏且未形成体系也是一定原因。大学生可以通过大学的公共法律课、专业的法律教材、权威的网络媒体、法治实践等途径，不断丰富自身法律知识，同时扩大法律知识广度，完善知识体系。对法律知识掌握的越多，越容易形成和提升法律意识。

（二）树立法律信仰，崇尚法律至上观念

法律要发挥其作用，就需要全社会信仰法。法律信仰是对法所持的一种发自内心的尊重、信任和认同的态度，是社会基于对法的理性认识基础上所产生的对法律的认同和遵循，这源于对法律及其所包含的精神、价值、理念的高度认同。法律信仰对于大学生法律意识的培养和提升有非常重要的作用，他们作为法治国家建设的生力军，要率先做到信仰法律，领悟法的内涵，成为法律的忠实崇尚者、自觉遵守者以及坚定的守护者。法的信仰，是大学生法治教育的目标，对法律信任、崇尚、乃至依赖的最终表现是自觉守法、遇事找法、解决问题靠法。

（三）自觉遵法守法用法，养成法律行为习惯

法律行为习惯是每个人在面对社会环境所养成的特定的法律行为规则，大学生活时期是法律行为习惯养成的黄金时期，因此在大学期间加强对学生法律行为习惯的养成教育，为大学生保护自身权利，进入社会后预防和减少违法犯罪行为奠定坚实的基础。

大学生法律意识淡薄，缺乏自我保护意识，其人身、财产权益容易受到侵害，大学生成为犯罪对象的案例屡见不鲜。同时近些年来，大学生犯罪率也呈不断上升趋势。法律具有规范性、确定性和强制性。法的生命在于实施，在日常的学习、生活中，大学生应自觉遵守法律法规，遇到矛盾纠纷，运用法律思维、法律方法去思考问题、分析问题、解决问题，学会拿起法律武器保护自己，同时也要将法律作为行为准则，不侵犯他人合法权益。

### 案例1-4　河南安阳3.26"套路贷"犯罪案件

**案情**：2018年3月，河南省安阳市公安机关打掉一"套路贷"团伙，抓获犯罪嫌疑人133人，冻结涉案资金569万余元，查封房产10套，扣押汽车10辆。经查，2017年2月以来，犯罪嫌疑人许某、杨某文成立江西宽宽网络科技有限公司，设立达购235购物平台、快购18平台、质高商城平台，采取虚构以网上销售手机的模式实施"套路贷"犯罪活动。该犯罪团伙购买了10000余条学生信息，以"无利息、无担保、无抵押"等宣传方式，诱骗在校大学生通过网络贷款，签定借款金额后以扣除管理费、资料审核费等名义恶意收取"砍头息"。7天借款期限到期后，无力偿还的可以申请按照1天100元、7天400元收费标准续期，或者推荐受害人按照同样的方式在公司其他平台借款来偿还上次借款，诱骗受害人在公司内部平台重复借款，垒高债务，并采取电话骚扰、发送侮辱短信、语言威胁、发送图片等"软暴力"手段骚扰受害人，以及受害人父母、同学、老师、亲戚朋友等，逼迫受害人偿还借款全额和每天20%逾期费。该案共涉及2500余所高校1.3万名受害学生，涉案金额5074.8余万元。

**请问**：该案有何启示？

**点评**："校园套路贷"作为新型刑事犯罪，不仅侵害了被害人的财产权、人身权、生命权，还危害公共秩序，破坏金融管理秩序。此案中大学生的法律知识储备不足、法律意识不强是导致他们自身合法权益受到损害的主要原因，因而应培养大学生的法治思维，提高法律意识，不断学习法律知识，从而增强大学生的风险防控意识，自觉抵制不正规借贷形式，切实保障个人的合法权益。

**【思考与练习】**

**一、名词解释**

1. 法律  2. 法的渊源  3. 法的作用  4. 法律意识

**二、简答题**

1. 简述法的特征。
2. 简述法的分类。
3. 简述法的渊源。

**三、论述题**

1. 如果你网购到了一双假鞋,你会采取何种途径来维护自己的权益?为什么?
2. 结合自身特点,分析如何培养提高自己的法律意识。

**【推荐阅读书目】**

1. 民法(第七版). 魏振瀛. 北京大学出版社,2017.
2. 法理学(第五版). 张文显. 高等教育出版社,2018.
3. 法学导论(第二版). 卓泽渊. 法律出版社,2015.
4. 法律意识的实质. 伊·亚·伊林. 清华大学出版社,2005.

# 第二章 经济法概述

学习引导

对经济法的概念、特征以及调整对象的了解是掌握经济法律制度的前提。全面认识和理解经济法律关系是学习本章的重点,通过本章的学习,掌握经济法律关系的三个构成要素,即经济法律关系的主体、内容和客体所包含的主要内容,同时也能了解经济法律关系产生、变更和消灭必须以经济法律事实为依据;经济法主体在违反经济法律规范时应承担经济法律责任,承担的方式有民事责任、行政责任以及刑事责任。

## 第一节 经济法的含义及调整对象

### 一、经济法的产生和发展

经济法是社会生产发展的必然产物。当人类社会从原始社会进入阶级社会以后,随着生产力的发展,社会制度的变迁,经济法也经历了一个产生、发展和不断完善的过程。在古代奴隶制社会和封建社会中,已经有一定的关于国家对调整经济的立法,如公元前18世纪古巴比伦王国的《汉穆拉比法典》中就对经济关系的调整作了明确的规定。之后,英国大宪章以及在中国的唐律、大明律中都有调整经济法律关系的规定。

"经济法"这一概念最早是由法国的空想社会主义者摩莱里在其1775年出版的《自然法典》一书中首先提出来的。法国另一名空想共产主义者德萨米在1842年出版的《公有法典》一书中也使用了"经济法"这一概念,并且发展了摩莱里关于经济法的思想。1890年,美国国会通过了《谢尔曼法》,这部法律标志着资本主义国家直接运用法律手段干预经济的开始。随后,资本主义经济法是资产阶级国家为了防止经济失控,利用国家权力直接干预经济而制定的相当数量的经济法律。不过,经济法正式产生却是在第一次世界大战前后,那时,资本主义由自由竞争进入垄断阶段以后,基本矛盾日益尖锐,经济危机也不断地冲击着资本主义制度,资本主义国家不得不通过立法手段直接干预经济生活。进入20世纪以来,德国学者莱特在1906年创刊的《世界经济年鉴》中,首先使用了"经济法"一词,用来说明与世界经济有关的各种法规,被认为是现代经济法概念的起源。德国是最早制定经济法的国家,于1915年制定了《关于限制契约最高价格的通知》,1919年制定颁布了《煤炭经济法》,这是世界上第一部直接以经济法命名的法律。在这以后经济法的概念陆续传播到世界各地,成为世界各国通用的新法律概念。

我国早在新民主主义革命时期,根据地人民政府就进行了大量的经济立法工作,

制定了一系列经济法规,这些经济法规主要是以土地法为核心的。中华人民共和国成立后,在新民主主义革命时期经济立法的基础上,我国开始制定社会主义的经济法,这些对国民经济的恢复和社会主义建设起了重大的推动和保护作用,但从严格意义上讲这一时期的经济立法活动以及相关法规并不是现代意义上的经济法,是在计划经济体制下,通过行政手段进行经济管理活动从而调节经济关系的法律规范。党的十一届三中全会后,我国进入了一个新的历史发展时期,工作重点转移,实行经济体制改革和对外开放,经济立法得到迅速的发展。我国逐步制定实施了全民所有制工业企业法、集体所有制企业条例、劳动法、中外合资经营企业法、破产法、商标法等一系列经济法律、法规。这些经济法律、法规对于经济体制改革的顺利推进,促进国民经济健康发展,起了重大作用。

## 二、经济法的含义

我们对经济法概念的理解,应当回归其本来的含义,经济法是规范政府干预或协调经济运行的法律规范,即经济法是调整国家进行宏观调控和市场运行规制过程中发生的社会关系的法律规范的总称。对于经济法这一概念可以从以下几方面来理解:

1. 经济法是经济法律规范的总称

经济法是一个独立的法律部门,它是由一系列经济法律、法规按一定的特征构成的一个整体,是由经济法律规范组成的。

2. 经济法是调整经济关系的法律规范的总称

经济法所调整的是具有经济内容的社会关系,其他不具有经济性质的社会关系不属于经济法调整的对象。

3. 经济法调整的是一定范围的经济关系

并不是所有的经济关系都由经济法调整,经济法所调整的是特定的经济关系,是国家在经济管理和市场运行过程中所发生的经济关系。

## 三、经济法的调整对象

确立经济法调整对象是确保经济法在市场经济活动中发挥作用的必然要求,因此,明确经济法调整的对象具有重大的现实意义。经济法调整的具体对象是以下几种关系:

### (一)宏观调控关系

市场调节本身具有一定的自发性、盲目性。因此,只有将国家宏观调控与市场调节有机相结合才能真正实现社会主义市场经济健康有序的发展。国家以管理者的身份,从国家长远经济目标和社会公共利益出发,对国民经济运行进行组织和管理、调整资源配置,以保持社会经济基本的平衡,促进经济结构的优化,其内容主要包括计划管理关系、财政税收关系、金融、外汇管理关系、价格管理关系、会计、审计、统计关系等。

### (二)市场运行关系

市场运行关系是指各类经济组织进入市场,在市场经济活动中发生的经济关系。

为了保障市场经济健康有序地发展,国家必须通过法律手段对市场进行监督和管理以维护市场公平、有序的竞争秩序,这种经济关系包括:垄断关系、不正当竞争关系、产品质量关系、消费者权益保护关系等。

---

**案例 2-1　篡改过期化妆品生产日期**

案情:根据举报,某市市场监督管理局依法对辖区某百货商行进行检查,现场发现经营者篡改化妆品的标示日期。经查,该经营者在经营过程中,收集过期或临近过期的化妆品,利用天拿水、印章、刻板等物品篡改化妆品的标示日期,然后再销售。

请问:某百货商场的行为是什么性质的行为?

点评:经营者的行为是违反了生产者的产品质量责任和义务的行为,市场监督管理局在检查中履行了监督管理职责,依法责令经营者改正违法行为,并对其篡改化妆品生产日期行为罚款 5000 元。

---

## 第二节　经济法律关系

### 一、经济法律关系的概念

经济法律关系是指经济法主体在经济管理和经济活动过程中所形成的具有经济权利与经济义务内容的关系,经济法律关系是一定的经济关系经过相关的经济法律、法规调整后所形成的一种权利义务关系,它是具有国家意志性的。

经济法律关系具有如下特征:

(一)经济法律关系体现了国家对市场经济的管理、协调

经济法律关系主要发生在国家管理社会经济的过程中,覆盖面非常广,涉及社会政治、经济、文化等各个领域。市场经济是竞争性的经济体制,是通过公平竞争机制来实现资源配置最优化的。各市场主体为了自身的经济利益,相互之间在激烈竞争中必然会发生各种利益冲突;为自身局部利益所驱动,往往也会与社会整体利益发生冲突。所以很容易发生不正当竞争等经济违法行为。因此国家必须对市场经济活动进行管理、协调,通过立法规范和干预市场经济活动,使其健康、有序发展。

(二)经济法律关系是一种具有经济内容的权利义务关系

经济法调整所形成的经济法律关系,其权利义务内容是具有经济性质的。所谓具有经济性质的内容,是指权利义务内容是为了实现一定的经济任务或达到一定的经济目的。如税收征缴法律关系的权利义务内容,就是税收征管机关收税的职权和纳税人纳税的义务,其完成国家税收征管这一经济任务的性质非常明显。市场主体参与经济活动,按照经济法的规定相互之间形成经济法律关系,是具有一定经济目的的。例如,在借贷活动中,借款人和贷款人之间的经济法律关系就表现借款人有权取得所借款项,当然还要承担还本付息及按约定用途使用款项的义务,而贷款人有权取得利息并可以监督所借款项的使用,相应地要承担按约定交付该款项的义务,借款人和贷款

人之间的经济权利和经济义务就构成了借贷经济法律关系。

【重要提示】借贷活动要遵守国家的金融法规,并处于国家金融管理机构的监管之下。

(三)经济法律关系是具有强制性的经济权利义务关系

经济法律关系所体现的权利义务关系,是以国家强制力为后盾的,任何一方主体不得违反。这是由法律的国家意志性质所决定的。国家对市场经济活动的管理、协调,主要是通过政府机关的各种行政行为实现的,如税收、利率、价格等,其他市场主体必须服从,而且是较为严格的法定程序和法定形式的法律关系。

总之,经济法律关系是依照经济法所形成的经济权利义务关系,它是在国家监管、协调市场经济的过程中所产生的,这决定了经济法律关系必然体现国家管理、协调市场经济活动的意志和要求。而国家行政机关所作出的经济决定,其他主体只能服从,因而具有经济行政性质。经济法律关系的内容本身就是当事人所享有的经济权利和所承担的经济义务。经济法律关系的这些特征是其他法律关系所不具有的,也是理解掌握经济法律关系所应当注意的问题。

同其他法律关系一样,经济法律关系也是由主体、内容、客体这三个要素构成的,缺少其中任何一个要素,都不能构成经济法律关系。

### 二、经济法律关系的主体

经济法律关系的主体是指参加经济法律关系,享有经济权利和承担经济义务的当事人,是经济法律关系的第一要素。享受经济权利的一方称为权利主体,承担经济义务的一方称为义务主体。

(一)经济法律关系主体的范围

经济法的调整对象决定了经济法律关系主体的范围,因此,在我国依法能够参加经济法律关系的主体范围十分广泛,主要包括:

1. 国家机关

作为经济法律关系主体的国家机关主要是指国家行政管理机关中具有经济管理职能的机关,这类国家机关通过行使经济管理职能参与经济法律关系。但国家机关在一定条件和情况下,也以法人的身份直接参与经济法律关系。

2. 企业和其他社会组织

企业是指以营利为目的,从事商品生产、经营和服务的能独立承担民事责任的社会经济组织,是经济法律关系中最活跃的主体。

其他社会组织主要是指事业单位和社会团体。事业单位是指不以营利为主要目的从事各项社会事业,拥有独立经费或财产的社会组织,如科研院所、学校、医院、幼儿园等。社会团体是指由若干成员为某种共同目的而组成的,有固定经费的社会组织,如学术团体、工会、妇联、商会等。

3. 企业的内部机构

企业的内部机构不具有法人资格,但在一定条件下也会成为经济法律关系的主体,如实行企业内部承包经营和独立经济核算的情况下,企业的内部机构就具有经济法主体地位。

4. 个人

作为经济法律关系主体的个人,是指不具备法人资格的个体工商户、农村承包经营户和自然人。

(二)经济法律关系主体的资格

经济法律关系的主体资格是指当事人参加经济法律关系、享受经济权利和承担经济义务的资格或能力。只有具有一定主体资格的当事人,才能参与经济法律关系,才能享有经济权利和承担经济义务。经济法主体资格是通过以下两种方式取得的:①法定取得,即法律直接规定它的资格;②授权取得,即有关组织给它授权,如委托、代理。任何组织和个人要想成为经济法律关系的主体,就必须具备一定的主体资格,拥有相应的权利能力和行为能力。

权利能力是指经济法律关系主体能够参与经济法律关系,依法享有一定经济权利和承担经济义务的法律资格。自然人从出生时起到死亡时止,具有民事权利能力,依法享有民事权利,承担民事义务,自然人的民事权利能力一律平等。企业和其他组织从成立时起到终止时止,具有民事权利能力,依法享有民事权利,承担民事义务,其权利能力的范围取决于其成立的宗旨和义务范围。

行为能力是指经济法律关系主体能够通过自己的行为依法行使权利和承担义务的能力。我国法律规定,18周岁(以自己的劳动收入为主要生活来源的16周岁)以上、能够完全辨认自己行为的自然人是完全民事行为能力人,所从事的行为,法律认可其效力。同时,也要为自己的行为承担责任。具有行为能力的自然人必须首先具有权利能力,但具有权利能力的自然人不一定都有行为能力。社会组织的行为能力则是与其权利能力一致。

---

**案例 2-2　某羊蝎子火锅店无证经营案**

案情:2017 年 7 月,某市食品药品监管局查实某羊蝎子火锅店存在无证经营行为,违法货值金额 10 余万元。该局依据《中华人民共和国食品安全法》(以下简称《食品安全法》)第一百二十二条第一款等有关规定,给予当事人行政处罚:①没收用于违法生产经营的工具;②没收违法所得;③并处罚款 102.3 万元。

请问:该火锅店为什么会被处罚?

点评:国家对食品生产经营实行许可制度,从事食品生产、食品销售、餐饮服务,应当依法取得许可。根据《食品安全法》第一百二十二条第一款的规定,未取得食品生产经营许可从事食品生产经营活动,要承担相应的法律责任。

---

**补充阅读 2-1　法人**

自然人与法人是一组常见的法律术语。通俗来讲,自然人就是有血肉之躯的人;法人是法律承认其具有独立性的组织体。企业、国家机关、社会团体等只要符合法定的条件，都可以成为法人。比如，公司是法人的一种，虽然就物理形态上看来，公司不是一个人，但法律为了分辨责任、鼓励投资等目的，承认公司具有如同人一样的资格和能力。法律承认法人最为典型的能力是独立的财产权与独立的责任能力。一方面，法人可以享有自己独立的财产，也就是说，法人的财产不同于投资人的财产，虽然公司的资本是股东投资才形成的，但公司一旦合法设立，法人的财产与其组成人员的财产相分离。另一方面，法律也承认法人具有独立承担责任的能力与义务。也就是说，公司、国家机关、社会团体等都有可能要以组织体的名义、财产对外承担责任。例如，甲大学生乘坐公交车时因为司机超速行驶又急刹车而被摔伤，向公交公司主张索赔时，公交公司称该公司已经屡次处罚该司机的超速行为，乘客应当向该司机个人进行索赔。甲起诉到法院，最后判决公交公司应当向甲承担赔偿责任，因为司机的行为是在工作时间内因为履行工作职责而进行的，在法律上被视为是公司的行为，应当由公司对外承担责任。

除了法人以外，还有一些组织体不具有法人资格。比如，合伙企业、个人独资企业。这些组织的独立性不如法人明显，无法独立对外承担责任，而是由其投资人对组织的债务承担无限连带责任。

### 三、经济法律关系的客体

经济法律关系的客体是指经济法律关系主体享有的经济权利和承担的经济义务所指向的对象。经济法律关系的客体包括物、行为和非物质财富。它既具有通常意义上的法律关系的客体的一般特性，又具有自身的特殊性，具体体现在：经济法律关系的客体必须是经济法主体能够控制、支配的事物，因此，在不同的社会历史条件下，经济法律关系客体的范围是不同的；经济法律关系的客体必须是国家经济法律法规允许进入到经济法律关系成为其客体的物或行为；经济法律关系的客体应当是能够直接体现一定的经济效益或是可以借以获得一定的经济利益的物或行为。

(一) 物

物是指能够为人们所控制和支配，有一定经济价值并以一定物质形态表现出来的物体。物包括天然存在的实物和人类劳动生产的产品，以及固定充当一般等价物的货币和有价证券。物是经济法律关系中应用最为广泛的客体。

(二) 经济行为

经济行为是经济法律关系主体为实现一定经济目的而进行的活动，包括：

1. 经济管理行为

经济管理行为是指经济法主体依法行使经济职权的行为，具有命令与服从的隶属性质。如计划行为、物价管理行为、金融管理行为、税收管理行为、审查批准行为、检查监督行为等。

2. 完成一定工作的行为

完成一定工作的行为是指经济法律关系主体的一方按照对方的要求完成一定的工作任务，而对方则根据完成工作的情况支付一定报酬的行为，如加工承揽行为、建筑安装行为等。

3. 提供一定劳务的行为

提供一定劳务的行为是指经济法主体一方为对方提供一定的服务以满足对方的需要，而对方支付一定酬金的行为，如提供运输、保管、包装、维修等服务。

(三) 非物质财富

非物质财富，也称为精神财物或精神产品，是指人们通过脑力劳动创造的能够带来经济价值的精神财富。它们一般不具有直接的物体形态，但却是一种可以创造物质财富、产生经济效益的知识成果。并非任何非物质财富都可以成为经济法律关系的客体，作为经济法律关系的客体应具备一定的条件：一要有一定的载体；二要有现实的经济价值；三要经专门的法律、法规确认。

非物质财富种类很多，如商标、专利、专有技术、技术改进方案、生产经营标记、经济信息等。

## 四、经济法律关系的内容

经济法律关系的内容是指经济法律关系的主体所享有的经济权利和承担的经济义务。这是经济法律关系的核心，直接体现了经济法律关系主体的利益与要求。在经济法律关系中，经济法主体的经济权利与经济义务是相互依存的，享有经济权利的同时要承担经济义务；反之，承担经济义务的同时也享有经济权利。

(一) 经济法律关系主体的经济权利

经济法律关系主体的经济权利是指经济法律关系主体依法享有的自己为或不为一定行为和要求他人为或不为一定行为的资格。其具体表现为：经济法律关系主体可以依法做出一定行为，可以依法不做出一定行为；可以依法要求他人做出一定行为，可以依法要求他人不做出一定行为。不同的经济法律关系主体所享有的经济权利是不同的。经济权利的主要内容具体包括：

1. 经济职权

经济职权是国家机关及其工作人员在行使经济管理职能时依法享有的权利。经济职权是基于国家授权或法律的直接规定而产生的，具有行政隶属性，经济职权既是权力又是义务，不能随意放弃和转让。

2. 财产所有权

财产所有权又称所有权，是一种独占权，是指所有者对其财产依法享有的占有、使用、收益和处分的权利。占有权是指所有权人对财产实际上的占领、控制的权利；使用权是指按照财产的性能和用途加以利用的权利；收益权是指取得财产所产生的利益的权利；处分权是指决定财产事实上和法律上的命运的权利。完整的所有权包含占有、使用、收益、处分四项权能，但实际上这四项权能都能够在一定条件下与所有权人分离，而所有权人仍不丧失对财产的所有权。

3. 经营管理权

经营管理权是指企业在进行生产经营活动中，依法所享有的权利，通常是由非财产所有者所享有和行使的权利。企业经营管理权包括：生产经营决策权、产品劳务定价权、产品销售权、物资采购权、进出口权、投资决策权、资产处置权、劳动用工权、人事管理权、工资奖金分配权、内部机构设置权、拒绝摊派权等。

4. 请求保护权

请求保护权是指当经济法律关系主体的合法权益受到侵犯时，有依法要求侵权人停止侵权行为和要求有关国家机关保护其合法权益的权利。

(二) 经济法律关系主体的经济义务

经济法律关系主体的经济义务是指经济法律关系主体依法所承担的为一定行为或不为一定行为的责任。承担义务的经济法律关系的主体必须依据法律的规定，为一定行为或不为一定行为，以实现特定权利人的权利；经济法律关系主体的义务，仅以法律规定的范围为限；义务人必须自觉履行，若不履行或履行不当，都要受到法律的制裁。经济法律关系主体的经济义务可分为法定义务和约定义务。

## 第三节　经济法律责任

### 一、经济法律责任的概念

经济法律责任是指经济法律关系的主体因违反经济法律法规、不履行或不完全履行经济义务或滥用经济权利时而依法承担的不利的法律后果。

经济法律责任具有如下特征：

(1) 经济法律责任是因违反经济法律义务(包括违约等)而形成的法律后果，以经济法律义务存在为前提，与经济法主体的先前行为存在因果关系。没有经济法主体的违法行为，就不可能产生经济法律责任。

(2) 经济法律责任是在国家进行宏观调控和经济管理过程中产生的经济义务，具有经济性。经济法律责任同其他法律责任的主要区别或者根本区别就在于它是在国家干预和调节社会经济过程中产生的责任，这就决定了经济责任的内容具有经济性。

(3) 经济法律责任是一种法定的强制性义务，具有法定性、强制性。经济法律责任的认定和追究，由国家专门机关依法定的程序进行，经济法律责任的实现也是由国家强制力作为保障的。

### 二、经济法律责任的构成

承担经济法律责任应具备一定的条件，具体如下：

1. 主体必须有经济违法行为存在

经济违法行为不仅是产生经济法律责任的前提，而且也是承担经济法律责任的必备条件。经济法主体的违法行为既包括违反法定经济义务的行为也包括不正确地行使权利或权力的行为，前者如生产伪劣产品、销售侵权产品、进行虚假宣传等，后者如超额罚款、擅自审批、擅自减免税款等；既包括作为的违法行为又包括不作为的经济违法行为，前者如抽逃资金、转移财产、诈骗贷款等，后者如徇私舞弊不征、少征税款、玩忽职守等。

2. 主体的经济违法行为必须有损害事实

经济责任既是一种经济责任，又是一种社会责任，经济法律责任主体的违法行为必须给国家、社会或个人造成损害事实。

3. 主体的经济违法行为与损害事实之间存在因果关系

如违法行为与损害事实无关，或者说违法行为仅仅是损害事实产生的外部的、偶然的条件，一般就不应要求经济法主体承担经济法律责任。

4. 主体在主观上必须具有故意或者过失

主体承担经济法律责任，必须具备主观方面的条件，即必须具有故意或者过失。所谓故意是指主体明知自己的经济违法行为会造成危害社会的结果，并且希望或者放任这种结果发生的心理状态。所谓过失是指主体对其经济违法行为应当预见而因疏忽大意没有预见，或者已经预见而轻信能够避免的心理态度。

### 三、经济法律责任的承担方式

经济法律责任的承担方式主要有民事责任、行政责任和刑事责任三种。

1. 民事责任

承担民事责任的方式主要有停止侵害、排除妨碍、消除危险、返还财产、恢复原状、修理、重做、更换、赔偿损失、支付违约金、消除影响、恢复名誉、赔礼道歉。以上承担民事责任的方式，可以单独适用，也可以合并适用。

2. 行政责任

行政责任包括行政处罚和行政处分。行政处罚是行政主体对相对人违反行政法律规范尚未构成犯罪的行为所给予的法律制裁。包括警告、罚款；没收违法所得、没收非法财物；责令停产停业、暂扣或吊销营业执照；行政拘留；法律、行政法规规定的其他行政处罚。行政处分是对违反法律规定的国家机关工作人员或被授权、委托的执法人员所实施的内部制裁，包括警告、记过、记大过、降级、降职、撤职、留用察看、开除等。

3. 刑事责任

刑事责任是指人民法院对严重违反经济法、触犯刑法、构成经济犯罪的单位或直接责任人员所给予的刑事制裁。包括主刑和附加刑，主刑有管制、拘役、有期徒刑、无期徒刑、死刑；附加刑有罚金、剥夺政治权利、没收财产、驱逐出境。

#### 案例 2-3　长春长生疫苗事件

**事件背景**：2018 年 7 月 15 日，国家药品监督管理局检查组对长春长生生物科技有限责任公司(以下简称长春长生)生产现场进行飞行检查。检查组发现，长春长生在冻干人用狂犬病疫苗生产过程中存在记录造假等严重违反《药品生产质量管理规范》(药品 GMP)行为。2018 年 7 月 22 日，国家药监局负责人通报长春长生违法违规生产冻干人用狂犬病疫苗案件有关情况。经查明，长春长生编造生产记录和产品检验记录,随意变更工艺参数和设备。上述行为严重违反了《中华人民共和国药品管理法》《药品生产质量管理规范》有关规定,国家药监局已责令企业停止生产,收回药品 GMP 证书,召回尚未使用的狂犬病疫苗。国家药监局会同吉林省局已对企业立案调查,涉嫌犯罪的移送公安机关追究刑事责任。

**事件处置:**

1. 对相关行政管理人员的行政处分

长春长生问题疫苗案件发生后,党中央高度重视,国务院派出专门调查组对事件进行了全面调查,中央纪委国家监委开展了监管责任调查和审查调查工作,对涉案干部作出予以免职、责令辞职、要求引咎辞职等处理,对涉嫌职务犯罪的干部给予开除党籍处分并移送检察机关依法审查起诉。

2. 对公司以及公司相关人员的行政处罚

(1) 国家药品监督管理局和吉林省食品药品监督管理局的行政处罚

国家药品监督管理局和吉林省食品药品监督管理局依法对长春长生违法违规生产狂犬病疫苗作出行政处罚。国家药品监督管理局撤销长春长生狂犬病疫苗(国药准字 S20120016)药品批准证明文件;撤销涉案产品生物制品批签发合格证,并处罚款 1203 万元。吉林省食品药品监督管理局吊销其《药品生产许可证》;没收违法生产的疫苗、违法所得 18.9 亿元,处违法生产、销售货值金额 3 倍罚款 72.1 亿元,罚没款共计 91 亿元;此外,对涉案的高俊芳等 14 名直接负责的主管人员和其他直接责任人员作出依法不得从事药品生产经营活动的行政处罚。涉嫌犯罪的,由司法机关依法追究刑事责任。

(2) 中国证监会的行政处罚

中国证监会对长春长生作出《行政处罚决定书》及相关人员作出《市场禁入决定书》;对长春长生责令改正,给予警告,并处以 60 万元罚款;对公司相关管理人员分别给予警告、罚款以及采取终身市场禁入等行政处罚与措施。

3. 启动股票退市机制

由于长春长生主要子公司存在涉及国家安全、公共安全、生态安全、生产安全和公众健康安全等领域的重大违法行为。根据证券法律法规的相关规定,深交所启动对长春长生重大违法退市机制。

4. 涉案人员的刑事责任

2018 年 7 月 29 日,依据《中华人民共和国刑事诉讼法》第 79 条规定,长春新区公安分局以涉嫌生产、销售劣药罪,对长春长生董事长高某芳等 18 名犯罪嫌疑人向检察机关提请批准逮捕。

**请问:** 该案给我们怎样的教训和思考?

**点评:** 长春长生疫苗事件暴露出疫苗生产企业趋利枉法,地方政府和市场监管部门的失职失察,同时也反映出疫苗生产流通使用等各方面存在的制度缺陷,就法律责任角度而言,此案涉及行政违法责任、民事责任、刑事责任。疫苗事件的教训是惨痛的,同时也引起了诸多法律思考,完善相关法律法规和制度规则,明晰和落实监管责任，督促企业履行主体责任义务，建立质量安全追溯体系，落实产品风险报告制度等势在必行。

## 【本章小结】

本章主要涉及了经济法的含义、经济法律关系、经济法律责任等基本问题。

主要知识点包含：即经济法是调整国家进行宏观调控和市场运规制过程中发生的社会关系的法律规范宏观调控关系和市场运行关系。经济法律关系是由主体、内容、客体这三个要素构成的，当经济法律关系的主体因违反经济法律法规、不履行或不完全履行经济义务或滥用经济权利时应当依法承担不利的法律后果。经济法律责任的承担方式主要有民事责任、行政责任和刑事责任三种。

## 【思考与练习】

一、名词解释
1. 经济法  2. 经济法律关系  3. 经济法律责任

二、简答题
1. 简述经济法的调整对象。
2. 简述经济法律关系的内容。
3. 简述经济法律责任的承担方式。

三、论述题
结合现实生活，分析经济法律关系的构成要素。

## 【推荐阅读书目】

1. 经济法学(第三版). 李昌麒. 法律出版社，2016.
2. 民法学(第五版). 王利明，杨立新. 法律出版社，2017.
3. 法律关系总论(第二卷). 安德拉德. 法律出版社，2018.
4. 经济法概论(第二版). 魏俊. 法律出版社，2015.

# 第二篇

## 市场主体法

# 第三章　公司法

学习引导

公司法的内容涉及了诸多的法律关系,不但涉及民事法律关系,还涉及行政法律关系,也涉及刑事法律关系,甚至还涉及涉外法律关系。作为经济法律体系的重要组成部分,我国公司法是以单行法的形式出现的,在社会主义市场经济建设中起着极其重要的作用。通过本章的学习掌握公司的概念、特征和分类;掌握有限责任公司、股份有限公司的设立和组织机构;了解股权的内容、股份的发行和转让;理解公司的利润分配;了解违反公司法的法律责任。

## 第一节　公司法概述

### 一、公司的概念与特征

公司这种企业形式最早起源于古罗马,在中世纪欧洲大陆的地中海沿岸得到较大发展,伴随着资本主义的快速发展而逐渐演化为现代企业的重要组织形式。改革开放以来,中国的公司制企业也有了长足的发展,并逐渐成为中国特色社会主义市场经济建设的生力军。

(一)公司的概念

对于公司的概念,本教材采用《中华人民共和国公司法》(以下简称《公司法》)对公司的概念界定:公司是指股东依照《公司法》以出资的方式设立的,有独立的法人财产,享有法人财产权,股东以其认缴的出资额或认购的股份为限对公司承担责任的现代企业法人。公司以其全部财产对公司的债务承担责任。

【重要提示】我国《公司法》中的公司特指在中国境内设立的有限责任公司和股份有限公司。

(二)公司的特征

我国的公司有以下四项法律特征:

1. 公司依法设立

公司的设立必须依法定条件、法定程序进行。这首先要求公司的设立符合法定条件,如公司的章程的制定、组织机构的设置等必须合法;同时也要求公司设立要经过法定程序进行登记。公司的设立除依公司法外,还应根据实际需要,符合如商业银行法、保险法、证券法等行业管理法律的规定,有的公司还可能是依据特别法或行政命令设立。

### 2. 公司以营利为目的

企业是以求利润最大化为目的的,所以,营利活动成为促使公司制企业发展的主要动力。公司法中的公司营利是指公司为了谋取超出资本的利益并将其分配给投资者的行为。正是因为这一特征,使公司区别于以公益为目的的事业单位法人和以行政管理为目的的国家机关法人。此外,公司的营业活动应是连续性的营利,而一次性的、间歇性的营利行为不构成经营性的营业活动。

### 3. 公司具有法人资格

按照《中华人民共和国民法总则》(以下简称《民法总则》)的规定,法人是具有民事权利能力和民事行为能力,依法独立享有民事权利和承担民事义务的组织。公司制企业是企业法人,所以具有《民法总则》规定的法人条件,有独立的法人财产并能够独立承担民事责任。我国《公司法》规定的有限责任公司和股份有限公司均具有法人资格,股东以其认缴的出资额或认购的股份为限对公司承担有限责任,公司要以其全部的独立的法人财产对其债务承担责任。

### 4. 公司具有社团性

社团是指具有某些共同目的、共同特征和爱好的人相聚而成的互益组织,社团性的基础是复数成员的存在。《公司法》所指称的公司是股东以出资为基础集合,而《公司法》对设立公司在人数上有严格的要求,所以,从这一角度来看,我国的公司明显具有社团性特征。此外,公司具有法人的性质,法人是自然人的集合,这也满足了公司社团性的特征。当然,我国公司的社团性也存在例外,国有独资公司和一人公司只有一个股东,但这只是基于我国的国情对公司类型作出的一种例外规定,不能因此而否认公司的社团性特征。

## 二、公司的分类

公司因其划分标准不同而有不同的分类,常见有如下分类:

### (一)以股东对公司债务所承担的责任划分

按照股东对公司债务所承担的责任为标准进行划分,可以将公司分为无限公司、有限公司、股份有限公司、两合公司和股份两合公司。

无限公司又称无限责任公司,是指股东对公司的债务承担无限连带清偿责任的公司。作为最早出现的公司形式的无限公司,通常为大陆法系国家所承认,而英美法系国家则将其视为普通合伙企业。

有限公司又称有限责任公司,是指股东仅以其出资额为限对公司债务承担有限责任的公司。

股份有限公司也称为股份公司,是指将公司的全部资本划分为等额股份,股东以其所认购的股份对公司债务承担责任的公司。

两合公司是指由无限责任股东和有限责任股东共同组成的公司,这两种性质不同的股东必须同时存在,否则不能称之为两合公司。

股份两合公司是指由一名以上的无限责任股东和有限责任股东组成的公司。无限责任股东对公司债务负无限连带责任,有限责任部分的资本划分为等额股份,以股票发行的方式由股东认购,股东仅以其认购的股份对公司债务承担责任的公司。

### (二)按控制与支配关系划分

按照控制与支配关系为标准进行划分,可以将公司分为母公司和子公司。

母公司也称控股公司,是指因拥有其他公司一定比例股份或者根据协议可以控制或支配其他公司的公司。

子公司是和母公司相对应的概念。子公司是指全部股份或达到控股程度的股份被另一公司所控制,或者依照协议被另一公司实际控制的公司。

 **补充阅读 3-1　子公司和母公司**

子公司和母公司一样都具有法人资格,依法独立享有民事权利,承担民事责任。我国《公司法》规定"公司可以设立子公司,子公司具有独立法人资格,依法独立承担民事责任。"

但涉及公司利益的重大决策或重大人事安排,仍要由母公司决定。

### (三)按公司信用基础划分

大陆法系国家公司法学者通常认为,公司按照信用基础的不同可分为资合公司、人合公司、人合兼资合公司。

资合公司是指以公司的资本额和资产条件为公司信用基础的公司。股份有限公司是最为典型的资合公司。

人合公司则是指以股东的个人信用作为公司的信用基础的公司。人合公司中股东以个人信用作为结合的基础,公司也以个人信用为经营活动的基础,而不是以公司的资本为信用基础。无限公司就是典型的人合公司。

人合兼资合公司是指以股东的个人信用和公司的资本信用为信用基础的公司。人合兼资合公司的类型包括两合公司和股份两合公司。

### (四)以公司的内部管辖关系划分

按照公司的内部管辖关系进行划分,可以将公司分为总公司和分公司。

总公司,又称为本公司,是指依法设立管辖公司全部组织的具有企业法人资格的总机构。根据我国法律的规定,至少有三个分支机构的公司才可以在名称中使用"总"的字样。通常,总公司应先于分公司设立,并且在公司内部管辖系统中处于领导、支配的地位。

分公司是指被总公司所管辖的公司分支机构。分公司不具有法人资格,既没有独立的名称、章程,也没有独立的财产,仅为总公司的附属机构。

 **补充阅读 3-2　分公司的特点**

(1)分公司没有自己的独立财产,其实际占有、使用的财产是总公司财产的一部分,列入总公司的资产负债表。

(2) 分公司不具有法人资格，不独立承担民事责任。

(3) 分公司的设立程序与一般意义上的公司设立程序不同，设立分公司只需办理简单的登记和开业手续。

(4) 分公司没有自己的公司章程，没有董事会等公司经营决策机构。

(5) 分公司名称为总公司名称后加分公司字样，其名称中虽有公司字样，但不是真正意义上的公司。

(五) 以公司的国籍划分

按照公司的国籍进行划分，可以将公司分为本国公司、外国公司和跨国公司。

本国公司是指依本国法律，在本国境内设立的公司。

外国公司是指依外国法律，在外国设立的公司。

跨国公司是指在多个国家设有公司的公司，该公司通常具有两个以上的国籍。

## 三、公司法

(一) 公司法的概念

公司法是指规定公司的设立、组织、活动、解散及其他对内对外关系的法律规范的总称。

一般而言，按照我国学界的理解，公司法的概念可分为广义与狭义两种。狭义的公司法，仅指专门调整公司问题的法典，如中国大陆现行的《公司法》。广义的公司法是指除专门的公司法典外，还包括其他与公司有关的法律、法规及其他各法之中的调整公司组织关系、规范公司组织行为的法律规范，如《中华人民共和国公司登记管理条例》(以下简称《公司登记管理条例》)、《民法总则》等法律的相关规定。

为了规范公司的组织和行为，保护公司、股东和债权人的合法权益，维护社会经济秩序，促进社会主义市场经济的发展，我国的《公司法》由第八届全国人大常委会第五次会议于1993年12月29日通过，自1994年7月1日起施行，此后于1999年、2004年、2013年、2018年进行了四次修订。

(二) 公司法的特征

1. 公司法是组织法和行为法相结合的法律

从内容上看，公司法是组织法和行为法相结合的法律。组织法是指规范某种社会组织的产生和消灭、组织机构及其运行规则的法律规范。行为法，是指约束或规范某种行为的法律规范。

在《公司法》中确定了公司的法律地位、公司的类型、设立条件及组织机构等，同时，还规定了公司的内部行为规则以及与公司组织的运作和发展相关的外部行为规则，因此，公司法是组织法和行为法相结合的法律。

2. 公司法是强制法和任意法相结合的法律

法律的强制性就是法律的规定必须严格遵循，当事人不得改变，不得变通。法律的任意性，就是法律的规定，当事人可以加以选择，法律允许当事人作另外的规定或者约定，法律的条文只有在当事人没有另外规定和约定的情况下才适用。

公司法有鲜明的管理性，因此，其规范有较多的强制性，目的是为保证公司主体适格，以维护交易安全和经济秩序。但同时也以一定的任意规范体现股东和公司的意思自治。因此，公司法是强制法和任意法相结合的法律。

3. 公司法是实体法和程序法相结合的法律

实体法是指规定具体权利义务内容或者法律保护的具体情况的法律。程序法是为保障实体法所规定的权利义务关系的实现而制定的关于程序方面的法律。

公司法中有大量的实体法律规范，如公司组织机构及其权限，股东的权利、义务等，同时也规定了若干程序性规则，如公司的设立、变更、清算和解散程序，公司机关的议事规则和程序等。因此，公司法是实体法和程序法相结合的法律。

### 四、关于公司的一般规定

(一)公司的设立与登记制度

1. 公司的设立登记

设立公司，应当依法向公司登记机关申请设立登记。符合公司法规定的设立条件的，由公司登记机关分别登记为有限责任公司或者股份有限公司；不符合公司法规定的设立条件的，不得登记为有限责任公司或者股份有限公司。

【重要提示】法律、行政法规规定设立公司必须报经批准的，应当在公司登记前依法办理批准手续。

公众可以向公司登记机关申请查询公司登记事项，公司登记机关应当提供查询服务。公司的登记事项包括：①名称；②住所；③法定代表人姓名；④注册资本；⑤公司类型；⑥经营范围；⑦营业期限；⑧有限责任公司股东或者股份有限公司发起人的姓名或者名称。

2. 营业执照

依法设立的公司，由公司登记机关发给公司营业执照。公司营业执照签发日期为公司成立日期。公司营业执照应当载明公司的名称、住所、注册资本、经营范围、法定代表人姓名等事项。公司营业执照记载的事项发生变更的，公司应当依法办理变更登记，由公司登记机关换发营业执照。

【重要提示】一人有限责任公司应当在公司登记中注明自然人独资或者法人独资，并在公司营业执照中载明。

3. 公司名称、住所

公司名称应当符合国家有关规定。公司只能使用一个名称。经公司登记机关核准登记的公司名称受法律保护。依照公司法设立的有限责任公司，必须在公司名称中标明有限责任公司或者有限公司字样。依照公司法设立的股份有限公司，必须在公司名称中标明股份有限公司或者股份公司字样。

公司的住所是公司主要办事机构所在地。经公司登记机关登记的公司的住所只能有一个。公司的住所应当在其公司登记机关辖区内。公司以其主要办事机构所在地为住所。

4. 公司章程

设立公司必须依法制定公司章程。公司章程，是指公司依法制定的，规定公司名称、住所、经营范围、经营管理制度等重大事项的基本文件，或是指公司必备的规定公司组织及活动的基本规则的书面文件，是以书面形式固定下来的股东共同一致的意思表示。公司章程是公司组织和活动的基本准则，是公司的宪章。公司章程的基本特征是要具备法定性、真实性、自治性和公开性。作为公司组织与行为的基本准则，公司章程对公司的成立及运营具有十分重要的意义，它既是公司成立的基础，也是公司赖以生存的灵魂。公司章程对公司、股东、董事、监事、高级管理人员具有约束力。

5. 经营范围与法人代表

公司的经营范围由公司章程规定，并依法登记。公司可以修改公司章程，改变经营范围，但是应当办理变更登记。公司的经营范围中属于法律、行政法规规定须经批准的项目，应当依法经过批准。

公司法定代表人依照公司章程的规定，由董事长、执行董事或者经理担任，并依法登记。公司法定代表人变更，应当办理变更登记。

6. 股东出资

股东可以用货币出资，也可以用实物、知识产权、土地使用权等可以用货币估价并可以依法转让的非货币财产作价出资；但是，法律、行政法规规定不得作为出资的财产除外。对作为出资的非货币财产应当评估作价，核实财产，不得高估或者低估作价。法律、行政法规对评估作价有规定的，从其规定。但股东不得以劳务、信用、自然人姓名、商誉、特许经营权或者设定担保的财产等作价出资。

【重要提示】股东不按照规定缴纳出资的，除应当向公司足额缴纳外，还应当向已按期足额缴纳出资的股东承担违约责任。

(二) 工会与职工代表大会

公司职工依照《中华人民共和国工会法》(以下简称《工会法》) 组织工会，开展工会活动，维护职工合法权益。公司应当为本公司工会提供必要的活动条件。公司工会代表职工就职工的劳动报酬、工作时间、福利、保险和劳动安全卫生等事项依法与公司签订集体合同。

公司依照宪法和有关法律的规定，通过职工代表大会或者其他形式，实行民主管理。

公司研究决定改制以及经营方面的重大问题、制定重要的规章制度时，应当听取公司工会的意见，并通过职工代表大会或者其他形式听取职工的意见和建议。

(三) 公司性质改变

有限责任公司变更为股份有限公司，应当符合公司法规定的股份有限公司的条件。股份有限公司变更为有限责任公司，应当符合公司法规定的有限责任公司的条件。

有限责任公司变更为股份有限公司的,或者股份有限公司变更为有限责任公司的,公司变更前的债权、债务由变更后的公司承继。

## 第二节 有限责任公司

### 一、有限责任公司的概念与特征

(一)有限责任公司的概念

有限责任公司也称有限公司,是指由1个以上50个以下的股东设立的,股东以其认缴的出资额为限对公司承担有限责任,公司以其全部财产对公司债务承担责任的企业法人。

(二)有限责任公司法律特征

有限责任公司具有以下法律特征。

1. 股东承担有限责任

有限责任公司的股东,仅以其出资额为限对公司的债务承担责任。这是有限责任公司与无限公司及合伙企业的根本区别。

2. 股东人数受限制

我国《公司法》规定有限责任公司由50个以下股东出资设立。因为有限责任公司是具有较强人合性的资合公司,股东须相互信任,这就决定了股东人数不可能太多,有必要做出上限的规定。股东人数超过50人则要变更公司形式为股份有限公司。

【重要提示】我国《公司法》承认了一人公司,因此,有限责任公司的股东人数为1~50人。

3. 股东出资具有非股份性

有限责任公司的资本一般不分为等额股份,股东出资也不以股份为单位计算,而直接以出资额计算。这是有限责任公司与股份有限公司最重要的区别。

4. 机构设置具有灵活性

有限责任公司设立程序简便,只有发起设立,而无募集设立;组织机构也较简单、灵活,其股东会由全体股东组成,董事会由股东会选举产生;规模较小股东人数较少的有限责任公司可以不设董事会和监事会,而由执行董事和执行监事来代替。

5. 公司资本具有封闭性

有限责任公司资本只能由全体股东认缴,不能向社会募集股份,也不能发行股票。公司发给股东出资数额的证明书称股单,股单也不能在证券市场上流通转让。另外,一般对股东出资的转让也有严格的限制。

**案例3-1  有限责任公司股东出资与股份转让**

案情：2018年5月，甲、乙、丙三方准备出资设立一有限公司。2018年6月，3人共同签订了《发起人协议》，约定公司资本全部由三方股东认缴，其中甲以货币30万元出资，乙以办公用房作为出资，而丙本准备以劳务作为出资，但在查阅了《公司法》后了解到，不能以劳务出资，故改为以非专利技术作为出资。但在验资时，丙未能向会计师提供承诺在公司成立后转让非专利技术的承诺函，故最终该项非专利技术出资未得到认可，丙只得改以现金出资5万元。但丙同时与其他股东约定，一旦公司成立后，公司应聘请其作为公司的技术总监。公司成立后，丙如约成为公司的技术总监。2019年，丙提出要将其所持有的全部股份转让给丁，但甲认为丁并不熟悉公司所从事的行业，无法如丙那样为公司服务，故不同意向丁转让股份，并提出由其购买丙所持的股份。最终，丙所持的股份由甲购得。

请问：(1)分析丙不能以劳务出资的原因？(2)如何理解本案中股份转让问题？

点评：本案中，丙原计划以劳务作为出资，这不符合《公司法》的规定，故最终只得以货币出资。这明显不同于合伙企业。合伙企业中的合伙人可以以劳务出资，只要各合伙人对此达成一致即可。究其根本，即在于有限责任公司的对外信用基础除了股东个人信用外，还在于公司的资本信用，而合伙企业则完全在于合伙人的个人信用。

丙在转让其出资时必须取得其他股东过半数的同意，且甲根据《公司法》的规定行使优先购买权，阻止了丁成为公司的股东，这充分体现了有限责任公司的人合性质。有限责任公司往往较之股份有限公司更强调股东之间的相互信任，在股东直接参与公司经营时，强调股东间的信任与合作，因此，股东意欲转让出资时，其他股东可以通过对优先购买权的行使，防止他们不信任的其他人介入公司成为新股东。

## 二、有限责任公司的设立

公司的设立是指为了取得公司主体资格而依法定程序进行的一系列法律行为的总称。设立公司，应当向工商行政管理机关申请设立登记。设立公司必须符合公司法规定的条件，法律、行政法规规定设立公司必须报经批准的，应当在公司登记前依法办理批准手续。

(一)有限责任公司设立的条件

依据我国《公司法》，设立有限责任公司的法定条件有：

1. 股东符合法定人数

有限责任公司由1~50个股东出资设立。国家可以单独出资、由国务院或者地方人民政府授权本级人民政府国有资产监督管理机构履行出资人职责设立有限责任公司，即国有独资公司。《公司法》也规定了一人有限责任公司，允许设立只有一个自然人股东或者一个法人股东的有限责任公司。

## 2. 有符合公司章程规定的全体股东认缴的出资额

有限责任公司的注册资本为在公司登记机关登记的全体股东认缴的出资额。法律、行政法规以及国务院决定对有限责任公司注册资本实缴、注册资本最低限额另有规定的，从其规定。公司的注册资本应当以人民币表示，法律、行政法规另有规定的除外。

## 3. 股东共同制定公司章程

有限责任公司设立时，由全体股东共同制定公司章程，股东应当在公司章程上签名、盖章。公司章程应当载明下列事项：①公司名称和住所；②公司经营范围；③公司注册资本；④股东的姓名或者名称；⑤股东的出资方式、出资额和出资时间；⑥公司的机构及其产生办法、职权、议事规则；⑦公司法定代表人；⑧股东会会议认为需要规定的其他事项。

【重要提示】股东应当在公司章程上签名、盖章。

## 4. 有公司名称，建立符合有限责任公司要求的组织机构

公司名称是公司具有独立人格和对外经营活动的标志，也是公司的法定登记事项。公司在设定自己的名称时，必须符合法律、法规的规定，并经过市场监督理部门进行预先核准登记。公司名称通常由行政区划、字号、所属行业、组织形式依次构成。设立有限责任公司，必须在公司名称中标明有限责任公司或者有限公司字样。

此外，还应建立符合有限责任公司要求的组织机构。根据《公司法》规定，有限责任公司的组织机构包括股东会、董事会和监事会，法律另有规定的除外。

## 5. 有公司住所

公司的住所是公司主要办事机构所在地。经公司登记机关登记的公司的住所只能有一个。公司的住所应当在其公司登记机关辖区内。公司必须有自己的住所，其住所可以与其经营场所一致，也可以不一致。根据《公司法》，有限责任公司以其主要办事机构所在地为住所。

### (二) 有限责任公司的设立程序

《公司法》及《公司登记管理条例》对有限责任公司设立的程序作了明确的规定。同股份有限公司相比，其设立程序较为简单。

## 1. 发起人发起

有限责任公司只能以发起设立方式设立，投资者通常首先签署发起设立协议，对公司的投资者、各方投资比例、公司名称等基本事项予以明确约定。

## 2. 办理公司名称的预先核准登记手续

设立有限责任公司，应当由全体股东指定的代表或者共同委托的代理人向公司登记机关申请名称预先核准。预先核准的公司名称要符合法律对公司名称的构成要求，同时公司名称不得与他人的公司名称相同或相近。

【重要提示】通过预先核准的公司名称可以保留6个月的优先使用权利。

## 3. 制定和通过公司章程

公司章程是对股东、董事、监事及公司高级管理人员具有约束力的调整公司内部

组织关系和经营行为的自治规则，它是公司设立、运营过程中处理内外关系的重要文件，制定公司章程是公司设立的必经程序。《公司法》规定，公司章程需经全体股东同意并签名、盖章，报登记主管机关批准后，发生法律效力。

4. 设立审批

法律、行政法规规定设立公司必须报经批准的，还应当在公司登记前依法办理批准手续。

5. 缴纳出资

缴纳出资是股东在公司设立中履行设立协议或公司章程规定的出资义务的行为。有限责任公司的注册资本为在公司登记机关登记的全体股东认缴的出资额。股东应当按期足额缴纳公司章程中规定的各自所认缴的出资额。股东以货币出资的，应当将货币出资足额存入有限责任公司在银行开设的账户；以非货币财产出资的，应当依法办理其财产权的转移手续。

股东认足公司章程规定的出资后，由全体股东指定的代表或者共同委托的代理人向公司登记机关报送公司登记申请书、公司章程等文件，申请设立登记。

有限责任公司成立后，发现作为设立公司出资的非货币财产的实际价额显著低于公司章程所定价额的，应当由交付该出资的股东补足其差额；公司设立时的其他股东承担连带责任。

【重要提示】股东不按照法律规定缴纳出资的，除应当向公司足额缴纳外，还应当向已按期足额缴纳出资的股东承担违约责任。

### 案例 3-2　有限责任公司的出资形式

案情：2019 年 1 月，A、B、C 准备成立一家从事网上经营的有限责任公司。A 为公司提供场地和设备，经评估作价 25 万元，B 以银行借款 20 万元现金作为出资，C 具有丰富的管理经验要求以劳务出资作价 15 万元。

请问：(1)本案包括哪几种出资形式？根据《公司法》的规定分析 A、B、C 的出资效力。(2)该公司的成立是否符合《公司法》的规定？为什么？

点评：(1)本案例中有三种出资形式，即实物、现金、劳务。其中 A 的出资为实物出资，符合我国《公司法》的规定；B 虽然是从银行借的资金，但并不影响其出资能力，故属货币出资，符合我国《公司法》的规定；C 以劳务作为出资，因其难以估价并不可转让，不符合我国《公司法》的规定。

(2)该公司可以成立。按照我国新《公司法》规定，有符合公司章程规定的全体股东认缴的出资额公司即可成立。有限责任公司的注册资本为在公司登记机关登记的全体股东认缴的出资额。股东人数也符合规定。

6. 确立公司的组织机构

根据《公司法》的规定，除一人公司和国有独资公司外，有限责任公司应设立股东会，作为公司的权力机构；除规模较小、股东人数较少的有限责任公司外，一般还应设立董事会和监事会。

### 7. 申请设立登记

股东的首次出资经依法设立的验资机构验资后,由全体股东指定的代表或者共同委托的代理人向公司登记机关报送公司登记申请书、公司章程、验资证明等文件,申请设立登记。

### 8. 登记发给营业执照

公司登记机关对申请登记时提供的材料进行审查后,认为符合法律规定的,将予以登记并发给营业执照。自此,有限责任公司宣告成立,并取得法人资格。

## 三、有限责任公司的组织机构

### (一)股东会

#### 1. 股东会的性质

有限责任公司股东会由全体股东组成。股东会是公司的权力机构,依公司法行使职权。

#### 2. 股东会的职权

根据《公司法》规定,股东会行使下列职权:决定公司的经营方针和投资计划;选举和更换非由职工代表担任的董事、监事,决定有关董事、监事的报酬事项;审议批准董事会的报告;审议批准监事会或者监事的报告;审议批准公司的年度财务预算方案、决算方案;审议批准公司的利润分配方案和弥补亏损方案;对公司增加或者减少注册资本作出决议;对发行公司债券作出决议;对公司合并、分立、解散、清算或者变更公司形式作出决议;修改公司章程;公司章程规定的其他职权。

#### 3. 股东会会议制度

(1)股东会会议的召开。股东会会议分为定期会议和临时会议。定期会议应当按照公司章程的规定按时召开。代表十分之一以上表决权的股东,三分之一以上的董事,监事会或者不设监事会的公司的监事提议召开临时会议的,应当召开临时会议。

首次股东会会议由出资最多的股东召集和主持。有限责任公司设立董事会的,股东会会议由董事会召集,董事长主持;董事长不能履行职务或者不履行职务的,由副董事长主持;副董事长不能履行职务或者不履行职务的,由半数以上董事共同推举一名董事主持。有限责任公司不设董事会的,股东会会议由执行董事召集和主持。董事会或者执行董事不能履行或者不履行召集股东会会议职责的,由监事会或者不设监事会的公司的监事召集和主持;监事会或者监事不召集和主持的,代表十分之一以上表决权的股东可以自行召集和主持。

(2)股东会的决议。召开股东会会议,应当于会议召开15日以前通知全体股东;但是,公司章程另有规定或者全体股东另有约定的除外。股东会应当对所议事项的决定作成会议记录,出席会议的股东应当在会议记录上签名。

股东会会议由股东按照出资比例行使表决权;但是,公司章程另有规定的除外。

股东会的议事方式和表决程序,除本法有规定的外,由公司章程规定。股东会会议作出修改公司章程、增加或者减少注册资本的决议,以及公司合并、分立、解散或者变更公司形式的决议，必须经代表三分之二以上表决权的股东通过。

 **补充阅读3-3　股东的权利与义务**

（1）有限责任公司成立后，应当向股东签发出资证明书。出资证明书应当载明下列事项：公司名称；公司成立日期；公司注册资本；股东的姓名或者名称、缴纳的出资额和出资日期；出资证明书的编号和核发日期。出资证明书由公司盖章。

（2）有限责任公司应当置备股东名册。有限责任公司应当置备股东名册，记载下列事项：股东的姓名或者名称及住所；股东的出资额；出资证明书编号。记载于股东名册的股东，可以依股东名册主张行使股东权利。

公司应当将股东的姓名或者名称向公司登记机关登记；登记事项发生变更的，应当办理变更登记。未经登记或者变更登记的，不得对抗第三人。

（3）股东有权查阅、复制公司章程、股东会会议记录、董事会会议决议、监事会会议决议和财务会计报告。

股东可以要求查阅公司会计账簿。股东要求查阅公司会计账簿的，应当向公司提出书面请求，说明目的。公司有合理根据认为股东查阅会计账簿有不正当目的，可能损害公司合法利益的，可以拒绝提供查阅，并应当自股东提出书面请求之日起15日内书面答复股东并说明理由。公司拒绝提供查阅的，股东可以请求人民法院要求公司提供查阅。

（4）股东按照实缴的出资比例分取红利；公司新增资本时，股东有权优先按照实缴的出资比例认缴出资。但是，全体股东约定不按照出资比例分取红利或者不按照出资比例优先认缴出资的除外。

（5）公司成立后，股东不得抽逃出资。

### （二）董事会和经理

**1. 董事会的性质**

董事会是公司的业务执行机关。董事会由股东会选举产生，向股东会负责。股东人数较少或者规模较小的有限责任公司，可以设一名执行董事，不设董事会。执行董事可以兼任公司经理。执行董事的职权由公司章程规定。

**2. 董事会的组成和职权**

（1）董事会的组成。有限责任公司设董事会，其成员为3至13人。两个以上的国有企业或者其他两个以上的国有投资主体投资设立的有限责任公司，其董事会成员中应当有公司职工代表；其他有限责任公司董事会成员中也可以有公司职工代表。董事会中的职工代表由公司职工通过职工代表大会、职工大会或者其他形式民主选举产生。

董事会设董事长一人，可以设副董事长。董事长、副董事长的产生办法由公司章程规定。

（2）董事会的职权。根据《公司法》规定，董事会对股东会负责，行使下列职权：召集股东会会议，并向股东会报告工作；执行股东会的决议；决定公司的经营计划和投资方案；制定公司的年度财务预算方案、决算方案；制定公司的利润分配方案和弥补亏损方案；制定公司增加或者减少注册资本以及发行公司债券的方案；制定公司合并、分立、变更公司形式、解散的方案；决定公司内部管理机构的设置；决定聘任或者解聘公司经理及其报酬事项，并根据经理的提名决定聘任或者解聘公司副经理、财务负责人及其报酬事项；制定公司的基本管理制度；公司章程规定的其他职权。

(3)董事的任期。董事任期由公司章程规定，但每届任期不得超过3年。董事任期届满，连选可以连任。董事任期届满未及时改选，或者董事在任期内辞职导致董事会成员低于法定人数的，在改选出的董事就任前，原董事仍应当依照法律、行政法规和公司章程的规定，履行董事职务。

3. 董事会会议

董事会会议由董事长召集和主持；董事长不能履行职务或者不履行职务的，由副董事长召集和主持；副董事长不能履行职务或者不履行职务的，由半数以上董事共同推举一名董事召集和主持。

董事会应当对所议事项的决定作成会议记录，出席会议的董事应当在会议记录上签名。董事会决议的表决，实行一人一票。董事会的议事方式和表决程序，除《公司法》有规定的外，由公司章程规定。

4. 经理

(1)经理的性质。有限责任公司可以设经理，由董事会决定聘任或者解聘，经理对董事会负责。公司经理是负责公司日常经营管理的人员，是董事会的辅助管理人员。

(2)经理的职权。根据《公司法》第50条的规定，经理依法行使下列职权：主持公司的生产经营管理工作，组织实施董事会决议；组织实施公司年度经营计划和投资方案；拟订公司内部管理机构设置方案；拟订公司的基本管理制度；制定公司的具体规章；提请聘任或者解聘公司副经理、财务负责人；决定聘任或者解聘除应由董事会决定聘任或者解聘以外的负责管理人员；董事会授予的其他职权。

公司章程对经理职权另有规定的，从其规定。经理列席董事会会议。

(三)监事会

1. 监事会的性质

监事会，又称监察人会议，是公司依照《公司法》和公司章程设立的，监督公司各项事务的内部监督机关。

2. 监事会的组成

有限责任公司设立监事会，其成员不得少于3人。股东人数较少或者规模较小的有限责任公司，可以设1至2名监事，不设立监事会。监事会应当包括股东代表和适当比例的公司职工代表，其中职工代表的比例不得低于三分之一，具体比例由公司章程规定。监事会中的职工代表由公司职工通过职工代表大会、职工大会或者其他形式民主选举产生。监事会设主席一人，由全体监事过半数选举产生。监事会主席召集和主持监事会会议；监事会主席不能履行职务或者不履行职务的，由半数以上监事共同推举一名监事召集和主持监事会会议。董事、高级管理人员不得兼任监事。

### 3. 监事会的职权

监事会、不设监事会的公司的监事行使下列职权：检查公司财务；对董事、高级管理人员执行公司职务的行为进行监督，对违反法律、行政法规、公司章程或者股东会决议的董事、高级管理人员提出罢免的建议；当董事、高级管理人员的行为损害公司的利益时，要求董事、高级管理人员予以纠正；提议召开临时股东会会议，在董事会不履行《公司法》规定的召集和主持股东会会议职责时召集和主持股东会会议；向股东会会议提出提案；依法对董事、高级管理人员提起诉讼；公司章程规定的其他职权。

除此之外，监事会、不设监事会的公司的监事发现公司经营情况异常，可以进行调查；必要时，可以聘请会计师事务所等协助其工作，费用由公司承担。监事可以列席董事会会议，并对董事会决议事项提出质询或者建议。

### 4. 监事的任期

监事的任期每届为3年。监事任期届满，连选可以连任。监事任期届满未及时改选，或者监事在任期内辞职导致监事会成员低于法定人数的，在改选出的监事就任前，原监事仍应当依照法律、行政法规和公司章程的规定，履行监事职务。

### 5. 监事会会议

有限责任公司监事会每年至少召开一次会议。监事可以提议召开临时监事会会议。监事会的议事方式和表决程序，除法律有规定的外，由公司章程规定。监事会决议应当经半数以上监事通过。监事会应当对所议事项的决定作成会议记录，出席会议的监事应当在会议记录上签名。

监事会、不设监事会的公司监事行使职权所必需的费用，由公司承担。

## （四）董事、监事、高级管理人员任职资格的限制和义务

### 1. 董事、监事、高级管理人员任职资格的限制

董事、监事、高级管理人员拥有公司的决策权、监督权和执行权，他们在很大程度上实际控制公司的运营。但是与股东不同，他们仅仅是公司的代理者，而非公司的所有者。他们与股东的利益有很大程度的一致性，并因此被赋予充分的职权；同时，他们又有自己独立的利益，甚至可能与股东和公司存在着冲突。为此，《公司法》规定，有下列情形之一的，不得担任公司的董事、监事、高级管理人员：无民事行为能力或者限制民事行为能力；因贪污、贿赂、侵占财产、挪用财产或者破坏社会主义市场经济秩序，被判处刑罚，执行期满未逾5年，或者因犯罪被剥夺政治权利，执行期满未逾5年；担任破产清算的公司、企业的董事或者厂长、经理，对该公司、企业的破产负有个人责任的，自该公司、企业破产清算完结之日起未逾3年；担任因违法被吊销营业执照、责令关闭的公司、企业的法定代表人，并负有个人责任的，自该公司、企业被吊销营业执照之日起未逾3年；个人所负数额较大的债务到期未清偿。

### 2. 公司董事、监事、高级管理人员对公司的义务及责任

现代公司制度的发展促使公司内部所有权和经营权分离的趋势日渐加剧，公司的

董事、监事等高级管理人员的权利也不断扩大。因此，公司内部机构之间必然形成分工负责相互制衡机制，从而杜绝公司内部权力过于集中。为解决我国目前公司治理中存在的问题，《公司法》明确规定了董事、监事和高级管理人员的义务，集中体现在忠实和勤勉两个方面。

《公司法》规定，董事、监事、高级管理人员应当遵守法律、行政法规和公司章程，对公司负有忠实义务和勤勉义务。董事、监事、高级管理人员不得利用职权收受贿赂或者其他非法收入，不得侵占公司的财产。

《公司法》规定，董事、高级管理人员不得有下列行为：挪用公司资金；将公司资金以其个人名义或者以其他个人名义开立账户存储；违反公司章程的规定，未经股东会、股东大会或者董事会同意，将公司资金借贷给他人或者以公司财产为他人提供担保；违反公司章程的规定或者未经股东会、股东大会同意，与本公司订立合同或者进行交易；未经股东会或者股东大会同意，利用职务便利为自己或者他人谋取属于公司的商业机会，自营或者为他人经营与所任职公司同类的业务；接受他人与公司交易的佣金归为己有；擅自披露公司秘密；违反对公司忠实义务的其他行为。董事、高级管理人员违反前款规定所得的收入应当归公司所有。

董事、监事、高级管理人员违反忠实、勤勉义务的责任。董事、监事、高级管理人员执行公司职务时违反法律、行政法规或者公司章程的规定，给公司造成损失的，应当承担赔偿责任。

### 四、一人有限责任公司的特别规定

**(一) 一人有限责任公司的概念和特征**

一人有限责任公司，是指只有一个自然人股东或者一个法人股东的有限责任公司。

一人有限责任公司与一般的有限责任公司相比，具有如下法律特征：①公司仅有一个股东，且该唯一股东持有公司的全部出资额或股份。②一人有限责任公司的股东对公司的债务原则上承担有限责任，只要股东能将自己财产和公司财产分开，法律即可承认一人有限责任公司的独立地位。这是与个人独资企业的本质区别。③内部结构相对简单。一人有限责任公司不设股东会，股东、董事、经理身份往往重合。④只能是有限责任公司。我国《公司法》只承认一人有限责任公司，即只有一个自然人股东或者一个法人股东的有限责任公司。

【重要提示】该一人有限责任公司不能投资设立新的一人有限责任公司。

**(二) 一人有限责任公司的特别规制**

为了防止一人有限责任公司可能会引起的负面效果，《公司法》规定了诸多特殊规则。

(1) 明确公示其一人有限责任公司身份。在公司登记和营业执照中应载明自然人或法人独资的信息。

(2) 转投资受到很大限制。一个自然人只能设立一个一人有限责任公司，且该一人有限责任公司不能投资设立新的一人有限责任公司。但此规定不适用于法人及其设立的一人有限责任公司。

(3) 财务会计要求严格。一人有限责任公司应当在每一会计年度终了时编制财务会计报告，并经会计师事务所审计。

(4) 简化公司机构设置。不设股东会，公司章程和重大决策由股东作出，关于公司的经营方针和投资计划应以书面方式作出，并由股东签名后备置于公司。

(5) 确立一人有限责任公司的法人人格否认制度。一人有限责任公司股东不能证明公司财产独立于股东自己的财产的，应当对公司债务承担连带责任。

### 五、国有独资公司

(一) 国有独资公司的概念和特征

国有独资公司，是指国家单独出资、由国务院或者地方人民政府授权本级人民政府国有资产监督管理机构履行出资人职责的有限责任公司。

国有独资公司具有以下特征：

(1) 国有独资公司为国家单独出资，由国务院或者地方人民政府授权本级人民政府国有资产监督管理机构开办。

(2) 国有独资公司章程由国有资产监督管理机构制定，或者由董事会制定报国有资产监督管理机构批准。

(3) 重要的国有独资公司，按照国务院的规定确定。

(二) 国有独资公司的组织机构

1. 股东会职权的行使

国有独资公司不设股东会，由国有资产监督管理机构行使股东会职权。国有资产监督管理机构可以授权公司董事会行使股东会的部分职权，决定公司的重大事项，但公司的合并、分立、解散、增减注册资本和发行公司债券，必须由国有资产监督管理机构决定；其中，重要的国有独资公司合并、分立、解散、申请破产的，应当由国有资产监督管理机构审核后，报本级人民政府批准。

2. 董事会和经理

国有独资公司设立董事会，依照《公司法》的规定及国有资产监督管理机构的授权来行使职权。董事每届任期不得超过3年。董事会成员中应当有公司职工代表。董事会成员由国有资产监督管理机构委派；但是，董事会成员中的职工代表由公司职工代表大会选举产生。董事会设董事长一人，可以设副董事长。董事长、副董事长由国有资产监督管理机构从董事会成员中指定。

国有独资公司设经理，由董事会聘任或者解聘。经国有资产监督管理机构同意，董事会成员可以兼任经理。

国有独资公司的董事长、副董事长、董事、高级管理人员，未经国有资产监督管理机构同意，不得在其他有限责任公司、股份有限公司或者其他经济组织兼职。

3. 监事会

国有独资公司监事会成员不得少于5人，其中职工代表的比例不得低于三分之一,具体比例由公司章程规定。监事会成员由国有资产监督管理机构委派;但是,监事会中的职工代表由公司职工代表大会选举产生。监事会主席由国有资产监督管理机构从监事会成员中指定。

监事会的职责,以财务监督为主,确保国有资产不受侵害。监事会不参与、不干预企业的经营决策和经营管理活动。

### 六、有限责任公司的股权转让

股权是股东基于股东资格而享有的从公司获取经济利益并参加公司经营管理的权利。股权转让是指股东将自己依据股东身份而享有的权利按照一定的程序让与他人,转让人丧失股东资格及股东权,受让人取得股东资格及股东权的行为。有限责任公司虽为资合公司,但却有人合因素,因此股权转让受到较多限制。

(一)股东间转让

根据《公司法》规定,有限责任公司的股东之间可以相互转让其全部或者部分股权。可见,一般情况下,股东间可以自由地转让股权。但是,公司章程对股权转让另有规定的,从其规定。

(二)向股东以外的人转让

根据《公司法》规定,股东向股东以外的人转让股权,应当经其他股东过半数同意。股东应就其股权转让事项书面通知其他股东征求同意,其他股东自接到书面通知之日起满30日未答复的,视为同意转让。其他股东半数以上不同意转让的,不同意的股东应当购买该转让的股权;不购买的,视为同意转让。

经股东同意转让的股权,在同等条件下,其他股东有优先购买权。2个以上股东主张行使优先购买权的,协商确定各自的购买比例;协商不成的,按照转让时各自的出资比例行使优先购买权。公司章程对股权转让另有规定的,从其规定。

人民法院依照法律规定的强制执行程序转让股东的股权时,应当通知公司及全体股东,其他股东在同等条件下有优先购买权。其他股东自人民法院通知之日起满20日不行使优先购买权的,视为放弃优先购买权。公司应当注销原股东的出资证明书,向新股东签发出资证明书,并相应修改公司章程和股东名册中有关股东及其出资额的记载。对公司章程的该项修改不需再由股东会表决。

(三)特殊情况下的股权转让

根据《公司法》规定,有下列情形之一的,对股东会该项决议投反对票的股东可以请求公司按照合理的价格收购其股权:公司连续5年不向股东分配利润,而公司该5年连续盈利,并且符合公司法规定的分配利润条件的;公司合并、分立、转让主要财产的;公司章程规定的营业期限届满或者章程规定的其他解散事由出现,股东会会议通过决议修改公司章程使公司存续的。

自股东会会议决定通过之日起60日内,股东与公司不能达成股权收购协议的,股东可以自股东会会议决议通过之日起90日内向人民法院提起诉讼。

《公司法》规定,自然人股东死亡后,其合法继承人可以继承股东资格;但是,公司章程另有规定的除外。

## 第三节 股份有限公司

### 一、股份有限公司的概念与特征

（一）股份有限公司的概念

股份有限公司是由两个或两个以上股东组成、公司全部资产划分为等额股份，股东以其认购的股份为限对公司承担责任，公司以其全部资产对公司债务承担责任的企业法人。

（二）股份有限公司的特征

股份有限公司具有如下法律特征：

1. 典型的资合性

股份有限公司的信用基础为公司资本，而非股东个人信用。股东之间主要以财产为连接，彼此之间无须存在特殊的信赖和信任。股份具有流通性，股东也在不断地变化中。因此，股份有限公司是典型的资合性公司。

2. 股东责任有限性

股份有限公司的股东仅以其认购的股份为限对公司承担责任。

3. 资本股份的等额性

股份是股东对股份有限公司的出资所形成的公司资本，经等比例分割后所形成的均等份额。根据《公司法》，股份有限公司全部资产划分为等额股份。

4. 发起人数的限制性

发起人是筹办公司设立事务并承担设立失败风险的人。在公司设立完成后，发起人通常转变为股东，称"发起人股东"。我国《公司法》规定："设立股份有限公司，应当有2人以上200人以下为发起人，其中须有半数以上在中国境内有住所。"

5. 公司股票的流通性

股票是公司签发的证明股东所持股份的凭证，是股份的表现形式。股票原则上可以自由买卖流通，如上市交易则要在证券交易所挂牌交易。

6. 公司信息的公开性

由于股票可自由交易，这使股份有限公司更适于成为公众的投资对象。为保护投资者的利益，公司在发行股票和持续经营中，应当承担向公众或者投资者公开相关信息的责任。

### 二、股份有限公司的设立

（一）股份有限公司的设立条件

1. 发起人符合法定人数

股份有限公司发起人承担公司筹办事务，发起人应当签订发起人协议，明确各自在公司设立过程中的权利和义务。设立股份有限公司，应当有2人以上200人以下为发起人，其中须有半数以上的发起人在中国境内有住所。

2. 有符合公司章程规定的全体发起人认购的股本总额或者募集的实收股本总额

股份有限公司采取发起设立方式设立的，注册资本为在公司登记机关登记的全体发起人认购的股本总额。在发起人认购的股份缴足前，不得向他人募集股份。股份有限公司采取募集方式设立的，注册资本为在公司登记机关登记的实收股本总额。法律、行政法规以及国务院决定对股份有限公司注册资本实缴、注册资本最低限额另有规定的，从其规定。

3. 股份发行、筹办事项符合法律规定

股份发行、筹办是指在设立公司的过程中，为了组建股份有限公司，筹集组建公司所需资本而发行股份的行为。无论是以发起设立方式设立股份有限公司，还是以募集设立方式设立股份有限公司，股份的发行、筹办事项必须符合法律规定，具体内容参见本章关于"股份有限公司的设立程序"的相关法律规定。

4. 发起人制定公司章程，采用募集方式设立的经创立大会通过

股份有限公司章程应当载明下列事项：公司名称和住所；公司经营范围；公司设立方式；公司股份总数、每股金额和注册资本；发起人的姓名或者名称、认购的股份数、出资方式和出资时间；董事会的组成、职权、任期和议事规则；公司法定代表人；监事会的组成、职权、任期和议事规则；公司利润分配办法；公司的解散事由与清算办法；公司的通知和公告办法；股东大会会议认为需要规定的其他事项。

5. 有公司名称，建立符合股份有限公司要求的组织机构

公司名称必须标明"股份有限公司"或者"股份公司"的字样，必须符合有关法律、行政法规的规定。公司须建立与法律规定相一致的组织机构。

6. 有公司住所

公司以其主要办事机构所在地为住所。

(二) 股份有限公司的设立程序

股份有限公司的设立，可以采取发起设立或者募集设立的方式。发起设立，是指由发起人认购公司应发行的全部股份而设立公司；募集设立，是指由发起人认购公司应发行股份的一部分，其余股份向社会公开募集或者向特定对象募集而设立公司。因设立方式的不同，设立程序有所不同。

1. 发起设立的程序

①发起人订立公司章程；②发起人认足股份。以发起设立方式设立股份有限公司的，发起人应当书面认足公司章程规定其认购的股份，并按照公司章程规定缴纳出资。以非货币财产出资的，应当依法办理其财产权的转移手续；③发起人缴纳股款；④发起人组建公司机构。发起人首次缴纳出资后，应当选举董事会和监事会；⑤公司设立登记。由董事会向公司登记机关报送公司章程、由依法设定的验资机构出具的验资证明以及法律、行政法规规定的其他文件，申请设立登记。

2. 募集设立的程序

①发起人订立公司章程并认购股份。在募集设立中，发起人应该一次性足额认缴

其股份，发起人认购的股份不得少于公司股份总数的35%；但是，法律、行政法规另有规定的，从其规定；②认股人认股。发起人向社会公开募集股份，必须公告招股说明书，并制作认股书。发行股份的股款缴足后，必须经依法设立的验资机构验资并出具证明；③召开创立大会。创立大会是在股份有限公司募集设立过程中由发起人、认股人所组成的决议机构。发起人应当自股款缴足之日起30日内主持召开公司创立大会；④申请设立登记。董事会应于创立大会结束后30日内，向公司登记机关报送有关文件，申请设立登记。以募集方式设立股份有限公司公开发行股票的，还应当向公司登记机关报送国务院证券监督管理机构的核准文件。

(三)发起人的责任

发起人对股份有限公司承担以下责任：

(1)当公司不能成立时，发起人对设立行为所产生的债务和费用负担连带责任；对认股人已缴纳的股款，负返还股款并加算银行同期存款利息的连带责任。

(2)在公司设立过程中，由于发起人的过失导致公司利益遭受损害的，发起人应当对公司承担赔偿责任。

【重要提示】股份有限公司成立后，发起人未按照公司章程的规定缴足出资的，应当补缴；其他发起人承担连带责任。发现作为设立公司出资的非货币财产的实际价格显著低于公司章程所定价额的，应当由缴纳该出资的发起人补足其差额；其他发起人承担连带责任。

### 三、股份有限公司的组织机构

(一)股东大会

1. 股东大会的组成和职权

股份有限公司股东大会由全体股东组成，是公司的权力机构。其职权范围与有限责任公司股东会的职权相同。

2. 股东大会会议的召开

股东大会会议由董事会召集，董事长主持；董事长不能履行职务或者不履行职务的，由副董事长主持；副董事长不能履行职务或者不履行职务的，由半数以上董事共同推举一名董事主持。董事会不能履行或者不履行召集股东大会会议职责的，监事会应当及时召集和主持；监事会不召集和主持的，连续90日以上单独或者合计持有公司10%以上股份的股东可以自行召集和主持。

股东大会会议分为年会和临时会议。股东大会应当每年召开一次年会。有下列情形之一的，应当在2个月内召开临时股东大会：①董事人数不足公司法规定人数或者公司章程所定人数的三分之二时；②公司未弥补的亏损达实收股本总额三分之一时；③单独或者合计持有公司10%以上股份的股东请求时；④董事会认为必要时；⑤监事会提议召开时；⑥公司章程规定的其他情形。

3. 股东大会的表决

股东出席股东大会会议，所持每一股份有一表决权。股东可以委托代理人出席股东大会会议，代理人应当向公司提交股东授权委托书，并在授权范围内行使表决权。但是，公司持有的本公司股份没有表决权。股东大会作出决议，必须经出席会议的股东所持表决权过半数通过。但是，股东大会作出修改公司章程、增加或者减少注册资本的决议，以及公司合并、分立、解散或者变更公司形式的决议，必须经出席会议的股东所持表决权的三分之二以上通过。

股东大会选举董事、监事，可以根据公司章程的规定或者股东大会的决议，实行累积投票制。累积投票制是指股东大会选举董事或者监事时，每一股份拥有与应选董事或者监事人数相同的表决权，股东拥有的表决权可以集中使用。

(二) 董事会及经理

1. 董事会的组成和职权

股份有限公司设董事会，其成员为 5 至 19 人。董事会成员中可以有公司职工代表。董事会中的职工代表由公司职工通过职工代表大会、职工大会或者其他形式民主选举产生。

董事的任期、董事会的职权与有限责任公司的规定相同。

董事会设董事长一人，可以设副董事长。董事长和副董事长由董事会以全体董事的过半数选举产生。董事长召集和主持董事会会议，检查董事会决议的实施情况。副董事长协助董事长工作，董事长不能履行职务或者不履行职务的，由副董事长履行职务；副董事长不能履行职务或者不履行职务的，由半数以上董事共同推举一名董事履行职务。

2. 董事会会议的召开

董事会每年度至少召开两次会议，每次会议应当于会议召开 10 日前通知全体董事和监事。代表十分之一以上表决权的股东、三分之一以上董事或者监事会，可以提议召开董事会临时会议。董事长应当自接到提议后 10 日内，召集和主持董事会会议。董事会召开临时会议，可以另定召集董事会的通知方式和通知时限。

3. 董事会的表决

董事会会议应有过半数的董事出席方可举行。董事会作出决议，必须经全体董事的过半数通过。董事会决议的表决，实行一人一票制。

董事会会议，应由董事本人出席；董事因故不能出席，可以书面委托其他董事代为出席，委托书中应载明授权范围。董事会应当对会议所议事项的决定作成会议记录，出席会议的董事应当在会议记录上签名。董事应当对董事会的决议承担责任。董事会的决议违反法律、行政法规或者公司章程、股东大会决议，致使公司遭受严重损失的，参与决议的董事对公司负赔偿责任。但经证明在表决时曾表明异议并记载于会议记录的，该董事可以免除责任。

4. 经理

股份有限公司设经理，由董事会决定聘任或者解聘。《公司法》关于有限责任公司经理职权的规定，适用于股份有限公司经理。公司董事会可以决定由董事会成员兼任经理。

(三)监事会

股份有限公司设立监事会,其成员不得少于3人。监事的任期及监事会的职权与有限责任公司的规定相同。

监事会应当包括股东代表和适当比例的公司职工代表,其中职工代表的比例不得低于三分之一,具体比例由公司章程规定。监事会中的职工代表由公司职工通过职工代表大会、职工大会或者其他形式民主选举产生。

监事会设主席一人,可以设副主席。监事会主席和副主席由全体监事过半数选举产生。监事会主席召集和主持监事会会议;监事会主席不能履行职务或者不履行职务的,由监事会副主席召集和主持监事会会议;监事会副主席不能履行职务或者不履行职务的,由半数以上监事共同推举一名监事召集和主持监事会会议。董事、高级管理人员不得兼任监事。

监事会每6个月至少召开一次会议。监事可以提议召开临时监事会会议。监事会应当对所议事项的决定作成会议记录,出席会议的监事应当在会议记录上签名。

(四)董事、监事、高级管理人员的资格和义务

股份有限公司董事、监事、高级管理人员的资格和义务与有限责任公司的规定相同。

### 四、股份有限公司的股份发行与转让

(一)股份的发行

1. 股份与股票的概念

股份是股东对股份有限公司的出资所形成的公司资本,经等比例分割后所形成的均等份额。股份是股份有限公司资本构成的基本单位,也是股东权和股东地位的体现。

【重要提示】股份有限公司的资本划分为股份,每一股的金额相等。

股票是股份有限公司签发的证明股东所持股份的凭证。简单地说,公司的股份采取股票的形式,股票是股份的表现形式。

根据《公司法》规定,股票应采用纸面形式或者国务院证券监督管理机构规定的其他形式,并应当载明下列主要事项:①公司名称;②公司成立日期;③股票种类、票面金额及代表的股份数;④股票的编号。

股票由法定代表人签名,公司盖章。发起人的股票,应当标明发起人股票字样。

2. 股份有限公司的股份发行

股份的发行是指为了设立股份有限公司或者募集新增股份而向社会公众公开出售股份。股份发行的条件和程序应当符合《公司法》和《中华人民共和国证券法》(以下简称《证券法》)的有关规定。

股份的发行,实行公平、公正的原则,同种类的每一股份应当具有同等权利。同次发行的同种类股票,每股的发行条件和价格应当相同;任何单位或者个人所认购的股份,每股应当支付相同价额。

公司发行的股票可以为记名股票，也可以为无记名股票。公司向发起人、法人发行的股票，应当为记名股票，并应当记载该发起人、法人的名称或者姓名，不得另立户名或者以代表人姓名记名。公司发行记名股票的，应当置备股东名册。

【重要提示】股票发行价格可以按票面金额，也可以超过票面金额，但不得低于票面金额。

### 补充阅读 3-4　股票补发

记名股票被盗、遗失或者灭失，股东可以依照《中华人民共和国民事诉讼法》规定的公示催告程序，请求人民法院宣告该股票失效。人民法院宣告该股票失效后，股东可以向公司申请补发股票。

#### (二) 股份转让

**1. 股份转让方式**

股份有限责任公司的股份的转让是以股票转让的方式进行的。股东持有的股份可以依法转让。

记名股票的转让，由股东以背书方式或者法律、行政法规规定的其他方式转让；转让后由公司将受让人的姓名或者名称及住所记载于股东名册。股东大会召开前20日内或者公司决定分配股利的基准日前5日内，不得进行《公司法》规定的股东名册的变更登记。但是，法律对上市公司股东名册变更登记另有规定的，从其规定。

无记名股票的转让，由股东将该股票交付给受让人后即发生转让。

**2. 股份转让的限制**

发起人持有的本公司股份，自公司成立之日起1年内不得转让。公司公开发行股份前已发行的股份，自公司股票在证券交易所上市交易之日起1年内不得转让。

公司董事、监事、高级管理人员应当向公司申报所持有的本公司的股份及其变动情况，在任职期间每年转让的股份不得超过其所持有本公司股份总数的25%；所持本公司股份自公司股票上市交易之日起1年内不得转让。上述人员离职后半年内，不得转让其所持有的本公司股份。公司章程可以对公司董事、监事、高级管理人员转让其所持有的本公司股份作出其他限制性规定。

### 补充阅读 3-5　公司不得收购本公司股份的例外

公司不得收购本公司股份。但是，有下列情形之一的除外：①减少公司注册资本；②与持有本公司股份的其他公司合并；③将股份奖励给本公司职工；④股东因对股东大会作出的公司合并、分立决议持异议，要求公司收购其股份的。

公司由于上述第一至第三种情形收购本公司股份的，应当经股东大会决议。公司收购本公司股份后，属于第一种情形的，应自收购之日起10日内注销；属于第二和第四种情形的，应当在6个月内转让或者注销。

公司将收购的本公司股份奖励给本公司职工，不得超过本公司已发行股份总额的5%；用于收购的资金应当从公司的税后利润中支出；所收购的股份应当在1年内转让给职工。

公司不得接受本公司的股票作为质押权的标的。

3. 股份转让的场所

股东转让其股份,应当在依法设立的证券交易场所进行或者按照国务院规定的其他方式进行。

### 五、上市公司

(一)上市公司的特殊性

上市公司是指所发行的股票经过国务院或者国务院授权的证券监督管理部门批准在证券交易所上市交易的股份有限公司。上市公司除具备一般股份公司的属性外,还具有下列特点:

(1)上市公司是股份有限公司。股份有限公司可为非上市公司,但上市公司必须是股份有限公司。

(2)上市公司股票在证券交易所上市。证券交易所是依据国家有关法律,经政府证券主管机关批准设立的集中进行证券交易的有形场所。唯有股票在证券交易所上市交易的股份有限公司,才是上市公司。

(3)法律对上市公司规定有特殊的规则。由于上市公司是公众持股的公司,为了保护公众投资者的利益,上市公司应遵守特殊的规则。根据我国《证券法》的相关规定,上市公司必须更严格地履行信息披露义务,必须设立上市公司特有的公司机关,必须遵守特有的决议规则,必须接受证券监督管理机构的监督。

(二)股票上市的条件

股份有限公司申请股票上市,应当符合《证券法》规定的下列条件:股票经国务院证券监督管理机构核准已公开发行;公司股本总额不少于人民币3000万元;公开发行的股份达到公司股份总数的25%以上;公司股本总额超过人民币4亿元的,公开发行股份的比例为10%以上;公司最近3年无重大违法行为,财务会计报告无虚假记载。证券交易所可以规定高于前款规定的上市条件,并报国务院证券监督管理机构批准。国家鼓励符合产业政策并符合上市条件的公司股票上市交易。

(三)上市公司的信息披露义务

根据《证券法》,上市公司有持续信息公开的义务,依法披露其信息,必须真实、准确、完整,不得有虚假记载、误导性陈述或重大遗漏。上市公司主要通过编制定期或临时报告履行信息披露义务,如中期报告、年度报告、重大事件临时报告等。

(四)上市公司的特别规定

上市公司应当遵守《公司法》关于公司、股份有限公司的一般规定,但考虑到上市公司的特殊性,我国《公司法》设置了如下特殊规则:

1. 独立董事制度

独立董事是来自公司外部的与公司没有关联关系的非执行董事。这一制度源于美国,上市公司设立独立董事的目的和作用在于提升公司的专业化运作,检查和评判内部董事的工作绩效,最大限度地谋求股东利益尤其是小股东利益,加强对董事会的监督约束,完善法人治理结构。我国《公司法》第一百二十三条规定:"上市公司设立独立董事,具体办法由国务院规定。"

2. 重大资产处置

上市公司在1年内购买、出售重大资产或者担保金额超过公司资产总额的30%的,应当由股东大会作出决议,并经出席会议的股东表决权的三分之二以上通过。

3. 关联交易表决规则

上市公司董事与董事会会议决议事项所涉及的企业有关联关系的,不得对该项决议行使表决权,也不得代理其他董事行使表决权。该董事会会议由半数的无关联关系董事出席即可举行,董事会会议所作决议须经无关联关系董事过半数通过。出席董事会的无关联关系董事人数不足3人的,应将该事项提交上市公司股东大会审议。

4. 董事会秘书

由于上市公司股东人数众多、信息披露义务较重,因而上市公司专门设立了一个董事会秘书的职务,负责公司股东大会和董事会会议的筹备、文件保管以及公司资料的管理,办理信息披露事务等事宜。根据《公司法》规定,董事会秘书属于公司的高级管理人员,应该承担《公司法》规定的高级管理人员的义务。

## 六、公司债券

(一) 公司债券的发行

公司债券,是指公司依照法定程序发行、约定在一定期限还本付息的有价证券。

公司发行公司债券应当符合《证券法》规定的发行条件。发行公司债券的申请经国务院授权的部门核准后,应当公告公司债券募集办法。

公司债券募集办法中应当载明下列主要事项:公司名称;债券募集资金的用途;债券总额和债券的票面金额;债券利率的确定方式;还本付息的期限和方式;债券担保情况;债券的发行价格、发行的起止日期;公司净资产额;已发行的尚未到期的公司债券总额;公司债券的承销机构。

(二) 公司债券的种类

公司债券,可以为记名债券,也可以为无记名债券。

发行记名公司债券的,应当在公司债券存根簿上载明下列事项:债券持有人的姓名或者名称及住所;债券持有人取得债券的日期及债券的编号;债券总额,债券的票面金额、利率、还本付息的期限和方式;债券的发行日期。

发行无记名公司债券的,应当在公司债券存根簿上载明债券总额、利率、偿还期限和方式、发行日期及债券的编号。

(三) 公司债券的转让

公司债券可以转让,转让价格由转让人与受让人约定。

公司债券在证券交易所上市交易的,按照证券交易所的交易规则转让。

记名公司债券,由债券持有人以背书方式或者法律、行政法规规定的其他方式转让,转让后由公司将受让人的姓名或者名称及住所记载于公司债券存根簿;无记名公司债券的转让,由债券持有人将该债券交付给受让人后即发生转让的效力。

(四)公司债券的转换

上市公司经股东大会决议可以发行可转换为股票的公司债券,并在公司债券募集办法中规定具体的转换办法。上市公司发行可转换为股票的公司债券,应当报国务院证券监督管理机构核准。

发行可转换为股票的公司债券,应当在债券上标明可转换公司债券字样,并在公司债券存根簿上载明可转换公司债券的数额。

发行可转换为股票的公司债券的,公司应当按照其转换办法向债券持有人换发股票,但债券持有人对转换股票或者不转换股票有选择权。

## 第四节 公司财务、会计和利润分配

### 一、公司财务、会计的基本要求

(一)公司应当依法建立财务、会计制度

公司应当依照法律、行政法规和国务院财政部门的规定建立本公司的财务、会计制度。

(二)公司应当依法编制财务会计报告

公司应当在每一会计年度终了时编制财务会计报告,并依法经会计师事务所审计。公司财务会计报告主要包括:资产负债表、利润表、现金流量表、所有者权益(或股东权益)变动表等报表及附注。公司财务会计报告应当依照《中华人民共和国会计法》(以下简称《会计法》)、《企业财务会计报告条例》等法律、行政法规和国务院财政部门制定的国家统一的会计制度制作。对于上市公司,在每一会计年度的上半年结束之日,还应当制作中期财务会计报告。

(三)公司应当依法披露有关财务、会计资料

有限责任公司应当按照公司章程规定的期限将财务会计报告送交各股东。股份有限公司的财务会计报告应当在召开股东大会年会的 20 日前置备于本公司,供股东查阅;公开发行股票的股份有限公司必须公告其财务会计报告。

(四)公司应当依法建立账簿开立账户

公司除法定的会计账簿外,不得另立会计账簿。对公司资产,不得以任何个人名义开立账户存储。

(五)公司应当依法聘用会计师事务所对财务会计报告审查验证

公司聘用、解聘承办公司审计业务的会计师事务所,依照公司章程的规定,由股东会、股东大会或者董事会决定。公司股东会、股东大会或者董事会就解聘会计师事务所进行表决时,应当允许会计师事务所陈述意见。公司应当向聘用的会计师事务所

提供真实和完整的会计凭证、会计账簿、财务会计报告及其他会计资料，不得拒绝、隐匿、谎报。

## 二、利润分配

### （一）公司利润分配顺序

公司利润，按照会计概念，是指公司在一个会计年度期间生产经营收入及其他收入扣除成本、费用等后的余额。

根据我国公司法及税法等相关法律的规定，公司应当按照如下顺序进行利润分配：①弥补以前年度的亏损，但不得超过税法规定的弥补期限。我国税法规定：企业某一纳税年度发生的亏损可以用下一年度的所得弥补，下一年度的所得不足以弥补的，可以逐年延续弥补，但最长不得超过5年。本处亏损是指企业依照《中华人民共和国企业所得税法》（以下简称《企业所得税法》）和实施条例的规定，将每一纳税年度的收入总额减除不征税收入、免税收入和各项扣除后小于零的数额。②缴纳所得税。即公司应依我国《企业所得税法》规定缴纳企业所得税。③弥补在税前利润弥补亏损之后仍存在的亏损。④提取法定公积金。⑤提取任意公积金。⑥向股东分配利润。公司弥补亏损和提取公积金后所余税后利润，有限责任公司按照股东实缴的出资比例分配，但全体股东约定不按照出资比例分配的除外；股份有限公司按照股东持有的股份分配，但股份有限公司章程规定不按持股比例分配的除外。

公司股东会、股东大会或者董事会违反规定，在公司弥补亏损和提取法定公积金之前向股东分配利润的，股东必须将违反规定分配的利润退还公司。公司持有的本公司股份不得分配利润。

### （二）公积金

**1. 公积金的概念**

此处的公积金是指公司法上的公积金，它是公司在资本之外所保留的资金金额，又称为附加资本或准备金。公司为增强自身财力，扩大营业范围和预防意外亏损，从利润中提取一定的资金，以用于扩大资本，或弥补亏损。提取公积金制度是国家规定的一项强制性制度，各国公司法一般都有规定。

**2. 公积金的分类**

公积金分为盈余公积金和资本公积金两类。

（1）盈余公积金。盈余公积金是从公司税后利润中提取的公积金，分为法定公积金和任意公积金两种。

法定公积金按照公司税后利润的10%提取，当公司法定公积金累计额为公司注册资本的50%以上时可以不再提取。公司的法定公积金不足以弥补以前年度亏损的，在依照规定提取法定公积金之前，应当先用当年利润弥补亏损。任意公积金按照公司股东会或者股东大会决议，从公司税后利润中提取。

（2）资本公积金。是指直接由资本原因形成的公积金，股份有限公司以超过股票票面金额的发行价格发行股份所得的溢价款，以及国务院财政部门规定列入资本公积金的其他收入，应当列为公司资本公积金。

3. 公积金的用途

公司的公积金应当按照规定的用途使用。公司的公积金主要有以下用途：

(1) 弥补公司亏损。公司的亏损按照国家税法规定可以用缴纳所得税前的利润弥补，超过用所得税前利润弥补期限仍未补足的亏损，可以用公司税后利润弥补；发生特大亏损，税后利润仍不足弥补的，可以用公司的公积金弥补。但是，资本公积金不得用于弥补公司的亏损。

(2) 扩大公司生产经营。公司可以根据生产经营的需要，用公司的公积金来扩大公司的生产经营规模，增强公司实力。

(3) 转增公司资本。公司为了实现增加资本的目的，可以将公积金的一部分转为资本。对用任意公积金转增资本的，法律没有限制，但用法定公积金转增资本时，《公司法》规定，法定公积金转为资本时，所留存的该项公积金不得少于转增前公司注册资本的25%。

(4) 公司从税后利润中提取法定公积金后，经股东会或者股东大会决议，还可以从税后利润中提取任意公积金，任意提任意支配。

(5) 公司弥补亏损和提取公积金后所余税后利润，有限责任公司依照《公司法》第35条(股东实缴出资比例)的规定分配；股份有限公司按照股东持有的股份比例分配，但股份有限公司章程规定不按持股比例分配的除外。

股东会、股东大会或者董事会违反前款规定，在公司弥补亏损和提取法定公积金之前向股东分配利润的，股东必须将违反规定分配的利润退还公司。

### 案例 3-3　甲公司 2018 年的税后利润分配

案情：甲有限责任公司(以下简称"甲公司")于2015年设立。2016年，甲公司与乙公司合并，并将乙公司改组为拓展市场业务的分公司。2018年，甲公司实现税后利润500万元，本年度因违反合同承担违约金20万元，2017年发生经营亏损80万元。

请问：甲公司2018年的税后利润如何分配？

点评：(1) 先以公司法定公积金弥补2017年亏损80万元；

(2) 扣除违约金20万元；

(3) 依法提取法定公积金；

(4) 经股东会议决议，可提取任意公积金；

(5) 分配股东红利。

## 第五节　公司的变更、解散和清算

### 一、公司的合并与分立

（一）公司的合并

公司的合并，是指两个以上的公司依照法定程序变为一个公司的行为。公司合并的形式有两种：一是吸收合并，即一个公司吸收其他公司，被吸收的公司解散。二是新设合并，即两个以上公司合并设立一个新的公司，合并各方解散。公司合并时，合并各方的债权、债务，应当由合并后存续的公司或者新设的公司承继。

（二）公司的分立

公司的分立，是指一个公司依法分为两个以上的公司。公司的分立也有两种形式：一是派生分立，即本公司继续存在，从本公司中派生出一个或几个新公司。二是新设分立，即本公司注销，并分立成两个以上新的公司。公司分立前的债务由分立后的公司承担连带责任。但是，公司在分立前与债权人就债务清偿达成的书面协议另有约定的除外。

（三）公司合并与分立的程序

公司合并和分立，由公司股东会或股东大会决议，有限责任公司合并和分立必须经代表三分之二以上表决权的股东通过；国有独资公司的合并和分立应由国有资产监督管理机构决定；股份有限公司合并和分立，必须经出席股东大会会议股东所持表决权的三分之二以上通过。

公司合并，应当由合并各方签订合并协议，并编制资产负债表及财产清单。公司应当自作出合并决议之日起10日内通知债权人，并于30日内在报纸上公告。债权人自接到通知书之日起30日内，未接到通知书的自公告之日起45日内，可以要求公司清偿债务或者提供相应的担保。

公司分立，其财产作相应的分割。公司分立，应当编制资产负债表及财产清单。公司应当自作出分立决议之日起10日内通知债权人，并于30日内在报纸上公告。

公司合并或者分立，登记事项发生变更的，应当依法向公司登记机关办理变更登记；公司解散的，应当依法办理公司注销登记；设立新公司的，应当依法办理公司设立登记。

### 二、公司的增资、减资

公司增加或者减少注册资本是公司重大事项的变动，有限责任公司必须经代表三分之二以上表决权的股东通过；股份有限公司必须经出席股东大会会议股东所持表决权的三分之二以上通过。

（一）增资

增资即增加注册资本，指公司经营期间，依照法定程序增加公司注册资本。公司注册资本的增加，会增强公司的实力，提高公司的信用，有利于保护债权人利益，对社会交易安全影响不大，因此，各国公司法对公司增资一般不作过多限制。

(二) 减资

减资即减少注册资本，是指公司经营期间，依照法定程序减少注册资本的行为。公司减少注册资本不仅会涉及公司法人财产运作基础的变化，而且会影响公司股东权利义务履行的扩张与增减，并对公司董事或监事等管理人员的职责产生法律上的要求，同时又关乎债权人等第三人的利益。因此各国公司法均采取非常慎重的态度，规定严格的减资程序。

根据我国《公司法》及相关法律规范，公司的减资应遵循下列程序：制定减资方案，作出减资决议；公司必须编制资产负债表及财产清单，并通知和公告债权人；债权人自接到通知书之日起30日内，未接到通知书的自公告之日起45日内，有权要求公司清偿债务或者提供相应的担保；办理减资登记手续。公司董事会应严格按照股东会或者股东大会的决议实施减资。

公司增加或者减少注册资本，应当依法向公司登记机关办理变更登记。

### 三、公司解散、清算

(一) 公司的解散

公司的解散是指对成立的公司，因公司章程或法律规定的事由出现，依法使公司法人资格消灭的法律行为。公司因下列原因解散：公司章程规定的营业期限届满或者公司章程规定的其他解散事由出现；股东会或者股东大会决议解散；因公司合并或者分立需要解散；依法被吊销营业执照、责令关闭或者被撤销；公司经营管理发生严重困难，继续存续会使股东利益受到重大损失，通过其他途径不能解决的，持有公司全部股东表决权10%以上的股东，可以请求人民法院解散公司。

(二) 公司的清算

公司清算是指公司出现法定解散事由或者公司章程所规定的解散事由以后，依法清理公司的债权债务的行为。

1. 清算组的成立

公司解散(因合并或者分立需要解散的除外)，应当在解散事由出现之日起15日内成立清算组，开始清算。

2. 清算组的职权

清算组在清算期间行使下列职权：清理公司财产，分别编制资产负债表和财产清单；通知、公告债权人；处理与清算有关的公司未了结的业务；清缴所欠税款以及清算过程中产生的税款；清理债权、债务；处理公司清偿债务后的剩余财产；代表公司参与民事诉讼活动。

3. 清算组的义务

清算组在清理公司财产、编制资产负债表和财产清单后，发现公司财产不足清偿债务的，应当依法向人民法院申请宣告破产。公司经人民法院裁定宣告破产后，清算组应当将清算事务移交给人民法院。公司清算结束后，清算组应当制作清算报告，报股东会、股东大会或者人民法院确认，并报送公司登记机关，申请注销公司登记，公告公司终止。清算组成员应当忠于职守，依法履行清算义务。清算组成员不得利用职权收受贿赂或者其他非法收入，不得侵占公司财产。清算组成员因故意或者重大过失给公司或者债权人造成损失的，应当承担赔偿责任。

4. 财产的分配

清算组在清理公司财产、编制资产负债表和财产清单后，应当制定清算方案，并报股东会、股东大会或者人民法院确认。公司财产在分别支付清算费用、职工的工资、社会保险费用和法定补偿金，缴纳所欠税款，清偿公司债务后的剩余财产，有限责任公司按照股东的出资比例分配，股份有限公司按照股东持有的股份比例分配。清算期间，公司存续，但不得开展与清算无关的经营活动。公司财产在未按前款规定清偿前，不得分配给股东。

5. 清算的完结

公司清算结束后，清算组应当制作清算报告，报股东会、股东大会或者人民法院确认，并报送公司登记机关，申请注销登记，公告公司终止。

## 第六节　违反公司法的法律责任

### 一、公司发起人、股东的法律责任

虚报注册资本、提交虚假材料或者采取其他欺诈手段隐瞒重要事实取得公司登记的，由公司登记机关责令改正，对虚报注册资本的公司，处以虚报注册资本金额5%以上15%以下的罚款；对提交虚假材料或者采取其他欺诈手段隐瞒重要事实的公司，处以5万元以上50万元以下的罚款；情节严重的，撤销公司登记或者吊销营业执照。构成犯罪的，依法追究刑事责任。

公司的发起人、股东虚假出资，未交付或者未按期交付作为出资的货币或者非货币财产的，由公司登记机关责令改正，处以虚假出资金额5%以上15%以下的罚款。构成犯罪的，依法追究刑事责任。

公司的发起人、股东在公司成立后，抽逃其出资的，由公司登记机关责令改正，处以所抽逃出资金额5%以上15%以下的罚款。构成犯罪的，依法追究刑事责任。

---

**案例3-4　股份有限公司出资**

案情：天昊公司为股份有限公司。天昊公司的主要发起人荻花企业以经营性资产投入天昊公司，并认购了相应的发起人股份。在天昊公司成立后，荻花企业将已经作为出资应当交付给天昊公司的部分机器设备(价值200万元)作为自己的资产使用了3年有余，至今尚未交付给天昊公司。

请问：根据《公司法》等法律的规定，荻花企业的行为属于何种性质的违法行为？

获花企业应当承担何种法律责任?

点评:获花企业的行为属于虚假出资行为。获花企业应承担的法律责任为:由公司登记机关责令改正,处以虚假出资金额5%以上15%以下的罚款。构成犯罪的,依法追究刑事责任。

## 二、公司的法律责任

(一)公司违反财务会计规定的法律责任

法定的会计账簿以外另立会计账簿的,由县级以上人民政府财政部门责令改正,处以5万元以上50万元以下的罚款。构成犯罪的,依法追究刑事责任。

公司在依法向有关主管部门提供的财务会计报告等材料上作虚假记载或者隐瞒重要事实的,由有关部门对直接负责的主管人员和其他直接责任人员处以3万元以上30万元以下的罚款。

公司不依照《公司法》规定提取法定公积金的,由县级以上人民政府财政部门责令如数补足应当提取的金额,可以对公司处以20万元以下的罚款。

(二)公司违反合并、分立、减少注册资本或者清算规定的法律责任

公司在合并、分立、减少注册资本或者进行清算时,不依照《公司法》规定通知或者公告债权人的,由公司登记机关责令改正,对公司处以1万元以上10万元以下的罚款。

公司在进行清算时,隐匿财产,对资产负债表或者财产清单作虚假记载或者在未清偿债务前分配公司财产的,由公司登记机关责令改正,对公司处以隐匿财产或者未清偿债务前分配公司财产金额5%以上10%以下的罚款;对直接负责的主管人员和其他直接责任人员处以1万元以上10万元以下的罚款。构成犯罪的,依法追究刑事责任。

公司在清算期间开展与清算无关的经营活动的,由公司登记机关予以警告,没收违法所得。

(三)公司违反开业、变更登记事项和外国公司设立分支机构规定的法律责任

公司成立后无正当理由超过6个月未开业的,或者开业后自行停业连续6个月以上的,可以由公司登记机关吊销营业执照。

公司登记事项发生变更时,未依照《公司法》规定办理有关变更登记的,由公司登记机关责令限期登记;逾期不登记的,处以1万元以上10万元以下的罚款。

外国公司违反《公司法》规定,擅自在中国境内设立分支机构的,由公司登记机关责令改正或者关闭,可以并处5万元以上20万元以下的罚款。

公司违反《公司法》规定,应当承担民事赔偿责任和缴纳罚款、罚金,其财产不足以支付时,先承担民事赔偿责任。

## 三、清算组的法律责任

清算组成员利用职权徇私舞弊、谋取非法收入或者侵占公司财产的,由公司登记

机关责令退还公司财产，没收违法所得，并可以处以违法所得1倍以上5倍以下的罚款。

清算组不依照《公司法》规定向公司登记机关报送清算报告，或者报送清算报告隐瞒重要事实或者有重大遗漏的，由公司登记机关责令改正。

### 四、承担资产评估、验资或者验证的机构的法律责任

承担资产评估、验资或者验证的机构提供虚假材料的，由公司登记机关没收违法所得，处以违法所得1倍以上5倍以下的罚款，并可以由有关部门依法责令该机构停业、吊销直接责任人员的资格证书，吊销营业执照。构成犯罪的，依法追究刑事责任。

承担资产评估、验资或者验证的机构因过失提供有重大遗漏的报告的，由公司登记机关责令改正，情节较重的，处以所得收入1倍以上5倍以下的罚款，并可以由有关主管部门依法责令该机构停业、吊销直接责任人员的资格证书，吊销营业执照。构成犯罪的，依法追究刑事责任。

承担资产评估、验资或者验证的机构因其出具的评估结果、验资或者验证证明不实，给公司债权人造成损失的，除能够证明自己没有过错的外，在其评估或者证明不实的金额范围内承担赔偿责任。

### 五、公司登记机关的法律责任

公司登记机关对不符合《公司法》规定条件的登记申请予以登记，或者对符合《公司法》规定条件的登记申请不予登记的，对直接负责的主管人员和其他直接责任人员，依法给予行政处分。构成犯罪的，依法追究刑事责任。

公司登记机关的上级部门强令公司登记机关对不符合《公司法》规定条件的登记申请予以登记，或者对符合《公司法》规定条件的登记申请不予登记的，或者对违法登记进行包庇的，对直接负责的主管人员和其他直接责任人员依法给予行政处分。构成犯罪的，依法追究刑事责任。

### 六、其他主体的相关法律责任

利用公司名义从事危害国家安全、社会公共利益的严重违法行为的，吊销营业执照。

外国公司违反本法规定，擅自在中国境内设立分支机构的，由公司登记机关责令改正或者关闭，可以并处5万元以上20万元以下的罚款。

未依法登记为有限责任公司或者股份有限公司，而冒用有限责任公司或者股份有限公司名义的，或者未依法登记为有限责任公司或者股份有限公司的分公司，而冒用有限责任公司或者股份有限公司的分公司名义的，由公司登记机关责令改正或者予以取缔，可以并处10万元以下的罚款。

### 案例 3-5　公司僵局①

**案情**：赵某华与马某庆于2013年共同出资设立了A房地产开发有限公司，注册资本100万元，其中赵某华出资60万元，拥有公司60%的股份，马某庆出资40万元，拥有公司40%的股份，赵某华为公司的法定代表人、执行董事兼总经理。2015年3月，公司股东会决议通过了同意转让出资的决定，同意赵某华转让所持有的全部股份给黄某，黄某因此获得60%的出资额后成为A房地产开发有限公司新的大股东，并通过选举担任公司法定代表人、执行董事兼总经理。但是一直以来，作为小股东的马某庆却实际控制着公司的公章、法人章、财务章和营业执照正、副本，从未让黄某参与过公司的经营管理；黄某也从未按章程享受过分红、查阅财务会计报告等相应的股东应该享受的权利；股东会从2015年至今无法召开。直接导致公司于2018年年初停止经营。黄某认为股东之间对公司经营管理有严重分歧，公司经营发生严重困难，公司事务陷入僵局，继续存续会使自己及公司遭受重大损失。2018年9月，黄某将马某庆和公司列为被告告上法庭，要求解散公司，并按照法定程序对公司进行清算。

**请问**：如何为本案定性？在司法实践中如何规避同类案件的发生？

**点评**：本案是一起典型的公司僵局案例，公司僵局是指公司在存续运行中由于股东或董事之间发生分歧或纠纷，且彼此不愿妥协而处于僵持状况，导致公司有关机构不能按照法定程序作出决策，从而使公司无法正常运转甚至瘫痪的事实状态。此时公司自治的公司治理结构完全失灵，不能正常进行经营活动，如果任其继续存续下去，将会造成公司实质利益者即股东利益的损失。为保护股东利益，使这些公司顺利地退出市场，《公司法》《公司法司法解释(二)》赋予股东请求法院解散公司的权利，即对瘫痪公司实施"安乐死"。

针对本案尚存在以下法律问题：

(1)当事人主体资格。首先，原告持有公司60%的股份，符合《公司法》及《公司法司法解释(二)》规定的单独持有或合计持有公司全部股东表决权10%以上的股东才能提起解散公司诉讼的规定。其次，根据《公司法司法解释(二)》第4条规定解散之诉应以公司为被告，其他股东或利害人为第三人。因此，本案原告应以公司为被告，以马某庆为第三人，而非将马某庆和公司均列为被告。

(2)诉讼事由。《公司法司法解释(二)》第一条列举四种股东据以起诉的理由："(一)公司持续两年以上无法召开股东会或者股东大会，公司经营管理发生严重困难的；(二)股东表决时无法达到法定或者公司章程规定的比例，持续两年以上不能做出有效的股东会或者股东大会决议，公司经营管理发生严重困难的；(三)公司董事长期冲突，且无法通过股东会或者股东大会解决，公司经营管理发生严重困难的；(四)经营管理发生其他严重困难，公司继续存续会使股东利益受到重大损失的情形。"因此本

---

① 案例来源：http://blog.sina.com.cn/s/blog_58ee1cf10100fcbb.html。

案原告以超过 2 年没召开股东会、经营管理发生严重困难，公司继续存续会使股东受到重大损失为由起诉符合法律规定，人民法院应予受理。同时该条还规定："股东以知情权、利润分配请求权等权益受到损害，或者公司亏损、财产不足以偿还全部债务，以及公司被吊销企业法人营业执照未进行清算等为由，提起解散公司诉讼的，人民法院不予受理"，具体到本案若原告仅以以知情权、利润分配请求权等权益受到损害为由提起诉讼人民将不予受理。

(3)程序方面。《公司法司法解释(二)》第 2 条规定："股东提起解散公司诉讼，同时又申请人民法院对公司进行清算的，人民法院对其提出的清算申请不予受理。人民法院可以告知原告，在人民法院判决解散公司后，依据《公司法》第一百八十四条和本规定第七条的规定，自行组织清算或者另行申请人民法院对公司进行清算。"根据该条股东不能同时提起解散公司诉讼与申请法院清算公司，只能在法院判决解散公司后由公司自行清算或另行申请法院清算，本案中原告的清算请求将不会得到人民法院受理。

出现公司僵局对于公司和争议股东来讲都不是一件好事，司法解散公司也并不是解决公司僵局问题的唯一途径，股东亦可在制定公司章程时专门设置"公司僵局的处理方法"一章，约定一旦出现公司僵局时应按照何种原则和具体方式来处理公司解散的有关事宜而不再召开股东(大)会或董事会，这样就能避免出现公司僵局时可能给自己带来的损害。

## 【本章小结】

本章探讨了公司与公司法的相关内容，涵盖了公司的概念、特征、分类，并对公司法的概念、特征，公司的一般规定，有限责任公司和股份有限公司的设立、组织机构，公司财务、会计和利润分配，公司的变更、解散和清算，违反公司法的法律责任等基本问题进行了详细的阐释。

主要知识点包含：

(1)公司是作为现代企业法人，具有依法设立、以营利为目的、具有法人资格、社团性等特点，公司可按照不同性质进行分类。

(2)公司法是指规定公司的设立、组织、活动、解散及其他对内对外关系的法律规范的总称，我国《公司法》中的公司特指在中国境内设立的有限责任公司和股份有限公司。

(3)有限责任公司是指由 1 个以上 50 个以下的股东设立的，股东以其认缴的出资额为限对公司承担有限责任，公司以其全部财产对公司债务承担责任的企业法人；设立有限责任公司必须符合公司法规定的条件，只能以发起设立方式设立，有限责任公司中股东会是权力机构，董事会是业务执行机关，监事会是内部监督机关；有限责任公司包括一人有限责任公司和国有独资公司；股权转让，一般情况下股东间可以自由地转让股权，另有规定的，从其规定。

(4)股份有限公司是由两个或两个以上股东组成、公司全部资产划分为等额股份，股东以其认购的股份为限对公司承担责任，公司以其全部资产对公司债务承担责任的企业法人；设立股份有限公司必须符合公司法规定的条件，可以采取发起设立或者募集设立的方式，股份有限公司的股东大会是权力机构，股东大会选举董事、监事，经理由董事会决定聘任或者解聘；股份发行的条件和程序应当符合《公司法》和《证券法》的有关规定，股份的转让是以股票转让的方式进行的；公司债券的发行与转换，公司财务、会计和利润分配、公司的变更、解散和清算应按照法律规定进行。

(5)违反公司法的规定应当承担相应的法律责任。

## 【思考与练习】

### 一、名词解释

1. 公司法　2. 有限责任公司　3. 公司章程　4. 监事会　5. 一人公司　6. 股份有限公司　7. 上市公司　8. 公司债券　9. 公司的解散　10. 公司清算

### 二、简答题

1. 简述公司的特征。
2. 简述公司的分类。
3. 简述有限责任公司的特征。
4. 简述有限责任公司的设立条件。
5. 简述股份有限公司的特征。
6. 简述公司利润分配顺序。

### 三、论述题

1. 试述有限责任公司的设立条件和程序。
2. 试述股份有限公司的股份转让的方式及限制。

### 四、案例分析

1. 2015年6月，甲公司、乙公司、丙公司和陈某共同投资设立丁有限责任公司（下称丁公司）。丁公司章程规定：,(1)公司注册资本500万元。(2)甲公司以房屋作价120万元出资，乙公司以机器设备作价100万元出资；陈某以货币100万元出资；丙公司出资180万元，首期以原材料作价100万元出资，余额以知识产权出资。2015年12月前缴足。(3)公司设股东会，1名执行董事和1名监事。(4)股东按照1∶1∶1∶1行使表决权。公司章程对出资及表决权事项未作其他特殊规定。

公司设立后，甲公司、乙公司和陈某按照公司章程的规定实际缴纳了出资，并办理了相关手续，丙公司按公司章程规定缴纳首期出资后，于2015年11月以特许经营权作价80万元缴足出资。2017年6月，因股东之间经营理念存在诸多冲突且无法达成一致，陈某提议解散丁公司。丁公司召开股东会就该事项进行表决。甲公司、乙公司和陈某赞成，丙公司反对。于是股东会作出了解散丁公司的决议。

试分析：

(1)指出丁公司股东出资方式中的不合法之处。

(2)丁公司设1名执行董事和1名监事是否合法？

(3)丁公司股东会作出解散公司的决议是否合法？说明理由。

2. 凯莱公司成立于2002年1月，林方清与戴小明系该公司股东，各占50%的股份，戴小明任公司法定代表人及执行董事，林方清任公司总经理兼公司监事。凯莱公司章程明确规定：股东会的决议须经代表二分之一以上表决权的股东通过，但对公司增加或减少注册资本、合并、解散、变更公司形式、修改公司章程作出决议时，必须经代表三分之二以上表决权的股东通过。股东会会议由股东按照出资比例行使表决权。2006年起，林方清与戴小明两人之间的矛盾逐渐显现。同年5月9日，林方清提议并通知召开股东会，由于戴小明认为林方清没有召集会议的权利，会议未能召开。同年6月6日、8月8日、9月16日、10月10日、10月17日，林方清委托律师向凯莱公司和戴小明发函称，因股东权益受到严重侵害，林方清作为享有公司股东会二分之一表决权的股东，已按公司章程规定的程序表决并通过了解散凯莱公司的决议，要求戴小明提供凯莱公司的财务账册等资料，并对凯莱公司进行清算。同年6月17日、9月7日、10月13日，戴小明回函称，林方清作出的股东会决议没有合法依据，戴小明不同意解散公司，并要求林方清交出公司财务资料。同年11月15日、25日，林方清再次向凯莱公司和戴小明发函，要求凯莱公司和戴小明提供公司财务账册等供其查阅、分配公司收入、解散公司。

江苏常熟服装城管理委员会（简称服装城管委会）证明凯莱公司目前经营尚正常，且愿意组织林方清和戴小明进行调解。

另查明，凯莱公司章程载明监事行使下列权利：(1)检查公司财务；(2)对执行董事、经理执行公司职务时违反法律、法规或者公司章程的行为进行监督；(3)当董事和经理的行为损害公司的利益时，要求董事和经理予以纠正；(4)提议召开临时股东会。从2006年6月1日至今，凯莱公司未召开过股东会。服装城管委会调解委员会于2009年12月15日、16日两次组织双方进行调解，但均未成功。

试分析：

(1)林方清是否符合公司法关于提起公司解散诉讼的股东须持有公司股份的条件？

(2)请综合分析凯莱公司是否符合"公司经营管理发生严重困难"的条件而予以解散。

**【推荐阅读书目】**

1. 现代公司法(第三版). 刘俊海. 法律出版社, 2015.
2. 新公司法实务操作指南(第二版). 高云, 游文星. 法律出版社, 2016.
3. 公司法(第四版). 范健. 法律出版社, 2015.
4. 中华人民共和国公司法案例注释版(第三版). 中国法制出版社. 中国法制出版社, 2015.
5. 公司法新解读(第四版). 中国法制出版社. 中国法制出版社, 2017.

# 第四章 合伙企业法

 **学习引导**

合伙企业是不具有法人资格的营利性经济组织,成立的基础是订立合伙协议,介于法人企业与个人独资企业之间的企业形式。通过本章学习,了解合伙企业的基础知识;理解普通合伙企业、特殊的普通合伙企业、有限合伙企业的概念、设立条件,合伙人出资方式、执行事务的权利义务、风险分担以及利润分配的方式;把握各类合伙企业财产、事务执行、与第三人关系以及入伙、退伙等内容;掌握合伙企业解散、清算方面的知识以及相关责任追究的规定。在合伙企业法的学习中,第二节普通合伙企业、第三节有限合伙企业和第四节合伙企业解散、清算是重点内容。其中普通合伙企业是学习特殊普通合伙企业和有限合伙企业的基础,应当重点把握;学习时应当前后贯穿,综合学习,注意对比掌握普通合伙企业与有限合伙企业的区别与联系。

## 第一节 合伙企业法概述

### 一、合伙企业的概念和特征

合伙企业是指两个或两个以上自然人、法人或者其他组织,订立合伙协议并依据合伙企业法设立的共同出资、共同经营、共享收益、共担风险的营利性组织。我国合伙企业分为普通合伙企业和有限合伙企业。合伙企业主要具有以下法律特征。

1. 合伙企业是不具有法人资格的营利性经济组织

合伙企业可以以自己的名义进行民事活动,有稳定的组织机构,有自己的名称,并经工商登记取得经营主体资格。合伙企业的人格、财产、利益和民事责任都具有相对的独立性,但是,这种独立性低于法人。合伙企业是一种不具有法人资格,较法人低级的组织形态。同时,合伙企业作为企业的一种,具有企业的一切共性,即企业设立的目的是为了营利,追求利润最大化。这使得合伙企业与其他具有合伙形式但不以营利为目的的合伙组织相区别。

2. 合伙企业成立的基础是订立合伙协议

合伙协议是合伙人之间共同一致的意思表示,是共同出资、共同经营的合同。合伙人按照自愿、平等、公平、诚实信用的原则,就合伙企业的基本问题,按照法定的要求订立书面协议。订立合伙协议是合伙企业成立的开端,每个合伙人必须毫不保留地接受合伙协议的全部条款,才能真正成为合伙人。没有合伙协议就不能成为合伙企业。

### 3. 合伙人共同承担合伙权利、义务

合伙权利、义务即合伙人之间承担共同出资、共同经营、共享收益、共担风险的权利、义务。合伙企业的成立建立在合伙人之间相互依赖的基础上，无论合伙协议如何规定，合伙人都应当依法共同出资、共同经营、共享收益、共担风险，这是由合伙的本质属性决定的。每个合伙人必须依据法律和协议共同提供资金、技术、财产权利、实物或者劳务等。这些财产共同构成合伙企业的物质条件和对外承担民事责任的基础。合伙人既可以作为经营者对合伙企业事务进行干预，也可以作为业务执行者亲自参与企业的日常经营活动。合伙企业的存在是为了合伙人共同的经济目的，企业经营有收益也有风险。对于合伙企业的收益，合伙人享有依据法律规定或者合伙协议的约定进行分配的权利；对于合伙企业负有的债务和责任等风险，合伙人也应当共同承担。

### 二、合伙企业法的概念

合伙企业法是调整合伙企业在设立、组织活动、终止过程中发生的经济关系的法律规范的总和。随着我国社会主义市场经济的不断发展和完善，合伙企业作为重要的市场主体对经济发展起到了不可或缺的作用，合伙企业相关法律规范得到了进一步完善。《中华人民共和国合伙企业法》（以下简称《合伙企业法》），于1997年2月23日第八届全国人民代表大会常务委员会第二十四次会议通过，自1997年8月1日施行。2006年8月27日第十届全国人民代表大会常务委员会第二十三次会议修订《合伙企业法》，并自2007年6月1日施行。该法重新定义了合伙企业的概念，明确规定了合伙企业法的立法宗旨、调整范围、合伙企业的设立、共同经营行为规范与违反合伙企业法的法律责任等，为合伙企业的成立与开展经营活动，存在与发展提供了行为准则，为法院正确审理涉及合伙企业的案件提供了法律依据。《合伙企业法》的修改与实施，标志着我国企业立法体系趋于完善。它新增特殊的普通合伙企业、有限合伙企业的概念，将有限合伙、法人之间和法人与自然人之间的合伙以及虽采取合伙组织形式但非市场主体的律师事务所、会计师事务所等中介机构纳入其中，使其有法可依。同时，《合伙企业法》还增加了关于外国企业或者个人在中国境内设立合伙企业的管理规定，（其管理办法由国务院规定，第一百零八条），扩大了《合伙企业法》的适用范围。

## 第二节 普通合伙企业

### 一、合伙企业的设立

普通合伙企业是指由普通合伙人组成，合伙人对合伙企业的债务承担无限连带责任的合伙企业。

#### （一）合伙企业的设立条件

依据《合伙企业法》的规定，设立普通合伙企业应当具备下列条件：

1. 合伙人符合法定要求

（1）设立合伙企业必须有二个以上合伙人。《合伙企业法》没有对合伙人数量作出上限限制，具体数量可多可少。由于合伙企业建立在合伙人之间的相互信赖之上，合伙企业具有人合的性质，所以实践中合伙人数量不会过多。

（2）合伙人为自然人的，应当具有完全民事行为能力。合伙人共同经营、共担风险，普通合伙人对合伙企业的债务承担无限连带责任，只有具备完全民事行为能力的人才能进行这些活动。限制民事行为能力人和无民事行为能力人参与合伙，容易造成自身利益以及合伙利益的损害。普通合伙人具有完全民事行为能力有利于维护合伙人的共同利益。

（3）国有独资公司、国有企业、上市公司、公益性的事业单位以及公益性的社会团体不得成为普通合伙人。法人和其他组织可以成为合伙人，但是出于风险考虑，上述五种主体不得成为普通合伙人。此种做法有利于保护国有资产、上市公司股东的利益以及公益财产。

2. 有书面合伙协议

合伙协议是指合伙人为实现合伙事业的目的而达成的共同出资、共同经营、共享收益、共担风险的协议。合伙协议是合伙企业成立的基础，合伙企业的重要事项都应在合伙协议中作出规定。合伙协议应当依法由全体合伙人协商一致，以书面形式订立。合伙协议经全体合伙人签名、盖章后生效。合伙人按照合伙协议享有权利，履行义务。订立合伙协议，设立合伙企业，应当遵循自愿、平等、公平、诚实信用原则。

合伙协议应当载明下列事项：合伙企业的名称和主要经营场所的地点；合伙目的和合伙企业的经营范围；合伙人的姓名或者名称、住所；合伙人的出资方式、数额和缴付期限；利润分配以及亏损分担方式；合伙企业事务的执行；入伙与退伙；争议解决办法；合伙企业的解散与清算；违约责任。

除合伙协议另有约定外，合伙人修改或补充合伙协议，应当经全体合伙人协商一致同意。合伙协议未约定或者约定不明确的事项，由合伙人协商决定；协商不成的，依照《合伙企业法》和其他有关法律、行政法规的规定处理。合伙人违反合伙协议的，应当依法承担违约责任。

3. 有合伙人认缴或者实际缴付的出资

合伙企业是营利性经济组织，出资是形成合伙财产以及合伙企业承担责任的基础，也是对债权人利益的有效担保。因此，合伙人必须向合伙企业出资，可以采取认缴或者实际缴付的形式，可以分期出资而不必一次性缴付。与公司不同，合伙企业没有最低注册资本也即没有数额限制。因为合伙企业是人合性的企业组织形式，关键在于合伙人之间的合作，普通合伙人对外承担无限连带责任已经足以提供资信保证，保障债权人的利益。不规定最低注册资本的做法有利于鼓励投资。

合伙人可以用货币、实物、知识产权、土地使用权或者其他财产权利出资，也可以用劳务出资。出资应当是合伙人合法的财产或者财产权利。合伙人以实物、知识产权、土地使用权或者其他财产权利出资，需要评估作价的，可以由全体合伙人协商确定，也可以由全体合伙人委托法定评估机构评估。合伙人以劳务出资的，由全体合伙人协商确定评估办法,并应当在合伙协议中载明。但是有限合伙人不得以劳务出资。

合伙人应当按照合伙协议约定的出资方式、数额和缴付期限,履行出资义务。如果合伙人以非货币财产的形式出资,依照法律、行政法规的规定,需要办理财产权转移手续的,应当依法办理。

4. 有合伙企业的名称和生产经营场所

合伙企业作为市场主体,应当有区别于其他企业的名称。但企业名称的选择要符合有关法律、法规和规章规定。根据《企业名称登记管理规定》,通常企业名称由四部分组成:企业所在行政区划名称、字号、行业或者经营特点、组织形式。因此,合伙企业名称应当与其责任形式及所从事的营业相符合。

【重要提示】普通合伙企业名称中应当标明"普通合伙"字样。

合伙企业应当有自己的经营场所。经营场所是其主要生产经营活动所在地,是确定工商登记管辖、决定诉讼管辖、决定法律文书送达之处所以及决定涉外民事关系适用准据法等的根据,其对开展诉讼和行政管理工作有着重要法律意义。

5. 法律、行政法规规定的其他条件

合伙企业的设立需要同时满足法律、行政法规规定的其他条件,这样才能保证合伙企业合法地开展生产经营等活动。比如《公司法》第十五条规定:"公司可以向其他企业投资;但是,除法律另有规定外,不得成为对所投资企业的债务承担连带责任的出资人。"那么公司就不能成为合伙企业的普通合伙人,否则就违反了《公司法》的规定。

(二)合伙企业的设立程序

1. 申请

申请设立合伙企业,应当向企业登记机关提交登记申请书、合伙协议书、合伙人身份证明等文件。合伙企业的经营范围中有属于法律、行政法规规定在登记前须经批准的项目的,该项经营业务应当依法经过批准,并在登记时提交批准文件。

2. 核准及变更登记

申请人提交的登记申请材料齐全、符合法定形式,企业登记机关能够当场登记的,应予当场登记,发给营业执照;企业登记机关不能够当场登记的,应当自受理申请之日起 20 日内,作出是否登记的决定。予以登记的,发给营业执照;不予登记的,应当给予书面答复,并说明理由。

合伙企业登记事项发生变更的,执行合伙事务的合伙人应当自作出变更决定或者发生变更事由之日起 15 日内,向企业登记机关申请办理变更登记。

3. 签发营业执照

合伙企业的营业执照签发日期,为合伙企业成立日期。合伙企业领取营业执照前,合伙人不得以合伙企业名义从事合伙业务。合伙企业设立分支机构的,应当向分支机构所在地的企业登记机关申请登记,领取营业执照。

## 二、合伙企业财产

### (一)合伙企业财产的构成

合伙企业财产,根据《合伙企业法》第二十条的规定,合伙人的出资、以合伙企业名义取得的收益和依法取得的其他财产,均为合伙企业的财产。由此可见,合伙企业的财产由三部分构成:第一部分是合伙人的出资,即合伙人按照合伙协议认缴或者实际缴付的出资,包括用货币、实物、知识产权、土地使用权或者其他财产权利、劳务等出资;第二部分是所有以合伙企业的名义取得的收益,即合伙人以合伙企业的名义取得的营业性收入,包括合伙企业的公共积累资金、未分配的盈余、合伙企业债权、工业产权和非专利技术以及合伙企业的名称等财产权利;第三部分是以合伙企业的名义依法取得的其他财产,即营业性收入以外的其他依法所得,比如合法接受的赠与财产等。合伙企业的财产由全体合伙人依照《合伙企业法》的规定及合伙协议的约定共同管理和使用。

### (二)合伙企业财产的管理和使用

(1)合伙企业清算前,合伙人不得请求分割合伙企业的财产。合伙人之间成立合伙企业的目的是为了经营共同的事业,在合伙企业清算前,合伙企业的财产要由全体合伙人为了合伙事业而共同管理和使用,合伙人不得请求分割合伙企业财产。但是,合伙企业法另有规定的除外。合伙人在合伙企业清算前私自转移或者处分合伙企业财产的,合伙企业不得以此对抗善意第三人。

**补充阅读 4-1　合伙财产份额与合伙企业财产**

区分合伙财产份额与合伙企业财产的不同含义。前者即合伙份额,类似于公司股份。合伙人的财产份额是指合伙人依照出资数额或协议约定的分配比例按份享有合伙企业财产的利益和分担合伙企业亏损的份额。

(1)合伙人的财产份额和合伙人的身份关系联系在一起。合伙人退伙、入伙,合伙人的财产份额都要发生变化。例如,甲、乙、丙三人合伙,甲如果要转让自己的财产份额就是声明退伙的意思表示,丁如果在乙、丙同意下接受了甲转让的财产份额意味着其为新的合伙人。

(2)合伙人的财产份额在合伙企业分配利润、退伙、解散时才表现为具体的权利,除此之外,是一种抽象的权利,而不是一种随时可兑现为物质利益的财产权利。

(3)合伙人的财产份额与合伙企业财产紧密联系。合伙人在合伙企业中都具有自己的财产份额,但是并不意味着他可以对于合伙企业财产的特定部分主张排他性的独占权。合伙企业的财产作为共同管理和使用的财产,在合伙企业的存续期间,应由全体合伙人共同决定其用途,合伙人不能任意处分自己的财产权利,只有在合伙企业分配利润、或退伙或解散时,各合伙人的财产份额才从合伙企业财产中分离出去。

(2)合伙人在合伙企业中财产份额的转让及合伙人的优先购买权。由于合伙企业的设立是以合伙人相互之间的信任关系为基础的,合伙人向合伙人以外的人转让其在合伙企业中的全部或者部分财产份额时,须经其他合伙人一致同意;但是,合伙协议另有约定的除外。合伙人向合伙人以外的人转让其在合伙企业中的财产份额的,在同等条件下,其他合伙人有优先购买权;但是,合伙协议另有约定的除外。合伙人以外的人依法受让合伙人在合伙企业中的财产份额的,经修改合伙协议即成为合伙企业的合伙人,依照合伙企业法和修改后的合伙协议享有权利,履行义务。合伙人之间转让在合伙企业中的全部或者部分财产份额时,应当通知其他合伙人,但无须经其他合伙人的同意。

(3)合伙财产份额的出质。出质,物权行为的一种,也就是质押,分动产质押和权利质押,即把自己所有的物品或权利交付出去抵押,作为其债权担保。抵押的物品或权利是质物;质物的所有权人,即债务人或债务人的保证人是出质人;出质后质物的占有人,即债权人是质权人。当债务人不履行债务时,债权人有权依法律规定以该质物折价,或者以拍卖、变卖的质物价款优先受偿。

合伙人以其在合伙企业中的财产份额出质的,须经其他合伙人一致同意。如果未经其他合伙人一致同意,那么该合伙人的出质行为无效,由此给善意第三人造成损失的,由行为人依法承担赔偿责任。

### 三、合伙企业的事务执行

合伙事务是指合伙关系存续期间,与合伙事业相关、涉及合伙团体利益的所有事务,既包括对内事物也包括对外事务。合伙事务的执行是指为实现合伙目的而进行的业务活动,执行合伙事务人即为合伙事务执行人。执行合伙事务是合伙人的权利,在我国,合伙企业事务以全体合伙人共同执行为原则。《合伙企业法》第二十六条第一款对此有明确规定,合伙人对执行合伙事务享有同等的权利。

(一)合伙企业事务执行的方式和后果承担

1. 合伙企业事务执行的方式

依照《合伙企业法》的规定,我国合伙企业事务执行的方式有四种模式:由全体合伙人共同执行合伙企业事务;数名合伙人共同执行合伙企业事务;由一名合伙人单独执行合伙企业事务;由各合伙人分别执行合伙企业的事务。可以归纳为:

(1)合伙人共同执行。合伙人对执行合伙事务享有同等的权利,由合伙人共同执行合伙企业的事物;作为合伙人的法人、其他组织执行合伙事务的,由其委派的代表执行。

(2)委托执行。为了更好地经营管理合伙企业,按照合伙协议的约定或者经全体合伙人决定,合伙人可以委托一个或者数个合伙人对外代表合伙企业,执行合伙事务;委托一个或者数个合伙人执行合伙事务的,其他合伙人不再执行合伙事务;不执行合伙事务的合伙人有权监督执行事务合伙人执行合伙事务的情况。

(3)分别执行。合伙人分别执行合伙事务的,执行事务合伙人可以对其他合伙人执行的事务提出异议。提出异议时,应当暂停该项事务的执行。如果发生争议,按照合伙协议约定或者合伙企业法规定的表决办法办理。

## 2. 合伙企业事务执行的后果承担

执行合伙事务所产生的收益归合伙企业所有，所产生的费用和亏损由合伙企业承担。如果对执行事务事先约定有报酬的，事务执行人有权向合伙组织请求支付报酬。事务执行人在享受权利的同时也应当承担相应的义务。主要包括：

（1）勤勉义务。事务执行人作为全体合伙人的受托人，应当在执行合伙事务中遵循诚信原则，尽到充分谨慎的作为义务。

（2）忠实义务。合伙事务执行人应忠实于全体合伙人，遵守竞业禁止和自我交易限制的规则。

（3）定期报告义务。执行合伙事务时，执行事务合伙人应当定期向其他合伙人报告事务的执行情况以及合伙企业的经营和财务状况。

此外，被聘任的合伙企业的经营管理人员应当在合伙企业授权范围内履行职务。被聘任的合伙企业的经营管理人员，超越合伙企业授权范围履行职务，或者在履行职务过程中因故意或者重大过失给合伙企业造成损失的，应当依法承担赔偿责任。

## 3. 合伙企业事务执行的监督

合伙企业的事务由全体合伙人共同决定，相互监督。委托一名或者数名合伙人执行合伙企业事务的，其他合伙人不再执行合伙企业事务。为了保护不参加执行事务的合伙人的利益，他们有权：（1）撤销委托。被委托执行合伙企业事务的合伙人不按照合伙协议或者全体合伙人的决定执行事务时，其他合伙人可以决定撤销该委托。（2）了解和监督合伙企业事务的执行情况。他们对合伙企业全部经营活动有知晓权，不参加执行合伙企业事务的合伙人有权监督执行事务的合伙人，检查其执行合伙企业事务的情况。（3）对其他合伙人执行的合伙企业事务提出异议。一旦有合伙人提出异议，执行事务的合伙人就应当暂时停止该项合伙事务的进行。（4）由一个或者数个合伙人执行合伙事务的，执行事务合伙人应当定期向其他合伙人报告事务执行情况以及合伙企业的经营和财务状况。合伙企业应当依照法律、行政法规的规定建立企业财务、会计制度，合伙人为了解合伙企业的经营状况和财务状况，有权查阅合伙企业会计账簿等财务资料。

---

**案例 4-1　合伙人对外签订合同**[①]

**案情**：某茶业庄是一家生产销售野生茶叶的普通合伙企业，合伙人分别为赵、钱、孙。合伙协议约定如下：第一，赵、钱共同担任合伙事务执行人；第二，赵、钱共同以合伙企业名义对外签约时，单笔标的额不得超过30万元。在经营中，赵、钱共同以合伙企业名义，与丙茶叶公司签订价值28万元的明前茶销售合同。

**请问**：按照《合伙企业法》的规定，该合同是否为有效约定？

**点评**：该合同为有效约定。本题考查合伙事务的执行以及合伙人对外签署合同的效力问题。依照合伙协议约定，赵、钱为共同合伙事务执行人，不得单独以合伙

---

[①] 该案例依据2017年司法考试（卷三）第29题改编。

企业名义对外签订合约，单笔标的额不得超过30万元。依据《合伙企业法》第三十七条，合伙企业对合伙人执行合伙事务以及对外代表合伙企业权利的限制，不得对抗善意第三人。题中所签合同符合合伙协议的要求，是正确的。

(二)合伙企业事务决议

合伙企业事务的决议只能由合伙人依法作出，不得委托其他合伙人或合伙人以外的人进行。合伙人对合伙企业有关事项作出决议，按照合伙协议约定的表决办法办理。合伙协议未约定或者约定不明确的，实行合伙人一人一票并经全体合伙人过半数通过的表决办法。

除合伙协议另有约定外，合伙企业的下列事项应当经全体合伙人一致同意：①改变合伙企业的名称；②改变合伙企业的经营范围、主要经营场所的地点；③处分合伙企业的不动产；④转让或者处分合伙企业的知识产权和其他财产权利；⑤以合伙企业名义为他人提供担保；⑥聘任合伙人以外的人担任合伙企业的经营管理人员。除上述所列事项须经全体合伙人一致同意外，《合伙企业法》其他条款中也规定了须经合伙企业法一致同意的事项。比如，修改或者补充合伙协议(第十九条第二款)、合伙人向第三人转让其在合伙企业中的全部或者部分财产份额(第二十二条第一款)、新合伙人入伙(第四十三条第一款)等。合伙协议未约定或者约定不明确，并且未规定须经合伙人一致同意作出决议的事项，应经全体合伙人过半数通过。

(三)竞业禁止与自我交易限制

竞业禁止是指特定地位的人不得实施与其所服务的特定营业具有竞争性质的行为。合伙人不得自营或者同他人合作经营与本合伙企业相竞争的业务。合伙人违反合伙企业法规定或者合伙协议的约定，从事与本合伙企业相竞争的业务，该收益归合伙企业所有；给合伙企业或者其他合伙人造成损失的，依法承担赔偿责任。合伙人不得从事损害本合伙企业利益的活动。

自我交易是指特定地位的人为自己或为他人而与合伙企业交易。合伙企业法规定，合伙人不得同本合伙企业进行交易，但是，合伙协议另有约定或者经全体合伙人一致同意除外。

(四)合伙企业的利润分配及亏损分担

合伙企业的利润分配、亏损分担，按照合伙协议的约定办理；合伙协议未约定或者约定不明确的，由合伙人协商决定；协商不成的，由合伙人按照实缴出资比例分配、分担；无法确定出资比例的，由合伙人平均分配、分担。合伙协议不得约定将全部利润分配给部分合伙人或者由部分合伙人承担全部亏损。合伙人按照合伙协议的约定或者经全体合伙人决定，可以增加或者减少对合伙企业的出资。

四、合伙企业与第三人关系

(一)合伙企业与第三人关系

合伙企业对合伙人执行合伙事务以及对外代表合伙企业权利的限制，不得对抗善意第三人。对善意第三人而言,任何一个合伙人都是合伙企业及其他合伙人的代理人,其行为都代表着全体合伙人的意思,当合伙企业限制其合伙人或事务执行人的权利并没有被善意第三人所知时,这种限制不得对抗善意第三人。

(二)合伙企业的债务及其承担

合伙企业的债务,是指合伙企业存续期间,因对他人的合同行为或侵权行为而产生的债务。合伙企业对其债务,应先以其全部财产进行清偿。合伙企业不能清偿到期债务的,合伙人承担无限连带责任。合伙人对外承担无限连带责任,如果清偿数额超过其亏损分担的,有权向其他合伙人追偿。亏损分担,按照合伙协议的约定办理;合伙协议未约定或者约定不明确的,由合伙人协商决定;协商不成的,由合伙人按照实缴出资比例分配、分担;无法确定出资比例的,由合伙人平均分配、分担。

(三)合伙人个人债务的承担

合伙人个人债务,指合伙企业的各合伙人自己在进行民事活动中对他人应履行的与企业无关的债务。对于合伙人的个人债务,相关债权人不得以其债权抵销其对合伙企业的债务;也不得代位行使合伙人在合伙企业中的权利。合伙人的自有财产不足清偿其与合伙企业无关的债务的,该合伙人可以以其从合伙企业中分取的收益用于清偿;债权人也可以依法请求人民法院强制执行该合伙人在合伙企业中的财产份额用于清偿。人民法院强制执行合伙人的财产份额时,应当通知全体合伙人,其他合伙人有优先购买权;其他合伙人未购买,又不同意将该财产份额转让给他人的,依照合伙企业法第五十一条的规定为该合伙人办理退伙结算,或者办理削减该合伙人相应财产份额的结算。

【重要提示】债务清偿"双优先"的原则,即合伙企业的债务应先以合伙企业的全部财产进行清偿;合伙人个人与企业无关的债务,先以合伙人的自有财产进行清偿。

## 五、合伙企业的入伙、退伙

(一)合伙企业的入伙

入伙是指在合伙企业存续期间,非合伙人加入合伙企业,取得合伙人资格的法律行为。新合伙人入伙,除合伙协议另有约定以外,应当经全体合伙人一致同意,并依法订立书面入伙协议。订立入伙协议时,原合伙人应当向新合伙人如实告知原合伙企业的经营状况和财务状况。入伙的新合伙人与原合伙人享有同等权利,承担同等责任。入伙协议另有约定的,从其约定。新合伙人对入伙前合伙企业的债务承担无限连带责任。新合伙人加入后,合伙企业应进行变更登记。

(二)合伙企业的退伙

退伙是指已经取得合伙人身份的合伙人退出合伙组织,丧失合伙人资格的法律事实。退伙的原因可以基于合伙人的意思表示,也可以基于与合伙人本人意志无关的事件。根据退伙原因的不同,可以将退伙分为四类:协议退伙、自由退伙、当然退伙、除名退伙。

(1)协议退伙。合伙协议约定合伙期限的,在合伙企业存续期间,有下列情形之一的，合伙人可以退伙：合伙协议约定的退伙事由出现；经全体合伙人一致同意；发生合伙人难以继续参加合伙的事由；其他合伙人严重违反合伙协议约定的义务。

（2）自由退伙。合伙协议未约定合伙期限的，合伙人在不给合伙企业事务执行造成不利影响的情况下，可以退伙，但应当提前30日通知其他合伙人。合伙人违反协议或者自由退伙的规定而擅自退伙的，应当赔偿由此给合伙企业造成的损失。

（3）当然退伙。又称法定退伙，是基于法律明确规定的事由而退伙。合伙人有下列情形之一的，当然退伙：作为合伙人的自然人死亡或者被依法宣告死亡；个人丧失偿债能力；作为合伙人的法人或者其他组织依法被吊销营业执照、责令关闭、撤销，或者被宣告破产；法律规定或者合伙协议约定合伙人必须具有相关资格而丧失该资格；合伙人在合伙企业中的全部财产份额被人民法院强制执行。

合伙人被依法认定为无民事行为能力人或者限制民事行为能力人的，经其他合伙人一致同意，可以依法转为有限合伙人，普通合伙企业依法转为有限合伙企业。其他合伙人未能一致同意的，该无民事行为能力或者限制民事行为能力的合伙人退伙。退伙事由实际发生日就是退伙生效日。

（4）除名退伙。除名退伙是指在特定情形发生后，其他合伙人一致同意，作出决议将某合伙人拒之合伙企业之外的行为。合伙人有下列情形之一的，经其他合伙人一致同意，可以决议将其除名：未履行出资义务；因故意或者重大过失给合伙企业造成损失；执行合伙事务时有不正当行为；发生合伙协议约定的事由。对合伙人的除名决议应当以书面形式通知被除名人。被除名人接到除名通知之日，除名生效，被除名人退伙。如果被除名人对除名决议有异议，可以自接到除名通知之日起30日内，向人民法院起诉。

（三）合伙财产份额的继承

合伙人死亡或者被依法宣告死亡后，对该合伙人在合伙企业中的财产份额享有合法继承权的继承人，按照合伙协议的约定或者经全体合伙人一致同意，从继承开始之日起，取得该合伙企业的合伙人资格。出现下列情形之一的，合伙企业应当向合伙人的继承人退还被继承合伙人的财产份额：继承人不愿意成为合伙人；法律规定或者合伙协议约定合伙人必须具有相关资格，而该继承人未取得该资格；合伙协议约定不能成为合伙人的其他情形。

【重要提示】合伙人的继承人为无民事行为能力人或者限制民事行为能力人的，经全体合伙人一致同意，可以依法成为有限合伙人，普通合伙企业依法转为有限合伙企业。全体合伙人未能一致同意的，合伙企业应当将被继承合伙人的财产份额退还该继承人。

（四）退伙结算

合伙人退伙，其他合伙人应当与该退伙人按照退伙时的合伙企业财产状况进行结算，退还退伙人的财产份额。退伙人对给合伙企业造成的损失负有赔偿责任的，相应扣减其应当赔偿的数额。如果合伙人退伙时有未了结的合伙企业事务，应当在该事务了结之后进行结算。退伙人在合伙企业中财产份额的退还办法，由合伙协议约定或者由全体合伙人决定，可以退还货币，也可以退还实物。退伙人对基于其退伙前的原因发生的合伙企业债务，承担无限连带责任。如果合伙人退伙时，合伙企业财产少于合伙企业债务，退伙人应当依照《合伙企业法》第三十三条第一款的规定分担亏损。合伙人退伙后，合伙企业应当进行变更登记。

**六、特殊的普通合伙企业**

(一)特殊的普通合伙企业的概念和特征

特殊的普通合伙企业，是指以专业知识和专门技能为客户提供有偿服务，并依法承担责任的普通合伙企业。以专业知识和专门技能为客户提供有偿服务的专业服务机构，可以设立为特殊的普通合伙企业。同时，非企业专业服务机构依据有关法律采取合伙制，其合伙人承担责任的形式可以适用特殊的普通合伙企业合伙人承担责任的规定。

特殊的普通合伙的创设是为了对采用合伙形式的专业服务机构的法律责任予以合理限制而作出的制度创新，是专业合伙为规避普通合伙无限连带责任所产生的经营风险的产物。特殊的普通合伙的法律规定为我国律师事务所、会计师事务所、医生诊所等专业服务机构提供了更灵活的企业组织形式，满足了市场的需求。特殊的普通合伙企业应当在其名称中标明"特殊普通合伙"字样。

(二)特殊的普通合伙企业的债务承担

特殊的普通合伙企业的债务承担方式根据债务产生原因分为两种：

(1)因故意或者重大过失。合伙人在执业活动中因故意或者重大过失造成合伙企业债务的，应当承担无限责任或者无限连带责任，其他合伙人以其在合伙企业中的财产份额为限承担责任。合伙企业以企业财产对外承担责任后，该合伙人应当按照合伙协议的约定对给合伙企业造成的损失承担赔偿责任。

(2)非因故意或者重大过失。合伙人在执业活动中非因故意或者重大过失造成的合伙企业债务以及合伙企业的其他债务，由全体合伙人承担无限连带责任。

当然，对于特殊的普通合伙企业的并非发生在执业中的债务，适用普通合伙企业的债务承担方式，由全体合伙人承担无限连带责任。另外，特殊的普通合伙企业应当建立执业风险基金、办理职业保险。执业风险基金用于偿付合伙人执业活动造成的债务。执业风险基金应当单独立户管理。由国务院规定执业风险基金的具体管理办法。

# 第三节 有限合伙企业

**一、有限合伙企业的设立**

有限合伙企业是指由普通合伙人和有限合伙人组成，普通合伙人对合伙企业债务承担无限连带责任，有限合伙人以其认缴的出资额为限对合伙企业债务承担责任的合伙企业。对于有限合伙企业在合伙企业法中有专门规定的适用专门规定，没有专门规定的适用普通合伙企业的规定。有限合伙企业是目前国际上通行的适合于风险投资的企业形式。在有限合伙企业中，投入资金使承担有限责任的合伙人与承担无限连带责任的具有良好投资意识的普通合伙人有机地结合起来，前者负责资金的提供，不直接参与企业的经营管理；后者负责企业的经营管理。这样做，既激励企业管理者全力创业，又使投资者在承担与公司制企业同样责任的前提下，获得更高收益。

（一）有限合伙企业的设立条件

根据合伙企业法，有限合伙企业的设立条件有：

（1）由 2 个以上 50 个以下合伙人设立；但是，法律另有规定的除外。法律对普通合伙企业人数没有作特别限制，但是对有限合伙企业的合伙人作了特别要求。原因在于，如果有限合伙企业的合伙人人数过多，尤其是合伙内承担有限责任的合伙人过多，就会导致普通合伙人承担的责任较重，不利于保护有限合伙企业债权人的利益。

（2）至少应当有一个普通合伙人。有限合伙企业如果仅剩有限合伙人，应当解散。因为有限合伙人都只承担有限责任，和公司没有区别，不利于保护债权人的利益。有限合伙企业如果仅剩下普通合伙人，应当转为普通合伙企业。国有独资公司、国有企业、上市公司以及公益性的事业单位、社会团体可以成为有限合伙人。

（3）企业名称中应当标明"有限合伙"字样。

（二）有限合伙企业的合伙协议内容

合伙协议内容除了《合伙企业法》第十八条规定的以外，还应当载明下列事项：普通合伙人和有限合伙人的姓名或者名称、住所；执行事务合伙人应具备的条件和选择程序；执行事务合伙人权限与违约处理办法；执行事务合伙人的除名条件和更换程序；有限合伙人入伙、退伙的条件、程序以及相关责任；有限合伙人和普通合伙人相互转变程序。

## 二、有限合伙企业财产

有限合伙企业财产的构成与普通合伙企业相同，即合伙人的出资、以合伙企业名义取得的收益和依法取得的其他财产，均为有限合伙企业的财产。有限合伙人可以用货币、实物、知识产权、土地使用权或者其他财产权利作价出资，但是不得以劳务出资。劳务出资的实质是用未来劳动创造的收入来投资，其难以通过市场变现，法律上执行困难，不利于保护债权人的利益。

有限合伙人应当按照合伙协议的约定按期足额缴纳出资。如果有限合伙人未按期足额缴纳的，应当承担补缴义务，并对其他合伙人承担违约责任。有限合伙企业登记事项中应当载明有限合伙人的姓名或者名称及认缴的出资数额。

## 三、有限合伙企业的事务执行

（一）有限合伙企业的事务执行人

有限合伙企业由普通合伙人执行合伙事务。执行事务合伙人可以要求在合伙协议中确定执行事务的报酬及报酬提取方式。

**【重要提示】**有限合伙人不能担任合伙事务执行人，不得执行合伙事务，不得对外代表有限合伙企业。

(二) 有限合伙人对合伙事务的参与

虽然有限合伙人不执行合伙事务，但对于关乎有限合伙企业发展的重大事项，有限合伙人仍有参与的权利。有限合伙人的这些行为，不视为执行合伙事务：参与决定普通合伙人入伙、退伙；对企业的经营管理提出建议；参与选择承办有限合伙企业审计业务的会计师事务所；获取经审计的有限合伙企业财务会计报告；对涉及自身利益的情况，查阅有限合伙企业财务会计账簿等财务资料；在有限合伙企业中的利益受到侵害时，向有责任的合伙人主张权利或者提起诉讼；执行事务合伙人怠于行使权利时，督促其行使权利或者为了本企业的利益以自己的名义提起诉讼；依法为本企业提供担保。

(三) 有限合伙人的权利

(1) 利润分配权。有限合伙企业不得将全部利润分配给部分合伙人；但是，合伙协议另有约定的除外。即在合伙协议约定的情况下，有限合伙企业可以将全部利润分配给部分合伙人。实践中，有限合伙企业大多在协议中约定，有限合伙人可以在前几年分配合伙企业的全部利润，以收回投资。

(2) 自我交易权。有限合伙人可以同本有限合伙企业进行交易；但是，合伙协议另有约定的除外。普通合伙人不得与本企业进行交易。

(3) 同业竞争权。有限合伙人可以自营或者同他人合作经营与本有限合伙企业相竞争的业务；但是，合伙协议另有约定的除外。普通合伙人有竞业禁止的义务。

(4) 财产出质权。有限合伙人可以将其在有限合伙企业中的财产份额出质；但是，合伙协议另有约定的除外。在普通合伙中，合伙具有高度的人合性，因此，合伙份额的出质受到严格限制，须经其他合伙人的一致同意。但在有限合伙中，有限合伙人仅承担有限责任，法律对其份额的出质没有严格限制。

(5) 财产转让权。有限合伙人可以按照合伙协议的约定向合伙人以外的人转让其在有限合伙企业中的财产份额，但应当提前 30 日通知其他合伙人。有限合伙人财产转让无须经其他合伙人同意，原因与财产出质相同。

---

**案例 4-2　有限合伙人的权利**[①]

案情：林景投资是一家有限合伙企业，专门从事新能源开发方面的风险投资。甲公司是林景投资的有限合伙人，乙和丙是普通合伙人。合伙协议约定：甲公司不得将自己在林景投资中的份额设定质权。

请问：按照《合伙企业法》规定，该约定是否正确？

点评：正确。《合伙企业法》第七十二条规定，有限合伙人可以将其在有限合

---

[①] 该案例依据 2016 年司法考试(卷三)第 72 题改编。

伙企业中的财产份额出质；但是，合伙协议另有约定的除外。据此可知，合伙协议可以约定禁止甲公司将其在林景投资中的份额出质。

### 四、有限合伙企业与第三人关系

(一)有限合伙人与第三人

第三人有理由相信有限合伙人为普通合伙人并与其交易的，该有限合伙人对该笔交易承担与普通合伙人同样的责任。此时，第三人负举证责任，同时有限合伙人仅对因误认产生的合伙企业的债务承担无限连带责任。有限合伙人未经授权以有限合伙企业名义与他人进行交易，给有限合伙企业或者其他合伙人造成损失的，该有限合伙人应当承担赔偿责任。

(二)有限合伙人个人债务的承担

有限合伙人的自有财产不足以清偿其与合伙企业无关的债务的，该合伙人可以以其从有限合伙企业中分取的收益用于清偿；债权人也可以依法请求人民法院强制执行该合伙人在有限合伙企业中的财产份额用于清偿。人民法院强制执行有限合伙人的财产份额时，应当通知全体合伙人。在同等条件下，其他合伙人有优先购买权。

### 五、入伙、退伙

(一)入伙

对于有限合伙人的入伙，法律上并没有特别限制。任何人只要符合作为合伙人的资格，并经过全体合伙人的同意，就可加入合伙并成为有限合伙人。新的有限合伙人加入合伙之后，应享有和其他有限合伙人一样的权利。对于有限合伙企业的债务，新入伙的有限合伙人以其认缴的出资额为限承担责任。这里的"债务"，既包括有限合伙人入伙前的债务，也包括入伙后的债务。

(二)退伙

1. 退伙的条件

有限合伙人有下列情形之一的，当然退伙：作为合伙人的自然人死亡或者被依法宣告死亡；作为合伙人的法人或者其他组织依法被吊销营业执照、责令关闭、撤销，或者被宣告破产；法律规定或者合伙协议约定合伙人必须具有相关资格而丧失该资格；合伙人在合伙企业中的全部财产份额被人民法院强制执行。

作为有限合伙人的自然人在有限合伙企业存续期间丧失民事行为能力的，其他合伙人不得因此要求其退伙。

作为有限合伙人的自然人死亡、被依法宣告死亡或者作为有限合伙人的法人及其他组织终止时，其继承人或者权利承受人可以依法取得该有限合伙人在有限合伙企业中的资格。

2. 退伙后的责任承担

对基于其退伙前的原因发生的有限合伙企业债务，有限合伙人退伙后，以其退伙时从有限合伙企业中取回的财产承担责任。这里的"取回的财产",主要是指有限合伙人退伙时从合伙分得的红利和在结算后分得的其他财产。法律作出此种规定的目的主要在于,防止有限合伙人通过退伙的方式逃避相关的债务,同时也不加重其所应负担的责任,改变有限合伙人承担有限责任的属性。

3. 合伙人之间的资格转换

在有限合伙存续期间内,合伙人资格也可能会发生转化。由于普通合伙人与有限合伙人在享受权利和承担责任方面存在区别,所以法律对这两种资格的转换作了必要限制。主要有以下两种情形:

(1) 普通合伙人转变为有限合伙人。除合伙协议另有约定外,普通合伙人转变为有限合伙人,应当经全体合伙人一致同意。普通合伙人转变为有限合伙人的,对其作为普通合伙人期间合伙企业发生的债务承担无限连带责任。普通合伙人转变为有限合伙人会使负无限责任的主体减少,导致企业资产信用降低,最终可能损害债权人的利益。所以规定,普通合伙人对其作为普通合伙人期间合伙企业发生的债务承担无限连带责任。

(2) 有限合伙人转变为普通合伙人。除合伙协议另有约定外,有限合伙人转变为普通合伙人,应当经全体合伙人一致同意。有限合伙人转变为普通合伙人的,对其作为有限合伙人期间有限合伙企业发生的债务承担无限连带责任。

## 第四节 合伙企业解散、清算

### 一、合伙企业的解散

(一) 合伙企业的解散概念及性质

合伙企业的解散,是指已经依法设立的合伙企业,因合伙约定事由或法定事由的出现而停止企业的对外积极活动,终结合伙协议,开始企业的清算,处理了结事务并使企业消灭(注销)的法律行为。合伙企业的解散与公司等企业法人的解散类似。合伙企业从对外宣布解散到最终消灭是一个过程,在合伙企业清算期间,合伙企业的性质、职能发生一定的变化。关于此时合伙企业的法律地位,有三种学说,但并无定论:①人格消灭说。即合伙企业一经宣布解散,其独立的民事主体资格便归于消灭。合伙企业的债权、债务由全体合伙人享有与承担,合伙人有权组织清算。②人格存续说。即合伙企业虽然已宣布解散,但其独立的民事主体资格至清算结束前依然存在。只是企业的权利能力受到限制,不得从事积极营业活动。③清算企业说。即合伙企业宣布解散后,合伙企业变成了清算企业,清算企业的职能仅限于清算。

(二) 合伙企业的解散事由

合伙企业的解散事由即合伙企业解散的原因,是指致使合伙企业解散的法律事实。以是否出于自愿为依据可将合伙企业解散事由分为两类:其一,强制解散事由,即合伙企业基于法律或者行政法规的规定而被迫强制解散;其二,任意解散事由,即合伙企业合伙人基于自愿而解散。

《合伙企业法》第八十五条规定的合伙企业解散事由包括：

(1) 合伙期限届满，合伙人决定不再经营。该项规定属于合伙企业解散的任意事由。合伙企业是人合企业，合伙人可以在合伙协议中自主约定合伙存续期限。在协议期限届满以后，合伙人不愿继续经营的，可以解散合伙企业。若合伙协议没有约定存续期限，合伙人可就延长合伙协议的事项进行协商，合伙人不同意续期时，合伙协议即告终止，合伙企业应予以解散。

(2) 合伙协议约定的解散事由出现。该项规定也属于合伙企业解散的任意事由。合伙协议是全体合伙人的合意，只要不违反法律、行政法规的规定，合伙人就可以在合伙协议中约定合伙企业解散的具体事由，这是合伙企业的意思自治。当合伙协议约定的具体解散事由出现时，合伙企业应当解散。

(3) 全体合伙人决定解散。在合伙关系存续期间内，只要全体合伙人决定终止合伙企业，就可以解散合伙。合伙企业的解散和合伙协议的签订一样，由全体合伙人一致决定解散合伙企业的情形，属于合伙人意思自治。如果少数合伙人不同意解散合伙，则在不存在约定或法定的退伙事由时，合伙企业应继续存续，有关合伙人也应继续履行其相应义务。

(4) 合伙人已不具备法定人数满 30 天。该项规定属于合伙企业解散的强制事由。《合伙企业法》第十四条规定，合伙企业设立的条件之一为，有 2 个以上合伙人。也即合伙企业合伙人的最低法定人数为 2 人。当出现合伙人死亡、丧失行为能力、退伙等原因，合伙企业合伙人变为 1 人时，合伙企业事实上已经成为独资企业。为避免合伙企业立即终止，法律规定了 30 天宽限期，合伙人可以在 30 天内寻找新的合伙人，以满足法定人数的要求。这里的"30 天"应当是实有的 30 天，包括工作日与非工作日，起算日期应当自不具备法定人数之日起连续计算。如果超过 30 天，合伙企业仍然不具备法定人数，那么合伙企业应当依法解散。

(5) 合伙协议约定的合伙目的已经实现或者无法实现。合伙企业是合伙人实现某种目的的手段。合伙目的已经实现，合伙企业已经失去存在的意义，没有继续存在的必要。不过，在此情况下，合伙人可以通过决议修改合伙协议，变更合伙目的，从而维持合伙企业的存续。同样，如果合伙企业的目的无法实现，合伙企业也没有必要继续存在。

(6) 依法被吊销营业执照、责令关闭或者被撤销。合伙企业因进行违法活动、违反公序良俗或者其他原因，被行政机关依法吊销营业执照、责令关闭或者被撤销，合伙企业实际上已无法经营。合伙企业的营业执照依法被吊销，表明合伙企业作为独立的民事主体资格已经消失，合伙企业已不具有独立的人格，必须解散。合伙企业被执法机关责令关闭或者被撤销实际上是要求其不能存在，必须解散。

(7) 法律、行政法规规定的其他原因。出现上述原因以外的其他原因，如合伙企业被兼并、宣告破产等，只要法律、行政法规作出具体的规定，就必须执行，依法解散清算。

## 二、合伙企业的清算

(一)合伙企业清算的概念

合伙企业的清算是指合伙企业宣告解散后,为了终结合伙企业现存的各种法律关系,依法清理合伙企业的债权债务的法律程序。合伙企业的清算与公司等企业法人的清算类似,属于破产清算的,参照《中华人民共和国企业破产法》(以下简称《企业破产法》)规定的程序。

【重要提示】《合伙企业法》第八十六条第一款规定,合伙企业解散,应当由清算人进行清算。该条是强制性规定,只要出现解散情形,就必须依照法律规定进入清算程序。

(二)清算人的产生与职责

1. 清算人的产生

清算人是指在合伙企业解散过程中依法产生的专门负责清理合伙企业债权、债务的人员。

依据《合伙企业法》第八十六条第二、三款规定,合伙企业清算人的产生方式主要分为三种:

(1)全体合伙人担任清算人。此种产生清算人的方式一方面对合伙人来说,能够使合伙企业的清算比较全面、客观、公正,从而避免个别合伙人的利益受到损害。另一方面对合伙企业来说,可以减少因清算所产生的纠纷,提高清算工作效率,同时可以减少企业清算成本,达到清算的目的。

(2)合伙人指定或者委托清算人。指定或委托清算人的前提条件:一是不存在全体合伙人担任清算人的情形;二是必须经全体合伙人过半数同意;三是自合伙企业解散后15日内作出指定或委托。指定合伙人人数可以是一个,也可以是数个;委托第三人没有人数限制,由合伙人根据合伙企业法规定的程序及清算的具体情况确定清算人。

(3)人民法院指定清算人。此种产生清算人方式的前提条件:一是不存在全体合伙人担任清算人的情形;二是在法定期限内合伙人未确定清算人。此处的法定期限是"自合伙企业解散事由出现之日起十五日内";三是合伙人或者其他利害关系人提出申请。

2. 清算人的职责

清算人在清算期间所执行的事务即是清算人的职责。合伙企业清算人的职责是指合伙企业清算人的职权及其责任。

依据《合伙企业法》第八十七条规定,合伙企业清算人的职责主要有:

(1)清理合伙企业财产,分别编制资产负债表和财产清单。这是合伙企业清算的首要任务和基础性工作。只有合伙企业的财产状况清晰、明确,清算人才有可能执行其他清算任务。

(2)处理与清算有关的合伙企业未了结事务。与清算有关的合伙企业未了结事务,主要是指合伙企业宣布解散之前已经订立但尚未履行的合同等事宜。清算人可根据实际情况决定是继续履行合同，还是终止履行合同。如果终止履行合同，则构成违约行为，要承担相应的民事责任。有关违约金、赔偿金应从合伙企业的财产中支付。

(3) 清缴所欠税款。税收是国家财政的重要来源，依法及时足额缴纳税款是合伙企业应尽的义务，清算人应当及时予以清缴。

(4) 清理债权、债务。清理债权主要是受领债务人的清偿，也可以是为收取债权而实行和解、抵消或者转让债权等。清理债务，主要是指以合伙企业的财产清偿债务。

(5) 处理合伙企业清偿债务后的剩余财产。剩余财产是指合伙企业的财产在支付清算费用、合伙企业所欠职工工资和劳动保险费用、合伙企业所欠税款、合伙企业债务、返还合伙人的出资后所剩余的财产。

(6) 代表合伙企业参加诉讼或者仲裁活动。这是清算人的重要民事权利。清算人有权代表合伙企业到法院起诉、应诉或者参与仲裁活动。清算人可以亲自参加诉讼或者仲裁，也可以依法委托他人参加诉讼或者仲裁。但委托时需要履行相应的法律手续，符合法律的规定等。

(三) 债权通知与公告

通知和公告债权人是合伙企业清算的必经程序。通知公告的事项主要包括：通告的时间、次数、形式、载体和内容等。清算人应当自被确定之日起 10 日内将合伙企业解散事项通知债权人，并于 60 日内在报纸上公告。债权人应当自接到通知书之日起 30 日内，未接到通知书的自公告之日起 45 日内，向清算人申报债权。债权人申报债权，应当说明债权的有关事项，并提供证明材料。清算人应当对债权进行登记。清算期间，合伙企业存续，但不得开展与清算无关的经营活动。

在此，清算人的义务主要有：一是通知公告债权人；二是应当对债权进行登记；三是清算期间不得开展与清算无关的经营活动。

(四) 债务清偿顺序

合伙企业财产在支付清算费用后，按下列顺序清偿：合伙企业所欠的职工工资、社会保险费用、法定补偿金；合伙企业所欠税款；合伙企业的债务；分配剩余财产。在清偿过程中，先清偿前一顺序的费用，前一顺序清偿完毕，再清偿下一顺序。当合伙企业的全部财产不足清偿某一顺序的债务时，则由合伙人依法律规定以合伙人个人的财产进行清偿。清偿债务后合伙企业的剩余财产应当分配给合伙人。这体现了"先债权、后物权"的原则。依据《合伙企业法》第三十三条第一款规定，合伙人分担债务及分配剩余财产的方式为：按照合伙协议的约定办理；合伙协议未约定或者约定不明确的，由合伙人协商决定；协商不成的，由合伙人按照实缴出资比例分配、分担；无法确定出资比例的，由合伙人平均分配、分担。

(五) 合伙企业的注销与破产

合伙企业注销登记是合伙企业解散、消灭其主体资格的法定程序。合伙企业只有清算结束后，才能办理注销登记手续。清算结束，清算人应当编制清算报告，经全体合伙人签名、盖章后，在 15 日内向企业登记机关报送清算报告，申请办理合伙企业注销登记。合伙企业注销后，原普通合伙人对合伙企业存续期间的债务仍然应当承担无限连带责任。

合伙企业不能清偿到期债务的，债权人可以依法向人民法院提出破产清算申请，也可以要求普通合伙人清偿。合伙企业依法被宣告破产的，普通合伙人对合伙企业债务仍应当承担无限连带责任。

## 第五节  合伙企业相关法律责任

### 一、民事责任

依据《合伙企业法》规定，根据民事责任承担主体的不同，可以分为合伙人的民事责任和清算人民事责任两类。

（一）合伙人民事责任

合伙人的民事责任主要有：

（1）侵占合伙企业财产的法律责任。合伙人执行合伙事务，或者合伙企业从业人员利用职务上的便利，将应当归合伙企业的利益据为己有的，或者采取其他手段侵占合伙企业财产的，应当将该利益和财产退还合伙企业；给合伙企业或者其他合伙人造成损失的，依法承担赔偿责任。

（2）擅自处理合伙事务的法律责任。合伙人对合伙企业法规定或者合伙协议约定必须经全体合伙人一致同意始得执行的事务擅自处理，给合伙企业或者其他合伙人造成损失的，依法承担赔偿责任。

（3）擅自执行合伙事务的法律责任。不具有事务执行权的合伙人擅自执行合伙事务，给合伙企业或者其他合伙人造成损失的，依法承担赔偿责任。

（4）违反规定或约定从事竞业经营或者自我交易的法律责任。合伙人违反合伙企业法规定或者合伙协议的约定，从事与本合伙企业相竞争的业务或者与本合伙企业进行交易的，该收益归合伙企业所有；给合伙企业或者其他合伙人造成损失的，依法承担赔偿责任。

（5）违反合伙协议的法律责任及争议解决办法。合伙人违反合伙协议的，应当依法承担违约责任。合伙人履行合伙协议发生争议的，合伙人可以通过协商或者调解解决。不愿通过协商、调解解决或者协商、调解不成的，可以按照合伙协议约定的仲裁条款或者事后达成的书面仲裁协议，向仲裁机构申请仲裁。合伙协议中未订立仲裁条款，事后又没有达成书面仲裁协议的，可以向人民法院起诉。

（二）清算人民事责任

（1）未依法报送清算报告的法律责任。清算人未依照合伙企业法规定向企业登记机关报送清算报告，或者报送清算报告隐瞒重要事实，或者有重大遗漏的，由企业登记机关责令改正。由此产生的费用和损失，由清算人承担和赔偿。

(2) 牟取非法收入和侵占企业财产的法律责任。清算人执行清算事务，牟取非法收入或者侵占合伙企业财产的，应当将该收入和侵占的财产退还合伙企业；给合伙企业或者其他合伙人造成损失的，依法承担赔偿责任。

(3) 违法隐匿、转移合伙企业财产等的法律责任。清算人违反合伙企业法规定，隐匿、转移合伙企业财产，对资产负债表或者财产清单作虚假记载，或者在未清偿债务前分配财产，损害债权人利益的，依法承担赔偿责任。

违反《合伙企业法》规定，应当承担民事赔偿责任和缴纳罚款、罚金，其财产不足以同时支付的，需遵循"民事赔偿责任优先"原则，先承担民事赔偿责任。

### 二、行政责任和刑事责任

(一) 合伙企业行政责任

(1) 骗取合伙企业登记的法律责任。通过提交虚假文件或者采取其他欺骗手段，取得合伙企业登记的，由企业登记机关责令改正并处罚款；情节严重的，撤销企业登记并处罚款。

(2) 合伙企业名称不符合规定的法律责任。合伙企业未在其名称中标明"普通合伙""特殊普通合伙"或者"有限合伙"字样的，由企业登记机关责令限期改正并处罚款。

(3) 未领取营业执照或者未依法办理变更登记的法律责任。未领取营业执照，而以合伙企业或者合伙企业分支机构名义从事合伙业务的，由企业登记机关责令停止并处罚款。合伙企业登记事项发生变更时，未依照合伙企业法规定办理变更登记的，由企业登记机关责令限期登记；逾期不登记的，处罚款。合伙企业登记事项发生变更，执行合伙事务的合伙人未按期申请办理变更登记的，应当赔偿由此给合伙企业、其他合伙人或者善意第三人造成的损失。

(二) 行政机关工作人员责任

有关行政管理机关的工作人员违反合伙企业法规定，滥用职权、徇私舞弊、收受贿赂、侵害合伙企业合法权益的，依法给予行政处分。

(三) 刑事责任

违反合伙企业法的相关规定，构成犯罪的，依法追究刑事责任。

### 【本章小结】

本章探讨了合伙企业的概念、设立条件，合伙企业财产，合伙企业事务执行，合伙企业与第三人关系，入伙、退伙等基本问题。主要知识点包括：普通合伙人对合伙企业债务承担无限连带责任，有限合伙人以其认缴的出资额为限对合伙企业债务承担责任；国有独资公司、国有企业、上市公司以及公益性的事业单位、社会团体不得成为普通合伙人；订立合伙协议、设立合伙企业应当遵循的原则；合伙人的出资方式，有限合伙人不得以劳务出资；合伙人同等条件下具有优先购买权；须经全体合伙人一致同意的事项；合伙企业与第三人关系；合伙人执行事务的权利义务、风险分担以及利润分配的方式；入伙、退伙的相关事宜及财产处置方式；相关责任追究等。

## 【思考与练习题】

一、名词解释
1. 特殊的普通合伙企业  2. 入伙  3. 合伙企业的清算

二、简答题
1. 简述合伙人的出资方式。
2. 简述合伙企业的设立条件。
3. 简述当然退伙的情形。

三、论述题
1. 论述合伙企业利润分配与亏损分担方式。
2. 论述合伙企业债务清偿顺序。

四、案例题

张甲、王乙、李丙三人共同设立一合伙企业，并订立了书面合伙协议，张甲、王乙均在该协议上签字、盖章，而李丙因有事在外地，未在协议上签字、盖章。张甲、王乙积极筹备前期事宜，寻找场地、购买设备，并将该企业命名为"XX有限公司"。

试分析：
(1)该合伙企业协议书是否有效？
(2)该合伙企业名称是否合法？

## 【推荐阅读书目】

1. 企业与公司法学．甘培忠．北京大学出版社，2014.
2. 中华人民共和国合伙企业法（注释本）．法制出版社法规中心．法制出版社，2014.
3. 民法总则研究．王利明．中国人民大学出版社，2012.
4. 民法．魏振瀛．北京大学出版社，高等教育出版社，2013.
5. 中华人民共和国合伙企业法释义及适用指南．朱少平．中国民主法制出版社，2013.
6. 合伙法律制度研究．马强．人民法院出版社，2000.

# 第五章　个人独资企业法

学习引导

个人独资企业是一种古老的在商业经营中广泛存在的经营方式,通过立法进行规范,有利于维护社会经济秩序,促进社会主义市场经济的发展。通过本章学习,了解个人独资企业法的基础知识;理解个人独资企业的概念和特征、投资人条件、事务管理规则、基本权利义务,以及个人独资企业设立、变更、解散、清算的法定程序。对于个人独资企业法的学习,应当结合合伙企业法、公司法,尤其是一人有限公司的规则进行对照分析,以领会个人独资企业与其他市场主体之间的联系与区别。

## 第一节　个人独资企业法概述

个人独资企业作为一种古老的企业形式,至今在商业经营中广泛存在。作为商品经济发展的产物,无论是在发达国家还是发展中国家,个人独资企业都是一种普遍的经营方式。为规范个人独资企业的设立、经营行为,我国于1999年8月30日第九届全国人民代表大会常务委员会第十一次会议通过了《中华人民共和国个人独资企业法》(以下简称《个人独资企业法》),并于2000年1月1日起实施。该法共6章,48条,主要规定了个人独资企业的含义、立法目的、个人独资企业的设立、个人独资企业的投资人及事务管理、个人独资企业的解散和清算以及法律责任等内容,这对规范个人独资企业的行为,保护个人独资企业投资人和债权人的合法权益,维护社会经济秩序,促进社会主义市场经济的发展,具有重要意义。

### 一、个人独资企业的概念与特征

(一) 个人独资企业的概念

个人独资企业,是指依照《个人独资企业法》在中国境内设立,由一个自然人投资,财产为投资人个人所有,投资人以其个人财产对企业债务承担无限责任的经营实体。根据《中华人民共和国民法总则》第一百零二条规定,个人独资企业属于非法人组织,不具有法人资格,但是能够依法以自己的名义从事民事活动。

【重要提示】法人和非法人组织的区别主要在于是否具有独立的民事主体资格,能否独立承担民事责任。法人具有独立的民事主体资格,能够以自己的财产独立承担民事责任;而非法人组织不具有独立的民事主体资格,也不能以自己财产独立承担民事责任,需要投资人以个人财产对非法人组织债务承担无限责任。

(二) 个人独资企业的特征

个人独资企业的基本特征主要有以下几点:

1. 个人独资企业是由一个自然人投资的企业

个人独资企业的投资主体只能有一个,投资主体具有单一性;而且投资人只能是自然人,法人、其他组织、社会团体等不能作为个人独资企业的投资人。

2. 个人独资企业的财产为投资人个人所有

投资人设立企业所投入的财产与其个人的其他财产无法完全分离,企业经营所得归其个人所有,投资人对企业的全部财产享有所有权。

3. 个人独资企业的投资人以其个人财产对企业债务承担无限责任

个人独资企业的资产和收益属投资人所有,企业的风险和债务也由投资人一人承担,投资人应以其全部个人财产为限度承担责任。

4. 个人独资企业是一个经营实体

个人独资企业必须是一个实际存在的从事生产经营的实体,它与投资人的主体资格是相对分开的。个人独资企业有自己的名称或商号,在领取营业执照后可以以企业的名义开展经营活动。

**补充阅读 5-1　无限责任**

无限责任是指当企业的全部财产不足以清偿到期债务时,投资人应以个人的全部财产用于清偿,实际上就是将企业的责任与投资人的责任连为一体。与之相对的是有限责任,是指责任人以其部分财产承担责任。两者为民事责任的一种划分方式,区分无限责任与有限责任的意义在于民事责任以无限责任为原则,而以有限责任为例外,有限责任适用于法律有特别规定的场合。

## 二、个人独资企业和相关经济组织的区别

### (一)个人独资企业和一人有限公司的区别

一人有限责任公司简称一人公司或独资公司或独股公司,是指由一名股东(自然人或法人)持有公司的全部出资的有限责任公司。个人独资企业与一人有限公司均为单一出资主体,但是二者在投资人性质、企业性质等多个方面存在差异。

1. 投资人不同

个人独资企业的投资人只能为一个自然人,而且只能为中国大陆的公民;一人有限公司的投资人可以是自然人或是法人,而且没有国籍限制。

2. 企业性质及投资人的责任不同

个人独资企业不是企业法人,其投资人需要以个人资产或是家庭共有财产对企业债务承担无限责任;一人有限公司是企业法人,其投资人对企业债务以其认缴的出资额为限度承担有限责任。

3. 企业组织机构不同

个人独资企业可由投资人自行管理或者委托或聘用他人管理,一人有限公司则需设立董事会、监事会进行管理。

(二) 个人独资企业和国有独资企业的区别

国有独资企业是按照《中华人民共和国企业法人登记管理条例》规定登记注册的非公司制的经济组织。国有独资企业的全部资产归国家所有，国家依照所有权和经营权分离的原则授予企业经营管理，国有独资企业依法取得法人资格，实行自主经营、自负盈亏、独立核算，以国家授予其经营管理的财产承担民事责任。

个人独资企业与国有独资企业的投资主体均为单一主体，但是投资人以及法律适用等方面均存在差异：

1. 投资人不同

个人独资企业的投资人只能为中国大陆的公民，国有独资企业的投资人是国家。

2. 法律适用不同

个人独资企业适用《个人独资企业法》，国有独资企业适用《中华人民共和国全民所有制工业企业法》以及《公司法》。

3. 经营管理机构不同

个人独资企业可由投资人自行管理或者委托或聘用他人管理，国有独资企业则需设立法定的企业组织机构进行管理。

4. 企业性质及投资人的责任不同

个人独资企业不是企业法人，其投资者对企业债务承担无限责任，国有独资企业则是企业法人，其投资者对企业债务承担有限责任。

(三) 个人独资企业和合伙企业的区别

合伙企业是由自然人、法人和其他组织依照合伙企业法在中国境内设立的普通合伙企业和有限合伙企业。合伙企业与个人独资企业均采用企业的形式，普通合伙人和个人独资企业投资人一样承担无限责任。但个人独资企业与合伙企业的区别也比较明显：

1. 投资人的人数不同

个人独资企业由一个自然人出资；合伙企业由两个以上的自然人共同出资。

2. 财产归属不同

个人独资企业的财产归出资人一人所有；合伙企业的财产属于合伙人共有。

3. 责任承担方式不同

个人独资企业以出资人的全部个人财产对企业债务承担无限责任；合伙企业则是由合伙人对企业的债务承担无限连带责任。

(四) 个人独资企业与个体工商户的区别

个体工商户，是指公民在法律允许范围内，依法经核准登记，从事工业、商业、建筑业、运输业、餐饮业、服务业等活动的个体劳动者。个体户与个人独资企业在一定程度上有其相同或相似之处：均为自然人个人投资、投资人承担无限责任等，但两者存在一定的区别：

1. 存在形式不同

个人独资企业必须要有固定的生产经营场所和合法的企业名称，而个体工商户可以不起字号名称，也可以没有固定的生产经营场所而流动经营。

2. 法律地位不同

个人独资企业是其他组织或其他经济组织的一种形式，能以企业自身的名义进行法律活动；而个体工商户一般只能以公民个人名义进行法律活动。

3. 经营方式及规模不同

个人独资企业可以由出资人自己经营，也可以委托他人经营，可以设立分支机构；个体工商户是由出资人个人经营，不得设立分支机构。个人独资企业的总体规模一般大于后者。

## 第二节　个人独资企业的设立与变更

个人独资企业作为一种市场经营实体，其设立和变更必须符合法定条件，遵循法定程序，符合法律要求。

### 一、个人独资企业的设立

个人独资企业的设立是个人独资企业的产生，也是个人独资企业开展经营的前提条件。

(一) 个人独资企业的设立条件

根据《个人独资企业法》第八条的规定，设立个人独资企业应当具备下列条件：

1. 投资人为一个自然人

法人、其他组织不得成为投资人。由于《个人独资企业法》排除了外商独资企业的适用，因此投资人必须是中国公民。另外法律、行政法规禁止从事营利性活动的人，主要是国家行政机关公务人员和司法人员，不得投资设立个人独资企业。考虑到中国的现实情况，法律允许以家庭共有财产作为个人出资，但需要在申请企业设立登记时予以明确。

2. 有合法的企业名称

企业名称是一个企业区别于其他市场主体的标志，也是企业对外交往的标志。企业名称应当由以下几个部分组成：字号或商号、行业或经营特点、组织形式及企业所在地的行政区划名称。企业的名称应当与其责任形式及从事的营业相符合，不得使用"有限""有限责任""公司"字样。企业只准使用一个名称，名称必须登记，且不得与登记主管机关辖区内已登记的同行业企业名称相同或相似。

3. 有投资人申报的出资

个人独资企业作为一个经营实体必须有一定的财产作资本，但法律并未规定出资的最低限额、出资来源和出资形式。

4. 有固定的生产经营场所和必要的生产经营条件

作为一个经营实体，个人独资企业应当具有一定的稳定性，而固定的生产经营场所则是保障稳定经营、交易安全的必要条件；同时应当具备与生产经营规模相适应的人力、物力和财力条件，才能保证企业的实际运行。

5. 有必要的从业人员

必要的从业人员可以是投资人本人、参与企业生产经营的投资人的亲属和企业招用的职工。关于从业人员的人数，法律没有具体规定，由企业视经营情况而定。

(二)个人独资企业的设立程序

个人独资企业的设立需经过投资人提出设立申请、登记机关核准登记的程序。

1. 个人独资企业设立申请

(1)申请设立个人独资企业，应当由投资人或者其委托的代理人向个人独资企业所在地的登记机关提交设立申请书、投资人身份证明、生产经营场所使用证明等文件。委托代理人申请设立登记时，应当出具投资人的委托书和代理人的合法证明。

(2)个人独资企业不得从事法律、行政法规禁止经营的业务；从事法律、行政法规规定须报经有关部门审批的业务，应当在申请设立登记时提交有关部门的批准文件。

(3)个人独资企业设立申请书中应当载明：企业的名称和住所；投资人的姓名和居所；投资人的出资额和出资方式；经营范围。

2. 登记机关核准登记

(1)登记机关。市场监督管理机关是个人独资企业的登记机关。国家市场监督管理总局主管全国个人独资企业的登记工作。省、自治区、直辖市市场监督管理局负责本地区个人独资企业的登记工作。市、县市场监督管理局以及大中城市市场监督管理分局负责本辖区内的个人独资企业登记。

【重要提示】个人独资企业的登记机关原为工商行政管理机关，根据2018年3月国务院机构改革方案，组建国家市场监督管理总局，国家工商行政管理总局的职责并入其中，不再保留国家工商行政管理总局。个人独资企业的登记机关自此改为国家市场监督管理机关。

(2)核准登记。登记机关应当在收到设立申请文件之日起15日内，对符合法定条件的，予以登记，发给营业执照；对不符合法定条件的，不予登记，并应当给予书面答复，说明理由。根据我国有关行政复议法和行政诉讼法的规定，当事人对企业登记机关作出的不予登记的决定可以依法提起行政复议或行政诉讼。

3. 企业成立

个人独资企业的营业执照的签发日期，为个人独资企业的成立日期。在领取个人独资企业营业执照前，投资人不得以个人独资企业名义从事经营活动。

(三)个人独资企业分支机构的设立

1. 设立申请人

个人独资企业设立分支机构，应当由投资人或者其委托的代理人向分支机构所在地的登记机关申请登记，领取营业执照。分支机构的民事责任由设立该分支机构的个人独资企业承担。

2. 登记事项

个人独资企业分支机构的登记事项包括：分支机构的名称、经营场所、经营范围、经营方式和分支机构负责人的姓名和居所。分支机构的经营范围和经营方式不得超过个人独资企业的经营范围和经营方式。分支机构经核准登记后，应将登记情况报该分支机构隶属的个人独资企业的登记机关备案。

3. 申请文件

个人独资企业申请设立分支机构，应当向登记机关提交下列文件：分支机构设立登记申请书；登记机关加盖印章的个人独资企业营业执照复印件；经营场所证明；国家市场监督管理总局规定提交的其他文件。

分支机构从事法律、行政法规规定须报经有关部门审批的业务的，还应当提交有关部门的批准文件。个人独资企业投资人委派分支机构负责人的，应当提交投资人委派分支机构负责人的委托书及其身份证明。委托代理人申请分支机构设立登记的，应当提交投资人的委托书和代理人的身份证明或者资格证明。

4. 核准登记

登记机关应当在收到法律规定的全部文件之日起 15 日内，作出核准登记或者不予登记的决定。核准登记的，发给营业执照；不予登记的，发给登记驳回通知书。

## 二、个人独资企业的变更

个人独资企业存续期间，变更企业名称、企业住所、经营范围及方式，应当在作出变更决定之日起 15 日内向原登记机关申请变更登记；变更投资人姓名和居所、出资额和出资方式，应当在变更事由发生之日起 15 日内向原登记机关申请变更登记。

个人独资企业申请变更登记，应当向登记机关提交下列文件：投资人签署的变更登记申请书；国家市场监督管理局规定提交的其他文件。从事法律、行政法规规定须报经有关部门审批的业务的，应当提交有关部门的批准文件。委托代理人申请变更登记的，应当提交投资人的委托书和代理人的身份证明或者资格证明。

登记机关应当在收到法律规定的全部文件之日起 15 日内，作出核准登记或者不予登记的决定。予以核准的，换发营业执照或者发给变更登记通知书；不予核准的，发给企业登记驳回通知书。

个人独资企业变更住所跨登记机关辖区的，应当向迁入地登记机关申请变更登记。迁入地登记机关受理的，由原登记机关将企业档案移送迁入地登记机关。

个人独资企业改变出资方式致使个人财产与家庭共有财产变换的，个人独资企业可向原登记机关提交改变出资方式文件，申请变更登记。

## 第三节 个人独资企业的投资人及事务管理

个人独资企业由一个自然人出资设立，出资额不受法律限制，一般规模较小，设立手续简便，经营灵活，又具有方便群众生活、吸纳劳动力等优势，是市场经济的重要组成部分。为了鼓励个人独资企业健康发展，法律对于企业的投资人条件范较为宽松，仅设置必要的限制性条件；对于企业事务管理以及权利义务规定的较为具体。

## 一、个人独资企业的投资人

个人独资企业投资人，是指以其财产投资设立独资企业的自然人。

### (一) 投资人的条件

个人独资企业投资人只能是一个自然人；投资的财产必须是私人所有的财产。

关于独资企业投资人的条件，《个人独资企业法》并未规定其积极条件，而只规定了其消极条件，即不得成为独资企业投资人的条件。《个人独资企业法》第十六条规定，法律、行政法规禁止从事营利性活动的人，不得作为投资人申请设立个人独资企业。这一规定表明，除法律、行政法规禁止从事营利性活动的自然人以外，其余自然人均可以作为个人独资企业的投资人。

**【重要提示】** 按照现行法律、行政法规的规定，禁止从事营利性活动的人员主要是国家公务员，包括行政机关公务人员和司法人员，具体有：法律、行政法规禁止上述人员从事营利性活动主要是由于这些人员因承担法律职责而拥有相应的监督管理权或检察权、审判权、处罚权等，这些权力是用以维护社会经济秩序、维护国家利益和社会利益的手段，要防止这些权力被个人用来谋取私利。

### (二) 投资人的权利

(1) 个人独资企业投资人对企业财产享有所有权。独资企业成立时的出资和经营过程中积累的财产都归独资企业的投资人所有。此处的财产主要是指企业的有形财产，如房屋、机器、设备、原材料等，不包括工业产权、专有技术等无形财产。

(2) 个人独资企业的投资人的有关权利可以依法进行转让或继承。由于独资企业投资人的人格与企业的人格密不可分，企业财产所有权均归投资人，所以投资人对于企业财产享有充分和完整的支配与处置权，他可以将企业财产的某一部分转让给他人，也可以将整个企业转让给他人。同时，当投资人死亡或被宣告死亡时，其继承人可以依继承法的规定对个人独资企业行使继承权。

### (三) 投资人的责任

个人独资企业投资人对企业债务承担无限责任。依照《个人独资企业法》第十八条的规定，个人独资企业在申请企业设立登记时明确以其家庭共有财产作为个人出资的，应当依法以家庭共有财产对企业债务承担无限责任。换言之，以投资人个人财产出资设立的，由投资人的个人财产承担无限责任；以投资人的家庭财产出资设立的，由投资人的家庭财产承担无限责任。由于我国目前尚无完善的财产登记制度，个人财产与家庭财产往往难以区分，实践中主要根据独资企业设立登记时在市场监督管理机关的投资登记来确定投资人是以其个人财产还是家庭财产来对企业债务承担责任。

## 二、个人独资企业的事务管理

### (一) 个人独资企业事务管理的方式

投资人管理个人独资企业的方式有三种：投资人可以自行管理企业事务；委托其

他具有民事行为能力的人管理企业事务；聘用其他具有民事行为能力的人管理企业事务。

投资人委托或者聘用他人管理个人独资企业事务，应当与受托人或者被聘用的人签订书面合同，明确委托的具体内容和授予的权利范围；但是投资人对受托人或者被聘用的人员职权的限制，不得对抗善意第三人。

(二) 受托人或者被聘用的管理人的义务

受托人或者被聘用的人员应当履行诚信、勤勉义务，按照与投资人签订的合同负责个人独资企业的事务管理。

投资人委托或聘用的管理人员不得有下列行为损害投资人：①利用职务上的便利，索取或者收受贿赂；②利用职务或者工作上的便利侵占企业财产；③挪用企业的资金归个人使用或者借贷给他人；④擅自将企业资金以个人名义或者以他人名义开立账户储存；⑤擅自以企业财产提供担保；⑥未经投资人同意，从事与本企业相竞争的业务；⑦未经投资人同意，同本企业订立合同或者进行交易；⑧未经投资人同意，擅自将企业商标或者其他知识产权转让给他人使用；⑨泄露本企业的商业秘密；⑩法律、行政法规禁止的其他行为。投资人委托或者聘用的人员违反合同或法律规定，损害投资人利益的，依法承担相应的法律责任。

(三) 个人独资企业的财务管理

个人独资企业作为经济实体，要求财务管理上实行单独核算，应当依法设置会计账簿，进行会计核算。

(四) 个人独资企业的劳动管理与社会保障

个人独资企业招用职工的，应当依法与职工签订劳动合同，保障职工的劳动安全，按时、足额发放职工工资。个人独资企业职工依法建立工会，以维护职工的合法权益；独资企业应当为本企业工会提供必要的活动条件；工会依法开展活动。

个人独资企业应当按照国家规定参加社会保险，为职工缴纳社会保险费。独资企业的职工社会保险主要包括养老保险、工伤保险和医疗保险等。

个人独资企业违反《个人独资企业法》的规定，侵犯职工合法权益，未保障职工劳动安全，不缴纳社会保障费用的，按照有关法律、行政法规予以处罚，并追究有关责任人员的责任。

## 三、个人独资企业的权利与义务

(一) 个人独资企业的权利

和其他类型企业一样，个人独资企业依法享有自主经营的权利。为了保障这种自主经营的权利，法律明确规定：①国家依法保护个人独资企业的财产和其他合法权益；②个人独资企业可以依法申请贷款、取得土地使用权，并享有法律、行政法规规定的其他权利；③任何单位和个人不得违反法律、行政法规的规定，以任何方式强制个人独资企业提供财力、物力、人力；对于违法强制提供财力、物力、人力的行为，个人独资企业有权拒绝。

## (二) 个人独资企业的义务

依据法律的规定，个人独资企业的义务主要有：①从事经营活动必须遵守法律、行政法规，遵守诚实信用原则，不得损害社会公共利益；②依法纳税的义务。

 **补充阅读 5-2　个人独资企业纳税义务**

《个人独资企业法》实施之前，个人独资企业既要缴纳企业所得税，又要缴纳个人所得税。这种征税方式属于重复征税，加重了个人独资企业的税费负担。根据国务院发布的《关于个人独资企业和合伙企业所得税问题的通知》，决定自 2000 年 1 月 1 日起，对于个人独资企业停止征收企业所得税，按其投资者的生产经营所得征收个人所得税。

## 第四节　个人独资企业的解散与清算

与其他企业一样，个人独资企业也可能因为某些法定事由的发生而解散，为保护利益相关者的合法权益，法律对于个人独资企业的解散事由、清算程序以及注销登记等作了明确规定。

### 一、个人独资企业的解散

个人独资企业的解散是指独资企业因出现某些法律事由而导致其民事主体资格消灭的行为。解散仅仅是个人独资企业消灭的原因，企业并非因解散的事实发生而立即消灭。

个人独资企业有下列情形之一时，应当解散：

1. 投资人决定解散

这是个人独资企业解散的任意原因。只要不违反法律规定，投资人有权决定在任何时候解散独资企业。

2. 投资人死亡或者被宣告死亡，无继承人或者继承人放弃继承

在投资人死亡或宣告死亡的情况下，如果其继承人继承了独资企业，则企业可继续存在，只需办理投资人的变更登记，但若出现无继承人或全部继承人均决定放弃继承的情形，独资企业失去继续经营的必备条件，故应当解散。

3. 被依法吊销营业执照

这是个人独资企业解散的强制原因。被处以吊销营业执照的处罚的原因包括个人独资企业提交虚假文件以欺骗手段取得登记情节严重的行为，涂改、出租、转让营业执照情节严重的行为，企业成立后无正当理由超过 6 个月未开业或开业后自行停业连续 6 个月以上的行为等。

4. 法律、行政法规规定的其他解散情形

这是法律为避免列举不全而作出的兜底性规定。如果其他法律法规另行规定了个人独资企业的其他解散事由，可以适用这些规定。

## 二、个人独资企业的清算

个人独资企业解散的,应当进行清算,其清算的程序规则如下:

### 1. 清算方式

个人独资企业清算,可以通过两种方式进行,一种是由投资人自行清算,一种由债权人申请人民法院指定清算人进行清算。

### 2. 通知与公告程序

投资人自行清算的,应当在清算前15日内书面通知债权人,无法通知的,应当予以公告。债权人应当在接到通知之日起30日内,未接到通知的应当在公告之日起60日内,向投资人申报其债权。

### 3. 清产偿债程序

清算期间,个人独资企业不得开展与清算目的无关的经营活动;个人独资企业财产不足以清偿债务的,投资人应当以其个人的其他财产予以清偿。

### 4. 财产清偿顺序

个人独资企业解散的,财产应当按照下列顺序清偿:①所欠职工工资和社会保险费用;②所欠税款;③其他债务。

### 5. 责任消灭制度

个人独资企业解散后,原投资人对个人独资企业存续期间的债务仍应承担偿还责任,但债权人在5年内未向债务人提出偿债请求的,该责任消灭。法律没有规定5年期间的起算点,一般认为应自个人独资企业解散之时起算。

## 三、个人独资企业的注销

个人独资企业依照《个人独资企业法》第二十六条规定解散的,应当由投资人或者清算人于清算结束之日起15日内向原登记机关申请注销登记。

个人独资企业申请注销登记,应当向登记机关提交下列文件:投资人或者清算人签署的注销登记申请书;投资人或者清算人签署的清算报告;国家市场监督管理总局规定提交的其他文件。

个人独资企业办理注销登记时,应当缴回营业执照。

登记机关应当在收到全部文件之日起15日内,作出核准登记或者不予登记的决定。予以核准的,发给核准通知书;不予核准的,发给企业登记驳回通知书。

经登记机关注销登记,个人独资企业终止。

---

**案例 5-1　个人独资企业设立规则**

案情:刘某是高校的在职研究生,经济上独立于其家庭。2000年8月在工商行政管理机关注册成立了一家主营信息咨询的个人独资企业,取名为"远大信息咨询有限公司",注册资本为人民币1元。

> 请问：该企业的设立是否合法？
>
> 点评：根据我国《个人独资企业法》第二条、第十条的规定，自然人可以单独投资设立个人独资企业，设立时法律仅要求投资人申报出资额和出资方式但并不要求须缴纳最低注册资本金。因此刘某单独以1元人民币经法定工商登记程序投资设立个人独资企业的做法，符合法律规定。但根据第十一条的规定，"个人独资企业的名称应与其责任形式相符合"，而个人独资企业为投资人个人负无限责任，因此刘某将其取名为"远大信息咨询有限公司"违反法律规定，应予与纠正。

## 【本章小结】

本章探讨了个人独资企业的含义、立法目的、个人独资企业的设立、个人独资企业的投资人及事务管理、个人独资企业的解散和清算以及法律责任等基本问题。

主要知识点包含：

(1) 个人独资企业，是指依照《个人独资企业法》在中国境内设立，由一个自然人投资，财产为投资人个人所有，投资人以其个人财产对企业债务承担无限责任的经营实体。个人独资企业由一个自然人投资的企业；个人独资企业的财产为投资人个人所有，投资人对企业财产享有所有权；个人独资企业的投资人的有关权利可以依法进行转让或继承；个人独资企业的投资人以其个人财产对企业债务承担无限责任。

(2) 个人独资企业的资产和收益属投资人所有，企业的风险和债务也由投资人一人承担，投资人应以其全部个人财产为限度承担责任；个人独资企业是一个经营实体。

(3) 个人独资企业的设立条件包括：投资人为一个自然人；有合法的企业名称；有投资人申报的出资；有固定的生产经营场所和必要的生产经营条件；有必要的从业人员。

(4) 个人独资企业投资人只能是一个自然人，且并非法律、行政法规禁止从事营利性活动的人；投资的财产必须是私人所有的财产。

## 【思考与练习题】

一、名词解释

1. 个人独资企业　2. 个人独资企业的解散

二、简答题

1. 简述个人独资企业的特征。
2. 简述个人独资企业与一人有限公司的区别。
3. 简述个人独资企业与合伙企业的区别。
3. 简述个人独资企业的设立条件。

三、论述题

1. 论个人独资企业投资人的条件以及投资人的权利、责任。

### 四、案例分析

张某投资 6 万元成立星光个人独资企业，2015 年 6 月，张某因经营管理不善，出现负债经营，张某决定解散星光企业。经清算，星光企业现有财产 4 万元，但欠职工工资 2 万元，欠社会保险费用 1 万元，欠国家税款 8000 元，还欠甲公司债务 3 万元，欠乙公司债务 2 万元。

请问：对星光企业的财产应如何分配？对各债权人的债权应如何处理？

### 【推荐阅读书目】

1. 个人独资企业法．卞耀武．法律出版社，2000．
2. 个人独资企业法实务与案例评析．刘芸，汪琳．工商出版社，2003．
3. 个人独资企业法新释与例解．刘劲柳．同心出版社，2003．
4. 个人独资企业法及配套规定新释新解．回沪明，孙秀君．人民法院出版社，2003．
5. 企业与公司法学．甘培忠．北京大学出版社，2014．
6. 经济法学(第二版)．《经济法学》编写组．高等教育出版社，2018．

# 第三篇

## 市场运行法

# 第六章 反不正当竞争法

## 学习引导

在市场经济条件下，自由、公平、有序的竞争在市场经济的健康发展、提高资源配置效率起着极其重要的作用。因此，为了促进社会主义市场经济健康发展，鼓励和保护公平竞争，制止不正当竞争行为，保护经营者和消费者的合法权益，不仅要解决垄断问题，还要对违反市场竞争规律的不正当竞争行为加以禁止。通过对本章的学习，了解竞争的概念、属性和竞争法的调整范围，重点掌握不正当竞争行为的概念、特征和表现形式，了解不正当竞争行为的调查和法律责任。

## 第一节 反不正当竞争法概述

### 一、竞争

#### （一）竞争的概念

竞争是一个内涵极为丰富的概念，既有涵盖整个生命体运动的所谓生物学意义上的竞争，如"物竞天择，适者生存"，又涉及人类社会生活各个层面的社会学意义上的竞争，如战争等。竞争亦存在与我们生活中的各个方面，如体育竞赛、竞聘岗位、文艺演出比赛以及国际竞争等等。正是这种富有进取性和排他性的竞争，才推动着社会的蓬勃发展，因此可以说竞争是促进社会发展的一种原动力。

1. 经济学意义的竞争概念

经济领域的竞争，实际上就是商品经营者之间的竞争，这样，竞争者的主要着眼点在于谋求更多的经济利益，这也是经济领域竞争的出发点和最终归宿。经济领域的竞争归结为市场的竞争，因此，可将竞争定义为：在商品经济条件下，市场主体为取得有利的产销条件和生存环境，实现良好的经济效益而进行的以抑制和排斥竞争对手为条件的积极性生产经营行为。

2. 法学意义的竞争概念

法学概念是对社会关系的科学描述，因此，法学意义上的竞争概念也是对经济学上的竞争概念的科学回应，且遵循自己的逻辑关系对竞争概念作出明确的界定。法学意义上的竞争概念可以定义为：两个以上的经营者，以谋取有利的生存发展环境和尽量多的利润为目的的，以其他利害关系人为对手，所进行的各种商业性行为。此概念既是对经济学意义上的竞争概念的反映，也体现了竞争制度的本质特征。竞争立法的目的也是为了利用法律的强制力引导、规范和保护正当竞争行为，限制和取缔不正当竞争行为，以促进市场经济的健康有序发展。

(二) 竞争的属性

竞争是一个中性概念，其基本属性具有突出的两面性。竞争的这种两面性既是竞争运动规律的体现，也是国家政策和法律对竞争实行宏观调控的理论依据，主要表现为：

1. 竞争的主观性与客观性

竞争的主观性是指市场主体在是否参与竞争和如何参与竞争方面所享有的自主、自决权利。就具体的市场主体而言，是否参与竞争，何时何地参与竞争以及采取何种手段、方式参与竞争，完全由自己决定。

竞争的客观性是指有市场就有竞争，凡市场主体都无法回避竞争。即竞争的发生及市场主体的参与，都是不以人们的主观意志为转移的，只要是市场主体，就不得不承认竞争；只要参与市场关系，就不得不参与竞争。

竞争的主观性是就具体的市场主体在参与具体竞争关系时的权利而言的，竞争的客观性是就市场运行的客观规律而言的，竞争正是在市场主体的主观抉择与市场规律的客观制造的矛盾运动中展开并不断发展的。

2. 竞争的自觉性和盲目性

竞争的自觉性是指在微观上每一个市场主体可以根据自身的条件和市场情况，自觉地、有计划、有组织地参与市场竞争。

竞争的盲目性则是指在宏观上每一个市场主体不可能了解、控制整个市场的竞争，其竞争行为对整个市场的竞争而言，具有不相协调，甚至相互对立的特征。

竞争的自觉性和盲目性是一个问题的两个方面，竞争正是在自觉性和盲目性的对立统一中运动和发展的，正是基于这种特性，成为了政府对市场实行宏观调控的理论依据之一。

3. 竞争的合法性和违法性

竞争的合法性和违法性是指在整个市场竞争中不可避免地要同时产生合法竞争行为和违法竞争行为。在竞争纳入法律的调整范围之前，竞争行为无所谓合法与非法之分。在进入法域之后，竞争就必须要接受法律标准的评判，因此既有了合法竞争行为与不合法竞争行为之分。事实上，由于竞争直接关系到市场主体的根本经济利益，关系到市场主体的生存和发展，因此，从一开始起，合法竞争与违法竞争就会相伴而生。竞争法制定的目的，就是要引导市场主体进行合法竞争，并防止和制裁违法竞争。

4. 竞争的建设性和破坏性

竞争的建设性指的是竞争对人类社会发展的推动作用。生产力是人类社会从低级向高级发展的根本动力，竞争作为一种市场规律或市场机制，对生产力的发展有着十分重要的意义。在竞争中，市场主体为了求生存、求发展，就必须重视技术、重视人才、重视产品质量、重视科学管理、重视经济效益等等，其结果必然有利于提高整个社会生产力的水平。同时，竞争必然要引起优胜劣汰，优胜劣汰的结果是促进社会生产力的不断更新和进步，使社会生产力始终处于高度发展的前沿。

竞争的破坏性是指竞争所具有的消极作用。主要表现为：竞争需要社会支付一定的成本，如查出违法竞争的费用负担；竞争需要社会承担一定的风险，如违法竞争所带来的危害以及竞争可能产生垄断，优胜劣汰可能引发各种社会问题等等。

竞争同时具有的建设性和破坏性的特征，是国家对竞争进行宏观调控的又一重要理论依据。

## 二、竞争法

由于竞争存在的两面性，而竞争本身的缺陷使其无法克服，因而需要借助于外部的强制力量，扬长避短，发挥竞争的应有功能，竞争法应运而生。

### （一）竞争法的概念及调整对象

#### 1. 竞争法的概念

竞争法是指国家在协调经济运行过程中调整市场竞争关系和市场竞争管理关系的法律规范的总和。为确立和维护竞争秩序，竞争法依效率优先、兼顾公平作为政策目标，旨在形成有效竞争、有序竞争，以维护合法竞争者的利益，维护消费者的利益和维护社会的公共利益。

#### 2. 竞争法的调整对象

（1）市场竞争关系。市场竞争关系是指市场主体之间在竞争过程中形成的社会关系。其特点是：第一，竞争关系只能发生于取得经营资格的平等的市场主体之间；第二，竞争关系的发生以市场主体的自愿为原则；第三，竞争关系必须以竞争为目的，即必须是以争夺资金、技术、劳动力、产品价格等的市场占有额并以此获得更高利润为目的。前两个特点是竞争关系区别于其他非市场关系的特征，后一个特点则是区别竞争关系与其他市场关系的根本特征。

竞争法对市场竞争关系的调整，主要体现在：第一，用立法形式确认市场经济体制，创设平等、公平的竞争条件，确保市场主体的公平竞争；第二，确认和保护正当的合法竞争关系，保证竞争机制的正常运行及竞争功能的发挥；第三，宣布不正当竞争为非法，避免、限制竞争的消极作用；第四，禁止、取消非法垄断行为，为开展竞争开辟道路，扫清障碍。

（2）竞争管理关系。竞争管理关系是指国家职能部门在依照职权监督、管理市场竞争的过程中所形成的社会关系。竞争管理关系属于国家经济管理关系的一部分，与市场竞争关系不同，其主要特点：第一，竞争管理关系必须以具有管理职权的竞争管理机关作为一方当事人，即管理者只能是具有管理职权的管理机关，被管理者只能是市场主体；第二，竞争管理关系中双方的地位不平等，一方依法享有管理权，另一方则依法承担接受管理的义务；第三，管理的目的不是为了直接参与竞争，而是为了保护公平竞争，限制或者制裁已经发生的不正当竞争行为，为公平竞争创造良好的外部条件；第四，竞争管理关系的发生，既不依市场主体的意志为转移，也不依管理机关的意志为转移。管理机关依法行使管理职权，同时也是依法履行管理义务；被管理者则必须依法接受管理。

竞争法对竞争管理关系的调整，主要体现在：第一，确立监督管理体制，赋予管理部门管理职权，明确各级各地管理部门的职责分工；第二，规定监督管理的对象范围及方式；第三，明确管理的实体法律规范依据；第四，确认市场主体在管理关系中的义务及应享有的权利；第五，规定管理活动实施的具体步骤、程序以及违反竞争管理法的法律责任。

### (二)竞争法的立法体例

竞争法主要由反不正当竞争法和反垄断法组成，因此其立法体例是指将二者合一还是分开立法，目前总结各国竞争立法，主要有以下三种模式：

1. 分立式

即将反不正当竞争法和反垄断法分开立法，共同作为竞争基本法，但在法律命名上略有区别，其代表国家为德国。德国早在1909年颁布了《反不正当竞争法》，这也是世界上第一部反不正当竞争法，后又于1957年颁布了《反限制竞争法》。我国采用此立法例。

2. 合一式

即将反不正当竞争法和反垄断法合二为一，统一立法，在命名上或称"竞争法"，或称"公平交易法"等。如我国台湾地区1991年颁布的《公平交易法》即为此例。

3. 综合式

即对不正当竞争和垄断在立法上不做明确的区分，而是根据需要分别制定若干部法律对竞争行为进行综合规制，其主要代表国家是美国。美国于1890年通过《谢尔曼法》和1914年通过的《克莱顿法》与《美国联邦贸易委员会法》以及之后形成的若干相关判例，都属于竞争法的基本形式。

## 三、我国的反不正当竞争法

### (一)反不正当竞争法的立法过程

改革开放前，由于我国实行计划经济，因而忽视了市场竞争的积极作用。随着改革开放的逐渐深入，尤其是实行社会主义市场经济以后，人们意识到，社会主义市场经济需要公平竞争，既要反垄断，又要反不正当竞争。为此，党和政府在各种文件中，多次提出要开展和保护社会主义竞争，反对垄断。一些地方政府制定了相应的地方规章，如上海市政府于1987年发布了《上海市制止不正当竞争行为暂行规定》、江西省政府于1989年制定了《江西省制止不正当竞争试行办法》等。

1991年年底，《制止不正当竞争法》列入了全国人大常委会立法规划，由国家工商行政管理局主持起草了《反不正当竞争法》草案，经过反复讨论修改，于1993年9月2日第八届全国人民代表大会常务委员会第三次会议通过《中华人民共和国反不正当竞争法》(以下简称《反不正当竞争法》)，1993年12月1日起施行。

随着我国市场经济的不断发展，新的业态、商业模式不断出现，《反不正当竞争法》对一些新情况、新问题缺乏规范，部分规定较为原则，可操作性不强，与后来制定的《反垄断法》《招标投标法》等其他相关法律也不够衔接，已不能适应实践发展的需要。2017年11月4日第十二届全国人大常委会第三十次会议通过了修订后的《反不正当竞争法》，自2018年1月1日起实施。

2019年4月23日,第十三届全国人民代表大会常务委员会第十次会议通过关于修改《中华人民共和国建筑法》等八部法律的决定,再次对《反不正当竞争法》进行了修改,此次修改主要针对涉及商业秘密的四个条款,修改条款自决定公布之日即2019年4月23日起施行。

(二)反不正当竞争法的概念及适用范围

1. 反不正当竞争法的概念

反不正当竞争法有广义和狭义之分。广义的反不正当竞争法是指国家在调整制止不正当竞争行为过程中所发生的经济关系的法律规范的总称。狭义的反不正当竞争法仅指《反不正当竞争法》。

2. 反不正当竞争法的适用范围

凡是在中国境内从事生产经营活动的,都必须遵守该法。

经营者在生产经营活动中,违反《反不正当竞争法》规定,扰乱市场竞争秩序,损害其他经营者或者消费者的合法权益的行为,都是不正当竞争行为,应受到制止和惩处。

## 第二节 不正当竞争行为

### 一、不正当竞争行为的概念及特征

(一)不正当竞争行为的概念

不正当竞争行为是指经营者在生产经营活动中,违反《反不正当竞争法》的规定,扰乱市场竞争秩序,损害其他经营者或者消费者的合法权益的行为。

(二)不正当竞争行为的特征

1. 不正当竞争行为的主体是经营者

经营者是从事商品生产、经营或者提供服务的自然人、法人和非法人组织。因而,凡是在我国境内从事市场交易活动,向市场提供商品或者服务的经营者,只要进行不正当竞争的活动,都可以成为实施不正当竞争行为的主体。

2. 不正当竞争行为是违法的竞争行为

我国《反不正当竞争法》所列举的不正当竞争行为,在内容上具有竞争性和违法性。经营者的这种竞争行为,既可以是对特定经营者实施,也可以是对不特定的经营者实施的,且往往表现为经营者单方面的特殊行为。其违法性,表现在它是一种不公正、不诚实、不守信、不道德的经营竞争行为,违背了市场交易中自愿、平等、公平、诚实信用的原则以及公认的商业道德。

3. 不正当竞争行为是侵犯了其他经营者和用户、消费者合法权益的行为

不正当竞争行为会直接或间接地侵害其他经营者的知识产权、财产权、名誉权、公平竞争权、经营权等合法权益,给其他经营者造成财产损失或名誉损害,甚至导致严重亏损或破产倒闭。同时,不正当竞争行为还会直接或间接地损害用户和消费者的合法权益,如导致用户和消费者受骗上当,甚至造成用户和消费者的人身和健康受到

损害的后果。

4. 不正当竞争行为扰乱了市场竞争秩序

正常的市场竞争秩序可以提高产品质量，优胜劣汰，充分调动经营者的生产经营积极性和创造性，优化资源配置，提高经济效益。而不正当竞争行为采取的是消极落后、欺行霸市的经营方式和恶劣的经营作风，从而破坏了公平竞争的市场机制和体系，扰乱了市场竞争秩序。

## 二、不正当竞争行为的种类

### （一）混淆行为

1. 混淆行为的概念

混淆行为是指经营者采取不正当手段，引人误认为自己的商品是他人的商品或者与他人存在特定关系，以获取非法利益的行为。

2. 混淆行为的法律特征

①实施混淆行为的主体是经营者；②被混淆的的对象是有一定影响的标识；③从事混淆行为的方式是"擅自使用"；④混淆行为的结果是引人误认为是他人商品或者与他人存在特定关系。

3. 混淆行为的表现形式

①擅自使用与他人有一定影响的商品名称、包装、装潢等相同或者近似的标识；②擅自使用他人有一定影响的企业名称（包括简称、字号等）、社会组织名称（包括简称等）、姓名（包括笔名、艺名、译名等）；③擅自使用他人有一定影响的域名主体部分、网站名称、网页等；④其他足以引人误认为是他人商品或者与他人存在特定联系的混淆行为。

---

**案例 6-1　玫瑰医院等民营医院假冒知名医院网站系列案**[①]

案情：2014年5月，上海市工商局接上海交通大学医学院附属第九人民医院（以下简称九院）投诉，反映上海玫瑰医疗美容医院有限公司（以下简称玫瑰医院）假冒九院网站诱导患者前往就诊，严重侵害了九院的声誉和利益，希望上海市工商局对玫瑰医院进行查处。

九院作为全国极为知名的整形、口腔医院，具有超高知名度和很大门诊量。从2014年4月至被查处，玫瑰医院未经九院许可，利用百度竞价排名设置了"九院官网""九院整形"等关键词，并将搜索结果链接到其制作的虚假网站。

请问：玫瑰医院的行为属于不正当竞争中的哪类行为？

点评：经过调查和取证，上海市工商局最终认定玫瑰医院的上述行为构成《反不正当竞争法》所指的作引人误解虚假宣传的违法行为。但该案以混淆行为予以处罚更为妥当。

---

[①] 资料来源：http://www.saic.gov.cn。

## （二）商业贿赂行为

### 1. 商业贿赂行为的概念

商业贿赂行为是指经营者为销售或者购买商品采取秘密给付财物或者其他手段，赢得交易成功，排挤其他经营者或占据经营优势的行为。

### 2. 商业贿赂行为的法律特征

①行为的主体有两方(行贿方与受贿方)，但至少有一方是经营者；②行为的目的是谋取交易机会或者竞争优势，因此，贿赂在主观上是故意的，不存在过失的问题；③商业贿赂的手段既包括财物，也包括其他手段。商业贿赂行为的主要方式有：现金、实物回扣；软回扣，如高消费招待、风景旅游观光；为受贿人装修住房、提供明显可营利的业务项目、物资批件及合同、为受贿人亲属安排出国学习、提供等工作机会等等；④商业贿赂的对象分为三类主体：交易相对方的工作人员；受交易相对方委托办理相关事务的单位或者个人；利用职权或者影响力影响交易的单位或者个人。

【重要提示】经营者的工作人员进行贿赂的应当认定为经营者的行为；但是经营者有证据证明该工作人员的行为与为经营者谋取交易机会或者竞争优势无关的除外。

### 3. 区分回扣、折扣和佣金

回扣是指在市场交易过程中，经营者一方从交易所得的价款中提取一定比例的现金或额外以定额的酬金支付给对方单位或个人的金钱或有价证券。在账外暗中给予对方单位或者个人回扣的，以行贿论处；对方单位或个人在账外暗中收受回扣的，以受贿论处。因此回扣视为不正当竞争行为。

折扣是商品购销中的让利，是指经营者在销售商品时以明示并如实入账的方式给予对方的价格优惠。折扣既可以是支付价款时对价款总额按一定比例即时予以扣除，也可以是支付价款总额后再按一定比例予以退还。

佣金是指中间人在商业活动中因代买、代卖或者介绍买卖而收取的劳动报酬。

【重要提示】《反不正当竞争法》第七条第二款规定：经营者在交易活动中，可以以明示方式向交易相对方支付折扣，或者向中间人支付佣金。经营者向交易相对方支付折扣、向中间人支付佣金的，应当如实入账。接受折扣、佣金的经营者也应当如实入账。

---

**案例6-2　天津市××有限公司商业贿赂案**[①]

案情：2019年1月，天津市××有限公司征订、销售教材的同时，向蓟县初中三年级学生搭配销售《初中毕业班复习材料》。为增加《初中毕业班复习材料》的销售量，更大限度地牟取利益，天津市××有限公司委托天津市蓟县××教学研究室向蓟县各中学推荐《初中毕业班复习材料》，由各学校将征订上述复习材料款项与征订教材款项一同交付给天津市××有限公司。截至被查处，天津市××有限公司通过这种方式共售出《初中毕业班复习材料》1万册，每册售价16元，经营额共计16万元，

---

[①] 资料来源：http://www.saic.gov.cn。

获利 4 万元。天津市××有限公司于 2019 年 6 月 13 日以教育科研经费的名义支付给天津市蓟县××教学研究室费用 2 万元，自己所得收入 2 万元。

请问：天津市××有限公司和天津市蓟县××教学研究室上述行为属于哪类不正当竞争行为？

点评：2019 年 7 月，天津市工商局认为，天津市××有限公司和天津市蓟县××教学研究室上述行为，违反了《反不正当竞争法》，构成商业贿赂行为。

### (三) 虚假宣传行为

**1. 虚假宣传行为的概念**

虚假宣传行为是指在市场交易中，经营者对商品或服务作与实际情况不符的公开宣传，导致或足以导致购买者对商品或服务产生错误认识的不正当竞争行为。这种行为违反诚实信用原则和公认的商业道德，以各种公开宣传手段作引人误解的虚假宣传，欺骗和误导购买者选购商品或接受服务，是一种十分普遍和典型的欺骗性交易行为。

**2. 虚假宣传行为的法律特征**

①其主体为经营者，即商品经营者和服务业的经营者；②经营者对其商品或服务作了虚假或引人误解的表示；③经营者故意通过不真实的说明欺骗公众，以期赢得较多的顾客，使自己处于同行业竞争中的优势地位。

**3. 虚假宣传行为的表现方式**

①经营者对商品的性能、功能、质量、销售状况、用户评价、曾获荣誉等作虚假或者引人误解的商业宣传，欺骗、误导消费者；②经营者通过组织虚假交易等方式，帮助其他经营者进行虚假或者引人误解的商业宣传。

对商品作虚假宣传，既包括虚假宣传，也包括引人误解的宣传两种类型。所谓虚假宣传，是指宣传的内容与商品的实际情况不相符合；所谓引人误解的宣传，是指就一般的社会公众的合理判断而言，宣传的内容会使接受宣传的人或受宣传影响的人对被宣传的商品产生错误的认识，从而影响其购买决策的商品宣传。

【重要提示】在商业宣传中，发布虚假广告的，依照《广告法》的规定处罚。

补充阅读：6-1  刷单炒信

网店通过虚假交易给自己虚构成交量、交易额、用户好评，以吸引消费者点击、购买，不当谋取交易机会或者竞争优势。

### (四) 侵犯商业秘密的行为

**1. 侵犯商业秘密的行为的概念**

侵犯商业秘密的行为是指以不正当手段获取、披露、使用他人的商业秘密，或违反约定披露、使用或允许他人使用所掌握的商业秘密的行为。《反不正当竞争法》中所称商业秘密，是指不为公众所知悉、具有商业价值并经权利人采取相应保密措施的技术信息、经营信息等商业信息。

**2. 侵犯商业秘密的行为的法律特征**

①行为的主体不仅仅限于经营者，还包括与经营者有关的第三人、经营者的雇员、前雇员等；②行为人实施了法律禁止的行为，侵犯了他人的商业秘密；③行为人主观上有过错。侵犯商业秘密的行为在大多数的情况下是行为人故意而为的，目的是获得非法利益或者损害权利人的合法权益；④行为人的行为已经或者必然给权利人的利益带来损害。

**3. 侵犯商业秘密行为的表现方式**

①以盗窃、贿赂、欺诈、胁迫、电子侵入或者其他不正当手段获取权利人的商业秘密；②披露、使用或者允许他人使用以前项手段获取的权利人的商业秘密；③违反保密义务或者违反权利人有关保守商业秘密的要求，披露、使用或者允许他人使用其所掌握的商业秘密；④教唆、引诱、帮助他人违反保密义务或者违反权利人有关保守商业秘密的要求，获取、披露、使用或者允许他人使用权利人的商业秘密。

经营者以外的其他自然人、法人和非法人组织实施前款所列违法行为的，视为侵犯商业秘密。第三人明知或者应知商业秘密权利人的员工、前员工或者其他单位、个人实施前款所列违法行为，仍获取、披露、使用或者允许他人使用该商业秘密的，视为侵犯商业秘密。

### (五)违法有奖销售行为

**1. 违法有奖销售行为的概念**

违法有奖销售行为是指经营者违反诚实信用原则和公平竞争原则，利用物质、金钱或其他经济利益引诱购买者与之交易，排挤竞争对手的不正当竞争行为。它和商业贿赂行为一样，均属经营者利用财物引诱交易相对人的利诱性不正当竞争行为。

**2. 违法有奖销售行为的法律特征**

①行为的主体是在市场交易中处于销售者地位的经营者；②经营者客观方面进行了法律明文禁止的有奖销售活动；③经营者主观上出于故意，目的是为了打击竞争对手或推销劣质产品以获取有利地位；④该行为的后果损害了竞争对手和消费者的利益，破坏了正常的社会竞争秩序。

**3. 违法有奖销售行为的表现形式**

①所设奖的种类、兑奖条件、奖金金额或者奖品等有奖销售信息不明确，影响兑奖；②采用谎称有奖或者故意让内定人员中奖的欺骗方式进行有奖销售；③抽奖式的有奖销售，最高奖的金额超过五万元的。

---

**案例6-3　公司举办抽奖活动**

案情：2019年1月，某公司举办抽奖活动，奖品包括奥迪轿车以及爱马仕、香奈儿、LV等多款奢侈品品牌商品。

请问：上述抽奖行为有何不当？是否违反的《反不正当竞争法》？

点评：这种抽奖方式本身并无不妥，但如果奖品金额超过了《反不正当竞争法》中规定的50000元上限，由此就涉嫌不正当竞争。

### (六)商业诋毁行为

**1. 商业诋毁行为的概念**

商业诋毁行为是损害他人商誉、侵犯他人商誉权的行为。具体而言,它是指经营者自己或利用他人,通过编造、传播虚假信息或误导性信息等不正当手段,对竞争对手的商业信誉、商品信誉进行恶意的诋毁、贬低,以削弱其市场竞争能力,并为自己谋取不正当利益的行为。

**2. 商业诋毁行为的法律特征**

①行为人的主体是经营者或其唆使、收买利用的共同侵权人;②经营者实施了商业诋毁行为,即编造、传播虚假信息或误导性信息,贬低竞争对手;③行为人存在着诋毁竞争对手的主观故意;④行为人编造、传播虚假信息或误导性信息,已经或必然导致竞争对手商誉下降和营业利润受损。

**补充阅读6-2  商业诋毁之《保护工业产权巴黎公约》**

商业诋毁是国际公约明文禁止的不正当竞争行为。《保护工业产权巴黎公约》第十条之二中规定,在经营商业中,具有损害竞争对手的营业所、商品或工商业活动的信用性质的虚伪陈述,应当予以禁止。

### (七)网络领域不正当竞争行为

随着互联网经济的快速发展,大量的经营者都在运用网络手段开展各种生产经营活动,网络领域涉及的不正当竞争纠纷也随之不断出现。

网络领域的不正当竞争行为目前分为两类:一类属于传统不正当竞争行为在网络领域的延伸,即利用网络实施混淆仿冒、虚假宣传、商业诋毁等不正当竞争行为,对于这类行为,应依据本法相关条款予以处理。另一类属于网络领域特有的、利用技术手段实施的不正当竞争行为,这类行为属于网络技术发展出现的新情况。

《反不正当竞争法》第十二条规定:经营者利用网络从事生产经营活动,应当遵守本法的各项规定。经营者不得利用技术手段,通过影响用户选择或者其他方式,实施下列妨碍、破坏其他经营者合法提供的网络产品或者服务正常运行的行为:①未经其他经营者同意,在其合法提供的网络产品或者服务中,插入链接、强制进行目标跳转;②误导、欺骗、强迫用户修改、关闭、卸载其他经营者合法提供的网络产品或者服务;③恶意对其他经营者合法提供的网络产品或者服务实施不兼容;④其他妨碍、破坏其他经营者合法提供的网络产品或者服务正常运行的行为。

**案例6-4  百度诉青岛联通不正当竞争案①**

案情介绍:用户通过青岛联通的网络信号上网,在使用百度搜索引擎对相关关键词进行搜索时,由青岛联通配合青岛奥商网络技术公司在百度搜索结果页面出现

---

① 资料来源:王瑞贺主编,《中华人民共和国反不正当竞争法释义》。

前插入广告页面,该广告页面严重遮挡百度搜索结果页面,持续时间为5秒钟。其间,点击该广告即进入相关广告宣传网站新窗口;不点击则5秒钟后自动展现百度搜索结果页面。

青岛市中院认为:青岛联通及青岛奥商网络技术公司在百度搜索引擎中插入广告链接,既未取得百度同意,也违背了用户的意愿,属于利用百度的知名度为自己牟利,且损害了百度的经济利益。据此被诉行为构成不正当竞争。

## 第三节 对涉嫌不正当竞争行为的调查

不正当竞争行为,严重影响了市场竞争的公平性,干扰了社会经济秩序正常健康的发展。为使竞争具有良好的环境和条件,就要制止这些不正当竞争行为,对其进行监督检查。

### 一、监督检查部门

我国《反不正当竞争法》第四条规定:"县级以上人民政府履行工商行政管理职责的部门对不正当竞争行为进行查处;法律、行政法规规定由其他部门查处的,依照其规定。"因此,在我国,县级以上人民政府履行市场监督管理职责的部门及法律、行政法规规定的其他部门是对不正当竞争行为进行查处的部门。

### 二、监督检查部门的职权

监督检查部门在调查涉嫌不正当竞争行为时,可以采取以下措施:
(1)进入涉嫌不正当竞争行为的经营场所进行检查。
(2)询问被调查的经营者、利害关系人及其他有关单位、个人,要求其说明有关情况或者提供与被调查行为有关的其他资料。
(3)查询、复制与涉嫌不正当竞争行为有关的协议、账簿、单据、文件、记录、业务函电和其他资料。
(4)查封、扣押与涉嫌不正当竞争行为有关的财物。
(5)查询涉嫌不正当竞争行为的经营者的银行账户。
采取前款规定的措施,应当向监督检查部门主要负责人书面报告,并经批准。采取前款第四项、第五项规定的措施,应当向设区的市级以上人民政府监督检查部门主要负责人书面报告,并经批准。
监督检查部门调查涉嫌不正当竞争行为,应当遵守《中华人民共和国行政强制法》和其他有关法律、行政法规的规定,并应当将查处结果及时向社会公开。
监督检查部门调查涉嫌不正当竞争行为,被调查的经营者、利害关系人及其他有关单位、个人应当如实提供有关资料或者情况。
监督检查部门及其工作人员对调查过程中知悉的商业秘密负有保密义务。
对涉嫌不正当竞争行为,任何单位和个人有权向监督检查部门举报,监督检查部门接到举报后应当依法及时处理。

监督检查部门应当向社会公开受理举报的电话、信箱或者电子邮件地址，并为举报人保密。对实名举报并提供相关事实和证据的，监督检查部门应当将处理结果告知举报人。

## 第四节 不正当竞争行为的法律责任

法律责任是指由于行为人的违法行为而应当承担的法律后果。根据《反不正当竞争法》的规定，对于不正当竞争行为，经营者、政府及所属部门应承担的法律责任，包括民事责任、行政责任和刑事责任三种形式。

### 一、民事责任

经营者违反《反不正当竞争法》规定，给他人造成损害的，应当依法承担民事责任。经营者的合法权益受到不正当竞争行为损害的，可以向人民法院提起诉讼。

因不正当竞争行为受到损害的经营者的赔偿数额，按照其因被侵权所受到的实际损失确定；实际损失难以计算的，按照侵权人因侵权所获得的利益确定。经营者恶意实施侵犯商业秘密行为，情节严重的，可以在按照上述方法确定数额的1倍以上5倍以下确定赔偿数额。赔偿数额还应当包括经营者为制止侵权行为所支付的合理开支。

经营者违反本法第六条、第九条规定，权利人因被侵权所受到的实际损失、侵权人因侵权所获得的利益难以确定的，由人民法院根据侵权行为的情节判决给予权利人500万元以下的赔偿。

### 二、行政责任

1. 混淆行为的法律责任

经营者实施混淆行为的，由监督检查部门责令停止违法行为，没收违法商品。违法经营额5万元以上的，可以并处违法经营额5倍以下的罚款；没有违法经营额或者违法经营额不足5万元的，可以并处25万元以下的罚款。情节严重的，吊销营业执照。

经营者登记的企业名称违反本法第六条规定的，应当及时办理名称变更登记；名称变更前，由原企业登记机关以统一社会信用代码代替其名称。

2. 商业贿赂行为的法律责任

经营者违反本法规定贿赂他人的，由监督检查部门没收违法所得，处10万元以上300万元以下的罚款。情节严重的，吊销营业执照。

3. 虚假宣传行为的法律责任

经营者违反本法第八条规定对其商品作虚假或者引人误解的商业宣传，或者通过组织虚假交易等方式帮助其他经营者进行虚假或者引人误解的商业宣传的，由监督检查部门责令停止违法行为，处20万元以上100万元以下的罚款；情节严重的，处100万元以上200万元以下的罚款，可以吊销营业执照。

经营者违反本法第八条规定，属于发布虚假广告的，依照《中华人民共和国广告法》的规定处罚。

4. 侵犯商业秘密的法律责任

经营者以及其他自然人、法人和非法人组织违反本法第九条规定侵犯商业秘密的，由监督检查部门责令停止违法行为，没收违法所得，处 10 万元以上 100 万元以下的罚款；情节严重的，处 50 万元以上 500 万元以下的罚款。

2019 年修订的《反不正当竞争法》对于侵犯商业秘密的审判程序中的举证责任转移专门进行了规定。本法第三十二条规定：在侵犯商业秘密的民事审判程序中，商业秘密权利人提供初步证据，证明其已经对所主张的商业秘密采取保密措施，且合理表明商业秘密被侵犯，涉嫌侵权人应当证明权利人所主张的商业秘密不属于本法规定的商业秘密。

商业秘密权利人提供初步证据合理表明商业秘密被侵犯，且提供以下证据之一的，涉嫌侵权人应当证明其不存在侵犯商业秘密的行为：①有证据表明涉嫌侵权人有渠道或者机会获取商业秘密，且其使用的信息与该商业秘密实质上相同；②有证据表明商业秘密已经被涉嫌侵权人披露、使用或者有被披露、使用的风险；③有其他证据表明商业秘密被涉嫌侵权人侵犯。

5. 违法有奖销售的法律责任

经营者违反本法第十条规定进行有奖销售的，由监督检查部门责令停止违法行为，处 5 万元以上 50 万元以下的罚款。

6. 商业诋毁行为的法律责任

经营者违反本法第十一条规定损害竞争对手商业信誉、商品声誉的，由监督检查部门责令停止违法行为、消除影响，处 10 万元以上 50 万元以下的罚款；情节严重的，处 50 万元以上 300 万元以下的罚款。

7. 网络不正当竞争的法律责任

经营者违反本法第十二条规定妨碍、破坏其他经营者合法提供的网络产品或者服务正常运行的，由监督检查部门责令停止违法行为，处 10 万元以上 50 万元以下的罚款；情节严重的，处 50 万元以上 300 万元以下的罚款。

经营者违反本法规定从事不正当竞争，有主动消除或者减轻违法行为危害后果等法定情形的，依法从轻或者减轻行政处罚；违法行为轻微并及时纠正，没有造成危害后果的，不予行政处罚。

经营者违反本法规定从事不正当竞争，受到行政处罚的，由监督检查部门记入信用记录，并依照有关法律、行政法规的规定予以公示。

经营者违反本法规定，应当承担民事责任、行政责任和刑事责任，其财产不足以支付的，优先用于承担民事责任。

妨害监督检查部门依照本法履行职责，拒绝、阻碍调查的，由监督检查部门责令改正，对个人可以处 5000 元以下的罚款，对单位可以处 5 万元以下的罚款，并可以由公安机关依法给予治安管理处罚。

当事人对监督检查部门作出的决定不服的，可以依法申请行政复议或者提起行政诉讼。

监督检查部门的工作人员滥用职权、玩忽职守、徇私舞弊或者泄露调查过程中知悉的商业秘密的，依法给予处分。

### 三、刑事责任

违反本法规定，构成犯罪的，依法追究刑事责任。

## 【本章小结】

本章共分为四节。

第一节"反不正当竞争法概述"。主要介绍了竞争的概念和属性；竞争法的概念及调整对象；我国反不正当竞争法的概念、适用范围和立法过程。竞争是指两个以上的经营者，以谋取有利的生存发展环境和尽量多的利润为目的，以其他利害关系人为对手，所进行的各种商业性行为。竞争具有两面性，其属性为：主观性与客观性、自觉性和盲目性、合法性和违法性、建设性和破坏性。竞争法是指国家在协调经济运行过程中调整市场竞争关系和市场竞争管理关系的法律规范的总和。其调整对象为市场竞争关系和竞争管理关系。我国竞争法采取分立式立法。广义的反不正当竞争法是指国家在调整制止不正当竞争行为过程中所发生的经济关系的法律规范的总称。狭义的反不正当竞争法仅指1993年制定，2019年修订的《反不正当竞争法》。

第二节"不正当竞争行为"。《反不正当竞争法》所规制的七类不正当竞争行为：商业混淆行为、商业贿赂行为、虚假宣传行为、侵犯商业秘密的行为、违法有奖销售行为、商业诋毁行为和网络领域不正当竞争行为。

第三节"对涉嫌不正当竞争行为的调查"。反不正当竞争行为的监督检查部门为县级以上人民政府履行工商行政管理职责的部门以及法律、行政法规规定其他部门，在调查涉嫌不正当竞争行为时可依职权行使调查权，可采取相应的行政措施。

第四节"法律责任"。经营者、政府以及相关组织和个人违反《反不正当竞争法》所应承担的法律责任，包括民事责任、行政责任和刑事责任三种形式。

## 【思考与练习】

一、名词解释

1. 竞争  2. 竞争法  3. 不正当竞争行为  4. 商业贿赂  5. 商业秘密

二、简答题

1. 简述反不正当竞争法的适用范围。

2. 简述不正当竞争行为的类型。

3. 简述商业贿赂与折扣、佣金的关系。

4. 简述网络领域不正当竞争行为的类型。

5. 简述侵犯商业秘密的表现形式。

6. 简述不正当竞争的法律责任。

### 三、论述题

1. 试述竞争的属性。
2. 试述不正当竞争行为的法律特征。

### 四、案例分析

甲乙两旅行社都是享有盛名的国家承办境外游客到国内观光的经济组织。2018年，两旅行社均接待海外游客 20 万人次，经济效益不相上下。2019 年上半年，甲旅行社以高薪为条件，致使乙旅行社海外部 15 名工作人员全部辞职，转入甲旅行社工作。甲旅行社为此成立海外旅行二部，该 15 名原乙旅行社的工作人员在转入甲旅行社时将自己的业务资料、海外业务单位名单都带入甲旅行社。2019 年上半年，两旅行社的业务均发生很大的变化，甲旅行社的海外游客骤然上升，效益大增，而乙旅行社业务受到极大影响，造成了较大的经济损失。

试分析：

（1）甲旅行社的行为是否构成不正当竞争？如是，应属哪种不正当竞争行为？为什么？

（2）对甲旅行社是否应进行法律制裁？如何制裁？

### 【推荐阅读书目】

1. 中华人民共和国反不正当竞争法释义. 王瑞贺. 法律出版社，2018.
2. 中华人民共和国反不正当竞争法(实用). 中国法律出版社，2017.
3. 经济法学(第七版). 张守文. 北京大学出版社，2018.
4. 反不正当竞争法案例评析. 刘继峰. 对外经济贸易大学出版社，2009.

# 第七章 反垄断法

学习引导

在市场经济条件下，自由、正当、公平、有效的竞争，是维持市场机制有效运作的重要保证。而垄断则会破坏公平和自由的竞争，最终导致市场失灵。为了预防和制止垄断行为，保护市场公平竞争，提高经济运行效率，维护消费者利益和社会公共利益，促进社会主义市场经济健康发展，就必须有完善的反垄断法。通过本章的学习，要了解垄断的概念及分类，理解反垄断法与反不正当竞争法的关系，掌握我国反垄断法的适用范围，重点掌握四种垄断行为具体内容，了解反垄断行为的调查和法律责任。

## 第一节　反垄断法概述

### 一、垄断的概念及分类

(一) 垄断的概念

垄断是市场经济发展到一定阶段的产物，作为一种经济现象，经济学上的垄断是指"特定经济主体为了特定目的通过构筑市场堡垒从而对目标市场所做的一种排他性控制状态。"现代经济学对垄断的研究侧重于状态方面，并不关注企业行为，亦不进行价值判断，反对垄断只是因为垄断损失了市场效率。

法律上的垄断与经济学上的垄断存在着差异，法律意义上的垄断是指主体违反法律规定单独或者合谋操控特定市场以及谋求对特定市场的操控而妨害竞争的市场状态和行为。因此法律意义上的垄断包括了垄断状态和垄断行为。垄断状态一般形成于合法、公平的竞争过程之中，在主观上并没有故意限制竞争，所以各国的反垄断法一般不反对垄断状态，而垄断行为则是反垄断法主要规制的对象。

(二) 垄断的分类

根据垄断产生的原因，可分为经济性垄断、国家垄断、行政性垄断和自然垄断。

(1) 经济性垄断又称市场垄断，是指经营者凭借其经济实力，单独或者合谋控制某一领域的经济活动，排除、限制其他经营者与之竞争的状况及行为。这是基于特定市场及经营者自身的经济力量而形成的垄断。

(2) 国家垄断是指国家出于保护目的，对某一行业市场的生产、销售等进行直接控制，不允许其他市场主体进入该市场领域参与竞争的情形。

(3) 行政性垄断又称政府垄断，是指由政府行政机构凭借其行政管理权力，违法

设置市场障碍,排除和限制经营者之间竞争的行为。

(4)自然垄断是指基于市场的自然条件原因而形成的垄断,即某些行业不适合竞争经营,从而形成独占经营、排除竞争的状况。

## 二、反垄断法

### (一)反垄断法的概念

反垄断法是调整国家规制垄断过程中所发生的社会关系的法律规范的总称。反垄断法是反对垄断、保护竞争之法。因此我国反垄断法的立法目的是防止和制止垄断行为,保护市场公平竞争,提高经济运行效率,维护消费者利益和社会公共利益,促进社会主义市场经济健康发展。

随着我国社会主义市场经济体制的不断完善以及经济全球化进程的不断加快,社会各界要求出台反垄断法的呼声越来越高。2003年商务部会同工商总局共同完成了反垄断法的起草工作,于2004年7月将反垄断法(送审稿)报请国务院审议,国务院法制办于2006年6月形成了反垄断法(草案),提请全国人大常委会审议。全国人大常委会经过三次审议,2007年8月30日中华人民共和国第十届全国人民代表大会常务委员会第二十九次会议通过了《中华人民共和国反垄断法》(以下简称《反垄断法》),于2008年8月1日正式实施。

**补充阅读:7-1　反垄断法产生**

从历史上看,现代意义上的反垄断法产生于19世纪末。当时,西方社会由自由资本主义进入垄断资本主义,经济生活中的各种垄断行为所造成的负面影响日益严重,为此,反垄断法作为"矫正"市场失灵的工具应运而生。1890年的美国《谢尔曼法》是世界上第一部反垄断立法。目前,世界上绝大多数市场经济国家都有较为完善的反垄断法律制度。

### (二)反垄断法与反不正当竞争法的关系

反不正当竞争法与反垄断法同属于竞争法的范畴,两者相互配合、互相补充,共同规范经营者的竞争行为。但两者之间也存在着明显的差异。

1. 立法目的不同

反垄断法是为了防止和制止垄断行为,维护市场竞争秩序,从宏观的角度维护市场有效竞争;反不正当竞争法则是为了防止竞争过度,消除恶性竞争的影响,主要是维护微观的竞争秩序。

2. 作用不同

反垄断法的主要作用在于营造公平、有序的市场竞争环境,不是为了维护个别市场主体的具体权益;反不正当竞争法则主要是维护市场主体的合法权益。

3. 规范方式不同

反垄断法的规定和适用比较原则,灵活性和政策性较强;反不正当竞争法的规定和适用则较为具体。

**4. 调整方法和救济措施不同**

反垄断法主要是事前的预防和管制，偏重行政手段，并辅以民事制裁和刑事制裁手段；反不正当竞争法主要是事后救济，以民事制裁手段为主，辅以行政制裁和刑事制裁手段。

### (三)反垄断法的适用范围

**1. 适用的主体范围**

(1)《反垄断法》第十二条第一款规定"本法所称经营者，是指从事商品生产、经营或者提供服务的自然人、法人和其他组织。"可见，我国反垄断法规定的经营者的范围非常广泛，涵盖了参与经济活动的所有市场主体。

(2)由于我国反垄断法明确规定了禁止滥用行政权力排除、限制竞争，因此，行政机关和法律、法规授权的具有管理公共事务职能的组织也是我国反垄断法适用的主体。

(3)虽然行业协会不属于市场主体的范畴，但我国反垄断法对禁止行业协会组织本行业企业从事垄断行为作了明确规定，所以，行业协会也是我国反垄断法适用的主体。

**2. 适用的对象**

反垄断法适用的对象即为反垄断法所规制的对象。《反垄断法》第二条规定："中华人民共和国境内经济活动中的垄断行为，适用本法。"对于垄断行为的范围，在第三条中作出了明确规定："本法规定的垄断行为包括：(一)经营者达成垄断协议；(二)经营者滥用市场支配地位；(三)具有或者可能具有排除、限制竞争效果的经营者集中。"此外，我国反垄断法还规定了禁止"滥用行政权力排除、限制竞争"。因此，行政机关和法律、法规授权的具有管理公共事务职能的组织滥用行政权力排除、限制竞争行为，也是我国反垄断法规制的对象。

**3. 适用的地域范围**

一般来说，一国法律的效力仅限于本国境内，因此《反垄断法》第二条规定："中华人民共和国境内的经济活动中的垄断行为，适用本法。"

但反垄断法具有一定的特殊性。在经济全球化背景下，国与国之间的经济联系越来越紧密，发生在境外的垄断行为往往会影响国内市场竞争。因此，许多国家开始在其反垄断法中规定，对发生在本国领域外，但对本国境内市场竞争有直接影响的垄断行为具有管辖权。为了更好地维护我国市场竞争秩序，避免在国际经济竞争中处于不利地位，我国反垄断法亦确立了域外适用效力，因此在《反垄断法》第二条中规定："中华人民共和国境外的垄断行为，对境内市场竞争产生排除、限制影响的，适用本法。"

### (四)反垄断法的适用除外

反垄断法的适用除外，是指在某些特定行业或领域中，法律允许一定的垄断状态及垄断行为存在，反垄断法对此不予追究的特别法律制度。

垄断是竞争的障碍，反垄断是对竞争的救济。但垄断并非都是竞争的结果，更非当然违法，相反，有些垄断本身就是一种法定特权。因此，反垄断法必须对不同类型、不同成因与背景下的垄断予以区别对待，明确设定不适用反垄断法的范围。事实上，这也是从消极方面界定反垄断法的适用范围。

我国反垄断法对以下行为规定了适用除外：

1. 知识产权的正当行使

《反垄断法》第五十五条规定："经营者依照有关知识产权的法律、行政法规规定行使知识产权的行为，不适用本法；但是，经营者滥用知识产权，排除、限制竞争的行为，适用本法。"知识产权是知识产权法赋予的对智力成果的专有、专用权，具有法定的垄断性，不得由反垄断法予以否定和剥夺。但是，知识产权的滥用是违法的，应由法律予以规制。

2. 农业生产中的联合或者协同行为

《反垄断法》第五十六条规定："农业生产者及农村经济组织在农产品生产、加工、销售、运输、储存等经营活动中实施的联合或者协同行为，不适用本法。"农业是国民经济的基础，事关粮食安全。此种联合或者协同行为，是为了弱化农业领域的竞争风险，稳定农民收入，进而解除国家的后顾之忧。

## 第二节　垄断行为

我国反垄断法所规制的垄断行为分为垄断协议、滥用市场支配地位、经营者集中和滥用行政权力排除、限制竞争四类。

### 一、垄断协议

（一）垄断协议的概念

垄断协议又称限制竞争协议、联合限制竞争行为，是指两个或两个以上经营者排除、限制竞争的协议、决定或其他协同行为。从上述概念可见，垄断协议具有以下四个方面的特征：①垄断协议实施的主体是两个或者两个以上的经营者；②垄断协议是通过协议、决定或者其他方式达成的；③垄断协议表现为经营者共同实施的行为；④垄断协议具有排除、限制竞争的效果。

（二）垄断协议的分类

根据参与垄断协议的经营者之间是否具有竞争关系，一般将垄断协议分为横向垄断协议和纵向垄断协议。

1. 反垄断法规制的横向垄断协议

横向垄断协议是指生产或者销售某种产品的若干企业，为了实现垄断某一特定市场的目的而形成的企业联合。经济学上称为卡特尔组织。这些企业通过共同遵守所达成的协议，实施排除、限制竞争行为。横向垄断协议被认为是最原始、最直接、危害最大的垄断行为。

《反垄断法》第十三条第一款明确规定的禁止横向垄断协议类型如下:

(1)固定或者变更商品价格的协议,也称价格垄断协议,即经营者通过垄断协议固定或者变更商品价格,使商品的价格不再是市场机制作用的结果,而成为市场垄断力量意志的体现。

(2)限制数量的垄断协议,是指参与垄断的经营者通过限制相关市场上商品的生产或者销售数量,间接控制产品价格的垄断协议。

(3)分割市场的垄断协议,是指经营者之间通过协议分割产品销售市场或者原材料采购市场,进而实现在分割市场内的垄断地位,控制产品价格,获取垄断利润。

(4)限制创新的垄断协议,包括限制购买新技术、新设备或者限制开发新技术、新产品,即限制经营者通过创新进行市场竞争,保护了低效率和落后,严重伤害市场的创新能力,损害了消费者福利。

(5)联合抵制交易的垄断协议,是指具有竞争关系的经营者联合起来,共同拒绝与其他的特定经营者进行交易的行为。

国务院反垄断执法机构认定的其他垄断协议。除上述五种典型的横向垄断协议外,在现实生活中,经营者为了获取垄断利润,还可能达成其他形式的横向垄断协议。

**案例7-1　垄断协议①**

**案情:** 国家发展和改革委员会(以下简称发展改革委)2014年8月20日宣布,对日本住友等八家零部件企业价格垄断行为依法处罚约8.3亿元。

经发展改革委查实,2000年1月至2010年2月,日立、电装、爱三、三菱电机、三叶、矢崎、古河、住友等八家日本汽车零部件生产企业为减少竞争,以最有利的价格得到汽车制造商的零部件订单,在日本频繁进行双边或多边会谈,互相协商价格,多次达成订单报价协议并予实施。价格协商涉及中国市场并获得订单的产品包括起动机、交流发电机、节气阀体、线束等13种。经价格协商的零部件用于本田、丰田、日产、铃木、福特等品牌的20多种车型。

**请问:** 日本住友等八家企业是否违反我国的《反垄断法》?

**点评:** 发展改革委认定,上述企业达成并实施汽车零部件的价格垄断协议,排除、限制了市场竞争,不正当地影响我国汽车零部件及整车的价格,损害了下游制造商的合法权益和我国消费者利益,违反了我国反垄断法规定。

2. 反垄断法规制的纵向垄断协议

纵向垄断协议也被称作垂直限制协议、垂直协议、纵向限制,是指两个或两个以上在同一产业中处于不同经济层次,无直接竞争关系但有买卖关系的经营者,通过明示或者默示的方式达成的排除、限制竞争的协议。

我国《反垄断法》第十四条规定了禁止纵向垄断协议的类型如下:

---

① 资料来源:http://www.gov.cn。

(1)固定转售价格,也称为纵向价格固定、维持转售价格、纵向价格约束,是指经营者与交易相对人达成协议,固定交易相对人向第三人转售商品的价格。经营者之间达成固定转售价格的协议,实际上是剥夺了作为协议当事人的商品批发商或零售商根据市场竞争状况作出相应价格调整的权利。

(2)限制最低转售价格,限制最低转售价格是指经营者与交易相对人达成协议,限定向第三人转售商品的最低价格。与固定转售价格不同,限制最低转售价格协议没有完全剥夺商品批发商或零售商根据市场竞争状况作出相应价格调整的权利,但只能在最低价格之上进行调整。如果该产品市场是一个垄断市场,就会导致产品高价,使消费者要支付比在有效市场竞争条件下更高的价格。因此,此类协议严重损害市场竞争,应当禁止。

(三)垄断协议的豁免

经营者达成垄断协议虽然具有排除、限制竞争的效果,但有些垄断协议总体上有利于提高经济效益,推动技术进步,符合公共利益,对此,我国反垄断法规定了豁免制度,即经营者达成的协议如果符合一定的条件,则不适用关于禁止垄断协议的规定。

《反垄断法》第十五条规定了豁免的具体情形:①为改进技术、研究开发新产品的;②为提高产品质量、降低成本、增进效率,统一产品规格、标准或者实行专业化分工的;③为提高中小经营者经营效率,增强中小经营者竞争力的;④为实现节约能源、保护环境、救灾救助等社会公共利益的;⑤因经济不景气,为缓解销售量严重下降或者生产明显过剩的;⑥为保障对外贸易和对外经济合作中的正当利益的;⑦法律和国务院规定的其他情形。

同时,该条还规定了对垄断协议豁免的严格限制条件:经营者还应当证明所达成的协议不会严重限制相关市场的竞争,并且能够使消费者分享由此产生的利益。

(四)对行业协会组织实施垄断协议的规制

行业协会是指以行业的共同利益为目的,由相同或者相近行业的经济组织、个体工商户、农业劳动者等市场主体在自愿的基础上依法组成,实行行业服务和自律管理的非营利性社会团体法人。行业协会虽然不是经营者,但其活动与经营者密切相关。为了有效规范行业协会在市场竞争中的角色和行动,我国反垄断法要求行业协会加强行业自律,引导本行业的经营者依法竞争,维护市场竞争秩序;禁止行业协会组织本行业的经营者订立或实施反垄断法所禁止的垄断协议。

### 补充阅读 7-2 垄断组织

(1)卡特尔。卡特尔原意为协定或同盟,最早于 1865 年产生于德国,是垄断组织形式之一。是指生产或销售某一同类商品的企业,为垄断市场,获取高额利润,通过在商品价格、产量和销售等方面订立协议而形成的同盟。参加这一同盟的成员在生产、商业和法律上仍然保持独立性。

(2)辛迪加。原意为组合,是垄断组织形式之一,产生于 19 世纪末 20 世纪初。

参加辛迪加的企业，在生产上和法律上仍然保持自己的独立性，但是丧失了商业上的独立性，销售商品和采购原料由辛迪加总办事处统一办理。

(3)托拉斯。原意为托管财产所有权，是垄断组织的高级形式之一，是由许多生产同类商品的企业或产品有密切关系的企业合并组成的，旨在垄断销售市场、争夺原料产地和投资范围，加强竞争力量，以获取高额垄断利润。参加托拉斯的企业在生产上、商业上和法律上都丧失了独立性。

(4)康采恩。有相关利益共同体的意思，是垄断组织的高级形式之一，由不同经济部门的许多企业联合组成，包括工业企业、贸易公司、银行、运输公司以及保险公司等，旨在垄断销售市场、争夺原料产地和投资场所，以获取高额垄断利润。参加康采恩的企业形式上保持独立，实际上受其中占统治地位的资本家集团通过参与制加以控制。

## 二、滥用市场支配地位

(一) 市场支配地位的概念

我国反垄断法对市场支配地位作了明确的界定。《反垄断法》第十七条规定"本法所称市场支配地位，是指经营者在相关市场内具有能够控制商品价格、数量或者其他交易条件，或者能够阻碍、影响其他经营者进入相关市场能力的市场地位。"

从上述概念可以得出以下结论：

首先，市场支配地位不完全等同于市场垄断地位；其次，市场支配地位是经营者的一种状态，在此状态下，经营者的行为不受市场竞争的支配；最后，具有市场支配地位的经营者可以是一个经营者，也可以是数个经营者。

具有市场支配地位的经营者拥有影响市场竞争的潜在力量，在现实生活中，为了谋求自身利益，或者为了排挤竞争对手，往往滥用市场支配地位实施垄断行为。我国反垄断法并不禁止经营者具有市场支配地位，而只是禁止经营者滥用市场支配地位的行为。

(二) 市场支配地位的认定

我国《反垄断法》明确规定了认定经营者具有市场支配地位应当依据的因素如下：①该经营者在相关市场的市场份额，以及相关市场的竞争状况；②该经营者控制销售市场或者原材料采购市场的能力；③该经营者的财力和技术条件；④其他经营者对该经营者在交易上的依赖关系及其程度；⑤其他经营者进入相关市场的难易程度；⑥与认定该经营者市场支配地位有关的其他因素。

这六项因素，基本上是当前国际上反垄断立法和执法经验的总结。

(三) 市场支配地位的推定标准

判断经营者是否具有支配地位，需要综合考虑与经营者市场支配地位有关的多种因素。但是，由于市场份额对于经营者的市场地位具有决定性意义，如果经营者在相关市场上占有相当大的市场份额，就可以推定其具有市场支配地位，此为市场支配地位推定制度。

我国《反垄断法》规定了以市场份额为基础的经营者市场支配地位推定标准。具有下列情形之一的，即可推定为具有市场支配地位：①一个经营者在相关市场的市场份额达到二分之一的；②两个经营者在相关市场的市场份额合计达到三分之二的；③三个经营者在相关市场的市场份额合计达到四分之三的。

对于多个经营者被推定为具有市场支配地位，其中有的经营者市场份额不足十分之一的，不应当推定该经营者具有市场支配地位。被推定具有市场支配地位的经营者，有证据证明不具有市场支配地位的，不应当认定其具有市场支配地位。

（四）反垄断法禁止滥用市场支配地位的行为

滥用市场支配地位的行为是指具有市场支配地位的经营者凭借其市场支配地位实施排挤竞争对手或不公平交易的行为。

我国反垄断法禁止的滥用市场支配地位的行为有：①以不公平的高价销售商品或者以不公平的低价购买商品；②没有正当理由，以低于成本的价格销售商品；③没有正当理由，拒绝与交易相对人进行交易；④没有正当理由，限定交易相对人只能与其进行交易或者只能与其指定的经营者进行交易；⑤没有正当理由搭售商品，或者在交易时附加其他不合理的交易条件；⑥没有正当理由，对条件相同的交易相对人在交易价格等交易条件上实行差别对待；⑦国务院反垄断执法机构认定的其他滥用市场支配地位的行为。

**案例 7-2　内蒙古查处赤峰市盐业公司滥用市场支配地位案①**

2014 年 9 月，内蒙古自治区工商局接到消费者投诉举报，称赤峰市盐业公司在腌制盐销售旺季停止向零售商批发传统腌制用 500 克装日晒盐，只供应新的腌制用 800 克装湖水晶盐。500 克装日晒盐零售价为 2 元/袋（折算为 4 元/千克），800 克装湖水晶盐 5.8 元/袋（折算为 7.25 元/千克），两种盐品标识上标注的生产厂家、生产原料、执行标准、营养成分均相同，以购买等量的两种盐品计算，消费者购买 800 克装湖水晶盐需多支出 81.25% 的费用，请求工商部门予以查处。内蒙古自治区工商局委托赤峰市工商局核查后将此情况上报国家工商总局，经国家工商总局授权，于 2014 年 11 月 21 日开始进行立案调查。经查，内蒙古自治区工商局认定以下四个案件事实：

一是本案的相关市场为赤峰市行政区域内的食用盐批发市场。二是当事人在赤峰市行政区域内食用盐批发业务市场具有市场支配地位。三是当事人滥用市场支配地位，实施了差别待遇的垄断行为。四是当事人滥用市场支配地位实施差别待遇的行为无正当理由。

综上，内蒙古自治区工商局认为赤峰市盐业公司违反了《反垄断法》第十七条第一款第（六）项和《工商行政管理机关禁止滥用市场支配地位行为的规定》第七条第（一）项规定，构成滥用市场支配地位实施差别待遇的违法行为。根据《反垄断法》第四十七条之规定，该局对当事人作出行政处罚。

---

① 资料来源：http://www.cien.com.cn。

### 三、经营者集中

(一)经营者集中的概念

经营者集中是指经营者通过合并、收购、委托经营、联营或其他方式,集合经营者的经济力量,提高市场地位的行为,包括经营者合并和经营者控制。经营者集中虽然有利于发挥规模经济的作用,但过度集中又会限制竞争,损害效率。

我国反垄断法规定的经营者集中是指以下情形:①经营者合并;②经营者通过取得股权或者资产的方式取得对其他经营者的控制权;③经营者通过合同等方式取得对其他经营者的控制权或者能够对其他经营者施加决定性影响。

(二)经营者集中的申报

经营者集中的申报,我国反垄断法采取的是事前申报制度,即要求当事人在实施集中前事先向执法当局申报的制度。因此,《反垄断法》第二十一条规定:经营者集中达到国务院规定的申报标准的,经营者应当事先向国务院反垄断执法机构申报,未申报的不得实施集中。

1. 经营者集中申报申请

经营者集中申报的申请,需提交以下文件、资料:①申报书;②集中对相关市场竞争状况影响的说明;③集中协议;④参与集中的经营者经会计师事务所审计的上一会计年度财务会计报告;⑤国务院反垄断执法机构规定的其他文件、资料。此外,申报书还应当载明参与集中的经营者的名称、住所、经营范围、预定实施集中的日期和国务院反垄断执法机构规定的其他事项。经营者提交的文件、资料不完备的,应当在国务院反垄断执法机构规定的期限内补交文件、资料。经营者逾期未补交文件、资料的,视为未申报。

2. 经营者集中申报豁免

经营者集中有下列情形之一的,可以不向国务院反垄断执法机构申报:①参与集中的一个经营者拥有其他每个经营者50%以上有表决权的股份或者资产的;②参与集中的每个经营者50%以上有表决权的股份或者资产被同一个未参与集中的经营者拥有的。此规定是因为这些企业之间本来就具有控制与被控制关系,在竞争法上可以被视为同一家企业,其集中不会产生或者加强市场支配地位,因此,被允许豁免申报。

(三)经营者集中的审查

1. 审查期限与程序

我国反垄断法对经营者集中申报的程序作了明确的规定:

(1)初步审查。国务院反垄断执法机构应当自收到经营者提交的符合本法规定的文件、资料之日起30日内,对申报的经营者集中进行初步审查,作出是否实施进一步审查的决定,并书面通知经营者。国务院反垄断执法机构作出决定前,经营者不得实施集中。国务院反垄断执法机构作出不实施进一步审查的决定或者逾期未作出决定的,经营者可以实施集中。

(2)进一步审查。国务院反垄断执法机构决定实施进一步审查的,应当自决定之日起 90 日内审查完毕，作出是否禁止经营者集中的决定，并书面通知经营者；作出禁止经营者集中的决定，应当说明理由。审查期间，经营者不得实施集中。

(3) 延期审查。遇有下列情形之一的，国务院反垄断执法机构经书面通知经营者，可以延长审查时限，但延长的时限最长不超过 60 日：经营者同意延长审查时限的；经营者提交的文件、资料不准确，需要进一步核实的；经营者申报后有关情况发生重大变化的。国务院反垄断执法机构逾期未作出决定的经营者可以实施集中。

2. 审查经营者集中应当考虑的因素

国务院反垄断执法机构在审查经营者集中时，应当考虑以下因素：①参与集中的经营者在相关市场的市场份额及其对市场的控制力；②相关市场的市场集中度；③经营者集中对市场进入、技术进步的影响；④经营者集中对消费者和其他有关经营者的影响；⑤经营者集中对国民经济发展的影响；⑥国务院反垄断执法机构认为应当考虑的影响市场竞争的其他因素。

对外资并购境内企业或者以其他方式参与经营者集中，涉及国家安全的，除依照反垄断法规定进行经营者集中审查外，还应当按照国家有关规定进行国家安全审查。

(四) 经营者集中的审查决定

经过审查，经营者集中可能具有排除、限制竞争效果的，国务院反垄断执法机构应当作出禁止经营者集中的决定。但是经营者能够证明经营者集中可以改善竞争条件和竞争状况，并且对竞争产生有利因素明显大于不利因素，或者经营者集中符合公共利益要求的，国务院反垄断执法机构作出对经营者集中不予禁止的决定。国务院反垄断执法机构对经营者集中不予禁止的，可以决定对经营者集中附加限制性条件并及时向社会公告。

> **案例 7-3　嘉能可收购斯特拉塔案**[①]
>
> 该案是迄今为止全球矿业领域最大规模的收购，经认真审查，商务部认为该案在铜精矿、锌精矿和铅精矿市场可能具有排除、限制竞争的效果。2013 年 4 月，商务部附条件批准了此项收购，要求嘉能可剥离出售其在秘鲁的拉斯邦巴斯铜矿项目的全部权益；确保在 8 年内保持原有的交易条件不变，即以长期合同方式以及规定的价格条款向中国客户供应特定数量的铜精矿；确保在 8 年内以国际通行合同条款，公平合理地向中国客户提供锌、铅精矿长期和现货供应。

## 四、滥用行政权力排除、限制竞争的行为

(一) 滥用行政权力排除、限制竞争的行为概念

滥用行政权力排除、限制竞争的行为，亦称行政性垄断，是指行政机关和法律、法规授权的具有管理公共事务职能的组织滥用行政权力，排除、限制竞争的行为。

滥用行政权力排除、限制竞争的行为在我国仍较为普遍，这类行为扭曲竞争机

---

[①] 资料来源：http://www.mofcom.gov.cn。

制，损害经营者和消费者的合法权益，妨碍全国统一、公平竞争市场体系的建立和完善，和经济垄断具有同样的危害后果，因此我国反垄断法将此类型行为以法律禁止之。

(二) 滥用行政权力排除、限制竞争的行为的类型

我国反垄断法规定了六类滥用行政权力排除、限制竞争的行为。

1. 指定交易

指定交易，即强制交易，是指行政机关和法律、法规授权的具有管理公用事务职能的组织滥用行政权力，限制或者变相限制单位或者个人经营、购买、使用其指定的经营者提供的商品的行为。

2. 限制商品在地区间自由流通

限制商品在地区间自由流通，亦称地区封锁，地方保护主义是其主要表现形式，是指行政机关和法律、法规授权的具有管理公共事务职能的组织滥用行政权力限制外地商品进入本地市场，或者限制本地商品流向外地市场的行为。《反垄断法》规定的此类行为有：①对外地商品设定歧视性收费项目、实行歧视性收费标准，或者规定歧视性价格；②对外地商品规定与本地同类商品不同的技术要求、检验标准，或者对外地商品采取重复检验、重复认证等歧视性技术措施，限制外地商品进入本地市场；③采取专门针对外地商品的行政许可，限制外地商品进入本地市场；④设置关卡或者采取其他手段，阻碍外地商品进入或者本地商品运出；⑤妨碍商品在地区之间自由流通的其他行为。

3. 排斥或者限制招标投标

排斥或者限制招标投标，是指行政机关和法律、法规授权的具有管理公共事务职能的组织不得滥用行政权力，以设定歧视性资质要求、评审标准或者不依法发布信息等方式，排斥或者限制外地经营者参加本地的招标投标活动。此规定意在减少本地招标投标市场中的竞争，保护本地企业的商业机会。

4. 排斥或者限制投资或者设立分支机构

排斥或者限制投资或者设立分支机构，是指行政机关和法律、法规授权的具有管理公共事务职能的组织不得滥用行政权力，采取与本地经营者不平等待遇等方式，排斥或者限制外地经营者在本地投资或者设立分支机构。其目的是为了排除外地投资者和企业对本地投资者和企业的竞争压力。

5. 强制经营者从事垄断行为

强制经营者从事垄断行为，是指行政机关和法律、法规授权的具有管理公共事务职能的组织滥用行政权力，强令经营者达成固定价格、划分市场、限制数量等垄断协议，或者强令具有市场支配地位的经营者从事高买低卖、歧视待遇、搭售等属于滥用市场支配地位的行为。强制经营者从事垄断行为，是对经济活动以及市场秩序的非法干预，严重扭曲市场竞争机制，必须予以制止。

6. 抽象行政性垄断行为

抽象行政性垄断行为是指行政机关滥用行政权力，制定含有排除、限制竞争内容

的规定的行为。其具体形式包括决定、公告、通告、通知、意见、会议纪要等等。与具体行政行为只针对特定主体和特定事项不同,抽象行政行为则是行政机关针对不特定对象发布的可以反复适用的行政规范性文件,因此,抽象行政性垄断行为比具体行政性垄断行为的危害更大。

## 第三节　反垄断行政调查

### 一、反垄断机构

我国反垄断机构设置采取的是双重模式。《反垄断法》第九条规定:"国务院设立反垄断委员会,负责组织、协调、指导反垄断工作。"第十条规定:"国务院规定的承担反垄断执法职责的机构依照本法规定,负责反垄断执法工作。"可见,我国的反垄断机构是反垄断委员会+反垄断执法机构的双重模式。当前,我国的反垄断执法机构主要是指国家市场监督管理局、国家发改委和商务部三家机构。

**补充阅读 7-3　反垄断执法机构分工**

国家市场监督管理局负责垄断协议、滥用市场支配地位、滥用行政权力排除、限制竞争方面的执法工作,但价格垄断除外;国家发改委负责依法查处价格垄断行为;商务部负责经营者集中行为的反垄断审查工作。

### 二、反垄断行政调查

(一)调查措施

反垄断执法机构依法对涉嫌垄断行为进行调查,可以采取下列措施:①进入被调查的经营者的营业场所或者其他有关场所进行检查;②询问被调查的经营者、利害关系人或者其他有关单位或者个人,要求其说明有关情况;③查阅、复制被调查的经营者、利害关系人或者其他有关单位或者个人的有关单证、协议、会计账簿、业务函电、电子数据等文件、资料;④查封、扣押相关证据;⑤查询经营者的银行账户。

(二)调查程序

1. 立案

反垄断执法机构可依职权和举报人举报对涉嫌垄断行为进行立案。对涉嫌垄断行为,任何单位和个人有权向反垄断执法机构举报。反垄断执法机构应当为举报人保密。举报采用书面形式并提供相关事实和证据的,反垄断执法机构应当进行必要的调查。

2. 调查

反垄断执法机构调查涉嫌垄断行为,执法人员不得少于 2 人,并应当出示执法证件。执法人员进行询问和调查,应当制作笔录,并由被询问人或者被调查人签字。反垄断执法机构及其工作人员对执法过程中知悉的商业秘密负有保密义务。被调查的经营者、利害关系人或者其他有关单位或者个人应当配合反垄断执法机构依法履行职责，不得拒绝、阻碍反垄断执法机构的调查。被调查的经营者、利害关系人有权陈述意见。反垄断执法机构应当对被调查的经营者、利害关系人提出的事实、理由和证据进行核实。

3. 调查中止

对反垄断执法机构调查的涉嫌垄断行为，被调查的经营者承诺在反垄断执法机构认可的期限内采取具体措施消除该行为后果的，反垄断执法机构可以决定中止调查。中止调查的决定应当载明被调查的经营者承诺的具体内容。反垄断执法机构决定中止调查的，应当对经营者履行承诺的情况进行监督。经营者履行承诺的，反垄断执法机构可以决定终止调查。有下列情形之一的，反垄断执法机构应当恢复调查：①经营者未履行承诺的；②作出中止调查决定所依据的事实发生重大变化的；③中止调查的决定是基于经营者提供的不完整或者不真实的信息作出的。

4. 处理

反垄断执法机构对涉嫌垄断行为调查核实后，认为构成垄断行为的，应当依法作出处理决定，并可以向社会公布。

## 第四节　法律责任

### 一、违法实施垄断协议的法律责任

《反垄断法》第四十六条规定：经营者违反本法规定，达成并实施垄断协议的，由反垄断执法机构责令停止违法行为，没收违法所得，并处上一年度销售额1%以上10%以下的罚款；尚未实施所达成的垄断协议的，可以处五十万元以下的罚款。经营者主动向反垄断执法机构报告达成垄断协议的有关情况并提供重要证据的，反垄断执法机构可以酌情减轻或者免除对该经营者的处罚。行业协会违反本法规定，组织本行业的经营者达成垄断协议的，反垄断执法机构可以处五十万元以下的罚款；情节严重的，社会团体登记管理机关可以依法撤销登记。

### 二、滥用市场支配地位的法律责任

《反垄断法》第四十七条规定：经营者违反本法规定，滥用市场支配地位的，由反垄断执法机构责令停止违法行为，没收违法所得，并处上一年度销售额1%以上10%以下的罚款。

### 三、违法实施集中的法律责任

经营者违反本法规定实施集中的，由国务院反垄断执法机构责令停止实施集中、限期处分股份或者资产、限期转让营业以及采取其他必要措施恢复到集中前的状态，可以处50万元以下的罚款。

### 四、滥用行政权力，实施排除、限制竞争行为的法律责任

《反垄断法》第五十一条规定：行政机关和法律、法规授权的具有管理公共事务职能的组织滥用行政权力，实施排除、限制竞争行为的，由上级机关责令改正；对直接负责的主管人员和其他直接责任人员依法给予处分。反垄断执法机构可以向有关上级机关提出依法处理的建议。法律、行政法规对行政机关和法律、法规授权的具有管理公共事务职能的组织滥用行政权力实施排除、限制竞争行为的处理另有规定的，依照其规定。

### 五、相关主体违反程序规范的法律责任

对反垄断执法机构依法实施的审查和调查，拒绝提供有关材料、信息，或者提供虚假材料、信息，或者隐匿、销毁、转移证据，或者有其他拒绝、阻碍调查行为的，由反垄断执法机构责令改正，对个人可以处2万元以下的罚款，对单位可以处20万元以下的罚款；情节严重的，对个人处2万元以上10万元以下的罚款，对单位处20万元以上100万元以下的罚款；构成犯罪的，依法追究刑事责任。

【重要提示】当事人对执法机构作出的行政处罚决定不服的，可以自收到处罚决定之日起15日内向上一级主管机关申请复议，也可直接向人民法院提起行政诉讼。对复议决定不服的，可自收到复议决定书之日起15日内向人民法院提起行政诉讼。

反垄断法对反垄断执法机构作出的有关经营者集中的决定，规定了行政复议前置程序，即当事人须先申请行政复议，对行政复议决定不服的，才可提起行政诉讼。

### 六、反垄断执法机构工作人员的违法责任

反垄断执法机构工作人员滥用职权、玩忽职守、徇私舞弊或者泄露执法过程中知悉的商业秘密，构成犯罪的，依法追究刑事责任；尚不构成犯罪的，依法给予处分。

### 【本章小结】

第一节反垄断法概述，主要介绍了垄断的概念和分类；反垄断法的概念及适用范围以及反垄断法与反不正当竞争法的关系。垄断是指主体违反法律规定单独或者合谋操控特定市场以及谋求对特定市场的操控而妨害竞争的市场状态和行为。根据产生的原因，分为经济性垄断、国家垄断、行政性垄断和自然垄断。反垄断法是调整国家规制垄断过程中所发生的社会关系的法律规范的总称。反垄断法适用的主体范围包括：经营者、行政机关和法律、法规授权的具有管理公共事务职能的组织、行业协会；反垄断法适用的对象包括垄断行为以及滥用行政权力排除、限制竞争行为。反垄断法适用的地域范围一般为本国境内，作为特例境外的垄断行为，对境内市场竞争产生排除、限制影响的，也适用本法。此外规定了两种适用除外：知识产权的正当行使和农业生产中的联合或者协同行为。

第二节垄断行为。主要介绍了反垄断法规制的垄断行为：垄断协议、滥用市场支

配地位、经营者集中以及禁止滥用行政权力排除、限制竞争。

第三节反垄断行政调查。我国反垄断机构采取的是反垄断委员会+反垄断执法机构的双重模式。反垄断行政调查措施有：检查；询问；查阅、复制文件、资料；查封、扣押；查询。调查程序包括：立案、调查(特殊情况可采取调查中止)、处理。

第四节法律责任。规定了垄断协议、滥用市场支配地位、经营者集中以及滥用行政权力排除、限制竞争行为的法律责任，以及违反程序规范的法律责任和反垄断执法机构工作人员违法责任。

## 【思考与练习】

一、名词解释

1. 垄断　2. 反垄断法　3. 垄断行为　4. 市场支配地位　5. 经营者集中

二、简答题

1. 简述垄断的分类。
2. 简述反垄断法与反不正当竞争发的关系。
3. 简述滥用行政权力排除、限制竞争的行为的类型。
4. 简述垄断协议的分类。
5. 简述市场支配地位的认定标准。
6. 简述经营者集中的调查程序。
7. 简述反垄断的行政调查程序。

三、论述题

1. 试述垄断行为的类型以及法律特征。
2. 试述反垄断法的适用范围。

四、案例分析

2009年，某市七大商场以"长虹"售后服务质量不好为由，宣布拒售"长虹"彩电，采取联合行动，同时将各自商场内的"长虹"彩电撤下专柜。而"长虹"方面说，每天有四辆流动服务车在市内流动维修，该市消费者协会也证实没有关于"长虹"彩电的投诉。

这些商场联手拒售"长虹"彩电的真实原因是，"长虹"采取现款现货经销制，在销售上实行台阶式返利的方式，而商场方面认为自己实力雄厚，商誉好，希望"长虹"对他们实行不同于一般小经销商的销售方式，允许他们先拿一批货做铺底销售，也即先给货，后付款。而"长虹"不愿意对任何商场作政策倾斜，导致了事件的发生。

试分析：

(1)某市七大商场的行为是否违法？违反什么法律？
(2)其行为构成什么性质的行为？
(3)对这些商场的这类行为，应由哪一个部门来进行查处？

## 【推荐阅读书目】

1. 经济法学(第七版)．张守文．北京大学出版社，2018．

2. 经济法概论(第五版). 王晓红,张秋华. 中国人民大学出版社,2018.
3. 经济法学(第四版). 张守文. 中国人民大学出版,2018.
4. 经济法. 李建人. 北京交通大学出版社,2010.
5. 中华人民共和国反垄断法解读. 曹康泰. 中国法制出版社,2007.
6. 反垄断法理论与中外案例评析. 商务部条法司. 北京大学出版社,2008.

# 第八章 产品质量法

学习引导

产品质量涉及保障人体健康和人身、财产安全,通过本章学习,了解产品、产品质量和产品质量法的基础知识;了解产品质量的监督制度和管理制度;掌握生产者和销售者的产品质量责任和义务的主要内容;熟悉违反产品质量法应承担的民事责任、行政责任和刑事责任。在产品质量法的学习中,重点理解产品质量法的适用范围,生产者和销售者对产品质量责任和义务的主要内容,结合所学内容查阅法律法规,进行案例分析。

## 第一节 产品质量法概述

### 一、产品及产品质量的概念

产品是指一切经过人类劳动,能满足人们生产和生活需要并具有使用价值的物品。《中华人民共和国产品质量法》(以下简称《产品质量法》)第二条规定:"本法所称产品是指经过加工、制作,用于销售的产品。建设工程不适用本法规定;但是,建设工程使用的建筑材料、建筑构配件和设备,属于前款规定的产品范围的,适用本法规定。"我国的产品质量法将"产品"作了一定的限制,仅限是经过加工、制作的产品,不适用于各种直接来源于自然和未经加工、制作的产品,如农地产出的蔬菜、饲养的鱼虾、石油、原煤等。必须是用于销售的物品,如果是自己制作、自己使用、馈赠他人的,就不属于本法的调整范围。军工产品质量监督管理办法,由国务院、中央军事委员会另行规定,适用《武器装备质量管理条例》《特种设备安全监察条例》。

产品质量是指国家有关法律法规、质量标准以及购销合同所规定的与产品使用相关的各方面特性的要求。产品质量应当符合下列要求:不存在危及人身、财产安全的不合理的危险,有保障人体健康和人身、财产安全的国家标准、行业标准的,应当符合该标准;具备产品应当具备的使用性能,但是对产品存在使用性能的瑕疵作出说明的除外;符合在产品或者其包装上注明采用的产品标准,符合以产品说明、实物样品等方式说明的质量状况。生产者、销售者是产品质量控制的主体,要确保产品质量的安全性、可靠性、经济性、耐用性、可维修性,还有品种、规格、大小、款式、包装等。

## 二、产品质量法的概念及适用范围

### (一)产品质量法的概念

产品质量法是指调整生产者、销售者、消费者、使用者、政府有关部门以及与产品质量有关的其他机构等主体之间在生产、流通以及监督管理过程中,因产品质量而发生的各种社会关系的法律规范的总称。

为加强对产品质量的监督管理,1993年2月22日第七届全国人大常委会第三十次会议通过了我国第一部全面、系统地规定产品质量的《产品质量法》,从当年9月1日起施行。2000年7月8日第九届全国人大常委会第十六次会议通过了《关于修改〈中华人民共和国产品质量法〉的决定》,从2000年9月1日起实施。此法新增条文25条,修改条文20条,删去原有条文2条,使产品质量法由原有的51条增加到74条。2009年8月27日第十一届全国人大常委会第十次会议《关于修改部分法律的决定》对《产品质量法》进行了第二次修正,将第六十九条中引用的"治安管理处罚条例"修改为"治安管理处罚法"。2018年12月29日第十三届全国人大常委会第七次会议《关于修改〈中华人民共和国产品质量法〉等五部法律的决定》对《产品质量法》进行了第三次修正,并自公布之日起施行。

我国还颁布了产品质量法的配套规定,如2011年2月国家质检总局实施的《产品质量法》若干问题的意见、2010年实施的《产品质量监督抽查管理办法》、2010年修订的《工业产品生产许可证管理条例》、2009年实施的《强制性产品认证管理规定》、2009年实施的《侵权责任法》以及2009年实施的《食品安全法》等,它们共同构成了产品质量法体系。

《产品质量法》明确了我国产品质量监督管理制度,规定了企业提高产品质量、参与市场竞争的措施,明确了生产者、销售者应当承担的产品质量义务和责任,为提高产品质量水平、增强企业的产品竞争能力和保护消费者合法权益提供了法律保障。

### (二)产品质量法的适用范围

**1. 适用主体范围**

主要包括三类:①产品的生产者、销售者,包括产品的生产企业、销售企业和个体工商户;②监督产品质量的行政主管部门及其从事产品质量监督工作的国家工作人员;③消费者以及虽不是产品的消费者,但受到产品缺陷损害的人。

**2. 调整的客体范围**

调整的客体是指经过加工、制作并用于销售的产品,未经加工的天然产品、初级农产品、建设工程和军工产品除外。像食品、药品等类产品,另有专门立法加以规定,应优先适用专门法的规定。建筑工程属于不动产,对其质量要求不同于一般产品,不适用于《产品质量法》。但建筑工程使用的建筑材料、建筑构配件和设备,适用于《产品质量法》。

**3. 适用地域范围**

适用地域范围是在中华人民共和国境内所发生的产品生产和销售行为,包括生产出口产品的生产者和销售进口产品的销售者。

## 第二节　产品质量的监督和管理

### 一、产品质量的监督管理机构及其职责

产品质量监督指国务院市场监督管理部门和县级以上市场监督管理部门依据法定的权利,对产品质量进行管理的活动。《产品质量法》明确规定,国务院市场监督管理部门主管全国产品质量监督工作。国务院有关部门在各自的职责范围内负责产品质量监督工作。县级以上地方市场监督管理部门主管本行政区域内的产品质量监督工作。县级以上地方人民政府有关部门在各自的职责范围内负责产品质量监督工作。法律对产品质量的监督部门另有规定的,依照有关法律的规定执行。

国家市场监督管理部门的职责是负责全国产品质量监督工作,县级以上地方市场监督管理部门开展具体的监督管理工作,如依法查处生产、销售伪劣商品等质量违法行为。另有规定是指监督部门适用特别的规定,《食品安全法》规定国务院食品安全监督管理部门对食品生产经营活动实施监督管理。

### 二、产品质量的监督检查制度

(一)国家产品质量监督检查制度

1. 国家产品质量监督检查方式

国家对产品质量实行以抽查为主要方式的监督检查制度,对可能危及人体健康和人身、财产安全的产品,影响国计民生的重要工业产品以及消费者、有关组织反映有质量问题的产品进行抽查。监督抽查制度的目的在于加强对生产、流通领域的产品质量实施监督,以督促企业提高产品质量,从而保护国家和广大消费者的利益,维护社会经济秩序。

产品质量国家抽查是指由国务院市场监督管理部门依法组织有关省级质量技术监督部门和产品质量检验机构对生产销售的产品,依据有关规定进行抽样检验,并对抽查结果依法公告和处理的活动。国家监督抽查分为定期和不定期实施两种,定期实施的为每季度开展一次,不定期实施的依据产品质量状况组织开展。

2. 监督抽查的产品范围

一是可能危及人体健康和人身、财产安全的产品,如药物、食品、医疗器械、压力容器、化妆品、易燃易爆产品等;二是重要工农业原材料和影响国计民生的重要工业产品,如农药、化肥、水泥、计量器械以及烟草等;三是用户、消费者、有关组织反映有质量问题的产品,包括群众投诉、举报的假冒伪劣产品,造成重大质量事故的产品等。另外,获得各种质量证书、标志的产品,也可作为检查对象。

3. 监督抽查的注意事项

(1)禁止重复抽查。重复抽查是指一定的时间内,市场监督管理部门对同一种产

品进行 2 次以上的抽查活动。国家已经抽查过的产品,在半年内,地方市场监督管理部门再次进行检查;上级技术监督部门已经抽查过的产品,下级技术监督部门在半年内又进行抽查。

(2)随机抽取样品。随机抽取指未事先告知抽取样品的时间、地点和对象,抽查人员在市场上或企业成品仓库内的待销产品中随机抽取。要求随机抽取样品,可以防止生产者、消费者弄虚作假,保证抽样检查的客观性和公正性。

(3)监督抽查的实施程序。为了避免加重企业负担,监督抽查不得向企业收取费用,监督检查所需检验费用按照国务院规定列支。国务院和省、自治区、直辖市人民政府的市场监督管理部门应当定期发布其监督抽查产品的质量状况公告。

【重要提示】市场监督管理部门或者其他国家机关以及产品质量检验机构不得向社会推荐生产者的产品;不得以对产品进行监制、监销等方式参与产品经营活动。

(二)社会对产品质量的监督制度

社会对产品质量的监督包括消费者的查询权和申诉权以及消费者权益组织的监督。

1. 消费者的查询权和申诉权

我国《产品质量法》规定:"消费者有权就产品质量问题,向产品的生产者、销售者查询;向市场监督管理部门及有关部门申诉,接受申诉的部门应当负责处理。"《产品质量法》为消费者进行产品质量申诉提供了依据,质检部门应当在接到产品质量申诉后 7 日内作出处理、移送处理或者不予处理的决定,并告知申诉人。

2. 消费者权益组织的监督

消费者权益的社会组织是指依法成立的对商品和服务进行社会监督的保护消费者合法权益的社会团体,包括消费者协会和用户委员会,在产品质量上拥有建议处理权和支持消费者起诉权。

【重要提示】保护消费者权益的社会组织可以就消费者反映的产品质量问题建议有关部门负责处理,支持消费者对因产品质量造成的损害向人们法院起诉。

> **案例 8-1　消费者产品质量权益保护途径的理解**[①]
>
> 案情:王某是一名普通的消费者,于今年夏天在某超市购买了一台空调扇。但在使用过程中发现其存在质量问题:首先,制冷效果和产品说明书中写的完全不一样,根本无法实现"房间温度降低 2 至 4 度",加满冰块房间也不能变凉;其次,旋钮部分偶尔会漏电,转动时有噼啪声,有时手会有明显的过电麻痹感。他向超市要求退货,超市说需要先由产品生产企业进行监测,看是否有质量问题。后来生产企业给的答复是:温度不能降低是因为房间太大,漏电是因为手太湿,产品出厂时已经检验合格,就不会有质量问题,不能退货。

---

① 资料来源:霍斯扬、贺康编著,《产品质量 食品安全》,16-17,北京:法律出版社,2014。

> 请问：产品质量是否合格是生产企业说了算吗？
>
> 点评：生产者应当对其生产产品的质量负责，产品是否有质量问题，当然不是生产者说了算，否则，就成了生产者"自说自话"，自行决定是否要承担质量责任，消费者的合法权益就得不到保护。空调存在漏电现象，不能制冷，与说明书描述功能不符，应当属于不合格产品。生产厂家及超市不能相互推卸责任。王某可以不接受厂家的检测结果，坚持要求超市退货，同时向当地消费者协会投诉商家及厂家的行为。

### 三、产品质量的管理制度

《产品质量法》规定了我国产品监督管理制度，主要由产品生产许可证制度、产品质量标准制度、企业质量体系认证制度、产品质量认证制度、产品质量检查制度以及社会对产品质量的监督制度等几个方面组成。

#### （一）产品生产许可证制度

产品生产许可证制度是国家为确保重要工业产品质量，通过发放许可证的形式，对生产重要工业产品企业的生产技术条件及其产品依法实行强制监督的制度，它是我国最主要的产品质量市场准入制度。产品生产许可证制度内容如下：

(1)产品生产许可证的管理机制。国家质量监督检验检疫总局负责对全国工业产品生产许可证统一管理工作，对实行生产许可证制度管理的产品，统一产品目录，统一审查要求，统一证书标志，统一监督管理。

(2)产品生产许可证的申请和受理。企业依据产品目录，向所在地质量技术监督局提出申请，质量技术监督局自企业申请5日内向企业发送《行政许可申请受理决定书》。

(3)产品生产许可证的审查和决定。对企业的审查包括对企业的实地核查和对产品的检验，符合发证条件的，国家质检总局颁发证书，证书有效期为5年。

(4)获证后企业拥有一定的权利和义务。没有生产许可证，任何企业不得无证生产，企业不得转让许可证和编号，接受国家规定的监督监查。

#### （二）产品质量标准制度

国家鼓励推行科学的质量管理办法，采用先进的科学技术，鼓励企业产品质量达到并且超过行业标准、国家标准和国际标准。其中，保障人体健康，人身、财产安全的标准和法律、行政法规规定强制执行的标准是强制性标准，如农产品质量安全标准、食品安全标准都是强制执行的标准。强制性标准必须执行，不符合强制性标准的产品，禁止生产、销售和进口。其他标准是推荐性标准，国家鼓励企业自愿采用推荐性标准。

《产品质量法》规定，产品应当符合一定的标准，对于可能危及人体健康和人身、财产安全的工业产品，必须符合保障人体健康和人身、财产安全的国家标准、行业标准；未制定国家标准、行业标准的，必须符合保障人体健康和人身、财产安全的要求。禁止生产、销售不符合保障人体健康和人身、财产安全的标准和要求的工业产品。

### (三) 企业质量体系认证制度

企业质量体系认证制度是指由国家有关部门认可或授权的认证机构，依照认证标准，按照规定程序，对企业的质量保证体系进行全面的审核，对符合条件要求的，通过颁发认证证书的形式，证明企业产品质量可靠的制度体系。其目的在于通过认证和事后的监督来证明企业的质量体系符合某种质量保证标准，并对企业的质量管理能力和质量保证能力给予独立的证实。

目前国际上通用的质量管理系列标准是 ISO 发布的质量体系标准，ISO 质量体系标准包括 ISO9000、ISO10000 及 ISO14000 系列。其中，ISO9000 标准明确了质量管理和质量认证体系，适用于生产型及服务型企业，具体分为三种：ISO9001《质量体系-设计/开发、生产、安装和服务质量保证模式》、ISO9002《质量体系-生产和安装的质量保证体系》、ISO9003《质量体系-最终检验和试验的质量保证模式》，三种质量保证模式是对企业质量体系的三种典型要求，以满足第三方评估企业质量体系的不同要求。获得质量体系认证的企业，可以在广告、说明书等文件上宣传获得的认证证书。

**【重要提示】**《产品质量法》规定，国家根据国际通用的质量管理标准，推行企业质量体系认证制度。企业根据自愿原则向国务院市场监督管理部门认可的或者国务院市场监督管理部门授权部门认可的认证机构申请企业质量体系认证。经认证合格的，由认证机构颁发企业质量体系认证证书。

### (四) 产品质量认证制度

产品质量认证制度是指由依法取得产品质量认证资格的认证机构，依据有关的产品标准和要求，按照规定的程序，对申请认证的产品进行工厂审查和产品检验；对符合条件要求的，通过颁发认证证书和认证标志以证明该项产品符合相应的标准要求的制度。国家参照国际先进的产品标准和技术要求，推行产品质量认证制度。企业根据自愿原则可以向国务院市场监督管理部门认可的或者国务院市场监督管理部门授权的部门认可的认证机构申请产品质量认证。经认证合格的，由认证机构颁发产品质量认证证书，准许企业在产品或者其包装上使用产品质量认证标志。

产品质量认证与企业质量体系认证虽然都是《产品质量法》规定的质量认证制度，但两者存在明显区别，产品质量认证表现为三方面：一是认证的对象不是企业的质量体系，而是企业生产的某一种产品；二是认证的标准不是质量管理标准，而是相关的产品标准；三是认证的结论不是证明企业质量体系是否符合质量管理标准，而是证明产品是否符合质量标准。

### (五) 产品质量检验制度

产品质量检验是指检验机构根据一定标准对产品品质进行检测，并判断合格与否的活动，而对这一活动的方法、程序、要求和法律性质加以确定就形成了产品质量检验制度。《产品质量法》规定："产品质量应当检验合格，不得以不合格产品冒充合格产品。产品或者其包装上的标识，要有产品质量检验合格证明"。产品出厂前应当经过企业内部质检部门的质量检验，未经检验及检验不合格的产品，不得销售。

企业产品质量检验具有自主性和合法性的特点。自主性是指企业为保障产品质量合格，适合并满足用户和消费者的要求，自主选择适合自己的检验标准和检验程序。合法性是指企业的质量检验必须依法进行，遵循国家的有关规定。

产品质量检验机构必须具备相应的检测条件和能力，经省级以上人民政府市场监督管理部门或者其授权的部门考核合格后，方可承担产品质量检验工作。产品质量检验机构必须具有完善的组织机构；具有与从事检验业务相适应的仪器设备；具有合格的质量检验人员；具有与从事保证检验工作质量的检验环境等。

## 第三节  生产者、销售者的产品质量义务

### 一、生产者的产品质量义务

（一）符合产品质量要求的义务

1. 生产者对产品担保的义务

生产者对产品承担明示担保和默示担保两方面的义务。明示担保是指生产者根据事实对产品的质量、性能、特性自愿作出的明确保证和承诺，如生产者在广告、宣传和产品外包装上对产品质量所作的明示标识以及合同签订过程中对产品质量所作的说明等。默示担保是指直接依法强制产生的，不以人的意志而改变，生产者用于销售的产品应当符合该产品生产和销售的一般目的，如必须符合国家行业的安全卫生标准等。

2. 产品质量应当符合的要求

①不存在危及人身、财产安全的不合理的危险，有保障人体健康和人身、财产安全的国家标准、行业标准的，应当符合该标准；②具备产品应当具备的使用性能，但是，对产品存在使用性能的瑕疵作出说明的除外；③符合在产品或者其包装上注明采用的产品标准，符合以产品说明、实物样品等方式表明的质量状况。

  **补充阅读8-1  产品瑕疵**

产品瑕疵是指产品不具备良好的特征和特性，不符合明示采用的产品标准，或者不符合产品说明、实物样品等方式表明的质量状况，但不存在危及人身、财产安全的不合理的危险。产品质量有瑕疵，消费者有权要求经营者修理、更换、退货，如果造成损失的，还有权要求承担相应的损失，经营者有欺诈行为的，消费者有权要求双倍返还购买商品的价格。

（二）产品及其包装标识义务

产品标识是指在产品上或包装上用于识别产品或其特征、特性所作的各种表述和指示的统称。它是由生产者提供的，产品的生产者可以给产品的销售者、购买者提供产品的质量信息，帮助他们了解产品的成分、质量、执行标准，说明产品的使用条件，起到介绍产品、指导消费的目的。

《产品质量法》第二十七条规定：产品或者其包装上的标识必须真实，并符合下列要求：

(1)有产品质量检验合格证明，包括合格证书、检验合格印章和检验工序编号印鉴。

(2)有中文标明的产品名称、生产厂厂名和厂址，产品标识使用文字为汉语文字，产品名称应准确、清晰，不得令人误解，厂名和厂址应是依法登记注册的，不得伪造和假冒。

(3)根据产品的特点和使用要求，需要标明产品规格、等级、所含主要成分的名称和含量的，用中文相应予以标明，需要事项让消费者知晓的，应当在外包装上标明，或者预先向消费者提供有关资料。

(4)限期使用的产品，应当在显著位置清晰地标明生产日期和安全使用期或者失效日期，相关日期应当印刷在产品或者产品的销售包装上，不得不予标注、印制得模糊不清或将其标在不为消费者注意的角落。

(5)使用不当，容易造成产品本身损坏或者可能危及人身、财产安全的产品，应当有警示标志或者中文警示说明。

(6)裸装的食品和其他根据产品的特点难以附加标识的裸装产品，可以不附加产品标识，这是产品标识的例外规定，如商店销售的面条、馒头、散装饼干等没有包装的产品。

【重要提示】易碎、易燃、易爆、有毒、有腐蚀性、有放射性等危险物品以及储运中不能倒置和其他有特殊要求的产品，其包装质量必须依照国家有关规定作出警示标志或者中文警示说明，标明储运注意事项，引起人们的高度重视。

(三)遵守生产禁止性规定的义务

(1)生产者不得生产国家明令淘汰的产品。国家明令淘汰的产品是指国家行政机关按照一定的程序，采用行政措施，对涉及耗能高、技术落后、污染环境、危及人体健康等方面的因素，规定禁止生产、禁止销售、禁止使用的产品。

(2)生产者不得伪造产地，不得伪造或者冒用他人的厂名、厂址。产地是产品被生产或加工的地点，厂名是指生产企业的营业执照上所记载的正式名称，厂址是企业进行生产、经营活动的固定场所。通常有两种情况：一是伪造并使用一个本不存在的厂名、厂址；二是冒用他人的厂名、厂址，利用他人的社会信任度和知名度，提升自己产品身价，获得利润。

(3)生产者不得伪造或者冒用认证标志等质量标志。认证标志是产品质量认证标志，是认证机构对符合认证要求的企业颁发认证证书，并准许依规定使用的标准。伪造或者冒用认证标志等质量标志的行为，目的在于利用认证标志等质量标志在市场上的信誉，骗取消费者对产品质量的信任，属于商业欺诈和不正当竞争的行为，必须依法追究其法律责任。

(4)生产者生产产品，不得掺杂、掺假，不得以假充真、以次充好，不得以不合格产品冒充合格产品。掺杂、掺假指生产者以牟取利润为目的，故意在产品中掺入杂质或做假，进行欺骗性商业活动，使产品中有关物质的含量不符合国家有关法律、法规规定的质量标准的一种违法行为。

## 二、销售者的产品质量义务

### (一)进货检查验收义务

销售者应当建立并执行进货检查验收义务，验明产品合格证明和其他标识。进货检查验收制度是指销售者进货时，要对所进货物进行检查，查明货物的质量，同时对货物应具备的标识是否齐备进行验查，查明可以销售时才予以进货的制度。该制度主要包括验明合格证明和验明其他标识，这是法律对销售者规定的一项重要的法律义务，其目的是对销售者销售的货源进行把关，保证销售者所销售产品的质量。如果销售者不认真执行进货检查验收制度，对不符合质量要求的产品，予以验收进货，则产品质量责任随即转移到销售者这一方。

### (二)保持销售产品质量义务

进货之后，销售者应当采取措施，保证销售产品的质量。如果销售者在进货到售出这一段时间内，没有依据不同产品的特点，采取必要的防雨、通风、防晒、防霉变、防虫、防潮等保管措施，就可能导致销售产品质量与进货时的质量发生改变，销售者对此要承担相应的责任。

### (三)销售产品包装标识义务

销售者销售的产品的标识应当符合《产品质量法》第二十七条规定。与前面提到的生产者产品及其包装标识义务一致，只不过主体是针对销售者。

### (四)遵守销售禁止性规定的义务

(1)销售者不得销售国家明令淘汰并停止销售的产品和失效、变质的产品。失效是指产品失去了本来应当具有的功效，变质是指产品内在质量发生了本质的物理、化学变化而失去了产品应当具备的使用价值。销售者已经进货的，应当停止销售，并对淘汰、失效和变质的产品加以退货或销毁处理。

(2)不得伪造产地，不得伪造或者冒用他人的厂名、厂址。销售者在产品或者包装上标注假的产地，伪造可能不存在的厂名、厂址，是对用户、消费者的欺骗，而冒用他人的厂名、厂址的行为又是对冒用者名誉的侵犯。

(3)不得伪造或者冒用认证标志等质量标志。与生产者产品质量义务相同，销售者也不得伪造或冒用质量标志，只有经具备认证资格的机构经过一定的程序对达到一定条件的企业授权后，企业才能使用质量标志，常见标志有长城标志、方圆标志、PRC标志等。

(4)销售者销售产品，不得掺杂、掺假，不得以假充真、以次充好，不得以不合格产品冒充合格产品。

## 第四节 违反产品质量法的法律责任

产品质量责任是指生产者、销售者因产品质量不符合国家有关法律法规，质量标准以及合同规定的对产品适用、安全和其他特性的要求,给用户、消费者造成损失应承担的民事责任、行政责任和刑事责任。

### 一、产品质量民事责任

产品质量民事责任是指产品生产者、销售者违反合同中的质量约定或者违反法定的质量义务,应当承担的民事法律后果,它包括瑕疵产品的合同责任和缺陷产品致人损害的侵权民事责任。产品质量民事责任以违反产品质量民事义务为前提,包括合同约定义务和法定义务。

(一)瑕疵产品的合同责任

瑕疵产品的合同责任,也叫瑕疵担保责任。是指产品销售者就买卖标的物的使用性、效用性及其他品质对买受者承担的默示或明示担保责任,其主体是销售者,它属于民事合同的违约责任范畴,表现为修理、更换、退货或赔偿损失等形式。

销售者违约赔偿责任。售出的产品有下列情形之一的,销售者应当负责修理、更换、退货;给购买产品的消费者造成损失的,销售者应当赔偿损失:一是不具备产品应当具备的使用性能而事先未作说明的;二是不符合在产品或者其包装上注明采用的产品标准的;三是不符合以产品说明、实物样品等方式表明的质量状况的。销售者依照规定负责修理、更换、退货、赔偿损失后,属于生产者的责任或者属于向销售者提供产品的其他销售者的责任的,销售者有权向生产者、供货者追偿。销售者未按该规定给予修理、更换、退货或赔偿损失的,由市场监督管理部门责令改正。

【重要提示】生产者之间,销售者之间,生产者与销售者之间订立的买卖合同、承揽合同有不同约定的,合同当事人按照合同约定执行。

(二)产品质量缺陷责任

产品缺陷是指产品存在危及人身、他人财产安全的不合理的危险;对于有保障人体健康和人身、财产安全的国家标准、行业标准的,是指不符合该标准。产品缺陷的责任主体主要为生产者和销售者,我国《产品质量法》对生产者适用侵权赔偿责任,对销售者适用过错责任和推定过错责任模式。

1. 生产者侵权赔偿责任

因产品存在缺陷造成人身、缺陷产品以外的其他财产损害的,生产者应当承担赔偿责任。生产者能够证明有下列情形之一的,不承担赔偿责任:未将产品投入流通的;产品投入流通时,引起损害的缺陷尚不存在的;将产品投入流通时的科学技术水平尚不能发现缺陷的存在的。

2. 销售者过错赔偿责任

由于销售者的过错使产品存在缺陷,造成人身、他人财产损害的,销售者应当承担赔偿责任。销售者不能指明缺陷产品的生产者也不能指明缺陷产品的供货者的,销售者应当承担赔偿责任。

3. 受害者的赔偿选择权

因产品存在缺陷造成人身、他人财产损害的,受害人可以向产品的生产者要求赔偿,也可以向产品的销售者要求赔偿。属于产品的生产者的责任,产品的销售者赔偿的,产品的销售者有权向产品的生产者追偿。属于产品的销售者的责任,产品的生产者赔偿的,产品的生产者有权向产品的销售者追偿。

(三)产品责任的损害赔偿

产品责任是指产品生产者、销售者因产品具有缺陷而对他人生命、身体、健康或财产造成损害依法承担的民事责任。一般认为,产品责任的成立需要具备三个条件:一是产品存在缺陷,可以为制造缺陷、设计缺陷以及警示缺陷;二是有损害事实存在,造成了人身、财产损害;三是产品缺陷与损害后果之间有因果关系,两者具有关联性。产品责任的损害赔偿范围包括财产损失赔偿、人身损害赔偿、精神损害赔偿、惩罚性赔偿。

> **案例8-2　谁应该承担损失**[①]
>
> 案情:某厂发运一批玻璃器皿,以印有"龙凤牌方便面"的纸箱包装,在运输过程中,由于装卸工未能轻拿轻放而损坏若干件。
>
> 请问:应该承担该损失的是?
>
> 点评:根据《产品质量法》第二十七条、第二十八条的规定,应该承担损失的是某厂。

1. 人身损害赔偿

因产品存在缺陷造成受害人人身伤害的,侵害人应当赔偿医疗费、治疗期间的护理费、因误工减少的收入等费用;造成残疾的,还应当支付残疾者自助具费、生活补助费、残疾赔偿金以及由其扶养的人所必需的生活费等费用;造成受害人死亡的,并应当支付丧葬费、死亡赔偿金以及由死者生前扶养的人所必需的生活费等费用。

2. 财产损失赔偿

财产损失是指缺陷产品造成的缺陷产品之外的其他的财产损失。因产品存在缺陷造成人身、缺陷产品以外的其他财产损害的,生产者应当承担赔偿责任。因产品存在缺陷造成受害人财产损失的,侵害人应当恢复原状或者折价赔偿。受害人因此遭受其他重大损失的,侵害人应当赔偿损失。

3. 精神损害赔偿

产品责任的精神损害是指由于产品缺陷而给消费者或使用者或者其他当事人造成心灵上的受伤。精神损害赔偿的方式主要包括赔偿精神障碍金、死亡赔偿金和伤残赔偿金。《侵权责任法》规定,侵害他人人身权益,造成他人严重精神损害的,被侵权人可以请求精神损害赔偿。

【重要提示】侵害他人人身权益,造成他人严重精神损害的,被侵权人可以请求精神损害赔偿。

---

[①] 资源来源:魏俊,朱福娟. 经济法概论(第3版). 北京:法律出版社,2019.

> **案例 8-3　对产品质量争议的处理**①
>
> 案情：花某为其 2 岁儿子购买了某品牌的奶粉，其子喝后上吐下泻，住院 7 天才恢复健康。花某之子从此见任何奶类制品都拒食。经鉴定，该品牌奶粉属劣质品。为此，花某欲采取维权行动。
>
> 请问：花某亲友们提出的下列建议哪一项缺乏法律依据？（　　）
>
> A．请媒体曝光，并要求严肃查处；
> B．向出售该奶粉的商场索赔，或向生产该奶粉的厂家索赔；
> C．直接提起诉讼，要求商场赔偿医疗费、护理费、误工费、交通费等；
> D．直接提起仲裁，要求商场和厂家连带赔偿花某所受的精神损害。
>
> 点评：根据《产品质量法》第四十三条、第四十四条、第四十六条、第四十七条的规定，正确答案是 D。

#### （四）产品责任的诉讼时效

诉讼时效是指请求人民法院保护自己合法权益的法定的有效期限。在法定的有效期限内，人民法院对当事人的请求权予以保护；超过法定的有效期限的，人民法院对当事人的请求权不予保护。因产品存在缺陷造成损害要求赔偿的诉讼时效期间为 2 年，自当事人知道或者应当知道其权益受到损害时计算。因产品存在缺陷造成损害要求赔偿的请求权，在造成损害的缺陷产品交付最初消费者满 10 年丧失；但是，尚未超过明示的安全使用期的除外。

纠纷解决途径。因产品质量发生民事纠纷时，当事人可以通过协商或者调解解决。当事人不愿通过协商、调解解决或者协商、调解不成的，可以根据当事人各方的协议向仲裁机构申请仲裁；当事人各方没有达成仲裁协议或者仲裁协议无效的，可以直接向人民法院起诉。

### 二、产品质量行政责任和刑事责任

#### （一）产品质量行政责任和刑事责任概述

产品质量行政责任是指产品的生产者、销售者以及产品质量检验机构因其违反产品质量法律、法规和规章所规定的义务，实施了扰乱国家对产品质量管理的正常秩序，但是尚未构成刑事犯罪，所应当承担的行政法律后果。

承担产品质量行政法律责任的形式有行政处分和行政处罚两种。行政处罚是通过执行市场监督管理部门依法作出的行政处罚决定，履行行政处罚所规定的强制性义务来实现的。行政处分是市场监督管理部门对其所属的国家工作人员滥用职权、玩忽职守、徇私舞弊等不构成犯罪的违法行为给予的处分。行政处分对个人适用，行政处罚对个人、单位适用。我国《产品质量法》规定的产品质量行政处罚方式主要有：责令停止生产；责令停止销售；没收违法所得；罚款；没收违法生产、销售的产品；责令改

---

① 资料来源：刘泽海主编，《经济法教程》（第三版），366 页，北京：清华大学出版社，2014。

正；吊销营业执照七种。

产品质量刑事责任是指依照《刑法》规定，生产者、销售者不履行产品质量义务，实施了扰乱国家对产品质量管理的正常秩序的严重违法行为，所应承担刑罚的法律后果。刑事责任是最为严厉的法律责任，刑罚作为实现刑事责任的基本方法，是所有的强制措施中最为严厉的一种。生产者、销售者违反《产品质量法》，情节严重，构成犯罪的，应追究其相应的刑事责任。

(二)生产者、销售者的产品质量行政责任和刑事责任

(1)生产、销售不安全产品的行政处罚。生产、销售不符合保障人体健康和人身、财产安全的国家标准、行业标准的产品的，责令停止生产、销售，没收违法生产、销售的产品，并处违法生产、销售产品(包括已售出和未售出的产品，下同)货值金额等值以上3倍以下的罚款；有违法所得的，并处没收违法所得；情节严重的吊销营业执照；构成犯罪的，依法追究刑事责任。

(2)生产、销售不合格产品的行政处罚。在产品中掺杂、掺假，以假充真，以次充好，或者以不合格产品冒充合格产品的，责令停止生产、销售，没收违法生产、销售的产品，并处违法生产、销售产品货值金额50%以上3倍以下的罚款；有违法所得的，并处没收违法所得；情节严重的吊销营业执照；构成犯罪的，依法追究刑事责任。如果销售者自己没有实施掺杂、掺假、以假充真、以次充好的行为，则对销售者不能作为犯罪处理。

(3)生产、销售淘汰产品的行政处罚。生产国家明令淘汰的产品的，销售国家明令淘汰并停止销售的产品的，责令停止生产、销售，没收违法生产、销售的产品，并处违法生产、销售产品货值金额等值以下的罚款；有违法所得的，并处没收违法所得；情节严重的吊销营业执照。

(4)销售失效、变质的产品的行政处罚。销售失效、变质的产品的，责令停止销售，没收违法销售的产品，并处违法销售产品货值金额2倍以下的罚款；有违法所得的，并处没收违法所得；情节严重的，吊销营业执照；构成犯罪的，依法追究刑事责任。

(5)生产、销售假冒伪劣产品的行政处罚。伪造产品产地的，伪造或者冒用他人厂名、厂址的，伪造或者冒用认证标志等质量标志的，责令改正，没收违法生产、销售的产品，并处违法生产、销售产品货值金额等值以下的罚款；有违法所得的，并处没收违法所得；情节严重的，吊销营业执照。

(6)不符合产品包装、标识要求的行政处罚。产品标识不符合《产品质量法》第二十七条规定的，责令改正；有包装的产品标识不符合该法第二十七条第(四)项、第(五)项规定，情节严重的，责令停止生产、销售，并处违法生产、销售产品货值金额30%以下的罚款；有违法所得的，并处没收违法所得。

(7)拒绝接受质检义务的行政处罚。拒绝接受依法进行的产品质量监督检查的，给予警告，责令改正；拒不改正的，责令停业整顿；情节特别严重的，吊销营业执照。

(8)隐匿、转移、变卖、损毁被查封、扣押的物品的行政处罚。隐匿、转移、变

卖、损毁被市场监督管理部门查封、扣押的物品的，处被隐匿、转移、变卖、损毁物品货值金额等值以上三倍以下的罚款；有违法所得的，并处没收违法所得。

(三) 产品质量中介机构的行政和刑事责任

(1) 质检认证机构的行政处罚。产品质量检验机构、认证机构伪造检验结果或者出具虚假证明的，责令改正，对单位处5万元以上10万元以下的罚款，对直接负责的主管人员和其他直接负责人员处1万元以上5万元以下的罚款；有违法所得的，并处没收违法所得；情节严重的，取消其检验资格、认证资格；构成犯罪的，依法追究刑事责任。

(2) 辅助方的行政处罚。知道或者应当知道属于本法规定禁止生产、销售的产品而为其提供运输、保管、仓储等便利条件的，或者为以假充真的产品提供制假生产技术的，没收全部运输、保管、仓储或者提供制假生产技术的收入，并处违法收入50%以上3倍以下的罚款；构成犯罪的，依法追究刑事责任。

(3) 服务业经营者的行政处罚。服务业的经营者将《产品质量法》第四十九条至第五十二条规定禁止销售的产品用于经营性服务的，责令停止使用；对知道或者应当知道所使用的产品属于《产品质量法》规定禁止销售的产品的，按照违法使用的产品（包括已使用和尚未使用的产品）的货值金额，依照《产品质量法》对销售者的处罚规定处罚。

**补充阅读8-2　产品质量认证机构**

产品质量认证机构，是指依照国家统一的审查、评定条件对产品质量进行独立的评审，对符合产品标准和技术要求的产品，颁发产品认证证书和质量认证标志，以证明产品符合相应标准和技术要求的机构。

(四) 国家工作人员的产品质量行政责任和刑事责任

各级人民政府工作人员和其他国家机关工作人员有下列情形之一的，依法给予行政处分；构成犯罪的，依法追究刑事责任：一是包庇、放纵产品生产、销售中违反本法规定行为的；二是向从事违反《产品质量法》规定的生产、销售活动的当事人通风报信，帮助其逃避查处的；三是阻挠、干预产品市场监督管理部门依法对产品生产、销售中违反本法规定的行为进行查处，造成严重后果的。

市场监督管理部门在产品质量监督抽查中超过规定的数量索取样品或者向被检查人收取检验费用的，由上级市场监督管理部门或者监察机关责令退还；情节严重的，对直接负责的主管人员和其他直接责任人员依法给予行政处分。

市场监督管理部门或者其他国家机关违反《产品质量法》第二十五条的规定，向社会推荐生产者的产品或者以监制、监销等方式参与产品经营活动的，由其上级机关或者监察机关责令改正，消除影响，有违法收入的予以没收；情节严重的，对直接负责的主管人员和其他直接责任人员依法给予行政处分。产品质量检验机构有前款所列违法行为的，由市场监督管理部门责令改正，消除影响，有违法收入的予以没收，可以并处违法收入1倍以下的罚款；情节严重的，撤销其质量检验资格。

市场监督管理部门的工作人员滥用职权、玩忽职守、徇私舞弊，构成犯罪的，依法追究刑事责任；尚不构成犯罪的，依法给予行政处分。

## 【本章小结】

本章主要分为四个部分，第一部分是产品质量法概述，介绍了产品、产品质量以及产品质量法的含义和特征，《产品质量法》的产生和三次修正内容，其相关的配套法律法规，产品质量法的立法宗旨和适用范围。第二部分是产品质量的监督和管理，介绍了产品质量的监督管理机构及职权，产品质量的监督检查制度包括国家和社会两方面，产品质量的管理制度，探讨了产品生产许可证制度、产品质量标准制度、企业质量体系认证制度、产品质量认证制度、产品质量检验制度。第三部分是生产者、销售者的产品质量义务，详细介绍了生产者的产品质量义务和销售者的产品质量义务。第四部分是违反产品质量法的法律责任，介绍了产品质量民事责任、行政责任和刑事责任，瑕疵产品的合同责任和产品质量缺陷责任，产品责任的损害赔偿方式以及产品责任的诉讼时效。

## 【思考与练习题】

一、名词解释
1. 产品缺陷  2. 产品瑕疵  3. 产品质量责任

二、简答题
1. 简述产品质量法的适用范围。
2. 简述产品质量的管理制度。
3. 简述违反产品质量的民事责任。

三、论述题
1. 论违反产品质量的行政责任和刑事责任。
2. 论生产者和销售者产品质量义务的主要内容。

四、案例分析
2010年5月，某物流公司从上海某公司购买了一套升降机，并在该公司办公楼内进行了安装使用。2011年12月，张某作为某劳务派遣公司的派遣工到该物流公司工作。2012年3月7日9时许，当张某在该物流公司办公楼三楼刚进入升降机，尚未触动升降机内的任何按键，升降机却突然发生故障，猛烈坠落到一楼地面。张某当即被送往医院住院治疗，被诊断为：左腿踝关节粉碎性骨折，右脚足弓断裂。共计住院35天，花去了医疗费72694.70元。出院后，张某又在门诊治疗中花去医疗费18674.20元。同年7月13日，张某被鉴定为七级伤残。后张某要求上海某公司赔偿，被该公司拒绝，理由是升降机出现事故是质量问题还是操作不当造成已无法认定，无证据证明系升降机质量问题；且该公司仅仅是升降机的销售者，张某应当追究的是升降机生产厂家的责任。张某索赔无果后，遂起诉至法院。（资料来源：www.chinadmd.com）

请结合案情，运用《产品质量法》的相关知识，进行具体分析。

## 【推荐阅读书目】

1. 产品质量法案例评析. 李俊, 徐光红. 对外经济贸易大学出版社, 2012.
2. 产品质量法配套规定. 黄军辉. 法律出版社, 2012.
3. 产品质量教程. 张云, 徐楠轩. 厦门大学出版社, 2011.
4. 解读产品质量法. 曹三明. 中国社会出版社, 2011.
5. 经济法教程. 刘泽海. 清华大学出版社, 2014.

# 第九章 食品安全法

学习引导

食品安全法是国家关于食品安全的基本法律制度。通过本章学习，了解食品安全法律制度的基本概念和基本问题、食品安全风险监测和评估法律制度；掌握食品生产经营和食品检验基本法律制度；熟悉食品进出口法律制度和食品安全监督管理法律制度。在食品安全法的学习中，重点掌握食品生产经营和食品检验的基本法律制度，熟悉食品进出口法律制度，重视对学生食品安全法律知识综合运用能力的培养。

## 第一节 食品安全法概述

### 一、食品安全法的概念

食品的含义伴随着人类社会的发展而不断变化。古人云："食，命也"，将食品看作是能够延续人类生命的物品。食品是指各种供人食用或者饮用的成品和原料以及按照传统既是食品又是中药材的物品，但是不包括以治疗为目的的物品。

1996年，世界卫生组织在其发表的《加强国家级食品安全性计划指南》中指出：食品安全是对食品按其原定用途进行制作和食用时不会使消费者受害的一种担保。我国2015年修订的《中华人民共和国食品安全法》对食品安全给出了明确的定义，食品安全概念的法律性质包括以下几个方面：第一，食品无毒、无害；第二，符合应当有的营养要求；第三，对人体健康不造成任何急性、亚急性或者慢性危害。

食品安全法，是指国家调整人们在食品生产经营及其管理活动中所发生的特定经济关系的法律规范的总称，是国家关于食品安全的基本法律制度。

在我国，食品安全法的概念有广义与狭义之分。广义的食品安全法，是指国家干预调整食品生产经营及监督管理相关活动的法律规范的总称，即除了狭义的食品安全法外，还包括调整食品生产经营及食品监督管理活动的法律、法规的总称。狭义的食品安全法，是指一个具体的法律规范文本，即《中华人民共和国食品安全法》(以下简称《食品安全法》)。该法于2009年2月28日第十一届全国人民代表大会常务委员会第七次会议通过，自2009年6月1日起施行。2015年4月24日，第十二届全国人民代表大会常务委员会第十四次会议修订，自2015年10月1日施行。2018年12月29日第十三届全国人民代表大会常务委员会第七次会议修正，自公布之日起施行。

### 二、食品安全法的原则

《食品安全法》第三条规定："食品安全工作实行预防为主、风险管理、全程控制、

社会共治，建立科学、严格的监督管理制度。"

### (一) 预防为主和风险管理的原则

该原则是指将来很有可能发生的健康损害，为了预防损害的发生而在当前时段采取暂时性的措施。意在将食品安全事后规制变为重点预防事故的发生，针对的是风险而不是损害，突出预防为主、风险防范，对食品安全风险监测、风险评估等食品安全中最基础的制度进行了进一步的完善，重在防患于未然，消除隐患。

### (二) 全程控制的原则

《食品安全法》建立了最严格的全过程的监管制度，对食品生产、流通、餐饮服务和食用农产品销售等各个环节，食品生产经营过程中涉及的食品添加剂、食品相关产品的监管、网络食品交易等新兴的业态，及在生产经营过程中一些过程控制的管理制度，都进行了细化和完善，进一步强调了食品生产经营者的主体责任和监管部门的监管责任。

国家建立食品安全全程追溯制度，食品生产经营者应当依照本法的规定，建立食品安全追溯体系，保证食品可追溯，国家鼓励食品生产经营者采用信息化手段采集、留存生产经营信息，建立食品安全追溯体系。国务院食品安全监督管理部门会同国务院农业行政等有关部门建立食品安全全程追溯协作机制。

### (三) 社会共治的原则

社会共治是食品安全治理中的新原则、新理念，所谓社会共治就是治理好食品安全，加强食品安全管理不能仅依靠政府，也不能仅依靠监管部门单打独斗，应该调动社会方方面面的积极性，大家有序参与到这项工作中来，才能够形成合力，形成好的食品安全治理的效果。同时在具体的制度上，有四个方面体现加强食品安全社会共治的制度设计：

一是明确食品行业协会应当依照章程建立健全行业规范和奖惩机制，提供食品安全信息技术等服务，引导和督促食品生产经营者依法生产经营，食品行业协会是食品行业专业的协会，在社会共治方面应该发挥重要的作用。

二是消费者协会和其他消费者组织对违反食品安全法规定，侵害消费者合法权益的行为，明确规定要依法进行社会监督，食品安全共治方面消费者组织要发挥重要的作用。

三是规定食品安全有奖举报制度，明确对查证属实的举报应当给予举报人奖励，对举报人的相关信息，政府和监管部门要予以保密，保护举报人的合法权益，对举报所在企业食品安全违法行为的内部举报人要给予特别保护。

四是规范食品安全信息发布，强调监管部门应当准确、及时、客观地公布食品安全信息，鼓励新闻媒体对食品安全违法行为进行舆论监督，同时规定对有关食品安全的宣传报道应当公正、公平、真实。

### (四) 建立科学严格的监督管理制度的原则

完善统一权威的食品安全监管机构，由原来的质检、工商和食药监部门对食品生产、流通和餐饮服务实行分段监管调整为由食品安全监督管理部门对食品生产经营活动进行统一监管。近年来,食品安全问题频发,舆论多认为原因是多头管理,呈现出"多龙治水"的局面。

【重要提示】国务院食品安全监督管理部门依照本法和国务院规定的职责,对食品生产经营活动实施监督管理。

### 三、食品安全法的调整范围

《食品安全法》第二条做了明确规定:"在中华人民共和国境内从事下列活动,应当遵守本法:(一)食品生产和加工(以下称食品生产),食品销售和餐饮服务(以下称食品经营);(二)食品添加剂的生产经营;(三)用于食品的包装材料、容器、洗涤剂、消毒剂和用于食品生产经营的工具、设备(以下称食品相关产品)的生产经营;(四)食品生产经营者使用食品添加剂、食品相关产品;(五)食品的贮存和运输;(六)对食品、食品添加剂、食品相关产品的安全管理。供食用的源于农业的初级产品(以下称食用农产品)的质量安全管理,遵守《中华人民共和国农产品质量安全法》的规定。但是,食用农产品的市场销售、有关质量安全标准的制定、有关安全信息的公布和本法对农业投入品作出规定的,应当遵守本法的规定。"

## 第二节 食品安全风险监测和评估法律制度

### 一、食品安全风险监测制度

(一)食品安全风险监测的含义和监测范围

食品安全风险监测,是通过系统和持续地收集食源性疾病、食品污染以及食品中有害因素的监测数据及相关信息,并进行综合分析和及时通报的活动。食品安全风险监测的范围包括食品生产、流通和餐饮服务等各环节,监测的产品包括食品、食品添加剂和食品相关产品等。

(二)食品安全风险监测计划的内容

国家食品安全风险监测计划的内容主要包括监测的范围、监测的目标、计划的种类、监测工作要求、监测建议、优先监测内容以及技术实施机构等内容。具体表现为:

1. 计划分类

一般来说,食品安全风险监测计划包括常规监测计划和特殊监测计划两类。常规监测计划是指国家或省级卫生部门按年度发布的计划,这种计划是持续的、系统的、常规性的,当然,每个年度监测计划都会有所侧重、有所选择,自然也有重点监测对象和轻度监测对象之分。而特殊监测计划又称临时监测计划,主要针对年度监测计划所未列入或已列入但未予以重点关注的突发性、临时性的食品安全问题指向的监测对象而进行的计划调整或发布的单项、临时、特殊的单一对象的监测计划,此类具有临时性、应急性和快捷性等特点。

2. 优先监测对象

国家食品安全风险监测计划的范围应该说涉及了食品生产、流通和餐饮服务各个环节，产品范围从食品到食品添加剂及食品相关产品，从这个角度来说，监测计划是不能有任何遗漏的。但是，范围固定的目的是为了达到全过程监管的目标，以免遗漏了某个环节或某个品种的食品。然而，无论是年度的还是临时的监测计划，在监测对象上应该有所侧重，并采用优先选择的原则来确定重点监测的对象以及根据年度食品安全具体情况来确定年度重点监测对象。

3. 计划内容

《食品安全风险监测管理规定》第九条规定："国家食品安全风险监测计划应规定监测的内容、任务分工、工作要求、组织保障措施和考核等内容。"由此可见，食品安全风险监测计划的内容具体指：①监测内容，即该年度计划重点监测的对象。②监测目的、原则和形式。监测项目选择的原则为："综合考虑现有机构条件、能力和经费、为满足评估和制定标准的需要，遵循优先选择的原则基础上确定。"监测的形式是常规监测与专项监测相结合。③监测计划具体内容。一般包括监测的食品种类和项目、抽样的要求、数据报送与通报的规则、质量控制，以及具体的监测对象的监测目的意义、包括样本选取以及分析等在内的具体监测内容以及时间安排等。④检测方法与评判依据。《食品安全风险监测管理规定》第十条规定，监测计划必须规定统一的检测方法，监测计划的评判依据也应该统一，且应该由卫生部会同国务院有关部门确定。

(三)食品安全风险监测的实施

1. 实施机构

国务院卫生行政部门会同国务院食品安全监督管理等部门，制定、实施国家食品安全风险监测计划。国务院食品安全监督管理部门和其他有关部门获知有关食品安全风险信息后，应当立即核实并向国务院卫生行政部门通报。对有关部门通报的食品安全风险信息以及医疗机构报告的食源性疾病等有关疾病信息，国务院卫生行政部门应当会同国务院有关部门分析研究，认为必要的，及时调整国家食品安全风险监测计划。省、自治区、直辖市人民政府卫生行政部门会同同级食品安全监督管理等部门，根据国家食品安全风险监测计划，结合本行政区域的具体情况，制定、调整本行政区域的食品安全风险监测方案，报国务院卫生行政部门备案并实施。

2. 实施内容

(1)隐患检测。承担食品安全风险监测工作的技术机构应当根据食品安全风险监测计划和监测方案开展监测工作，保证监测数据真实、准确，并按照食品安全风险监测计划和监测方案的要求报送监测数据和分析结果。

(2)检测方法。食品安全风险监测采用的检测方法应经方法学研究确认可行，并采用先进技术手段与成熟技术相结合的原则。

(3)数据汇总。国务院卫生行政部门指定专门机构进行汇总分析，并按有关规定通报国务院食品安全监管等部门。

(4)信息发布。食品安全风险监测信息由国务院卫生行政部门统一公布。如果信息的影响限于特定区域的,也可以由有关省、自治区、直辖市人民政府卫生行政部门公布。县级以上农业行政、食品安全监督管理部门依据各自职责公布食品安全日常管理信息。信息的发布应当做到准确、及时、客观。

(5)费用保障。国务院卫生行政部门负责为承担监测任务的技术机构提供检验费用。

(6)检验管理。承担食品安全风险监测任务的技术机构应当加强监测工作的管理,不断提高监测工作质量,对出具的检验结果负责。

(7)质量控制。国务院卫生行政部门或其委托的机构负责制定食品安全风险监测质量控制方案并组织实施。质量控制方案的内容应包括考核范围、考核项目、评价标准等,并组织实施。

(8)结果反馈。《食品安全法》第十六条规定:"食品安全风险监测结果表明可能存在食品安全隐患的,县级以上人民政府卫生行政部门应当及时将相关信息通报同级食品安全监督管理等部门,并报告本级人民政府和上级人民政府卫生行政部门。食品安全监督管理等部门应当组织开展进一步调查。"

【重要提示】国务院卫生行政部门负责组织食品安全风险评估工作,食品安全风险评估结果由国务院卫生行政部门公布。食品安全风险评估不得向生产经营者收取费用,采集样品应当按照市场价格支付费用。

## 二、食品安全风险评估制度

### (一)食品安全风险评估的含义和对象

食品安全风险评估在国内外规范性文件和学者的论述中有不同的定义,我国《食品安全法实施条例》第六十二条规定:"食品安全风险评估,指对食品、食品添加剂中生物性、化学性和物理性危害对人体健康可能造成的不良影响所进行的科学评估,包括危害识别、危害特征描述、暴露评估、风险特征描述等。"

 补充阅读9-1　食品安全暴露评估

食品安全暴露评估是对于那些通过食品的摄入和其他有关途径可能暴露于人体和/或环境的生物、化学和物理性因子(风险源及相关风险源)的定性和/或定量评价。食品安全风险评估制度的对象包括食品、食品添加剂、食品相关产品中生物性、化学性和物理性危害因素。食品添加剂,是指为改善食品品质和色、香、味以及为防腐、保鲜和加工工艺的需要而加入食品中的人工合成或者天然物质,包括营养强化剂。

### (二)食品安全风险评估的内容

《食品安全法》第十八条对评估的内容作了规定,有下列情形之一的,应当进行食品安全风险评估:通过食品安全风险监测或者接到举报发现食品、食品添加剂、食品相关产品可能存在安全隐患的;为制定或者修订食品安全国家标准提供科学依据需要进行风险评估的;为确定监督管理的重点领域、重点品种需要进行风险评估的;发现新的可能危害食品安全因素的;需要判断某一因素是否构成食品安全隐患的;国务院卫生行政部门认为需要进行风险评估的其他情形。

(三) 评估程序

1. 任务说明

国务院卫生行政部门下达食品安全风险评估任务时，应向提出风险评估建议的部门收集以下信息：危害的性质、涉及的食品种类、食品数量和分布范围；危害进入食品的途径和含量；危害可能引起的健康危害；危害涉及的人群和数量；国内外现有的监督管理措施；其他与风险评估相关的信息。

2. 任务下达

国务院卫生行政部门以《风险评估任务书》的形式向国家食品安全风险评估专家委员会下达风险评估任务。《风险评估任务书》应包括风险评估的目的、需要解决的问题、产出形式等内容。

3. 制定评估方案

国家食品安全风险评估专家委员会应根据评估任务提出风险评估实施方案，报国务院卫生行政部门备案。对于需要进一步补充信息的，可向国务院卫生行政部门提出数据和信息采集方案的建议。

4. 实施评估

国家食品安全风险评估专家委员会按照评估方案，遵循危害识别、危害特征描述、暴露评估和风险特征描述的结构化程序开展风险评估。

5. 风险交流

风险评估过程中，受委托承担风险评估具体任务的风险评估机构应根据国家食品安全风险评估专家委员会、国务院卫生行政部门的需要，及时提交工作进展情况的报告。对于风险评估过程中需要进一步补充数据才能进行的，国家食品安全风险评估专家委员会应向国务院卫生行政部门做出报告和工作建议。

6. 提交报告

临时工作组按照应急评估程序和应急评估方案进行风险评估，及时向国务院卫生行政部门提出风险评估结果报告。

(四) 评估结果

食品安全风险评估结果是制定、修订食品安全标准和实施食品安全监督管理的科学依据。经食品安全风险评估，得出食品、食品添加剂、食品相关产品不安全结论的，国务院食品安全监督管理等部门应当依据各自职责立即向社会公告，告知消费者停止食用或者使用，并采取相应措施，确保该食品、食品添加剂、食品相关产品停止生产经营；需要制定、修订相关食品安全国家标准的，国务院卫生行政部门应当会同国务院食品安全监督管理部门立即制定、修订。

### 三、食品安全标准

食品安全标准，是指一定范围内为达到食品质量、安全、营养等要求，以及为保障人体健康，对食品及其加工销售过程中的各种相关因素所作的管理性规定或技术性规定。《食品安全法》第二十六条规定,食品安全标准应当包括下列内容:"食品、食品添加剂、食品相关产品中的致病性微生物,农药残留、兽药残留、生物毒素、重金属等污染物质以及其他危害人体健康物质的限量规定;食品添加剂的品种、使用范围、用量;专供婴幼儿和其他特定人群的主辅食品的营养成分要求;对与卫生、营养等食品安全要求有关的标签、标志、说明书的要求;食品生产经营过程的卫生要求;与食品安全有关的质量要求;与食品安全有关的食品检验方法与规程;其他需要制定为食品安全标准的内容。"食品安全标准可分为国家标准、地方标准和企业标准。

(一)国家标准

《食品安全法》第二十七条规定,食品安全国家标准由国务院卫生行政部门会同国务院食品安全监督管理部门制定、公布,国务院标准化行政部门提供国家标准编号。食品中农药残留、兽药残留的限量规定及其检验方法与规程由国务院卫生行政部门、国务院农业行政部门会同国务院食品安全监督管理部门制定。屠宰畜、禽的检验规程由国务院农业行政部门会同国务院卫生行政部门制定。

(二)地方标准

国务院卫生行政部门负责对需要在全国范围内统一、强制执行的食品安全技术要求,制定食品安全国家标准,在全国范围内统一适用。但由于我国食品种类繁多且更新很快,而食品安全国家标准的制定和公布有着严格的程序性规范,暂无必要制定国家标准的食品,如地方传统小吃等。

【重要提示】对地方特色食品,没有食品安全国家标准的,省、自治区、直辖市人民政府卫生行政部门可以制定并公布食品安全地方标准,报国务院卫生行政部门备案。食品安全国家标准制定后,该地方标准即行废止。

(三)企业标准

《食品安全法》第三十条规定:"国家鼓励食品生产企业制定严于食品安全国家标准或者地方标准的企业标准,在本企业适用,并报省、自治区、直辖市人民政府卫生行政部门备案。"

---

**案例9-1 瘦肉精事件**[①]

**案情**:瘦肉精中毒频现。也许你没听过盐酸克伦特罗,但一定知道它的别名"瘦肉精"。这种药给猪吃了,会间接提高猪的瘦肉率,再进入人体之后,则会引起中毒。事实上,不该在食品中发现的东西远不止"瘦肉精",还有用来增色的苏丹红、用来漂白的吊白块、泡火腿驱蝇虫的敌敌畏、给大米抛光的石蜡、用来防腐的甲醛等。

**请问**:对这些企业怎么惩罚?

**点评**:《食品安全法》(2009年)将"用非食品原料生产食品""在食品中添加食品添加剂以外的化学物质""用回收食品作为原料生产食品"等各种情况明确列入监

---

① 资料来源:http://www.docin.com。

管范围内。违反规定的,由有关主管部门按照各自职责分工,没收违法所得、违法生产经营的食品和用于违法生产经营的工具、设备、原料等物品;违法生产经营的食品货值金额不足1万元的,并处2千元以上5万元以下罚款;货值金额1万元以上的,并处货值金额5倍以上10倍以下罚款;情节严重的,吊销许可证。在《食品安全法》(2018年)中作出了更加严厉的规定,由县级以上人民政府食品安全监督管理部门没收违法所得和违法生产经营的食品,并可以没收用于违法生产经营的工具、设备、原料等物品;违法生产经营的食品货值金额不足1万元的,并处10万元以上15万元以下罚款;货值金额1万元以上的,并处货值金额15倍以上30倍以下罚款;情节严重的,吊销许可证,并可以由公安机关对其直接负责的主管人员和其他直接责任人员处5日以上15日以下拘留。

## 第三节 食品生产经营和食品检验法律制度

### 一、食品生产经营

食品生产经营是食品安全监管的重要环节,为从根本上防止食品安全事件的发生,《食品安全法》对食品生产经营过程进行了严格规定,内容主要包括许可制度,从业人员健康管理制度,记录制度,全程追溯制度,标注、标签制度,召回制度,食品广告制度。

(一)食品生产经营许可制度

我国《食品安全法》规定国家对食品生产经营实行许可制度。从事食品生产、食品销售、餐饮服务,应当依法取得许可。但是,销售食用农产品,不需要取得许可。

(二)从业人员健康管理制度

为了防止通过食品从业人员造成传染病的发生,《食品安全法》第四十五条规定:"食品生产经营者应当建立并执行从业人员健康管理制度。患有国务院卫生行政部门规定的有碍食品安全疾病的人员,不得从事接触直接入口食品的工作。从事接触直接入口食品工作的食品生产经营人员应当每年进行健康检查,取得健康证明后方可上岗工作。"

(三)食品生产经营信息记录制度

1. 食用农产品生产记录制度

《食品安全法》第四十九条规定:"食用农产品生产者应当按照食品安全标准和国家有关规定使用农药、肥料、兽药、饲料和饲料添加剂等农业投入品,严格执行农业投入品使用安全间隔期或者休药期的规定,不得使用国家明令禁止的农业投入品。禁止将剧毒、高毒农药用于蔬菜、瓜果、茶叶和中草药材等国家规定的农作物。食用农产品的生产企业和农民专业合作经济组织应当建立农业投入品使用记录制度。"

【重要提示】县级以上人民政府农业行政部门应当加强对农业投入品使用的监督管

理和指导，建立健全农业投入品安全使用制度。

2. 食品生产企业进货查验和出厂检验记录制度

《食品安全法》第五十条规定："食品生产者采购食品原料、食品添加剂、食品相关产品，应当查验供货者的许可证和产品合格证明；对无法提供合格证明的食品原料，应当按照食品安全标准进行检验；不得采购或者使用不符合食品安全标准的食品原料、食品添加剂、食品相关产品。食品生产企业应当建立食品原料、食品添加剂、食品相关产品进货查验记录制度，如实记录食品原料、食品添加剂、食品相关产品的名称、规格、数量、生产日期或者生产批号、保质期、进货日期以及供货者名称、地址、联系方式等内容，并保存相关凭证。记录和凭证保存期限不得少于产品保质期满后六个月；没有明确保质期的，保存期限不得少于2年。"

《食品安全法》第五十一条规定："食品生产企业应当建立食品出厂检验记录制度，查验出厂食品的检验合格证和安全状况，如实记录食品的名称、规格、数量、生产日期或者生产批号、保质期、检验合格证号、销售日期以及购货者名称、地址、联系方式等内容，并保存相关凭证。记录和凭证保存期限应当符合本法第五十条第二款的规定。"

3. 食品经营企业进货查验记录制度

《食品安全法》第五十三条规定："食品经营者采购食品，应当查验供货者的许可证和食品出厂检验合格证或者其他合格证明(以下称合格证明文件)。食品经营企业应当建立食品进货查验记录制度，如实记录食品的名称、规格、数量、生产日期或者生产批号、保质期、进货日期以及供货者名称、地址、联系方式等内容，并保存相关凭证。记录和凭证保存期限应当符合本法第五十条第二款的规定。实行统一配送经营方式的食品经营企业，可以由企业总部统一查验供货者的许可证和食品合格证明文件，进行食品进货查验记录。"

(四) 全程追溯制度

为了加大对食品安全的管理力度，《食品安全法》第四十二条规定："国家建立食品安全全程追溯制度。食品生产经营者应当依照本法的规定，建立食品安全追溯体系，保证食品可追溯。国家鼓励食品生产经营者采用信息化手段采集、留存生产经营信息，建立食品安全追溯体系。国务院食品安全监督管理部门会同国务院农业行政等有关部门建立食品安全全程追溯协作机制。"

 补充阅读9-2 食品追溯制度

国际食品法典委员会把食品追溯制度的概念定义为"通过登记的识别码，对食品和行为的历史和使用或位置予以追踪的制度"。食品追溯制度是利用已记录的一一对应的标记追溯食品的历史(包括用于该产品的原材料、零部件的来历)、应用情况、所处场所或类似产品或活动的能力。

具体来说，食品追溯制度包括跟踪和溯源两个方面。跟踪是指从供应链上游至下游，跟随一个特定单元的食品运行路径的能力。溯源是指从供应链下游至上游识别一个特定单元的食品来源的能力，即通过记录标识回溯某个实体来源、用途和位置的能力。

(五) 食品标注、标签制度

食品安全法对食品标签、说明书等作出了详细的规定,从预包装食品,散装食品,转基因食品,食品添加剂,特殊食品(保健食品、特殊医学用途配方食品和婴幼儿配方食品等)到进口食品等分别规定了具体的要求。例如,《食品安全法》第六十七条规定:"预包装食品的包装上应当有标签。标签应当标明下列事项:名称、规格、净含量、生产日期;成分或者配料表;生产者的名称、地址、联系方式;保质期;产品标准代号;贮存条件;所使用的食品添加剂在国家标准中的通用名称;生产许可证编号;法律、法规或者食品安全标准规定应当标明的其他事项。专供婴幼儿和其他特定人群的主辅食品,其标签还应当标明主要营养成分及其含量。食品安全国家标准对标签标注事项另有规定的,从其规定。"

(六) 食品召回制度

《食品安全法》第六十三条规定:"国家建立食品召回制度。食品生产者发现其生产的食品不符合食品安全标准或者有证据证明可能危害人体健康的,应当立即停止生产,召回已经上市销售的食品,通知相关生产经营者和消费者,并记录召回和通知情况。食品经营者发现其经营的食品有前款规定情形的,应当立即停止经营,通知相关生产经营者和消费者,并记录停止经营和通知情况。食品生产者认为应当召回的,应当立即召回。由于食品经营者的原因造成其经营的食品有前款规定情形的,食品经营者应当召回。"

(七) 食品广告制度

《食品安全法》第七十三条规定:"食品广告的内容应当真实合法,不得含有虚假内容,不得涉及疾病预防、治疗功能。食品生产经营者对食品广告内容的真实性、合法性负责。县级以上人民政府食品安全监督管理部门和其他有关部门以及食品检验机构、食品行业协会不得以广告或者其他形式向消费者推荐食品。消费者组织不得以收取费用或者其他牟取利益的方式向消费者推荐食品。"

## 二、食品检验

广义的食品检验,是指研究和评定食品质量及其变化的一门学科,它依据物理、化学、生物化学的一些基本理论和各种技术,按照制定的技术标准,对原料、辅助材料、成品的质量进行检验。其内容十分丰富,包括食品营养成分分析、食品中污染物质分析、食品辅助材料及食品添加剂分析、食品感官鉴定等。

狭义的食品检验,通常是指依法取得检验资质的食品检验机构,根据食品安全法律法规、食品安全标准和技术法规的规定,运用科学的检验技术和方法,对食品及其相关产品的安全质量等作出评定的活动。

(一) 食品安全抽样检验制度

《食品安全法》第八十七条规定:"县级以上人民政府食品安全监督管理部门应当对食品进行定期或者不定期的抽样检验,并依据有关规定公布检验结果,不得免检。

进行抽样检验，应当购买抽取的样品，委托符合本法规定的食品检验机构进行检验，并支付相关费用；不得向食品生产经营者收取检验费和其他费用。"

> **案例 9-2　对快餐食品问题"零容忍"**①
>
> 案情：2014 年 7 月 21 日，一则新闻引起了轩然大波，对于广大家长的震撼更是惊人的。据东方卫视的新闻报道，在几家知名的洋快餐连锁店里发现使用的肉类是有问题的，它们共同的肉类原料供应商之一上海某公司提供过期变质的肉类，而记者针对此事采访该公司时，工作人员竟然说"过期的也吃不死人"。
>
> 经过记者近 2 个月的卧底暗访，发现了诸多问题。记者调查发现，公司将过期半个月的冰鲜鸡皮和鸡胸肉掺入原料当中，制成黄灿灿的油炸食品；该公司加工的迷你小牛排使用了过期的半成品，这些材料原本都应该作为垃圾处理掉，但是，经过处理，保质期又重新打印延长了一年。
>
> 此事件一经曝光，上海食品药品监督管理局迅速出击，对该公司进行查封，并要求上海所有问题产品下架，国家食品药品监督管理总局也马上展开对此事的全面调查。首先，要求上海食品药品监管局对该公司迅速查处，停止生产经营，查封所有原材料，对违法违规的行为坚决打击；其次，要求各地的食品药品监督管理部门对该公司的投资商在很多省市所投资的食品生产企业展开彻查，对违规的行为严肃处理，并派专人进行现场监控；再次，对使用该公司生产的原料的企业进行突击查处、责令停止销售、封存使用该公司为原料生产的食品等。
>
> 请问：食品药品监督管理部门是否应当加强对食品的抽样检验？
>
> 点评：从"挂驴头卖狐狸肉"到"烂果门"事件；从"地沟油"到"镉大米"；从"避孕牛奶"到"皮鞋胶囊"……食品安全事件如洪水猛兽席卷国人，令人谈食品安全而色变，治愈食品安全顽疾，需要"壮士断腕"的意识和决心，需要"踏石留印"的措施和行动，需要贯穿始终的监管和执行，食品药品监督管理部门应当对食品进行定期或者不定期的抽样检验。

（二）食品强制出厂检验制度

我国《产品质量法》第十二条规定："产品质量应当检验合格"。《食品安全法》第五十二条明确规定了食品、食品添加剂、食品相关产品的生产者，应当按照食品安全标准对所生产的食品、食品添加剂、食品相关产品进行检验，检验合格后方可出厂或者销售。

（三）进出口食品安全检疫检查制度

《食品安全法》第九十二条规定："进口的食品、食品添加剂、食品相关产品应当符合我国食品安全国家标准。"对出口食品的要求，《食品安全法》第九十九条规定，出口食品生产企业应当保证其出口食品符合进口国（地区）的标准或者合同要求。出口食品生产企业和出口食品原料种植、养殖场应当向国家出入境检验检疫部门备案。

---

① 资料来源：《京华时报》报道供应商使用变质过期肉：吃不死人，人民网，2014 年 7 月 21 日转。

### 三、违反食品生产经营和食品检验规定的法律责任

(一) 违反食品生产经营的法律责任

1. 违反许可制度的法律责任

《食品安全法》第一百二十二条规定:"违反本法规定,未取得食品生产经营许可从事食品生产经营活动,或者未取得食品添加剂生产许可从事食品添加剂生产活动的,由县级以上人民政府食品安全监督管理部门没收违法所得和违法生产经营的食品、食品添加剂以及用于违法生产经营的工具、设备、原料等物品;违法生产经营的食品、食品添加剂货值金额不足 1 万元的,并处 5 万元以上 10 万元以下罚款;货值金额 1 万元以上的,并处货值金额 10 倍以上 20 倍以下罚款。明知从事前款规定的违法行为,仍为其提供生产经营场所或者其他条件的,由县级以上人民政府食品安全监督管理部门责令停止违法行为,没收违法所得,并处 5 万元以上 10 万元以下罚款;使消费者的合法权益受到损害的,应当与食品、食品添加剂生产经营者承担连带责任。"

2. 违反生产经营范围的法律责任

《食品安全法》规定了禁止生产经营的食品,明确了我国食品生产经营的范围。第一百二十三条规定:"用非食品原料生产食品、在食品中添加食品添加剂以外的化学物质和其他可能危害人体健康的物质,或者用回收食品作为原料生产食品,或者经营上述食品的法律责任,尚不构成犯罪的,由县级以上人民政府食品安全监督管理部门没收违法所得和违法生产经营的食品,并可以没收用于违法生产经营的工具、设备、原料等物品;违法生产经营的食品货值金额不足 1 万元的,并处 10 万元以上 15 万元以下罚款;货值金额 1 万元以上的,并处货值金额 15 倍以上 30 倍以下罚款;情节严重的,吊销许可证,并可以由公安机关对其直接负责的主管人员和其他直接责任人员处 5 日以上 15 日以下拘留。"

3. 违反广告制度的法律责任

《食品安全法》第一百四十条规定:"违反本法规定,在广告中对食品作虚假宣传,欺骗消费者,或者发布未取得批准文件、广告内容与批准文件不一致的保健食品广告的,依照《中华人民共和国广告法》的规定给予处罚。"

广告经营者、发布者设计、制作、发布虚假食品广告,使消费者的合法权益受到损害的,应当与食品生产经营者承担连带责任。社会团体或者其他组织、个人在虚假广告或者其他虚假宣传中向消费者推荐食品,使消费者的合法权益受到损害的,应当与食品生产经营者承担连带责任。违反本法规定,食品安全监督管理等部门、食品检验机构、食品行业协会以广告或者其他形式向消费者推荐食品,消费者组织以收取费用或者其他牟取利益的方式向消费者推荐食品的,由有关主管部门没收违法所得,依法对直接负责的主管人员和其他直接责任人员给予记大过、降级或者撤职处分;情节严重的,给予开除处分。对食品作虚假宣传且情节严重的,由省级以上人民政府食品安全监督管理部门决定暂停销售该食品,并向社会公布;仍然销售该食品的,由县级以上人民政府食品安全监督管理部门没收违法所得和违法销售的食品,并处 2 万元以

上 5 万元以下罚款。

(二)违反食品检验规定的法律责任

1. 食品检验机构、食品检验人员出具虚假检验报告的法律责任

《食品安全法》第一百三十八条第一款规定:"违反本法规定,食品检验机构、食品检验人员出具虚假检验报告的,由授予其资质的主管部门或者机构撤销该食品检验机构的检验资质,没收所收取的检验费用,并处检验费用 5 倍以上 10 倍以下罚款,检验费用不足 1 万元的,并处 5 万元以上 10 万元以下罚款;依法对食品检验机构直接负责的主管人员和食品检验人员给予撤职或者开除处分;导致发生重大食品安全事故的,对直接负责的主管人员和食品检验人员给予开除处分。"

2. 违法聘用不得从事食品检验工作人员的法律责任

《食品安全法》第一百三十八条第二、三款规定:"违反本法规定,受到开除处分的食品检验机构人员,自处分决定作出之日起 10 年内不得从事食品检验工作;因食品安全违法行为受到刑事处罚或者因出具虚假检验报告导致发生重大食品安全事故受到开除处分的食品检验机构人员,终身不得从事食品检验工作。食品检验机构聘用不得从事食品检验工作的人员的,由授予其资质的主管部门或者机构撤销该食品检验机构的检验资质。食品检验机构出具虚假检验报告,使消费者的合法权益受到损害的,应当与食品生产经营者承担连带责任。"

## 第四节  食品进出口法律制度

食品安全和国际贸易有着密切的联系,食品安全不仅影响本国进出口贸易,也对世界贸易产生影响,同时国际贸易也是影响食品安全的重要因素,并在调节国内食品供求中发挥着重要的平衡作用,食品安全还会影响到国家的声誉。食品对外出口作为经济发展的重要方面,对解决三农问题,发展农村经济有非常重要的意义。在我国进出口贸易中,食品进出口长期以来占有相当比重和重要地位。

### 一、食品进口法律制度

(一)我国食品进口的法律要求

1. 实行标准化管理

我国《食品安全法》第九十二条规定:"进口的食品、食品添加剂、食品相关产品应当符合我国食品安全国家标准。"

2. 实行安全性评估、准予许可制度

《食品安全法》第九十三条规定:"进口尚无食品安全国家标准的食品,由境外出口商、境外生产企业或者其委托的进口商向国务院卫生行政部门提交所执行的相关国家(地区)标准或者国际标准。国务院卫生行政部门对相关标准进行审查,认为符合食品安全要求的,决定暂予适用,并及时制定相应的食品安全国家标准。进口利用新的食品原料生产的食品或者进口食品添加剂新品种、食品相关产品新品种,依照本法第

三十七条的规定办理。"

《食品安全法》第三十七条明确规定:"利用新的食品原料生产食品,或者生产食品添加剂新品种、食品相关产品新品种,应当向国务院卫生行政部门提交相关产品的安全性评估材料。国务院卫生行政部门应当自收到申请之日起60日内组织审查;对符合食品安全要求的,准予许可并公布;对不符合食品安全要求的,不予许可并书面说明理由。"

3. 进口食品必须经出入境检验检疫机构检验合格

《食品安全法》第九十二条规定:"进口的食品、食品添加剂应当经出入境检验检疫机构依照进出口商品检验相关法律、行政法规的规定检验合格。进口的食品、食品添加剂应当按照国家出入境检验检疫部门的要求随附合格证明材料。"

(二)食品进口预警机制

《食品安全法》第九十五条规定:"境外发生的食品安全事件可能对我国境内造成影响,或者在进口食品、食品添加剂、食品相关产品中发现严重食品安全问题的,国家出入境检验检疫部门应当及时采取风险预警或者控制措施,并向国务院食品安全监督管理部门、卫生行政、农业行政部门通报。接到通报的部门应当及时采取相应措施。"

(三)食品进口备案和注册制度

《食品安全法》第九十六条规定:"向我国境内出口食品的境外出口商或者代理商、进口食品的进口商应当向国家出入境检验检疫部门备案。向我国境内出口食品的境外食品生产企业应当经国家出入境检验检疫部门注册。"

【重要提示】已经注册的境外食品生产企业提供虚假材料,或者因其自身的原因致使进口食品发生重大食品安全事故的,国家出入境检验检疫部门应当撤销注册并公告。

(四)进口食品标签制度

《食品安全法》第九十七条规定:"进口的预包装食品、食品添加剂应当有中文标签;依法应当有说明书的,还应当有中文说明书。标签、说明书应当符合本法以及我国其他有关法律、行政法规的规定和食品安全国家标准的要求,并载明食品的原产地以及境内代理商的名称、地址、联系方式。预包装食品没有中文标签、中文说明书或者标签、说明书不符合本条规定的,不得进口。"

(五)食品进口和销售记录制度

《食品安全法》第九十八条的规定:"进口商应当建立食品、食品添加剂进口和销售记录制度,如实记录食品、食品添加剂的名称、规格、数量、生产日期、生产或者进口批号、保质期、境外出口商和购货者名称、地址及联系方式、交货日期等内容,并保存相关凭证。记录和凭证保存期限应当符合本法第五十条第二款的规定。"

## 二、食品出口法律制度

我国食品出口实行"产地检验,口岸查验"的原则,也就是说生产场所在何地,就由所在地的检验检疫部门办理有关手续。

（一）出入境检验检疫部门备案制度

《食品安全法》第九十九条规定："出口食品生产企业应当保证其出口食品符合进口国（地区）的标准或者合同要求。出口食品生产企业和出口食品原料种植、养殖场应当向国家出入境检验检疫部门备案。"该条例明确了检验检疫部门对出口食品生产企业及原材料生产基地的监督职责，从保证产品质量的角度，要求企业必须将原料生产基地进行备案，真正从源头上确保出口食品的质量。

 **补充阅读9-3　出口商品质量许可**

国家对重要出口商品实行质量许可制度。出入境检验检疫部门单独或会同有关主管部门共同负责发放出口商品质量许可证的工作，未获得质量许可证书的商品不准出口。检验检疫部门已对机械、电子、轻工、机电、玩具、医疗器械、煤炭等76类商品实施出口产品质量许可制度。国内生产企业或其代理人均可向当地出入境检验检疫机构申请质量许可证书。

（二）生产企业卫生达标制度

《出口食品生产企业安全卫生要求》第二条规定："申请出口备案的食品生产、加工、储存企业应依照国家和相关进口国（地区）法律、法规及食品安全卫生标准进行生产、加工、储存、运输等。"

（三）国家出入境检验检疫机构通报制度

《食品安全法》第一百条规定："国家出入境检验检疫部门应当收集、汇总下列进出口食品安全信息，并及时通报相关部门、机构和企业：出入境检验检疫机构对进出口食品实施检验检疫发现的食品安全信息；食品行业协会和消费者协会等组织、消费者反映的进口食品安全信息；国际组织、境外政府机构发布的风险预警信息及其他食品安全信息，以及境外食品行业协会等组织、消费者反映的食品安全信息；其他食品安全信息。国家出入境检验检疫部门应当对进出口食品的进口商、出口商和出口食品生产企业实施信用管理，建立信用记录，并依法向社会公布。对有不良记录的进口商、出口商和出口食品生产企业，应当加强对其进出口食品的检验检疫。"

### 三、违反食品进出口规定的法律责任

（一）违反进口食品安全标准和风险评估管理的法律责任

《食品安全法》第十七条和第九十三条分别对风险评估管理及食品进口的标准化作出了明确规定，同时第一百二十九条规定，有下列情形的："提供虚假材料，进口不符合我国食品安全国家标准的食品、食品添加剂、食品相关产品；进口尚无食品安全国家标准的食品，未提交所执行的标准并经国务院卫生行政部门审查，或者进口利用新的食品原料生产的食品或者进口食品添加剂新品种、食品相关产品新品种，未通过安全性评估；未遵守本法的规定出口食品；进口商在有关主管部门责令其依照本法规定召回进口的食品后，仍拒不召回。"尚不构成犯罪的，由县级以上人民政府食品安全

监督管理部门没收违法所得和违法生产经营的食品、食品添加剂,并可以没收用于违法生产经营的工具、设备、原料等物品;违法生产经营的食品、食品添加剂货值金额不足1万元的,并处5万元以上10万元以下罚款;货值金额1万元以上的,并处货值金额10倍以上20倍以下罚款;情节严重的,吊销许可证。

(二)违反食品进口和销售记录制度的法律责任

《食品安全法》第一百二十九条规定,进口商未建立并遵守食品、食品添加剂进口和销售记录制度、境外出口商或者生产企业审核制度的,依照《食品安全法》第一百二十六条的规定给予处罚,由县级以上人民政府食品安全监督管理部门责令改正,给予警告;拒不改正的,处5千元以上5万元以下罚款;情节严重的,责令停产停业,直至吊销许可证。

(三)违反食品出口规定的法律责任

对于食品出口的要求,《食品安全法》规定出口食品生产企业应当保证其出口食品符合进口国(地区)的标准或者合同要求。出口食品生产企业和出口食品原料种植、养殖场应当向国家出入境检验检疫部门备案。《食品安全法》第一百二十九条规定:"未遵守本法的规定出口食品,由出入境检验检疫机构依照本法第一百二十四条的规定给予处罚。"

## 第五节　食品安全事故处置法律制度

### 一、概述

食品安全事故是指食源性疾病、食品污染等源于食品,对人体健康有危害或者可能有危害的事故。食品安全事故处理属于食品安全监管制度中的末端阶段,是在事故发生后采取的应对措施,食品安全事故对人类身体健康和生命安全有重大威胁。

在我国,2008年曝光的"三鹿奶粉"事件给政府机构和食品生产企业带来了惨痛教训,受此事件推动,国家进一步明确了重大食品安全事故应急机制,修订了国家食品安全事故应急预案;建立部门协调、信息通报、事故善后处理、整改督查回访等食品安全事故处置机制;健全重大食品安全事故报告、事故调查、事故处理和流行病学调查制度。面对不断暴发而后果严重的食品安全事故,我国先后通过了《突发公共卫生事件应急条例》(2003年)、《国家突发公共事件总体应急预案》(2006年)、《国家突发公共卫生事件应急预案》(2006年)、《国家重大食品安全事故应急预案》(2006年)和《突发事件应对法》(2007年)加以应对。《食品安全法》以专章的形式对食品安全事故应急预案、处置方案、程序措施、食品事故报告、通报及责任查处作了具体而明确的规定,进一步完善了食品安全事故立法。

### 二、食品安全事故的预防

为了建立健全应对突发重大食品安全事故的救助体系和运行机制,规范和指导应急处理工作,有效预防、积极应对、及时控制重大食品安全事故,高效组织应急救援工作,最大限度地减少重大食品安全事故的危害,保障公众身体健康与生命安全,维护正常的社会秩序,国务院制定了国家重大食品安全事故应急预案。食品安全事故应急预案是指经过一定程序制定的开展食品安全事故应急处理工作的事先指导方案。

食品安全事故应急预案应当对食品安全事故分级、事故处置组织指挥体系与职责、预防预警机制、处置程序、应急保障措施等作出规定。

【重要提示】食品生产经营企业应当制定食品安全事故处置方案,定期检查本企业各项食品安全防范措施的落实情况,及时消除事故隐患。

 补充阅读9-4　食品安全事故分级

按食品安全事故的性质、危害程度和涉及范围,将食品安全事故分为四级:特别重大食品安全事故(Ⅰ级)、重大食品安全事故(Ⅱ级)、较大食品安全事故(Ⅲ级)和一般食品安全事故(Ⅳ级)。

### 三、食品安全事故处置制度

(一)食品安全事故的报告

为了防止发生社会恐慌,发生食品安全事故的单位应当立即采取措施,防止事故扩大。事故单位和接收病人进行治疗的单位应当及时向事故发生地县级人民政府食品药品监督管理、卫生行政部门报告。

县级以上人民政府质量监督、农业行政等部门在日常监督管理中发现食品安全事故或者接到事故举报,应当立即向同级食品安全监督管理部门通报。

发生食品安全事故,接到报告的县级人民政府食品安全监督管理部门应当按照应急预案的规定向本级人民政府和上级人民政府食品安全监督管理部门报告。县级人民政府和上级人民政府食品安全监督管理部门应当按照应急预案的规定上报。

【重要提示】任何单位和个人不得对食品安全事故隐瞒、谎报、缓报,不得隐匿、伪造、毁灭有关证据。

(二)处置食品安全事故的行政措施

《食品安全法》第一百零五条规定:"县级以上人民政府食品安全监督管理部门接到食品安全事故的报告后,应当立即会同同级卫生行政、农业行政等部门进行调查处理,并采取下列措施,防止或者减轻社会危害:(一)开展应急救援工作,组织救治因食品安全事故导致人身伤害的人员;(二)封存可能导致食品安全事故的食品及其原料,并立即进行检验;(三)对确认属于被污染的食品及其原料,责令食品生产经营者依照本法第六十三条的规定召回或者停止经营;(四)封存被污染的食品相关产品,并责令进行清洗消毒;(五)做好信息发布工作,依法对食品安全事故及其处理情况进行发布,并对可能产生的危害加以解释、说明。发生食品安全事故需要启动应急预案的,县级以上人民政府应当立即成立事故处置指挥机构,启动应急预案,依照前款和应急预案的规定进行处置。发生食品安全事故,县级以上疾病预防控制机构应当对事故现场进行卫生处理,并对与事故有关的因素开展流行病学调查,有关部门应当予以协助。县级以上疾病预防控制机构应当向同级食品安全监督管理、卫生行政部门提交流行病学调查报告。"

(三)食品安全事故单位的法律责任

发生食品安全事故的单位,一般包括食品生产企业、流通企业、餐饮服务企业等单位。为有效阻止食品安全事故危害的影响,发生食品安全事故后,事故单位应当立即采取措施予以处置,包括救治受害人员、封存被污染的食品及其用具、履行报告及通报义务等,如果事故单位违反食品安全事故处置规定,应当承担相应的法律责任。

## 第六节 食品安全监督管理法律制度

### 一、概述

(一)食品安全监管的概念

食品安全监管是指全社会宏观层次(政府)、中观层次(非政府组织,特别是行业自律组织)、微观层次(公民个体)共同努力,形成一个相互联结的监管体系,对食物链全过程进行监视、督促、管理、控制和处理,使其能达到食用安全、保障人们身体健康的活动。

(二)食品安全监督管理法律制度的概念

食品安全监督管理法律制度,是指我国《食品安全法》中关于食品安全监督管理的法律规定,包括食品安全监管主体、食品安全监督管理的内容、食品安全监管的对象、食品安全监管的措施及程序、食品安全监管的法律责任等。

### 二、食品安全监管体制

(一)食品安全监管体制的概念

食品安全监管体制,是指依法享有食品安全监督管理权限的主体,依据法律、法规行使职权和权利,依法对食品生产、流通、消费环节进行监管和管理的职能框架和组织系统。

(二)食品安全行政监管体制

1. 食品安全行政监管体制

我国食品安全行政监管体制确立了高层专门机构议事协调和专门机构综合协调、部门分段监管与品种监管相结合的行政监督管理体系,突出强调负责、领导、组织和协调。

2. 食品安全行政监管措施

为保证食品安全监督管理的实施和效果,《食品安全法》第一百一十条规定:"县级以上人民政府食品安全监督管理部门履行食品安全监督管理职责,有权采取下列措施,对生产经营者遵守本法的情况进行监督检查:(一)进入生产经营场所实施现场检查;(二)对生产经营的食品、食品添加剂、食品相关产品进行抽样检验;(三)查阅、复制有关合同、票据、账簿以及其他有关资料;(四)查封、扣押有证据证明不符合食品安全标准或者有证据证明存在安全隐患以及用于违法生产经营的食品、食品添加剂、食品相关产品;(五)查封违法从事生产经营活动的场所。"

### 三、食品安全信息制度

《食品安全法》第一百一十八条、第一百一十九条对食品安全信息公布、建立食品安全违法行为信息库、食品安全信息报告、食品安全信息通报等方面作了明确规定,同时规范了食品安全信息发布,强调监管部门应当准确、及时、客观公布食品安全信息,鼓励新闻媒体对食品安全违法行为进行舆论监督,同时规定有关食品安全的宣传报道应当客观、真实和公正。

(一)食品安全信息公布制度

《食品安全法》第一百一十八条规定:"国家建立统一的食品安全信息平台,实行食品安全信息统一公布制度。国家食品安全总体情况、食品安全风险警示信息、重大食品安全事故及其调查处理信息和国务院确定需要统一公布的其他信息由国务院食品安全监督管理部门统一公布。食品安全风险警示信息和重大食品安全事故及其调查处理信息的影响限于特定区域的,也可以由有关省、自治区、直辖市人民政府食品安全监督管理部门公布。未经授权不得发布上述信息。"

【重要提示】县级以上人民政府食品安全监督管理、农业行政部门依据各自职责公布食品安全日常监督管理信息。公布食品安全信息,应当做到准确、及时,并进行必要的解释说明,避免误导消费者和社会舆论。

**补充阅读9-5 重大食品安全事故**

符合下列情形之一的为重大食品安全事故(Ⅱ级):

①事故危害严重,影响范围涉及省内两个以上市级行政区域的;②造成伤害人数100人以上,并出现死亡病例的;③造成10例以上死亡病例的;④学校发生食物中毒事故、造成伤害人数50人以上的;⑤在全国性或地区性重大活动、重要会议造成伤害人数50人以上的;⑥省级政府认定的其他重大食品安全事故。

(二)食品安全信息通报制度

《食品安全法》第一百一十九条规定:"县级以上地方人民政府食品安全监督管理、卫生行政、农业行政部门获知本法规定需要统一公布的信息,应当向上级主管部门报告,由上级主管部门立即报告国务院食品安全监督管理部门;必要时,可以直接向国务院食品安全监督管理部门报告。县级以上人民政府食品安全监督管理、卫生行政、农业行政部门应当相互通报获知的食品安全信息。"实现食品安全信息的综合利用和资源共享,有利于及时研究分析食品安全情况,对食品安全问题做到早发现、早预防、早整治和早解决。

### 四、违反食品安全监督管理规定的法律责任

食品安全监管过程中，依法负有监管职责的部门或人员违反《食品安全法》及相关法律法规的规定，应当承担以下责任。

（一）行政处分

根据我国《食品安全法》第一百四十三条的规定："县级以上地方人民政府未确定有关部门的食品安全监督管理职责，未建立健全食品安全全程监督管理工作机制和信息共享机制，未落实食品安全监督管理责任制；未制定本行政区域的食品安全事故应急预案，或者发生食品安全事故后未按规定立即成立事故处置指挥机构、启动应急预案的，对直接负责的主管人员和其他直接责任人员给予警告、记过或者记大过处分；造成严重后果的，给予降级或者撤职处分。"

（二）引咎辞职

在食品安全监督管理工作中，建立领导人引咎辞职的问责制，对于促使政府部门积极行政，加强管理和监督，更好地履行所承担的保障食品安全的法定职责具有重要意义。《食品安全法》第一百四十二条规定："县级以上地方人民政府对发生在本行政区域内的食品安全事故，未及时组织协调有关部门开展有效处置，造成不良影响或者损失；对本行政区域内涉及多环节的区域性食品安全问题，未及时组织整治，造成不良影响或者损失；隐瞒、谎报、缓报食品安全事故；本行政区域内发生特别重大食品安全事故，或者连续发生重大食品安全事故的，对直接负责的主管人员和其他直接责任人员给予记大过处分；情节较重的，给予降级或者撤职处分；情节严重的，给予开除处分；造成严重后果的，其主要负责人还应当引咎辞职。"

（三）刑事责任

《食品安全法》第一百四十九条规定："违反本法规定，构成犯罪的，依法追究刑事责任。"不仅如此，该法还强化了对违法犯罪分子惩处的力度。例如，第一百三十五条二款规定："因食品安全犯罪被判处有期徒刑以上刑罚的，终身不得从事食品生产经营管理工作，也不得担任食品生产经营企业食品安全管理人员。"第一百三十八条二款规定："因食品安全违法行为受到刑事处罚或者因出具虚假检验报告导致发生重大食品安全事故受到开除处分的食品检验机构人员，终身不得从事食品检验工作。"

（四）关于民事或国家赔偿责任的问题

当相关部门对食品生产者的食品进行了不实公布和查处，或者越权监管从而造成相关食品生产者的损失时，是否可以按照侵权法的规定来处理，是值得研究的问题。因为在这种情况下，损害赔偿是对受害人损失填补的最好方案，比让相关责任人承担行政责任或刑事责任更具正义性。

## 【本章小结】

《食品安全法》是我国经济法制体制的重要组成部分，准确理解其体系和内涵，对于规范食品生产经营活动、防范食品安全事故有着重要意义，也标志着我国食品安全法律制度建设进入了一个新的历史阶段。主要知识点包含食品安全法律制度的基本概念和基本问题，食品安全风险监测和评估法律制度，食品生产经营和食品检验基本法律制度，食品进出口法律制度和食品安全监督管理法律制度。

## 【思考与练习题】

### 一、名词解释

1. 食品安全　2. 食品添加剂　3. 食品安全事故

### 二、简答题

1. 简述食品安全法的概念。
2. 简述食品安全标准的内容。
3. 简述我国食品进口的法律要求。

### 三、论述题

结合实际，谈谈如何实施食品安全事故的应急预案。

### 四、案例分析

进口食品标签案例[①]

2018年台州市椒江区市场监管局针对流通环节的食品进行了专项检查，发现不少喜铺销售的进口食品没有中文标签。在该区洪家街道辖区一家喜铺内，执法人员在检查中发现店内有8盒未拆封的费列罗巧克力（375g装），外包装上写有"FERRERO ROCHER"字样，背面注有外文，却没有中文标签。店员将其分装到小盒中，作为新人喜糖的一部分，小盒外包装上除英文字样外，无其他说明。

问题：上述案例中食品经营者的行为是否符合《食品安全法》的规定？经营者应当承担何种法律责任？

## 【推荐阅读书目】

1. 中华人民共和国食品安全法（2018年修正）. 全国人大信息中心，2018.
2. 案例导读：食品安全法及配套规定适用与解析. 法律出版社专业出版委员会. 法律出版社，2014.
3. 食品安全法. 于华江. 对外经济贸易大学出版社，2010.
4. 食品安全法教程. 杨秀英. 厦门大学出版社，2011.

---

[①] 资料来源：食品科技网 http://m.sohu.com/a/228130637_119732。

# 第十章　消费者权益保护法

学习引导

消费者权益保护法是保护消费者合法权益的利器，2013年该法修订后，坚持对消费者与经营者平等善待的前提下，在保护权益方面更加鲜明地向消费者适度倾斜。通过本章的学习，应掌握消费者的定义；掌握消费者的权利，理解经营者的义务；掌握违反消费者权益保护法的法律责任，并能够运用消费者权益保护法的相关知识解决实践中遇到的问题。

## 第一节　消费者权益保护法概述

### 一、消费者概述

消费作为社会生产的最终环节，是满足人们各种需要的过程。消费可以分为生产消费与生活消费两大类。生产消费与生活消费都要消耗物质资料和非物质资料，但不同之处在于：进行生产性消费的直接目的是为了延续和发展生产，而生活性消费的直接目的则是延续和发展人类自身；生产消费是在物质生产过程中对生产资料的耗费，生活消费是指在人们生存发展过程中对生活资料的消耗；生产消费因在生产领域进行而包含在生产之中，生活消费则因为是个人维持生存、发展所必须的活动，而与人们的日常生活息息相关。

消费者是消费的主体，我国消费者权益保护法中所指称的"消费者"，主要是指生活资料的消费者，当然，也包括农民购买、使用直接用于农业生产的生产资料的农民这一特殊消费者。本教材所指称的消费者是指为了满足个人生活消费的需要而购买、使用商品或接受服务的自然人(或称个体社会成员)。在我国，消费者是与经营者对应的，经营者就是向消费者出售商品或提供服务的市场主体。

从法律意义上讲，消费者应该具备以下几个条件：首先，消费者的消费是为生活目的而进行的，而不是以生产为目的的；其次，消费者是购买、使用商品或接受服务的自然人(或称个体社会成员)；再次，消费者消费的客体既包括商品，也包括服务；最后，消费者的消费主要是指个人消费。

### 二、消费者权益保护法的概念及特征

#### (一)消费者权益

消费者权益是指消费者在为生活消费需要而购买、使用商品或者接受服务过程中及在以后的特定时期内依法享有的各项权益。我国的消费者权益是在社会主义市场经

济关系下为适应经济运行的客观需要而赋予商品最终使用者和服务接受者的相应的消费权利。

(二)消费者权益保护法的概念

消费者权益保护法可以从广义角度和狭义角度去理解。广义的消费者权益保护法是指保护消费者合法权益的所有的法律规范的总称，涵盖了消费者权益保护基本法、产品质量法、商品的计量标准和计量监督法、价格监督法、消费合同法及竞争监督法等；而狭义的消费者权益保护法仅指 1993 年 10 月 31 日颁布、1994 年 1 月 1 日起正式施行的《中华人民共和国消费者权益保护法》(以下简称《消费者权益保护法》)，该法于 2009 年 8 月 27 日第十一届全国人民代表大会常务委员会第十次会议第一次修正；2013 年 10 月 25 日第十二届全国人民代表大会常务委员会第五次会议第二次修正，自 2014 年 3 月 15 日起施行。

(三)消费者权益保护法的特征

消费者权益保护法的特征如下：

1. 保护手段的强制性

消费者权益保护法的立法目的在于维护社会主义市场经济秩序，保护消费者的合法权益，为此，在消费者权益立法保护过程中，国家采取制定实施强制性、禁止性的法律条文等措施来干预市场经济的运行，而这些强制性、禁止性的法律条文主要是强化生产经营者的义务，同时也包含了对合同格式条款的限制。因此，国家采取立法方式对消费者权益进行保护具有强制性特征。

2. 保护的是消费者的消费权益

消费者权益指的是消费者依法应当享有的权利，并且该权利受到法律保护时，能够给消费者带来相应的利益。消费者权益的核心是消费者的权利，为此，消费者权益保护法具体保护消费者的安全权和知情权等若干权利。

3. 调整对象的确定性

消费者权益保护法调整的对象是消费者和经营者在购买、使用商品或接受商品服务过程中所发生的法律关系。因此，消费者权益保护法的保护对象不仅包括和经营者发生买受行为的消费者，也包括没有与经营者发生直接合同行为但却受到商品或服务侵害的其他人。

### 三、消费者权益保护法的调整范围

《消费者权益保护法》第二条规定："消费者为生活消费需要购买、使用商品或者接受服务，其权益受本法保护；本法未作规定的，受其他有关法律、法规保护。"由此可以看出我国消费者权益保护法的调整范围是如下三个方面。

(一)主体

消费者权益保护法的保护主体即消费者。虽然我国现行立法并未明确指出消费者就是个人，但是我们可以结合立法理解为，消费者主要指个人。有观点认为，购买生活消费品，以满足本单位个人成员消费需求的组织也可以认为是消费者。不过在司法实践中普遍认为，单位和社会组织虽然可以购买商品或服务，但单位本身不能从事生活消费。其在购买商品或接受服务以后，还是需要将这些商品或服务转化为个人的消费，所以不能作为最终的消费者。因此，消费者只是对自然人个人而言，不包括社会组织和单位。

（二）客体

消费者权益保护法调整的客体是生活消费而非生产消费。消费者的生活消费包括两类：一是物质资料的消费，如衣、食、住、行、用等方面的消费。二是精神消费，如旅游、文化教育等方面的消费。具体而言，消费客体主要包括商品和服务。商品指的是与生活消费有关的并通过流通过程推出的那部分商品，不管其是否经过加工制作，也不管其是否为动产或不动产。服务则是指经营者为消费者做事，并从中受益的一种有偿活动。

（三）消费者权益保护法与其他法律的关系

《消费者权益保护法》明确了该法与其他法律适用关系问题，即"本法未作规定的，受其他有关法律、法规保护"。在司法实践中，《消费者权益保护法》与民法、合同法、产品质量法和食品安全法关系密切，按照《消费者权益保护法》的规定，当消费者权益被侵犯时，应当优先适用《消费者权益保护法》的规定，该法没有规定时，才适用其他相关的法律规定。一般认为，消费者权益保护法调整的是生活消费关系，保护的是生活消费者的合法权益；而产品质量法调整的是生产消费，保护的是生产消费者的合法权益。

## 第二节　消费者的权利和经营者的义务

### 一、消费者权利

我国《消费者权益保护法》第二章第七条至第十五条规定了消费者的权利即消费者的安全权、知情权、自主选择权、公平交易权、依法获得赔偿权、结社权、获得知识权、人格尊严、民族风俗习惯受尊重权和监督批评权等九项权利。

（一）安全权

《消费者权益保护法》第七条对消费者的安全权加以规定，具体指消费者在购买、使用商品和接受服务时享有人身、财产安全不受损害的权利。消费者的安全权包括：第一，人身安全权。具体而言，人身安全权中又包括生命安全保障和生命健康不受损害。第二，财产安全权。这就要求经营者在销售商品或提供服务时，必须严格执行国家相关法律法规及相关标准，以确保消费者的生命健康和财产安全。同时，经营者如生产、销售或者提供不符合国家、行业标准的商品或服务，则是违法行为，国家必将追究其责任。

> **案例 10-1　消费者的安全权**
>
> 案情：哈尔滨某服装公司在某宝网购一批"品牌"羽绒服，并以每件 222 元的价格进行销售。按照国家相关规定，羽绒服内含绒量应达到 45% 以上。经消费者举报，哈尔滨技术监督部门检查发现，该"品牌"羽绒服标识为含绒量 60%，但实际上羽绒服内只有一些明显发霉的碎毛片，甚至还有一些纸屑，同时散发出难闻的化学气味。
>
> 请问：该案中哈尔滨某服装公司出售羽绒服的行为侵犯了消费者的何种权益？
>
> 点评：在本案中，哈尔滨某服装公司侵犯了消费者的安全权。

【重要提示】：消费者有权要求经营者提供的商品和服务，符合保障人身、财产安全的要求。

### (二) 知情权

《消费者权益保护法》第八条对消费者的知情权加以规定，具体指消费者享有知悉其购买、使用的商品或者接受服务的真实情况的权利。

消费者的知情权包括以下两层含义，一是消费者在购买、使用商品或接受服务时，有权询问、了解商品或者服务的有关情况；二是经营者依消费者要求所提供的信息必须是真实的。

消费者根据商品或者服务的不同情况，有权要求经营者提供商品的价格、产地、生产者、用途、性能、规格、等级、主要成分、生产日期、有效期限、检验合格证明、使用方法说明书、售后服务等，或者服务的内容、规格、费用等有关情况。

### (三) 自主选择权

《消费者权益保护法》第九条规定："消费者享有自主选择商品或者服务的权利。"因此，消费者的自主选择权是指消费者依法享有的自主选择商品或者服务的权利。

消费者的自主选择权包括如下几方面内容：第一，消费者有权选择提供商品或者服务的经营者；第二，消费者有权自主选择商品品种或者服务方式；第三，消费者有权自主决定购买或者不购买任何一种商品，接受或者不接受任何一项服务；第四，消费者在选择商品或者服务时，有权进行比较、鉴别和挑选。

### (四) 公平交易权

《消费者权益保护法》第十条规定："消费者享有公平交易的权利。"具体而言，消费者的公平交易权是指消费者在购买商品或者接受服务时依法享有的获得质量保障和价格合理、计量准确等公平交易条件的权利。

"公平交易"是市场经济最基本的原则和要求。《民法总则》第四条规定："民事主体从事民事活动，应当遵循公平原则"。同时，《消费者权益保护法》第四条规定："经营者与消费者进行交易，应当遵循自愿、平等、公平、诚实信用的原则。"应当说，经营者提供商品和服务，消费者购买商品或者接受服务，是一种市场交易行为，亦即法律上所称的民事法律行为。因此，在整个市场活动中，消费者和经营者都享有公平交易的权利。

## （五）依法获得赔偿权

《消费者权益保护法》第十一条规定了消费者依法获得赔偿权，赔偿的范围包括人身损害赔偿和财产损失赔偿，其中的人身损害赔偿又包括生命、健康损害赔偿和精神损害赔偿。

消费者依法获得赔偿权的法律依据是《民法总则》，其中规定了对公民的人身权利、财产权利的保护，并以民事责任的方式规定了侵权人或者债务人所应承担的法律责任。以损害赔偿的一般性质而言，它具有补偿性，这主要是基于民事法律关系中的平等、等价有偿原则，即在当事人所遭受的实际财产损失或者由于人身伤害而造成的财产损失得到充分完全的补偿后，侵权人或者债权人的民事责任即告承担完毕。但是，在消费者保护领域，法律又特别规定了惩罚性损害赔偿金的适用。

## （六）结社权

《消费者权益保护法》第十二条规定："消费者享有依法成立维护自身合法权益的社会组织的权利。"具体而言，消费者的结社权是指消费者在购买、使用商品或接受商品服务时享有依法成立维护自身合法权益的社会团体的权利。

消费者结社权的法律依据是我国《宪法》第三十五条的规定，即"中华人民共和国公民有言论、出版、集会、结社、游行、示威的自由"。换句话说，消费者的结社权是其宪法权利在生活消费领域的具体体现。

消费者的结社权主要体现在：第一，消费者结成的组织是保障个体消费者合法权益的重要组织形态，它在维护消费者权益方面起着重要作用；第二，消费者结成的组织可以通过调解、仲裁等形式来解决消费者与经营者之间的纠纷；第三，消费者结成的组织也可以在消费者与政府之间起沟通的桥梁作用。

## （七）获取知识权

《消费者权益保护法》第十三条规定了消费者在购买、使用商品或接受服务时有获得相关知识的权利。这里所说的知识包括两方面：一是消费者权益保护方面的知识，主要是关于消费者权益保护的法律规范、政策以及具体维护自身权益的诉讼知识等；二是消费者在购买、使用商品或接受服务中关于具体商品或者服务的知识，对此，国家和经营者都有义务为消费者提供基本的培训、咨询和指导。

## （八）人格尊严、民族风俗习惯受尊重权

《消费者权益保护法》第十四条规定："消费者在购买，使用商品和接受服务时享有其人格尊严、民族风俗习惯得到尊重的权利，享有个人信息依法得到保护的权利。"经营者不得对消费者进行侮辱、诽谤，不得搜查消费者的身体及携带的物品，不得侵犯消费者的人身自由。

我国《宪法》第三十八条规定："中华人民共和国公民的人格尊严不受侵犯。"人格尊严作为基本人权，在任何法律关系中无论双方地位是否平等，都应该得到实现，对消费领域也不例外。

## （九）监督批评权

《消费者权益保护法》第十五条规定："消费者享有对商品和服务以及保护消费者

权益工作进行监督的权利。"进一步而言，消费者有权检举、控告侵害消费者权益的行为和国家机关及其工作人员在保护消费者权益工作中的违法失职行为，有权对保护消费者权益工作提出批评、建议。消费者的监督权表现在两个方面，一是对消费者权益保护工作进行监督的权利；二是对商品和服务进行监督的权利。

## 二、经营者的义务

### （一）经营者的概念

所谓的经营者就是向消费者提供其生产、销售的商品或者服务的单位和个人，是以营利为目的的从事生产经营活动并与消费者对立存在的另一方当事人。

在买卖或接受服务的法律关系中，经营者与消费者是相对应的消费法律关系主体，因而消费者的权利与经营者的义务是相对的一个问题的两个方面，即消费者的权利即是经营者的义务，消费者的权利是通过经营者履行义务来实现的。

消费者权益保护法中的经营者具备以下特征：①经营者的外延包含生产者、销售者和服务的提供者；②营利是经营者最主要的构成要件，也是所有经营者追求的目标和其从事经营活动的直接动因；③经营者不是泛指所有从事生产经营活动的人，而仅指那些向消费者提供与生活消费有关的商品和服务的自然人、法人及非法人组织。

### （二）经营者义务的内容

**1. 经营者依法定或依约定履行义务**

《消费者权益保护法》第十六条规定，经营者向消费者提供商品或者服务，应当依照本法和其他有关法律、法规的规定履行义务。经营者和消费者有约定的，应当按照约定履行义务，但双方的约定不得违背法律、法规的规定。

**2. 经营者听取意见和接受监督的义务**

《消费者权益保护法》第十七条规定，经营者应当听取消费者对其提供的商品或者服务的意见，接受消费者的监督。

**3. 保障人身和财产安全的义务**

《消费者权益保护法》第十九条规定，经营者应当保证其提供的商品或者服务符合保障人身、财产安全的商品或服务。应当向消费者作出真实的说明和明确的警示，并说明和标明消费者正确使用商品或接受服务的方法以及防止危害发生的方法。

经营者发现其提供的商品或者服务存在缺陷，有危及人身、财产安全危险的，应当立即向有关行政部门报告和告知消费者，并采取停止销售、警示、召回、无害化处理、销毁、停止生产或者服务等措施。采取召回措施的，经营者应当承担消费者因商品被召回支出的必要费用。

> **案例 10-2　"肯德基"店内合理警示　顾客丢包难获赔偿**
>
> 案情：在"肯德基"（KFC）消费时手提包不翼而飞，失主报警后将"肯德基"作为被告告上了法庭。近日，A人民法院审结了这起财产损害赔偿纠纷案，一审以被告已尽合理安全保障义务为由，判决驳回原告的诉讼请求。

> 2020年1月2日，原告甲女士与同事在被告"肯德基"店进行消费时，发现其放在桌子上的女式手提包不见了，包内有手机一部、化妆品一盒、现金1000余元，二人立即拨打110报了警。2020年1月22日原告甲女士找到该店负责人乙某要求解决问题未果，于是甲女士以被告店内疏于管理致使顾客提包被盗为由起诉至A人民法院，要求被告赔偿财产损失共计人民币4800元。
>
> 请问：本案法院审理的依据是什么？
>
> 点评：法院认为，原告与被告之间是单纯的饮食服务合同关系，并无保管财物的另行约定。被告店内多处张贴安全警示标语且循环广播关于保管好随身物品的提示，已经尽到合理范围内的安全保障义务。本案原告主张被告管理不善未尽安全注意义务，要求赔偿损失的证据不足，遂驳回其诉讼请求。

#### 4. 经营者不作虚假宣传的义务

《消费者权益保护法》第二十条规定，经营者向消费者提供有关商品或者服务的质量、性能、用途、有效期限等信息，应当真实、全面，不得作虚假或者引人误解的宣传。经营者对消费者就其提供的商品或者服务的质量和使用方法等问题提出的询问，应当作出真实、明确的答复。经营者提供商品或者服务应当明码标价。

采用网络、电视、电话、邮购等方式提供商品或者服务的经营者，以及提供证券、保险、银行等金融服务的经营者，应当向消费者提供经营地址、联系方式、商品或者服务的数量和质量、价款或者费用、履行期限和方式、安全注意事项和风险警示、售后服务、民事责任等信息。

#### 5. 标明经营者真实名称和标记的义务

经营者的名称和标记是区别于其他商品和服务的来源的标志，在发生纠纷时，有助于准确地确定求偿主体。《消费者权益保护法》第二十一条规定，经营者应当标明其真实名称和标记；租赁他人柜台或者场地的经营者，应当标明其真实名称和标记。

#### 6. 向消费者出具购货凭证或者服务单据的义务

《消费者权益保护法》第二十二条规定，经营者提供商品或者服务，应当按照国家有关规定或者商业惯例向消费者出具购货凭证或者服务单据；消费者索要发票等购货凭证或者服务单据的，经营者必须出具。此项义务的规定意在保证消费者接受服务和购买商品时取得合法证据，当发生法律纠纷时，免于消费者处于被动状态。

#### 7. 保证商品品质和服务质量的义务

《消费者权益保护法》第二十三条规定了经营者保证商品质量和服务质量的义务。经营者应当保证在正常使用商品或者接受服务的情况下其提供的商品或者服务应当具有的质量、性能、用途和有效期限；但消费者在购买该商品或者接受该服务前已经知道其存在瑕疵，且存在该瑕疵不违反法律强制性规定的除外。经营者以广告、产品说明、实物样品或者其他方式表明商品或者服务的质量状况的，应当保证其提供的商品或者服务的实际质量与表明的质量状况相符。经营者提供的机动车、计算机、电视机、电冰箱、空调器、洗衣机等耐用商品或者装饰装修等服务，消费者自接受商品或者服务之日起6个月内发现瑕疵，发生纠纷的，由经营者承担有关瑕疵的举证责任。

### 8. 承担退货、更换、修理和其他责任的义务

《消费者权益保护法》第二十四条规定，经营者提供的商品或者服务不符合质量要求的，消费者可以依照国家规定、当事人约定退货，或者要求经营者履行更换、修理等义务。没有国家规定和当事人约定的，消费者可以自收到商品之日起7日内退货；7日后符合法定解除合同条件的，消费者可以及时退货，不符合法定解除合同条件的，可以要求经营者履行更换、修理等义务。发生上述情形退货、更换、修理的，经营者应当承担运输等必要费用。

经营者采用网络、电视、电话、邮购等方式销售商品，消费者有权自收到商品之日起7日内退货，且无需说明理由，但下列商品除外：消费者定作的；鲜活易腐的；在线下载或者消费者拆封的音像制品、计算机软件等数字化商品；交付的报纸、期刊。消费者退货的商品应当完好。经营者应当自收到退回商品之日起7日内返还消费者支付的商品价款。退回商品的运费由消费者承担；经营者和消费者另有约定的，按照约定。

### 9. 不得排除或者限制消费者权利的义务

《消费者权益保护法》第二十六条规定，经营者在经营活动中使用格式条款的，应当以显著方式提请消费者注意商品或者服务的数量和质量、价款或者费用、履行期限和方式、安全注意事项和风险警示、售后服务、民事责任等与消费者有重大利害关系的内容，并按照消费者的要求予以说明。经营者不得以格式条款、通知、声明、店堂告示等方式，作出排除或者限制消费者权利、减轻或者免除经营者责任、加重消费者责任等对消费者不公平、不合理的规定，不得利用格式条款并借助技术手段强制交易。格式条款、通知、声明、店堂告示等含有前款所列内容的，其内容无效。

### 10. 不得侵犯消费者人格权的义务

我国《消费者权益保护法》第二十七条规定，经营者不得对消费者进行侮辱、诽谤，不得搜查消费者的身体及其携带的物品，不得侵犯消费者的人身自由。

### 11. 经营者收集、使用消费者个人信息方面的义务

我国《消费者权益保护法》第二十九条规定，经营者收集、使用消费者个人信息，应当遵循合法、正当、必要的原则，明示收集、使用信息的目的、方式和范围，并经消费者同意。经营者收集、使用消费者个人信息，应当公开其收集、使用规则，不得违反法律、法规的规定和双方的约定收集、使用信息。

经营者及其工作人员对收集的消费者个人信息必须严格保密，不得泄露、出售或者非法向他人提供。经营者应当采取技术措施和其他必要措施，确保信息安全，防止消费者个人信息泄露、丢失。在发生或者可能发生信息泄露、丢失的情况时，应当立即采取补救措施。

经营者未经消费者同意或者请求，或者消费者明确表示拒绝的，不得向其发送商业性信息。

## 第三节 消费者权益的社会保护

### 一、消费者权益的社会保护的法律依据

在我国社会主义条件下,广大人民群众既是国家的主人,又是消费者。保护消费者权益,不仅是国家的责任,也是全社会的责任。消费者问题涉及面广,情况复杂,是市场经济条件下不可忽视的社会问题,因此也只有动员全社会的力量保护消费者的权益,才能真正保护消费者的利益,全面改善人民群众生活质量,提高生活水平。因此,《消费者权益保护法》第六条:"保护消费者的合法权益是全社会的共同责任。"

### 二、消费者权益的社会保护的主要内容

消费者权益的社会保护,包含以下两个方面内容:

（一）社会监督

国家鼓励、支持一切组织和个人对损害消费者合法权益的行为进行社会监督。消费者组织是依法成立的对商品和服务进行社会监督的保护消费者合法权益的社会团体。包括消费者协会和其他消费者组织。我国各级消费者协会在消费者权益社会保护方面具有不可或缺的重要地位。消费者组织不得从事经营活动和服务。如果允许消费者组织获利,在利益驱动下,消费者组织将有可能成为经营者的同谋,这样就会背离消费者组织的宗旨,改变消费者组织的性质,丧失其应有的公正性。

（二）舆论监督

大众传播媒介应当做好维护消费者权益的宣传,对损害消费者合法权益的行为进行舆论监督。舆论监督具有揭露、警示和教育作用。媒体对经营者侵犯消费者权益,进行不正当竞争行为的揭露,是对违法者的打击,对其他经营者起到警示教育作用。同时,也能使广大消费者提高自我保护能力。近年来,网络、电视、广播、报刊等新闻媒体大力宣传消费知识和消费者保护知识,披露假冒伪劣、短斤少两、虚假广告、欺行霸市等侵害消费者权益的不法行为,报道损害消费者权益的典型案例,尤其是每年的"3·15"活动,由于新闻媒体的广泛参与,使消费者权益保护工作深入人心。在社会各界的共同参与下,我国的消费者权益保护工作已经形成一定的良好的社会氛围。

### 三、消费者协会及其职能

（一）消费者协会的概念及任务

消费者协会是由政府有关部门发起,经国务院或地方各级人民政府批准,依法成立的社会团体,依据法律赋予的职能,专门从事消费者权益保护工作的公益性组织。

消费者协会的任务有两项,一是对商品和服务进行社会监督,二是保护消费者权益。

(二)消费者协会的职能

消费者协会履行下列公益性职责:

(1)向消费者提供消费信息和咨询服务,提高消费者维护自身合法权益的能力,引导文明、健康、节约资源和保护环境的消费方式。

(2)参与制定有关消费者权益的法律、法规、规章和强制性标准。

(3)参与有关行政部门对商品和服务的监督、检查。

(4)就有关消费者合法权益的问题,向有关部门反映、查询,提出建议。

(5)受理消费者的投诉,并对投诉事项进行调查、调解。

(6)投诉事项涉及商品和服务质量问题的,可以委托具备资格的鉴定人鉴定,鉴定人应当告知鉴定意见。

(7)就损害消费者合法权益的行为,支持受损害的消费者提起诉讼或者依照本法提起诉讼。

(8)对损害消费者合法权益的行为,通过大众传播媒介予以揭露、批评,各级人民政府对消费者协会履行职责应当予以必要的经费等支持。

消费者协会应当认真履行保护消费者合法权益的职责,听取消费者的意见和建议,接受社会监督。依法成立的其他消费者组织依照法律、法规及其章程的规定,开展保护消费者合法权益的活动。

### 案例 10-3  新买金手链断裂  消协调解换新货

案情:家住日照东港区的吉先生,2019年2月14日在日照市某金店花4000多元买了一条金手链送女友,但戴了不到2个星期就断裂、起刺了。吉先生找金店要求退货或者换货时,金店的意见却是:同型号、同规格的手链没有了,要换就要交每克30元的维修费。吉先生无法接受金店的处理意见,遂投诉至东港区消费者协会(以下简称消协)。

消协工作人员接到吉先生的投诉后,立即展开调查。经查实,吉先生投诉的情况属实,消协根据《消费者权益保护法》第十六条的规定,对双方的消费纠纷进行调解,建议双方本着互谅互让、换位思考的原则解决问题,经过调解,金店同意给吉先生换一款新的金手链,并给找了差价,吉先生对调解结果表示满意。

请问:在本案中,消费者协会行使的何种职能?

点评:本案是因手链断裂而引发的消费纠纷,焦点在于该商品是否为质量问题,按照有关法律、法规规定可请法定部门鉴定,双方都不愿意去鉴定,通过消费者协会的调解,获取了令双方满意的结果,消费者协会行使的是受理消费者的投诉,并对投诉事项进行调查、调解的职能。

## 第四节 消费争议解决与法律责任

### 一、消费争议解决途径

《消费者权益保护法》中所说的消费争议是指消费者与经营者之间因商品的质量或者提供的服务内容等造成消费者人身及财产损失而引发的争执、争端。按照我国《消费权益保护法》规定,在发生消费纠纷时,消费者可选择与经营者协商和解、请求消费者协会或者依法成立的其他调解组织调解、向有关行政部门投诉、根据与经营者达成的仲裁协议提请仲裁机构仲裁、向人民法院提起诉讼等方式保护自己的合法权益。

#### (一)与经营者协商和解

协商和解是指在消费争议发生后,消费者与经营者在平等、自愿的基础上就有关争议进行协商、交换意见而最终达成解决争议的方式。

消费者与经营者协商和解的解决方式主要适用于争议标的不大、案情较简单的纠纷。该方式具有简便、高效、经济的特点,在实际生活中最为普遍。

#### (二)请求消费者协会调解

调解是指在第三方的主持下,由消费者和经营者就有关问题自愿协商,达成协议解决消费纠纷的一种方式。

通常,消费纠纷的调解通常是在消费者协会主持进行的。消费者协会调解是指消费者和经营者将争议提交消费者协会,消费者协会居中调和,双方相互协商,从而达成解决争议的方式。如果达成调解协议,即由双方当事人自动履行协议,消费者协会不得强迫履行。消费者协会还可以在调解过程中提供双方当事人解决纠纷的参考方案,但是不能代协议双方当事人作决定。

#### (三)向有关行政部门投诉

向有关行政部门投诉又称为行政申诉,行政申诉是指公民或者法人认为自己的合法权益受到损害而向行政机关提出的、请求行政机关予以保护的请求。

各级人民政府市场监督管理部门和其他有关行政部门应当依照法律、法规的规定,在各自的职责范围内,采取措施,保护消费者的合法权益。消费者向有关行政部门投诉的,该部门应当自收到投诉之日起7个工作日内,予以处理并告知消费者。

对行政机关依法作出的行政决定和行政处罚,当事人未在法定期限内提起行政诉讼的,应当执行,如当事人拒不执行,行政机关可以依法执行或者向人民法院申请执行。

#### (四)根据与经营者达成的仲裁协议提请仲裁机构仲裁

平等主体的公民、法人和其他组织之间发生的合同纠纷和其他财产权益纠纷,可以仲裁。消费者纠纷的仲裁主要有消费者、经营者、仲裁机构三方当事人参加。消费争议当事人采用仲裁方式解决纠纷,应当双方自愿达成仲裁协议。没有仲裁协议,一方申请仲裁的,仲裁机构(仲裁委员会)不予受理。仲裁是一种准司法活动,但不实行级别管辖和地域管辖,所以具有公正性、经济性等优点。不过,仲裁实行一裁终局的制度。裁决作出后,当事人就同一纠纷再申请仲裁或者向人民法院起诉的,仲裁委员会或者人民法院不予受理。

(五)向人民法院提起诉讼

为了解决消费纠纷,我国民事诉讼法规定消费者可以向人民法院提起诉讼,请求人民法院依法行使审判权解决争议。诉讼也是所有解决争议方式中最有力的方式。法院代表国家行使审判权,其判决具有强制力。但是,司法是社会正义的最后一道防线,通过诉讼解决消费纠纷需要花费大量的人力和财力,经济成本和时间成本都比较高,通过诉讼方式是保护消费者权益的最终途径,而不是首选途径。

## 二、消费者获得赔偿的具体途径

(1)消费者在购买、使用商品时,其合法权益受到损害的,可以向销售者要求赔偿。销售者赔偿后,属于生产者的责任或者属于向销售者提供商品的其他销售者的责任的,销售者有权向生产者或者其他销售者追偿。消费者或者其他受害人因商品缺陷造成人身、财产损害的,可以向销售者要求赔偿,也可以向生产者要求赔偿。属于生产者责任的,销售者赔偿后,有权向生产者追偿。属于销售者责任的,生产者赔偿后,有权向销售者追偿。消费者在接受服务时,其合法权益受到损害的,可以向服务者要求赔偿。

(2)消费者在购买、使用商品或者接受服务时,其合法权益受到损害,因原企业分立、合并的,可以向变更后承受其权利义务的企业要求赔偿。

(3)使用他人营业执照的违法经营者提供商品或者服务,损害消费者合法权益的,消费者可以向其要求赔偿,也可以向营业执照的持有人要求赔偿。

(4)消费者在展销会、租赁柜台购买商品或者接受服务,其合法权益受到损害的,可以向销售者或者服务者要求赔偿。展销会结束或者柜台租赁期满后,也可以向展销会的举办者、柜台的出租者要求赔偿。展销会的举办者、柜台的出租者赔偿后,有权向销售者或者服务者追偿。

(5)消费者通过网络交易平台购买商品或者接受服务,其合法权益受到损害的,可以向销售者或者服务者要求赔偿。网络交易平台提供者不能提供销售者或者服务者的真实名称、地址和有效联系方式的,消费者也可以向网络交易平台提供者要求赔偿;网络交易平台提供者作出更有利于消费者的承诺的,应当履行承诺。网络交易平台提供者赔偿后,有权向销售者或者服务者追偿。网络交易平台提供者明知或者应知销售者或者服务者利用其平台侵害消费者合法权益,未采取必要措施的,依法与该销售者或者服务者承担连带责任。

(6)消费者因经营者利用虚假广告或者其他虚假宣传方式提供商品或者服务,其合法权益受到损害的,可以向经营者要求赔偿。广告经营者、发布者发布虚假广告的,消费者可以请求行政主管部门予以惩处。广告经营者、发布者不能提供经营者的真实名称、地址和有效联系方式的,应当承担赔偿责任。广告经营者、发布者设计、制作、发布关系消费者生命健康商品或者服务的虚假广告,造成消费者损害的,应当与提供该商品或者服务的经营者承担连带责任。社会团体或者其他组织、个人在关系消费者生命健康商品或者服务的虚假广告或者其他虚假宣传中向消费者推荐商品或者服务，造成消费者损害的，应当与提供该商品或者服务的经营者承担连带责任。

### 三、法律责任

依照我国《消费者权益保护法》的规定，经营者因其行为性质、程度的不同，可能承担民事责任、行政责任，甚至刑事责任。具体情况如下：

(一) 民事责任

我国《民法总则》规定：民事主体依照法律规定和当事人约定，履行民事义务，承担民事责任。民事责任通常可以分为两大类，即违约责任和侵权责任。而侵权责任又可以分为一般侵权责任和特殊侵权责任，在消费纠纷中，经营者承担的民事责任主要有以下几种：

1. 经营者违反《产品质量法》和其他法律法规规定应承担的民事责任

我国现行《消费者权益保护法》第四十八条规定：①商品或者服务存在缺陷的；②不具备商品应当具备的使用性能而出售时未作说明的；③不符合在商品或者其包装上注明采用的商品标准的；④不符合商品说明、实物样品等方式表明的质量状况的；⑤生产国家明令淘汰的商品或者销售失效、变质的商品的；⑥销售的商品数量不足的；⑦服务的内容和费用违反约定的；⑧对消费者提出的修理、重作、更换、退货、补足商品数量、退还货款和服务费用或者赔偿损失的要求，故意拖延或者无理拒绝的；⑨法律、法规规定的其他损害消费者权益的情形。经营者对消费者未尽到安全保障义务，造成消费者损害的，应当承担侵权责任。

其中，经营者提供商品或者服务有欺诈行为的，应当按照消费者的要求增加赔偿其受到的损失，增加赔偿的金额为消费者购买商品的价款或者接受服务的费用的 3 倍；增加赔偿的金额不足 500 元的，为 500 元。法律另有规定的，依照其规定。经营者明知商品或者服务存在缺陷，仍然向消费者提供，造成消费者或者其他受害人死亡或者健康严重损害的，受害人有权要求经营者依照消费者权益保护法等法律规定赔偿损失，并有权要求所受损失 2 倍以下的惩罚性赔偿。

2. 致人伤害的民事责任

《消费者权益保护法》第四十九条规定，经营者提供商品或者服务，造成消费者或者其他受害人人身伤害的，应当赔偿医疗费、护理费、交通费等为治疗和康复支出的合理费用，以及因误工减少的收入。造成残疾的，还应当赔偿残疾生活辅助具费和残疾赔偿金。造成死亡的，还应当赔偿丧葬费和死亡赔偿金。

3. 侵犯人身权的民事责任

《消费者权益保护法》第五十条规定，经营者侵害消费者的人格尊严、侵犯消费者人身自由或者侵害消费者个人信息依法得到保护的权利的，应当停止侵害、恢复名誉、消除影响、赔礼道歉，并赔偿损失。经营者有侮辱诽谤、搜查身体、侵犯人身自由等侵害消费者或者其他受害人人身权益的行为，造成严重精神损害的，受害人可以要求精神损害赔偿。

4. 造成财产损害的民事责任

《消费者权益保护法》第五十二条规定，经营者提供商品或者服务，造成消费者财产损害的，应当依照法律规定或者当事人约定承担修理、重作、更换、退货、补足商品数量、退还货款和服务费用或者赔偿损失等民事责任。

(二) 行政责任

经营者有下列情形之一，除承担相应的民事责任外，其他有关法律、法规对处罚机关和处罚方式有规定的，依照法律、法规的规定执行；法律、法规未作规定的，由工商行政管理部门或者其他有关行政部门责令改正，可以根据情节单处或者并处警告、没收违法所得、处以违法所得 1 倍以上 10 倍以下的罚款，没有违法所得的，处以 50 万元以下的罚款；情节严重的，责令停业整顿、吊销营业执照。

①提供的商品或者服务不符合保障人身、财产安全要求的；②在商品中掺杂、掺假，以假充真，以次充好，或者以不合格商品冒充合格商品的；③生产国家明令淘汰的商品或者销售失效、变质的商品的；④伪造商品的产地，伪造或者冒用他人的厂名、厂址，篡改生产日期，伪造或者冒用认证标志等质量标志的；⑤销售的商品应当检验、检疫而未检验、检疫或者伪造检验、检疫结果的；⑥对商品或者服务作虚假或者引人误解的宣传的；⑦拒绝或者拖延有关行政部门责令对缺陷商品或者服务采取停止销售、警示、召回、无害化处理、销毁、停止生产或者服务等措施的；⑧对消费者提出的修理、重作、更换、退货、补足商品数量、退还货款和服务费用或者赔偿损失的要求，故意拖延或者无理拒绝的；⑨侵害消费者人格尊严、侵犯消费者人身自由或者侵害消费者个人信息依法得到保护的权利的；⑩法律、法规规定的对损害消费者权益应当予以处罚的其他情形。

经营者有上述违法行为的，除依照法律、法规规定予以处罚外，处罚机关应当记入信用档案，向社会公布。经营者违反法律规定，应当承担民事赔偿责任和缴纳罚款、罚金，其财产不足以同时支付的，先承担民事赔偿责任。

对于行政机关的行政处罚，经营者不服的，可以申请复议，或向人民法院提起行政诉讼。

(三) 刑事责任

1. 经营者的刑事责任

经营者违反《消费者权益保护法》的规定提供商品或者服务，侵害消费者合法权益，构成犯罪的，依法追究刑事责任。

经营者以暴力、威胁等方法阻碍有关行政部门工作人员依法执行职务的，依法追究刑事责任；拒绝、阻碍有关行政部门工作人员依法执行职务，未使用暴力、威胁方法的，由公安机关依照《中华人民共和国治安管理处罚法》的规定处罚。

2. 国家机关工作人员的刑事责任

国家机关工作人员玩忽职守或者包庇经营者侵害消费者合法权益的行为的，由其所在单位或者上级机关给予行政处分；情节严重，构成犯罪的，依法追究刑事责任。

## 【本章小结】

本章探讨了消费者的概念、消费者权益保护法的概念、调整范围、消费者的权利、经营者的义务、消费者权益的社会保护、消费争议解决与法律责任等基本问题。主要知识点包含：

（1）消费者是指为了满足个人生活消费的需要而购买、使用商品或接受服务的居民，消费者应当是人们为生活目的而进行的消费，消费者是购买、使用商品或接受服务的人，消费的客体既包括商品，也包括服务。消费者主要是指个人消费；消费者为生活消费需要购买、使用商品或者接受服务，其权益受消费者权益保护法保护；消费者权益保护法未作规定的，受其他有关法律、法规保护。

（2）消费者的权利即包括消费者的安全权，知情权，自主选择权，公平交易权，依法获得赔偿权，结社权，获得知识权，人格尊严、民族风俗习惯受尊重权和监督批评权等九项权利；经营者有依法定或依约定履行义务，听取意见和接受监督的义务，保障人身和财产安全的义务，不作虚假宣传的义务，标明经营者真实名称和标记的义务，向消费者出具购货凭证或者服务单据的义务，保证商品品质和服务质量的义务，承担退换修和其他责任的义务，不得排除或者限制消费者权利的义务，不得侵犯消费者人格权的义务。

（3）消费者协会是依法成立的社会团体，是专门从事消费者权益保护工作的公益性组织，消费者协会的任务有两项：一是对商品和服务进行社会监督、二是保护消费者权益，此外消费者协会还有相应的具体职能；按照我国《消费权益保护法》规定，在发生消费纠纷时，消费者可选择与经营者协商和解、请求消费者协会或者依法成立的其他调解组织调解、向有关行政部门投诉、根据与经营者达成的仲裁协议提请仲裁机构仲裁、向人民法院提起诉讼等方式。

（4）依照我国《消费者权益保护法》的规定，经营者因其行为性质、程度的不同，可能承担民事责任、行政责任，甚至刑事责任。

## 【思考与练习题】

一、名词解释
1. 消费者　2. 经营者　3. 消费者权利　4. 经营者义务

二、简答题
1. 如何理解消费者的定义？"知假买假"是消费者吗？
2. 解决消费纠纷的途径有哪些？
3. 消费者协会有哪些职能？

三、论述题
1. 论述消费者的权利。
2. 试述经营者应承担义务的内容。

四、案例分析题
2018年12月4日，张女士在某百货商场购买一件售价为1280元纯羊毛大衣，该商品在显著位置标明"换季商品,概不退换"。购买该商品后,张女士只穿了3天,衣服就起满了毛球。于是,张女士到市质量监督检验部门鉴定后,证明该羊毛大衣所用原料为100%晴纶,张女士到购买衣服的商场要求退货并要求赔偿损失,商场经理的答复是:当时标明"换季商品,概不退换",再说商场内的柜台是出租给个体户的,而出售该商品的个体户由于经营不善早已撤出商场,租借柜台的费用尚未付清,人也找不到,要求张女士自认倒霉。

请问:

(1)该百货商场(经营者)的行为违反了我国消费权益保护法的哪些内容?

(2)该百货商场(经营者)对张女士应承担哪些责任?

### 【推荐阅读书目】

1.《消费者权益保护法》诠释. 河山. 法律出版社,2014.

2. 案例导读:消费者权益保护法及配套规定适用与解析. 法律出版社专业出版委员会. 法律出版社,2014.

3. 我国新消费形式下消费者权益保护法律问题研究. 吴景明等. 中国法制出版,2013.

4. 消费者权益保护及产品责任指导案例与审判依据. 振民. 法律出版社,2011

5. 消费者权益保护运动的制度分析. 戎素云. 中国社会科学出版社,2008.

# 第四篇

## 宏观调控法

# 第十一章 金融法

**学习引导**

　　金融对社会经济发展起着举足轻重的作用，只要存在着商品货币关系，就必然会有金融活动。金融法是调整在金融活动中形成的金融监督管理关系和金融业务关系的法律规范。通过本章学习，了解金融法的基础知识；掌握中国人民银行与商业银行的职能。在正确认识金融法的性质基础上，力求对金融法的体系、结构及具体内容有一个总体把握；牢固掌握课程所涉及的金融法规理论概念；学会理论联系实际，认识到理论与实践的关系。

## 第一节　金融法概述

### 一、金融与金融体系

（一）金融的概念

　　金融是货币与货币流通、货币融通，以及调控、监管活动的统称，也有人将其定义为货币流通和信用活动以及与之相关的经济活动的总称。

　　金融活动的主导是货币流通与融通的调节、控制和监督管理，它具体包括现钞和存款货币发行数量的调节、控制，整个社会货币供应量的调节、控制，货币融通价格的调节、控制，货币融通规模的调节、控制，货币融通结构的调节、控制，以及货币流通与融通过程中有关法律、法规的执行和金融机构可能出现金融风险的监督管理。

（二）金融体系

　　金融体系是一个经济体中资金流动的基本框架，它是资金流动的工具（金融资产）、市场参与者（中介机构）和交易方式（市场）等各金融要素构成的综合体。一个完整的金融体系包括如下基本构成要素：金融活动的组织者或称为金融服务的提供者——金融机构；金融活动的客体或载体——金融工具；金融活动关系总和或场所——金融市场。金融体系具体内容包括金融调控体系、金融企业体系（组织体系）、金融监管体系、金融市场体系、金融环境体系五个方面。

　　1. 金融调控体系

　　金融调控体系既是国家宏观调控体系的组成部分，包括货币政策与财政政策的配合、保持币值稳定和总量平衡、健全传导机制、做好统计监测工作，提高调控水平等；也是金融宏观调控机制，包括利率市场化、利率形成机制、汇率形成机制、资本项目可兑换、支付清算系统、金融市场（货币、资本、保险）的有机结合等。

2. 金融企业体系

金融企业体系既包括商业银行、证券公司、保险公司、信托投资公司等现代金融企业，也包括中央银行、国有商业银行、政策性银行、金融资产管理公司、中小金融机构的重组改革、发展各种所有制金融企业、农村信用社等。

3. 金融监管体系(金融监管体制)

金融监管体系包括健全金融风险监控、预警和处置机制，实行市场退出制度，增强监管信息透明度，接受社会监督，处理好监管与支持金融创新的关系，建立监管协调机制(银行、证券、保险及与央行、财政部门)等。

4. 金融市场体系(资本市场)

金融市场体系包括扩大直接融资，建立多层次资本市场体系，完善资本市场结构，丰富资本市场产品，推进风险投资和创业板市场建设，拓展债券市场、扩大公司债券发行规模，发展机构投资者，完善交易、登记和结算体系，稳步发展期货市场。

5. 金融环境体系

金融环境体系包括建立健全现代产权制度、完善公司法人治理结构、建设全国统一市场、建立健全社会信用体系、转变政府经济管理职能、深化投资体制改革。

## 二、金融法及其调整对象

金融法与金融活动有着密切的关系，没有金融活动就不会产生金融关系，也就不会产生金融法律关系。但是金融法律关系又不等同于金融关系，金融法律关系是受金融法调整和评价的法律关系。

(一)金融法的概念

金融法是由国家制定或认可的，用以确定金融机构的性质、地位和职责权限，并调整在金融活动中形成的金融监督管理关系和金融业务关系的法律规范的总称。在我国没有以"金融法"来命名的单独的某个法律。涉及金融类的具体法律，通常用它涉及的金融行业的名称来命名。具体包括《中华人民共和国中国人民银行法》(1995年3月18日第八届全国人民代表大会第三次会议通过，根据2003年12月27日第十届全国人民代表大会常务委员会第六次会议《关于修改〈中华人民共和国中国人民银行法〉的决定》修正。以下简称《银行业监督管理法》，自2004年2月1日起施行。以下简称《中国人民银行法》)、《中华人民共和国商业银行法》(1995年5月10日第八届全国人民代表大会常务委员会第十三次会议通过，根据2003年12月27日第十届全国人民代表大会常务委员会第六次会议《关于修改〈中华人民共和国商业银行法〉的决定》修正，自2004年2月1日起施行。以下简称《商业银行法》)、《中华人民共和国银行业监督管理法》(2003年12月27日第十届全国人民代表大会常务委员会第六次会议通过，根据2006年10月31日第十届全国人民代表大会常务委员会第二十四次会议《关于修改〈中华人民共和国银行业监督管理法〉的决定》修正。以下简称《银行业监督管理法》)、《中华人民共和国保险法》(1995年6月30日第八届全国人民代表大会常务委员会第十四次会议通过，根据2002年10月28日第九届全国人民代表大会常务委员会第三十次会议《关于修改〈中华人民共和国保险法〉的决定》修正，2009年2月28日第十一届全国人民代表大会常务委员会第七次会议修订)、《中华人民共和国证券法》(详见第十二章)、《中华人民共和国信托法》(2001年4月28日第九届全国人民代表大会常务委员会第二十一次会议通过)等等。

### (二) 金融法的调整对象

金融法的调整对象是金融关系。金融关系包括金融监管关系与金融交易关系。所谓"金融监管关系"，主要是指政府金融主管机关对金融机构、金融市场、金融产品及金融交易的监督管理的关系。所谓"金融交易关系"，主要是指在货币市场、证券市场、保险市场和外汇市场等各种金融市场，金融机构之间，金融机构与大众之间，大众之间进行的各种金融交易的关系。

 **扩展阅读11-1　金融法律关系**

法律关系是法律规范在指引人们的社会行为、调整社会关系的过程中所形成的人们之间的权利和义务关系，是社会内容和法的形式的统一。金融法律关系是由金融法所规定的不同金融主体之间的权利义务关系，它具体由金融法律关系主体、内容和客体构成。

本章内容只限于对银行法的介绍，证券法内容在第十二章将加以详细介绍。

## 第二节　中国人民银行法

### 一、中国人民银行的法律地位

中国人民银行是我国的中央银行，它可以独立地制定和执行货币政策，以稳定币值，促进经济增长，对金融业实施监督和管理，以达到稳定金融体系和金融市场的目的。中国人民银行是国务院直属的政府部门，具有相对独立的法律地位。中央银行的法律地位通常要通过中央银行与国家权力机关的关系、中央银行与政府及其部门的关系、中央银行与普通银行的关系三个方面加以体现。《中国人民银行法》于1995年3月18日经八届全国人民代表大会第三次全体会议通过并正式颁布实施，开我国金融立法之先河，是我国建国以来第一部金融基本法，堪称我国金融法制建设上的里程碑。这部金融大法结合我国建国以来金融立法的实践，借鉴并吸收世界各国特别是发达国家中央银行立法的成功经验，既适合我国国情，又与国际金融通则相衔接，是一部具有鲜明中国特色的社会主义中央银行法。《中国人民银行法》第一次以基本法的形式明确了中国人民银行的国家中央银行的性质及法律地位。

(1) 中国人民银行是中华人民共和国的中央银行。中国人民银行在国务院的领导下，制定和实施货币政策，防范和化解金融风险，维护金融稳定。

(2) 中国人民银行应当向全国人民代表大会常务委员会提出有关货币政策情况和金融监管情况的工作报告。

(3) 中国人民银行就年度货币供应量、利率、汇率和国务院规定的其他重要事项作出的决定,报国务院批准后执行。中国人民银行就其他有关货币政策事项作出决定后,即予执行,并报国务院备案。

(4)中国人民银行在国务院的领导下依法独立执行货币政策,履行职责,开展业务,不受地方政府、各级政府部门、社会团体和个人的干涉,具有相对的独立性。

(5)中国人民银行实行行长负责制。行长的人选,根据国务院总理的提名,由全国人民代表大会决定;全国人民代表大会闭会期间,由全国人民代表大会常务委员会决定,由中华人民共和国主席任免;副行长由国务院总理任免。

(6)中国人民银行实行独立的财务预算管理制度。但应当执行法律、行政法规和国家统一的财务会计制度,并接受国务院审计机关和财政部门依法分别进行的审计和监督。

### 二、中国人民银行的组织机构

中央银行组织机构的合理设置是中央银行法的重要内容。由于各国的历史传统、社会政治经济制度及经济发展水平的不同,各国中央银行法规定了不同的组织机构体系。中国人民银行根据其性质、地位和职能设置各自的组织机构,包括领导机构、货币政策委员会及分支机构的设置。

(一)中国人民银行的领导机构

按照《中国人民银行法》第十条、第十一条的规定,中国人民银行设行长1人,副行长若干人。行长人选由国务院总理提名,全国人大决定,在全国人大闭会期间,由全国人大常委会决定,国家主席任免。副行长由国务院总理任免。人民银行实行行长负责制,行长领导人民银行工作,副行长协助行长工作。

(二)中国人民银行货币政策委员会

根据《中国人民银行法》第十二条的规定,中国人民银行设立货币政策委员会作为货币政策的咨询议事机构。货币政策委员会是中国人民银行制定货币政策的咨询议事机构。货币政策委员会由国务院主管财经的综合职能部委组成。包括中国人民银行行长、国务院副秘书长、副行长2人、国家发展与改革委员会副主任1人、财政部副部长1人、国家统计局局长、国家外汇管理局局长、中国证监会主席、中国银监会主席、中国保监会主席、国有商业银行行长2人、中国银行业协会会长、金融专家1人。其中中国人民银行行长、国家外汇管理局局长、中国证监会主席、中国银监会主席、中国保监会主席为货币政策委员会的当然委员。其他委员人选,由中国人民银行提名或商请有关部门提名,报请国务院任命。委员中的国有商业银行行长以及金融专家任期为2年。

货币政策委员会设主席1人,由中国人民银行行长担任,副主席1人,由主席指定。货币政策委员会设立秘书长,作为货币政策委员会的常设办事机构。

(三)中国人民银行分支机构

中央银行的分支机构是中央银行执行货币政策和实行金融监管的主要组织基础,是中央银行组织体系的重要组成部分。1998年12月,为强化中央银行的独立性,中国人民银行撤销了省级分行，在全国九个城市设立了跨省、自治区、直辖市的分行，即天津、沈阳、上海、南京、济南、武汉、广州、成都、西安分行。同时，在北京和重庆设立中国人民银行总行营业管理部。

【重要提示】中国人民银行的分支机构是中国人民银行的派出机构，不具备法人资格，不享有独立的权力，根据中国人民银行的授权，维护本辖区的金融稳定，承办有关业务。

### 三、中国人民银行的职能

在现代市场经济国家，中央银行既是金融体系的核心，又是调节宏观经济的特殊政府机构，依据《中国人民银行法》，中国人民银行的职能包括调节职能、监管职能与服务职能。

调节职能是中国人民银行运用自己所拥有的宏观调控手段，对货币和信用进行调节和控制，实现预期的货币政策目标，具体包括调节货币供应量；调节存款准备金率和再贴现率；制定基准利率；公开市场操作；外汇操作；管理和经营黄金储备。

监管职能是中国人民银行作为一国金融管理的最高当局，为维护金融体系的安全、稳健运行、维护金融秩序，对银行及其他金融机构的业务进行稽核、检查，对金融市场依法实施监督管理，并对违法活动进行行政处罚等。

服务职能是指中国人民银行向政府和商业银行及其金融机构提供各种金融服务，主要是经理国库；作为政府参与国际金融活动的代表；政府的金融顾问和参谋；主持全国的清算事宜；为银行开立账户，作为银行的最后贷款人；负责金融的统计、调查、分析和预测。

 扩展阅读 11-2　资管产品的动态监管

为规范金融机构资产管理业务，统一同类资产管理产品监管标准，有效防控金融风险，更好地服务实体经济，经国务院同意，中国人民银行、中国银行保险监督管理委员会、中国证券监督管理委员会、国家外汇管理局日前联合印发了《关于规范金融机构资产管理业务的指导意见》（银发〔2018〕106号，以下简称《指导意见》）。作为跨市场、跨部门的综合性监管规则，《指导意见》按照资管产品的类型制定统一监管标准，对同类资管业务作出一致性规定，实行公平的市场准入和监管，以期最大程度地消除监管套利空间。要求建立资产管理产品统一报告制度，对资产管理产品的发行销售、投资、兑付等各环节进行全面动态监管，落实穿透式监管。加强功能监管，对资管产品统一分类，实行同一监管标准，金融机构对资管产品实行净值管理，打破刚兑。强调规范资金池、消除多层嵌套和通道。

### 四、中国人民银行的货币政策

(一)货币政策概念

中国人民银行的货币政策是指国家为实现其特定的经济目标而利用的各种调节货币供应量或管制信用规模的方针、政策和措施的总称。

货币供应量即货币存量。是指全社会在某一时点流通手段和支付手段的总和。我国从1994年开始，人民银行正式推出货币供应量统计监测指标并按季向社会公布。货币政策的目标是保持货币币值的稳定，并以此促进经济增长。

(二) 货币政策工具

货币政策工具是中央银行为达到货币政策目标而采取的手段。根据《中国人民银行法》第三条规定，中国货币政策最终目标为"保持货币币值的稳定，并以此促进经济的增长。"根据货币政策工具的调节职能和效果来划分，货币政策工具可分为以下三类：一般性货币政策工具、选择性货币政策工具和补充性货币政策工具。一般性货币政策工具多属于间接调控工具，选择性货币政策工具多属于直接调控工具。在过去较长时期内，中国货币政策以直接调控为主。

1. 一般性货币政策工具

或称常规工具。指中央银行所采用的、对整个金融系统的货币信用扩张与紧缩产生全面性或一般性影响的手段，是最主要的货币政策工具，包括：①存款准备金制度；②再贴现政策；③公开市场业务，被称为中央银行的"三大法宝"。主要是从总量上对货币供应量和信贷规模进行调节。

2. 选择性货币政策工具

或称选择工具，是指中央银行针对某些特殊的信贷或某些特殊的经济领域而采用的工具，以某些个别商业银行的资产运用与负债经营活动或整个商业银行资产运用负债经营活动为对象，侧重于对银行业务活动质的方面进行控制，是常规性货币政策工具的必要补充，常见的选择性货币政策工具主要包括：①消费者信用控制；②证券市场信用控制；③不动产信用控制；④优惠利率；⑤特种存款。

3. 补充性货币政策工具

或称补充工具，除以上一般性、选择性货币政策工具外，中央银行有时还运用一些补充性货币政策工具，对信用进行直接控制和间接控制。包括：①信用直接控制工具，指中央银行依法对商业银行创造信用的业务进行直接干预而采取的各种措施，主要有信用分配、直接干预、流动性比率、利率限制、特种贷款；②信用间接控制工具，指中央银行凭借其在金融体制中的特殊地位，通过与金融机构之间的磋商、宣传等，指导其信用活动，以控制信用，其方式主要有窗口指导、道义劝告。

**扩展阅读 11-3　信用衍生品**

发展信用衍生品有助于疏通货币政策的传导机制，有助于打通从金融到实体信用扩张的"最后一公里"。信用衍生品创造出来后，需要引入公共资源投资，就要允许公募基金来买，同时做好信用风险管理。

当前，民营企业融资难问题比较突出，部分原因是金融机构配置意愿下降，不愿意承担风险。2019年1月22日，发改委表示，将重点扩大优质民营企业债券发行规模，协调推进发展前景较好的民营企业违约债券处置，助力民营企业疏困。这些都涉及运用信用衍生品来有效管理信用风险。

信用衍生品就是给民营企业发债提供"保险"。民营企业发债难主要是因为金融机构不愿意购买。经历了民营企业违约潮以后,机构出于规避风险的考虑而谨慎买债。推出信用风险缓释工具后,一旦民企债券违约,机构也可以顺利拿回债券本息,对冲风险。同时,这个"保险"由投资者付费,没有加重民营企业负担。

### 五、中国人民银行的金融监督管理

(一)金融监督管理概念及原则

中国人民银行的金融监督管理是指人民银行依法监测金融市场的运行情况,对金融市场实施宏观调控,以促进其协调发展。它是法律赋予人民银行的重要职能和职责。

金融监督当局在进行监督管理时应遵循以下基本原则:

1. 依法监管原则

金融监管必须依法施行,才能保证它的有效性,监管的权威性、严肃性、强制性和一贯性。而金融法规的完善和依法监管是有效监管的前提。

2. 综合监管原则

金融监管应具有综合配套的系统化和最优化效能,应将行政、经济、法律等监管手段配套使用。

3. 效率原则

效率原则是指金融监管应当提高金融体系的整体效率,不得压制金融创新与金融竞争。同时,金融监管当局合理配置和利用监管资源以降低成本,减少社会支出,从而节约社会公共资源。

4. 独立性原则

银行业监督管理机构及其从事管理监督管理工作的人员依法履行监督管理职责,受法律保护,地方政府、各级政府部门、社会团体和个人不得干涉。

5. 协调性原则

监管主体之间职责分明、分工合理、相互配合。这样可以节约监管成本,提高监管的效率。

(二)金融监督管理内容

1. 中国人民银行的监测与调控

《中国人民银行法》第三十一条规定:"中国人民银行依法监测金融市场的运行情况,对金融市场实施宏观调控,促进其协调发展。"本法规定中国人民银行对金融市场进行监测和宏观调控就是从宏观金融的角度防范和化解金融风险。这与银行业监督管理法主要从监管银行业金融机构的经营管理的角度防范和化解金融风险相辅相成,共同指向维护整个金融体系的安全有效运行。

2. 中国人民银行检查监督内容

《中国人民银行法》第三十二条规定:"中国人民银行有权对金融机构以及其他单位和个人的下列行为进行检查监督:(一)执行有关存款准备金管理规定的行为;

(二)与中国人民银行特种贷款有关的行为;(三)执行有关人民币管理规定的行为;(四)执行有关银行间同业拆借市场、银行间债券市场管理规定的行为;(五)执行有关外汇管理规定的行为;(六)执行有关黄金管理规定的行为;(七)代理中国人民银行经理国库的行为;(八)执行有关清算管理规定的行为;(九)执行有关反洗钱规定的行为。"

3. 中国人民银行的检查监督建议

《中国人民银行法》第三十三条规定:"中国人民银行根据执行货币政策和维护金融稳定的需要,可以建议国务院银行业监督管理机构对银行业金融机构进行检查监督。国务院银行业监督管理机构应当自收到建议之日起一个月内予以回复。"中国人民银行是国家的中央银行,在国务院的领导下担负制定和执行货币政策,防范和化解金融风险,维护金融稳定的职责。银行业监管体制改革以后,银行业监督管理机构依照新制定的银行业监督管理法,承担对银行业金融机构及其业务活动进行监督管理的职责。

4. 中国人民银行的风险预防检查监督

《中国人民银行法》第三十四条规定:"当银行业金融机构出现支付困难,可能引发金融风险时,为了维护金融稳定,中国人民银行经国务院批准,有权对银行业金融机构进行检查监督。"依照本法规定,中国人民银行在国务院的领导下制定和执行货币政策,防范和化解金融风险,维护金融稳定。并依法监测金融市场的运行情况,对金融市场实施宏观调控,促进其协调发展。

5. 中国人民银行的监督信息共享机制

《中国人民银行法》第三十四条规定:"中国人民银行根据履行职责的需要,有权要求银行业金融机构报送必要的资产负债表、利润表以及其他财务会计、统计报表和资料。中国人民银行应当和国务院银行业监督管理机构、国务院其他金融监督管理机构建立监督管理信息共享机制。"《银行业监督管理法》第三十三条规定:"国务院银行业监督管理机构根据履行职责的需要,有权要求银行业金融机构按照规定报送资产负债表、利润表和其他财务会计报表、统计报表、经营管理资料以及注册会计师出具的审计报告。"向两家报送报表,无疑增加了银行业金融机构的工作量,因此,为了节省人力、物力,减轻报送单位的负担,客观上要求两家建立监督管理信息共享机制。

6. 中国人民银行的数据公布

《中国人民银行法》第三十六条规定:"中国人民银行负责统一编制全国金融统计数据、报表,并按照国家有关规定予以公布。"为了加强金融监督管理,维护金融机构稳健运行,国家金融系统必须建立、健全完备的报表制度,使中央银行能够通过分析这些报表,及时发现问题。根据中国人民银行法的规定,中国人民银行还有责任统一编制全国金融统计数据、报表,对国家宏观金融形势作出分析,并按照国家的有关规定予以公布。

7. 中国人民银行的内部监督管理

《中国人民银行法》第三十七条规定:"中国人民银行应当建立、健全本系统的稽核、检查制度,加强内部的监督管理。"中国人民银行作为我国的中央银行,承担着维护金融业合法、稳健运行，对部分金融机构及其业务实施监督管理的职责。在制定与实施货币政策和进行金融管理过程中，中国人民银行要与国内外的金融机构发生业务关系，因此，从管理职能与自身业务两个方面，都要求中国人民银行建立、健全本系统内部的稽核、检查制度，加强内部的监督管理，以保障中国人民银行行使中央银行职权的权威性、科学性和公正性。

> **扩展阅读11-4　金融监管目标**
>
> 世界各国都认为，一般目标应该是促成建立和维护一个稳定、健全和高效的金融体系，保证金融机构和金融市场健康的发展，从而保护金融活动各方特别是存款人的利益，推动经济和金融发展。世界大多数国家的具体监管目标体现在各国的银行法或证券法等金融法规上。目前各国无论采用哪一种监管组织体制，监管的目标基本是一致的，通常称作三大目标体系：第一，维护金融业的安全与稳定；第二，保护公众的利益；第三，维持金融业的运作秩序和公平竞争。
>
> 我国现阶段的金融监管目标可概括为。(1)一般目标：①防范和化解金融风险，维护金融体系的稳定与安全。②保护公平竞争和金融效率的提高，保证中国金融业的稳健运行和货币政策的有效实施。(2)具体目标：经营的安全性、竞争的公平性和政策的一致性。①经营的安全性包括两个方面：保护存款人和其他债权人的合法权，规范金融机构的行为，提高信贷资产质量。②竞争的公平性是指通过中央银行的监管，创造一个平等合作、有序竞争的金融环境，保证金融机构之间的适度竞争。③政策的一致性是指通过监管，使金融机构的经营行为与中央银行的货币政策目标保持一致。通过金融监管，促进和保证整个金融业和社会主义市场经济的健康发展。

### 六、违反中国人民银行法的法律责任

《中国人民银行法》针对各类主体的各种违法行为，以一章的篇幅专章规定了各种违法行为应当承担的法律责任(包括民事、行政和刑事责任)，体现了违法必究的精神。具体包括以下规定。

(一)违反人民币发行及流通管理规定行为人的法律责任

1. 对伪造或变造人民币等违法行为人员的处罚

《中国人民银行法》第四十二条规定："伪造、变造人民币，出售伪造、变造的人民币或者明知是伪造、变造的人民币而运输，构成犯罪的，依法追究刑事责任，尚不构成犯罪的，由公安机关处15日以下拘留、1万元以下的罚款。"该法第四十三条规定："购买伪造、变造的人民币或者明知是伪造、变造的人民币而持有、使用，构成犯罪的，依法追究刑事责任；尚不构成犯罪的，由公安机关处15日以下拘留、1万元以下罚款。"

2. 对非法使用人民币图样的人员的处罚

《中国人民银行法》第四十四条规定："在宣传品、出版物或其他商品上非法使用人民币图样的，中国人民银行应当责令改正，并销毁非法使用的人民币图样，没收违法所得，并处5万元以下罚款。"

3. 对印制、发售代币票券代替人民币的人员的处罚

《中国人民银行法》第四十五条规定:"印制、发售代币票券,以代替人民币在市场上流通的,人民银行应当责令停止违法行为,并处20万元以下的罚款。"

(二)违反对金融机构以及其他单位和个人检查监督规定行为人的法律责任

违反《中国人民银行法》第三十二条有关对金融机构以及其他单位和个人的检查监督管理规定的,有关法律、行政法规有处罚规定的,依照其规定给予处罚;有关法律、行政法规未作处罚规定的,由中国人民银行区别不同情形给予警告,没收违法所得,违法所得50万元以上的,并处违法所得1倍以上5倍以下罚款;没有违法所得或者违法所得不足50万元的,处50万元以上200万元以下罚款;对负有直接责任的董事、高级管理人员和其他直接责任人员给予警告,处5万元以上50万元以下罚款;构成犯罪的,依法追究刑事责任。当事人对行政处罚不服的,可以依照《行政诉讼法》的规定提起行政诉讼。

(三)人民银行及其工作人员违法行为的法律责任

(1)人民银行有以下行为之一的,对负有直接责任的主管人员和其他直接责任人员,依法给予行政处分;构成犯罪的,依法追究刑事责任:①违反银行法规定提供贷款的;②对单位和个人提供担保的;③擅自动用发行基金的。有以上行为之一,造成损失的,负有直接责任的主管人员和其他直接责任人员应当承担部分或者全部赔偿责任。

(2)人民银行的工作人员泄露国家秘密或者所知悉的商业秘密,构成犯罪的,依法追究刑事责任;尚不构成犯罪的,依法给予行政处分。

(3)人民银行的工作人员贪污受贿、徇私舞弊、滥用职权、玩忽职守,构成犯罪的,依法追究刑事责任;尚不构成犯罪的,依法给予行政处分。

(四)其他组织和个人违法行为的法律责任

地方政府、各级政府部门、社会团体和个人强令人民银行及其工作人员违反《中国人民银行法》的规定提供贷款或者担保的,对负有直接责任的主管人员和其他直接责任人员,依法给予行政处分;构成犯罪的,依法追究刑事责任;造成损失的,应当承担部分或者全部赔偿责任。

 **扩展阅读11-5　再贴现政策**

再贴现,是金融机构以合格票据向中央银行贴现,中央银行对金融机构提供信用,实质上是中央银行与商业银行之间票据买卖和资金让渡的过程。再贴现政策,是指中央银行通过制定和调整其对金融机构办理票据再贴现的再贴现率,影响金融机构的融资成本,影响市场利率及货币市场的供求,从而调节货币供应量,调控信用扩张或收缩的政策措施。

## 第三节　商业银行法

在市场经济国家的金融体制中,商业银行是金融机构组织体系的主体。所谓商业

银行,是以金融资产和负债为经营对象,以利润最大化或股东收益最大化为主要目标,提供多样化服务的综合信用中介机构。它以吸收存款、发放贷款、办理汇兑结算为主要业务,并以安全性、流动性和效益性为主要经营原则。在整个金融体系中,它是唯一能够接受活期存款的银行,通过发放贷款,创造存款货币,从而具有信用创造的功能。

## 一、商业银行的法律地位

商业银行法是为了保护商业银行、存款人和其他客户的合法权益,规范商业银行的行为,提高信贷资产质量,加强监督管理,保障商业银行的稳健运行,维护金融秩序,促进社会主义市场经济的发展,而制定的法律,在我国具体是《商业银行法》)。

我国《商业银行法》对商业银行的法律地位作了明确规定,该法第二条规定:"本法所称的商业银行是指依照本法和《中华人民共和国公司法》设立的吸收公众存款、发放贷款、办理结算等业务的企业法人。"该法明确了商业银行的企业法人地位。该法还规定,商业银行以其全部法人财产独立承担民事责任,此乃商业银行作为企业法人的题中之义。

【重要提示】商业银行以其全部法人财产独立承担民事责任,是指(1)银行承担有限责任;(2)银行以其全部法人财产承担有限责任;(3)银行独立承担有限责任,国家以其出资额承担有限责任,不承担无限连带责任。银行作为法人,在法律上具有法人主体资格。

 **扩展阅读 11-6　中资商业银行合规管理新阶段**

2019 年 1 月 9 日银保监会发布《关于加强中资商业银行境外机构合规管理长效机制建设的指导意见》,该意见旨在推动在境外设有经营性机构的中资商业银行进一步优化集团合规管理体系,健全跨境合规管理机制,提高跨境合规管理有效性,实现境外机构安全稳健运行。中资商业银行"走出去"将迎来合规管理的新阶段。

## 二、商业银行的经营原则

我国《商业银行法》对我国商业银行的经营原则作出了明确的规定。概括起来,有以下八个原则。

(一)三性原则

三性原则具体包括安全性原则、流动性原则与效益性原则。安全性原则是指商业银行应当依法维护金融资产质量、收回资产的可靠程度。流动性原则是指商业银行的资金应当保持较高程度的资金经常流动的状态,以便及时充分地满足存款和发放贷款的需要。效益性原则是指银行应当以利润最大化为主要经营目标。

(二)四自方针原则

四自方针原则具体包括自主经营、自担风险、自负盈亏及自我约束原则。

"自主经营"原则是指商业银行作为资本市场的企业主体,具有完全独立的法人资格,其依法开展银行业务活动,不受任何单位和个人的干涉。

所谓"自担风险",是指商业银行要独自承担经营风险。自担风险的原则要求商业银行正确识别和认定金融资产的经营风险,建立和强化风险的防范、控制、清收、补偿机制,降低资产风险,减少资产损失,提高资产质量。自担风险是与自主经营相联系的,只有允许银行自主经营,银行才对其自主经营的风险承担责任。

所谓"自负盈亏",是指商业银行对其经营金融业务所产生的后果享有相应的权利、承担相应的责任。这是商业银行作为独立法人的标志,也是防止其滥用自主权的关键所在。

所谓"自我约束",是指商业银行必须遵守国家的法律、法规和金融监管机关的有关规定,建立自我约束机制。一方面高度重视其资产质量,实行资产风险管理,保证资产的安全性和流动性;另一方面严格本行的业务规章,建立、健全本行的业务管理和内部稽核制度。从而正确处理好银行与国家、银行与股东、银行与员工的关系,兼顾全局利益和局部利益、目前利益与长远利益,自觉地规范自身的经营管理行为。自我约束的原则是指商业银行经营中要自律经营行为。

(三)平等、自愿、公平和诚实信用的原则

商业银行与客户之间是平等主体之间的民事法律关系。因此,商业银行与客户之间的业务往来,应以平等自愿为基础,公平交易,不得强迫,不得附加不合理的条件,双方均应善意、全面地履行各自的义务。

(四)保障存款人的合法权益不受侵犯的原则

这一原则的具体要求表现在:商业银行办理个人储蓄存款业务,应当遵循存款自愿、取款自由、存款有息、为存款人保密的原则;对个人和单位的存款,商业银行有权拒绝任何单位或者个人查询、冻结、扣划,但法律另有规定的除外;商业银行应当按照中国人民银行规定的存款利率的上下限,确定存款利率,并予以公告;商业银行应当按照中国人民银行的规定,向中国人民银行交存存款准备金,留足备付金;商业银行应当保证存款本金和利息的支付,不得拖延、拒绝支付存款本金和利息;商业银行破产清算时,在支付清算费用、所欠职工工资和劳动保险费用后,应当优先支付个人储蓄存款的本金和利息。

(五)严格贷款的资信担保、依法按期收回贷款本息的原则

我国《商业银行法》第七条规定:"商业银行开展信贷业务,应当严格审查借款人的资信,实行担保,保障按期收回贷款。商业银行依法向借款人收回贷款本金和利息,受法律保护。"这一原则要求银行在发放贷款时,应当对借款人的借款用途、偿还能力、还款方式等资信情况进行严格的审查,除经审查、评估,确认借款人资信良好确能偿还贷款,可不提供担保者外,一般都要求借款人提供担保,即要以保证、抵押、质押的形式对贷款设定担保。也即以担保贷款为原则,信用贷款为例外。对发放的到期贷款的本金和利息,商业银行有依法收回的权利,借款人到期不归还担保贷款的,商业银行依法享有要求保证人归还贷款本息或者就该担保物优先受偿的权利;借款人到期不归还信用贷款的,应当按照合同约定承担责任。

### (六)依法营业,不得损害社会公益的原则

《商业银行法》第八条规定:"商业银行开展业务,应当遵守法律、行政法规的有关规定,不得损害国家利益、社会公共利益。"该法和《中国人民银行法》《外资金融机构管理条例》等法律、行政法规,对商业银行的业务开展作了许多具体的强行性规定。对于这些硬性规定,商业银行应当遵循办理,不得违反。否则,就要承担相应的法律责任。

### (七)公平竞争原则

我国《商业银行法》第九条规定:"商业银行开展业务,应当遵守公平竞争的原则,不得从事不正当竞争。"竞争是商品经济的基本特征之一,只有竞争才会出效益,才会使资源达到最佳配置。对于金融业来说也不例外。但金融业的竞争,必须是有序竞争、正当竞争,而不能搞不正当竞争。商业银行开展业务遵循公平竞争的原则,主要表现为商业银行应当在国家法律、行政法规和金融主管机关监管规定许可的范围内开展业务,不得违反规定提高或者降低利率以及采取其他不正当手段,吸收存款,发放贷款,损害其他银行的正当合法权益。

### (八)依法接受中国银监会等监管机构监督管理的原则

按照《中国人民银行法》的规定,中国人民银行是我国的中央银行,是我国的金融监管机关,依法发布有关金融监督管理和业务的命令和规章,按照规定审批、监管金融机构,维护金融业的合法、稳健运行。商业银行作为金融机构的一种,也必须"依法接受中国人民银行的监督管理"(《商业银行法》第十条),遵守人民银行的各种监管规定,其设立、变更、终止及业务范围改变需经人民银行审批,其存款、贷款、结算、呆账等情况需随时接受人民银行的稽核、检查和监督,并按规定向人民银行报送资产负债表、损益表以及其他财务报表和资料等。

**扩展阅读 11-7　商业银行代理保险业务"八不得"**

中国银保监会办公厅关于印发于 2019 年 8 月印发的《商业银行代理保险业务管理办法》确立了审慎经营"八不得"原则:(一)将保险产品与储蓄存款、基金、银行理财产品等产品混淆销售;(二)将保险产品收益与储蓄存款、基金、银行理财产品简单类比,夸大保险责任或者保险产品收益;(三)将不确定利益的保险产品的收益承诺为保证收益;(四)将保险产品宣传为其他金融机构开发的产品进行销售;(五)诱导消费者提前解除保险合同;(六)隐瞒免除保险人责任的条款、提前解除保险合同可能产生的损失等与保险合同有关的重要情况;(七)向保险公司及其人员收取、索要协议约定以外的任何利益;(八)其他违反审慎经营规则的行为。

### 三、商业银行的设立

按照商业银行市场准入相关法律的规定,我国对商业银行的设立采取严格准则主义。商业银行的设立应按照《商业银行法》的规定取得中国银监会的营业许可审批,再凭营业许可证向公司登记管理部门领取营业执照,取得法人资格。

《商业银行法》第十九条规定:"商业银行根据业务需要可以在中华人民共和国境内外设立分支机构。设立分支机构必须经国务院银行业监督管理机构审查批准。"经批准设立的商业银行分支机构,由国务院银行业监督管理机构颁发经营许可证,并凭该许可证向工商行政管理部门办理登记,领取营业执照。

商业银行的分支机构的设立,对于经济、金融及行业竞争的影响很大。所以,我国《商业银行法》规定,设置商业银行的分支机构必须经过中国银监会的审批。经批准设立的商业银行分支机构,由中国银监会颁发经营许可证,并凭该许可证向工商行政管理部门办理注册登记,领取营业执照。

### 扩展阅读 11-8  互联网黄金业务监管

近年来,黄金市场取得了较快发展,满足了居民投资黄金的需求,但随着互联网的兴起和普及,居民投资金融产品的方式发生了一定变化。为加强对黄金市场的监督管理,规范互联网黄金业务,防范黄金市场风险,维护市场秩序,保护投资者权益,人民银行制定了《金融机构互联网黄金业务管理暂行办法》(以下简称《办法》)。根据《办法》,黄金产品仅限金融机构、国务院和金融监管部门批准成立的黄金交易场所向市场提供,其他任何机构或个人不得向市场提供黄金产品。《办法》明确,代理销售金融机构黄金产品的互联网机构应当满足以下条件:(一)互联网机构的公司法人应当在中华人民共和国境内依法设立,应当具备熟悉黄金业务的工作人员,注册资本应当不低于3000万元人民币,且必须为实缴货币资本。(二)互联网机构应当具备互联网行业主管部门颁发的许可证或者在互联网行业主管部门完成网站备案,且网站接入地在中华人民共和国境内。(三)近三年未受到过金融监管、互联网行业主管等部门的重大行政处罚。(四)未开展非法金融业务活动。金融机构应当在各项风险可控的范围内选择互联网机构,并对互联网机构的资质负责。

### 四、商业银行的组织机构

我国《商业银行法》对商业银行的组织形式未作直接的规定,仅规定商业银行的组织形式、组织机构适用《中华人民共和国公司法》的规定。

依据我国公司法,公司有三种,即有限责任公司、国有独资公司和股份有限公司。与此相适应,我国商业银行的组织形式也应有三种,即有限责任商业银行、国有独资商业银行和股份有限责任商业银行。

### 五、商业银行的业务

银行业务,是指银行办理的业务。按业务复杂程度和对网点依赖程度,银行业务可分为传统业务和复杂业务。按照其资产负债表的构成,银行业务主要分为三类:负债业务、资产业务、中介业务。

#### (一)负债业务

商业银行的负债是指商业银行承担的能以货币计量、需在未来一定时间内以资产或劳务偿付的债务,包括各种存款、借入资金和占用的其他资金与项目。商业银行通过负债业务，吸收存款和借入款，形成资金来源，是商业银行的经营之本。一般来说，商业银行经营资本的90%来自负债业务，负债业务的规模和结构制约着资产业务的规模和结构。

### （二）资产业务

资产业务是商业银行最主要、最核心的业务。通过开展资产业务，商业银行将获取的贷款利息和投资收益扣除存款储蓄利息和其他费用后，形成银行的经营利润，达到经营的目的。商业银行经营的资产业务包括现金资产、信贷资产、买卖证券资产、国家资产和贴现资产等。

### （三）中介业务

中介业务又称中间业务，指商业银行资产、负债业务之外的形成银行非利息收入的业务。商业银行中间业务是金融创新的结果，应信用多元化的需求而产生，具有表外性、服务性、低风险和高收益等特征。中间业务的发展在西方银行的经营策略上居于重要地位，可有效提高经营效益，防范经营风险。中介业务主要包括以下内容：①支付结算类；②银行卡业务；③代理类业务；④担保类业务；⑤承诺类业务；⑥交易类业务；⑦基金托管业务；⑧咨询顾问类业务；⑨其他中间业务。

## 六、商业银行的监督管理

商业银行的监督管理包括商业银行内部的监督管理和商业银行的外部监督管理两方面。《商业银行法》对商业银行的内部控制制度，着重从以下三个方面作了规定：

(1)建章建制。《商业银行法》第五十九条规定："商业银行应当按照中国人民银行的规定，制定本行的业务规则，建立、健全本行的业务管理、现金管理和安全防范制度。"《商业银行法》第三十五条第二款规定："商业银行贷款，应当实行审贷分离、分级审批的制度。"

(2)内部稽核检查。《商业银行法》第六十条规定："商业银行应当建立、健全本行对存款、贷款、结算、呆账等各项情况的稽核、检查制度。商业银行对分支机构应当进行经常性的稽核和检查监督"。

(3)财会制度。商业银行应当依照法律和国家统一的会计制度以及中国人民银行的有关规定，建立、健全本行的财务会计制度，应当按照国家有关规定，真实记录并全面反映其业务活动和财务情况，编制年度财务会计报告，及时向中国人民银行和财政部门报送会计报表。商业银行不得在法定的会计账册外另立会计账册。商业银行应当于每一会计年度终了3个月内，按照中国人民银行的规定，公布其上一年度的经营业绩和审计报告。商业银行应当按照国家有关规定，提取呆账准备金，冲销呆账，保存财务会计报表、业务合同以及其他资料。

商业银行的外部监督管理包括三个方面：①来自银行业监管机构的监督管理。②来自中央银行的检查监督。③来自国家审计机关的监督管理。商业银行应当依法接受审计机关的审计监督。

**扩展阅读 11-9　互联网金融从业机构反洗钱和反恐怖融资管理**

随着当今互联网飞速发展,通过互联网进行交易结算的金融活动日趋多元化。2015年7月,中国人民银行等十个部门联合印发《关于促进互联网金融健康发展的指导意见》(银发〔2015〕221号),在此之后,为规范互联网金融从业机构反洗钱和反恐怖融资工作,切实预防洗钱和恐怖融资活动,中国人民银行、中国银行保险监督管理委员会、中国证券监督管理委员会制定了《互联网金融从业机构反洗钱和反恐怖融资管理办法(试行)》(以下简称《管理办法》)。

《管理办法》对从业机构提出以下基本要求:一是建立、健全反洗钱和反恐怖融资内部控制机制。二是要有效进行客户身份识别。从业机构应当按照法律法规、规章、规范性文件和行业规则,收集可靠地客户必备要素信息,对于先前获得的客户身份资料存疑的,应当重新识别。三是要求提交大额和可疑交易报告。四是要开展涉恐名单监控,当有合理理由怀疑客户或者其交易对手、资金或者其他资产与名单相关的,应当立即提交可疑交易报告,并依法对相关资金或者其他资产采取冻结措施。五是保存客户身份资料和交易记录,确保能够完整重现每笔交易,确保相关工作可追溯。此外,《管理办法》规定从业机构应当依法接受中国人民银行及其分支机构的反洗钱和反恐怖融资的现场检查、非现场监管和反洗钱调查,依法配合国务院有关金融监督管理机构及其派出机构的监督管理。如有违反本办法的,由中国人民银行及其分支机构、国务院有关金融监督管理机构及其派出机构责令限期整改,依法予以处罚。从业机构违反相关法律、行政法规、规章以及本办法规定,涉嫌犯罪的,移送司法机关依法追究刑事责任。

### 七、违反商业银行法的法律责任

法律责任是行为人违反法律规定时依法应承担的法律后果,具体包括商业银行、商业银行工作人员及一般主体的法律责任。

(一)商业银行的违法责任

《商业银行法》对于商业银行违反该法的法律责任,有如下规定。

(1)商业银行有下列情形之一,对存款人或者其他客户造成财产损害的,应当承担支付迟延履行的利息以及其他民事责任:①无故拖延、拒绝支付存款本金和利息的;②违反票据承兑等结算业务规定,不予承兑,不予收付入账,压单、压票或违反规定退票的;③非法查询、冻结、扣划个人储蓄存款或者单位存款的;④违反本法规定以存款人或者其他客户造成损害的其他行为。商业银行有上列情形的,对其直接负责的主管人员和其他直接责任人员,给予纪律处分;构成犯罪的,依法追究刑事责任。

(2)商业银行有下列情形之一,由中国人民银行责令改正,有违法所得的,没收违法所得,并处以违法所得1倍以上5倍以下罚款;没有违法所得的,处以10万元以上50万元以下罚款;情节特别严重或者逾期不改正的,中国人民银行可以责令停业整顿或者吊销其经营许可证;构成犯罪的,依法追究刑事责任:①未经批准发行金融债券或者到境外借款的；②未经批准买卖政府债券或者买卖、代理买卖外汇的；③在境内从事信托投资和股票业务或者投资于非自用不动产的；④向境内非银行金融机构和企业投资的；⑤向关系人发放信用贷款或者发放的担保贷款的条件优于其他借款人同类贷款的条件的；⑥提供虚假的或者隐瞒重要事实的财务会计报表的；⑦拒绝中国人民银行稽核、检查监督的；⑧出租、出借经营许可证的。商业银行有上列情形的，对其直接负责的主管人员和其他直接责任人员，给予纪律处分；构成犯罪的，依法追究刑事责任。

(3)商业银行有下列情形之一，由中国人民银行责令改正，有违法所得的，没收违法所得，并处以违法所得1倍以上3倍以下罚款，没有违法所得的，处以5万元以上30万元以下罚款：①无故拖延、拒绝支付存款本金和利息的；②违反票据承兑等结算业务规定，不予承兑，不予收付入账，压单、压票或者违反规定退票的；③非法查询、冻结、扣划个人储蓄存款或者单位存款的；④违反本法规定对存款人或者其他客户造成损害的其他行为；⑤未按照中国人民银行规定的比例交存存款准备金的；⑥未遵守资本充足率、存贷比例、资产流动性比例、同一借款人贷款比例和中国人民银行有关资产负债比例管理的其他规定的；⑦未经批准设立分支机构的；⑧未经批准分立、合并的；⑨同业拆借超过规定的期限或者利用拆入资金发放固定资产贷款的；⑩违反规定提高或者降低利率以及采用其他不正当手段，吸收存款，发放贷款的。商业银行有上列情形的，对其直接负责的主管人员和其他直接责任人员，给予纪律处分；构成犯罪的，依法追究刑事责任。

(4)不按照规定向中国人民银行报送有关文件、资料或者对规定报批的变更事项不报批的，由中国人民银行责令改正，逾期不改正的，可以处1万元以上10万元以下罚款。

(二)商业银行工作人员的违法责任

《商业银行法》对商业银行工作人员违反该法的法律责任，有如下规定：

(1)商业银行工作人员利用职务上的便利，索取、收受贿赂或者违反国家规定收受各种名义的回扣、手续费的，依法追究刑事责任。有上述行为，发放贷款或者提供担保造成损失的，应当承担全部或者部分赔偿责任。

(2)商业银行工作人员利用职务上的便利，贪污、挪用、侵占本行或者客户资金，构成犯罪的，依法追究刑事责任；未构成犯罪的，应当给予纪律处分。

(3)商业银行工作人员违反本法规定玩忽职守造成损失的，应当给予纪律处分；构成犯罪的，依法追究刑事责任。商业银行工作人员违反规定，徇私向亲属、朋友发放贷款或者提供担保造成损失的，应当承担全部或者部分赔偿责任。

(4)商业银行工作人员泄露在任职期间知悉的国家秘密、商业秘密的，应当给予纪律处分；构成犯罪的，依法追究刑事责任。

(5)商业银行的工作人员对单位或者个人强令其发放贷款或者提供担保未予拒绝的应当给予纪律处分；造成损失的，应当承担相应的赔偿责任。

(三)一般主体的违法责任

《商业银行法》规定的某些违法责任，未对责任主体作出特别限制。根据文义，有的系专指商业银行及其工作人员以外的其他单位或个人,有的则包括商业银行或其工作人员。

(1)有下列情形之一,由中国人民银行责令改正,有违法所得的,没收违法所得,可以处以违法所得1倍以上3倍以下罚款,没有违法所得的,可以处以5万元以上30万元以下罚款:①未经批准在名称中使用"银行"字样的;②未经批准购买商业银行股份总额10%以上的;③将单位的资金以个人名义开立账户存储的。

(2)未经中国人民银行批准,擅自设立商业银行,或者非法吸收公众存款、变相吸收公众存款的,依法追究刑事责任,并由中国人民银行予以取缔。伪造、变造、转让商业银行经营许可证的,依法追究刑事责任。

(3)借款人采取欺诈手段骗取贷款,构成犯罪的,依法追究刑事责任。

(4)单位或者个人强令商业银行发放贷款或者提供担保的,应当对直接负责的主管人员和其他直接责任人员或者个人给予纪律处分;造成损失的,应当承担全部或者部分赔偿责任。

**扩展阅读11-10 银行接管**

商业银行已经或者可能发生信用危机,严重影响存款人的利益时,国务院银行业监督管理机构可以对该银行实行接管。接管的目的是对被接管的商业银行采取必要措施,以保护存款人的利益,恢复商业银行的正常经营能力。被接管的商业银行的债权债务关系不因接管而变化。

### 案例11-1 骗取贷款罪

案情:2018年1月甲在办理融资业务中,认识了一位浙江老板乙,这位浙江老板急需100多万的资金周转。通过朋友介绍,就找到了当事人甲。经过与这位浙江老板的协商,甲帮浙江老板以浙江老板的名义从银行贷款300万元,浙江老板用150万元,甲自己用150万元。浙江老板提供近200多万的资产抵押担保,甲自己提供相应的担保。

贷款到账后,双方按照约定使用贷款,也按照约定按时支付银行利息。贷款到期后,浙江老板周转顺畅了,准备了150万元还银行,当事人担保公司却出状况了,无力偿还银行150万元的贷款。银行催得急,甲的公司也是江河日下,担保公司全国性的垮杆,根本无还款能力了。

浙江老板,被逼无奈,自己凑足了300万元还了银行贷款。偿还完银行贷款,浙江老板找担保公司、甲要求支付自己代偿还的150万元。甲没有能力偿还,浙江老板就试图用当事人贷款时担保的相关合同收益来抵偿。浙江老板通过各方面的核实,合同收益根本就不存在,是甲私刻的公章搞的假合同。

请问:当事人甲的行为构成犯罪吗?构成何罪?

点评:骗取贷款罪,是指以欺骗手段取得银行或者其他金融机构贷款,给银行或者其他金融机构造成重大损失或者有其他严重情节的行为。本罪的法定刑为:处三年以下有期徒刑或者拘役,并处或者单处罚金;给银行或者其他金融机构造成特别重大损失或者有其他特别严重情节的,处三年以上七年以下有期徒刑,并处罚金。

本罪主观方面是故意,犯罪主体是自然人和单位,客体是破坏国家的金融管理秩序,客观方面是给银行或其他金融机构造成重大损失。

在本案中,当事人确实通过欺骗的手段,使浙江老板获取了300万元的银行贷款。

根据2010年5月《最高人民检察院、公安部关于公安机关管辖的刑事案件立案追诉标准的规定(二)》(下称《规定(二)》)第二十七条规定,凡以欺骗手段取得贷款等数额在一百万元以上的,或者以欺骗手段取得贷款等给银行或其他金融机构造成直接经济损失数额在二十万元以上的,或者虽未达到上述数额标准,但多次以欺骗手段取得贷款的,以及其他给金融机构造成重大损失或者有其他严重情节的情形(以上简称"四种情形"),应予立案追诉。

根据该规定,该罪的追诉标准有两个,一个是骗取贷款100万元以上,或者给金融机构造成20万元以上的损失,就可以立案追诉了。

在本案中,当事人通过欺骗手段,获得的贷款已经达到了100万元,当然达到了追诉标准了。

## 【本章小结】

本章探讨了金融法的概念、中国人民银行与商业银行的法律地位、组织机构、职责、监督管理等基本问题。主要知识点包括:金融法是由国家制定或认可的,用以确定金融机构的性质、地位职责权限,并调整在金融活动中形成的金融监督管理关系和金融业务关系的法律规范的总称。金融法的调整对象是金融关系。金融关系包括金融监管关系与金融交易关系。中国人民银行是我国的中央银行,它可以独立地制定和执行货币政策,以稳定币值,促进经济增长,对金融业实施监督和管理,以达到稳定金融体系和金融市场的目的。中国人民银行一般根据其性质、地位和职能设置各自的组织机构,包括领导机构、货币政策委员会及分支机构的设置。依据《中国人民银行法》,中国人民银行的职能包括调节职能、监管职能与服务职能。中国人民银行的货币政策是指国家为实现其特定的经济目标而利用的各种调节货币供应量或管制信用规模的方针、政策和措施的总称。货币政策工具是中央银行为达到货币政策目标而采取的手段。货币政策工具分为一般性工具和选择性工具。人民银行依法监测金融市场的运行情况,对金融市场实施宏观调控,以促进其协调发展。商业银行,是以金融资产和负债为经营对象,以利润最大化或股东收益最大化为主要目标,提供多样化服务的综合信用中介机构。它以吸收存款、发放贷款、办理汇兑结算为主要业务,并以安全性、流动性和效益性为主要经营原则。在整个金融体系中,它是唯一能够接受活期存款的银行,通过发放贷款,创造存款货币,从而具有信用创造的功能。按照商业银行市场准入相关法律的规定，我国对商业银行的设立采取严格准则主义。我国商业银行的组织形式有三种，即有限责任商业银行、国有独资商业银行和股份有限责任商业银行。按照其资产负债表的构成，银行业务主要分为三类：负债业务、资产业务、中间业务。商业银行的监督管理包括商业银行内部的监督管理和商业银行的外部监督管理两方面。此外，中国人民银行与商业银行均应遵守相关法律规定，否则将承担相应的民事、行政及刑事责任。

## 【思考与练习题】

### 一、名词解释
1. 金融法　2. 货币政策　3. 金融监督管理

### 二、简答题
1. 简述金融法调整的对象。
2. 简述商业银行经营的原则。
3. 简述中国人民银行的法律地位。

### 三、论述题
1. 论金融的体系。
2. 论违反商业银行法的法律责任。

### 四、案例分析

2016 年 8 月 2 日，兰陵市日不落银行向京都汽车公司发放贷款 6000 万元人民币，贷款期限为 1 年，为了保证到期京都汽车公司向日不落银行提供了两项担保：一是由大阪化工公司提供的连带责任保证；二是由京都汽车公司将一张 2017 年 2 月 5 日到期的存单质押给日不落银行，存单金额为 3000 万元人民币。2017 年 2 月 6 日存单到期后，京都汽车公司向日不落银行提出希望能够先使用存单上的 3000 万元资金，日不落银行同意京都汽车公司提取了存单。2017 年 8 月 2 日贷款到期，京都汽车公司无力归还贷款，日不落银行要求大阪化工公司归还全部贷款本息。

分析：日不落银行的要求是否合理？为什么？

## 【推荐阅读书目】

1. 金融法教程(第四版)．朱崇实，刘志云．法律出版社，2019.
2. 金融法．朱大旗．中国人民大学出版社，2015.
3. 金融法学．刘少军．中国政法大学出版社，2016.
4. 金融法．徐孟洲．高等教育出版社，2014.

# 第十二章 证券法

学习引导

证券法是调整证券发行与交易活动中发生的各种社会关系的法律规范的总称。其重点内容是证券发行与交易制度，证券机构及证券法律责任都是为保证证券的发行与交易而设定的。公司法与证券法具有内在联系性，本章的学习应在掌握公司法基本知识的基础上进行。通过本章学习，了解证券法的相关概念、基本原则及证券市场主体；理解上市公司收购的本质及类型；掌握证券发行与交易的基本制度、违反证券法的行为及应当承担的法律责任。

## 第一节 证券法概述

### 一、证券

(一) 证券的概念

证券有广义和狭义之分。广义的证券是指记载和代表一定权利的文书，也就是用以证明证券的持有人有权按照证券所载的内容，享有相应的权益的一种凭证。如提货单、仓单、股票、公司债券、国库券、汇票、本票和支票等凭证均是证券。狭义的证券专指在证券市场上发行和流通的证明持券人享有特定权益的凭证。证券法上的证券属于狭义的证券。

(二) 证券的种类

目前，我国证券市场上发行和流通的证券主要有以下种类。

1. 股票

股票是指股份有限公司发行的证明股东按其所持股份享有权利和承担义务的凭证。股票有多种分类：如普通股股票和优先股股票；记名股票和无记名股票；有面额股股票和无面额股股票；A 股、B 股和 H 股。

补充阅读 12-1 股票的分类

根据标准不同，股票有以下常见分类：依据股东所享有的权利的不同，分为普通股股票和优先股股票。普通股股票是指每一股份对公司资产都拥有平等权益，即对股东享有的平等权利不加以特别限制。优先股是指在分级配股息、红利、公司清算剩余财产时等诸方面享有特别利益，并优先于普通股实现的股份。我国承认普通股股票和优先股股票。依据票面上是否记载股东姓名或名称的不同，可以分为记名股票和无记名股票。记名股票是指股东姓名或者名称记载于股票票面的股票。无记名股票是指股东姓名或名称不记载于股票票面的股票。凡持有无记名股票的人即可凭票行使股东权,一般无须再证明其股东资格。依据是否有票面金额,可以分为有面额股票和无面额股票。有面额股票是指股票票面上记载一定金额的股票。无面额股票是指股票票面上不记载金额的股票,只是在票面上标明其在公司资本总额中所占的比例。我国公司法只规定了有面额股票。依据发行对象的不同,可以分为发起人股、国家授权投资机构股、法人股和社会公众股。发起人股是指股份有限公司向发起人发行的股票。国家授权投资机构股,即通常所说的"国家股",是指由国家授权的投资机构代表国家以国有资产向股份有限公司投资而持有的股票。法人股指具有法人资格的企业、事业单位和社会团体向股份有限公司投资而持有的股票,法人股票应为记名股票。社会公众股指股份有限公司向发起人、国家授权投资机构和法人以外的社会投资大众所发行的股票。对社会发行的股票可以是记名股票,也可以是无记名股票。依据购买币种和持有人地域不同,可以分为A股、B股和H股。A股是指以人民币标明其面值,由国内投资者以人民币购买并交易的股票,也称内资股。B股是指以人民币标明其面值,以外币认购和交易,专供境外和中国香港、澳门、台湾地区投资者以外币买卖和交易的股票,经过批准,可以在上海或深圳证券交易所上市。H股是指以人民币标明股票面值,以外币认购和交易,专供境外和中国香港、澳门、台湾地区的投资者买卖的股票,该股票在香港联合交易所上市。

2. 债券

债券是指企业、金融机构或政府依照法定程序发行、约定在一定期限还本付息的有价证券。目前,我国发行的债券主要有公司债券、金融债券和政府债券。

3. 存托凭证

存托凭证是指由存托人签发,以境外证券为基础在境内发行,代表境外基础证券权益的证券。按发行或交易地点不同,存托凭证被赋予不同的名称,如美国存托凭证(American Depository Receipt,ADR)、欧洲存托凭证(European Depository Receipt,EDR)、中国存托凭证(Chinese Depository Receipt,CDR)等。

 **补充阅读 12-2　存托凭证**

存托凭证一般指股票的存托凭证,债券存托凭证较少。因为各国证券法关于股票发行、交易条件不同,所以在一国发行上市的股票无法在其他国家证券市场交易。为了解决这一问题,上市公司将一定数额的股票委托给一家存托机构(通常系商业银行,又称保管银行),由该保管银行通知外国的存托银行在当地发行代表该股份的存托凭证,进而将该存托凭证在外国证券市场上市交易。这样,该上市公司就达到了从外国融资的目的,而外国投资者也增加了多元化的证券投资选择。

4. 证券投资基金份额

证券投资基金份额,又称投资基金证券,是指证券投资基金发起人向社会公众发行的,表明持有人对其基金享有所有权、收益分配权和其他相关权利的有价证券。

## 二、证券法

### (一) 证券法的概念

证券法是指调整证券发行、交易、服务和监管过程中发生的各种社会关系的法律规范的总称。《中华人民共和国证券法》(以下简称《证券法》)于1998年12月29日由第九届全国人大常委会第六次会议通过,1999年7月1日起实施。2004年8月28日第十届全国人民代表大会常务委员会第十一次会议第一次修正;2005年10月27日第十届全国人民代表大会常务委员会第十八次会议第一次修订;2013年6月29日第十二届全国人民代表大会常务委员会第三次会议第二次修正;2014年8月31日第十二届全国人民代表大会常务委员会第十次会议第三次修正;2019年12月28日第十三届全国人民代表大会常务委员会第十五次会议第二次修订。

另外,能够调整证券关系的其他法律、法规和部门规章中的规定也属于证券法的内容,如《中华人民共和国证券投资基金法》《首次公开发行股票并上市管理办法》《公司债券发行与交易管理办法》等,它们与《证券法》共同组成了我国的证券法律体系。

### (二) 证券法的基本原则

证券法的基本原则是指证券法规定的证券发行、交易活动中必须遵守的基本准则。根据《证券法》的规定,证券发行和交易应当遵守如下原则:

1. 公开、公平、公正原则(简称"三公"原则)

公开原则主要包括三个方面的内容:一是证券发行、交易活动中的基本交易制度(含证券交易所、证券公司有关制度等)要公开;二是上市公司的经营状况要公开;三是信息传播公开。

公平原则是指在证券活动中,任何合法的投资者都具有平等的权利,所有的证券投资者都应基于平等的地位和均等的机会参与证券买卖,禁止利用特殊地位与机会从事证券活动。

公正原则是指证券市场的监督管理者,证券市场的纠纷处理者对证券市场的各方参与者都要依法进行处理问题,一视同仁。

在"三公"原则中,公开是基础,如果没有公开就可能难以有公平、公正。"三公"原则是世界证券立法的通行原则,在证券发行和交易中均必须做到的,并且,"三公"原则是保护投资者利益和保证证券市场活动的重要准则。

2. 平等、自愿、有偿、诚实信用原则

所谓平等,是指任何单位和个人应根据法律的规定或者当事人之间的约定行使权利,在证券的发行、交易中,当事人的法律地位平等,没有大小、高低、强弱之分;所谓自愿,是指证券发行,交易市场的参加者根据自己的意愿参与证券市场的发行和交易活动;所谓有偿,是指在证券发行、交易活动中,证券市场主体一方取得权益,须向对方偿付相应的代价,不能任意损害对方的经济利益;所谓诚实信用,是指在证券市场的发行、交易活动中必须如实遵守自己的诺言,恪守信用,不得弄虚作假,欺诈客户,不得从事内幕交易和操纵证券交易市场的行为。

### 三、证券机构

#### (一)证券公司

证券公司是指根据《公司法》和《证券法》的规定设立的从事证券业务经营的股份有限公司或有限责任公司。证券公司根据国务院证券监督管理机构批准,可以经营以下部分或全部业务:①证券经纪;②证券投资咨询;③与证券交易、证券投资活动有关的财务顾问;④证券承销与保荐;⑤证券自营;⑥证券资产管理;⑦经批准的其他证券业务。

证券公司的设立应当符合以下条件:①有符合法律、行政法规规定的公司章程;②主要股东具有持续盈利能力,信誉良好,最近3年无重大违法违规记录,净资产不低于人民币2亿元;③有符合证券法规定的注册资本;④董事、监事、高级管理人员具备任职资格,从业人员具有证券从业资格;⑤有完善的风险管理与内部控制制度;⑥有合格的经营场所和业务设施;⑦法律、行政法规规定的和经国务院批准的国务院证券监督管理机构规定的其他条件。

【重要提示】设立证券公司必须经国务院证券监督管理机构审查批准,未经批准,不得经营证券业务。

#### (二)证券交易场所

证券交易场所是为已发行的证券提供交易的市场。目前,我国证券交易场所包括证券交易所、国务院批准的其他全国性证券交易场所和按照国务院规定设立的区域性股权市场。证券交易所是证券交易主要场所,一般分为会员制和公司制两种类型。会员制证券交易所是由证券经营机构共同组成的,为其证券自营或经纪业务提供集中竞价交易场所的非营利性质的证券交易所,如美国纽约证券交易所、日本东京证券交易所;公司制证券交易所是由投资者投资设立的以营利为目的的一种提供证券集中竞价交易的证券交易所,如英国伦敦证券交易所。目前我国境内只有两个证券交易所,即上海证券交易所和深圳证券交易所,均是会员制证券交易所;另外,全国中小企业股份转让系统提供股权交易服务,也属于证券交易场所。

#### (三)证券登记结算机构

证券登记结算机构是为证券交易提供集中登记、存管与结算服务,不以营利为目的的法人。证券登记结算机构的职能主要有:设立和管理证券账户及结算账户、存管和过户证券、进行证券持有人名册登记及权益登记、进行证券和资金的清算交收及相关管理、受发行人的委托派发证券权益等。

#### (四)证券服务机构

证券服务机构是为证券的发行、上市、交易等证券业务活动制作、出具审计报告、资产评估报告、财务顾问报告、资信评级报告或者法律意见书等文件的专业服务机构,主要包括:会计师事务所、律师事务所以及从事证券投资咨询、资产评估、资信评级、财务顾问、信息技术系统服务的证券服务机构。

除上述外,证券机构还有证券监督管理机构、证券业协会等。

## 第二节 证券发行制度

### 一、证券发行概述

(一) 证券发行的概念

所谓证券发行,是指证券发行主体以筹集资金为目的,第一次将证券直接或间接销售给证券投资人的活动,包括募集、制作、交付、直接销售或委托中介机构承销、代销证券等一系列活动。

(二) 证券发行方式分类

1. 公司发行、金融机构发行以及政府发行

依发行主体的不同,可将证券发行分为公司发行、金融机构发行以及政府发行。公司、金融机构主要是发行股票和债券;政府发行国债券和国库券。

2. 公募发行和私募发行

依发行对象不同,可将证券发行分为公募发行和私募发行。公募发行即公开发行,是指发行人向不特定的社会公众出售证券的行为;私募发行即非公开发行或私下发行,是指面向少数特定的投资者发行证券的行为。

3. 设立发行和增资发行

这种分类适用于股票发行。依股票发行目的的不同,可将其分为设立发行和增资发行。设立发行又可分为发起设立发行和募集设立发行。发起设立发行是指全体发起人认购首期股份总额的全部;募集设立发行是指部分股份由发起人认购,其余股份由社会公众认购。增资发行是指老股份公司续发的新股份。增资发行又可分为有偿增资发行和无偿增资发行。前者是指由投资者出资认购(如果向原有的股东发售称为"配股");后者是指由公司的公积金或盈余转为资本,发行对象通常是公司的原有股东(这种发行又称为"送红股")。

4. 直接发行和间接发行

根据发行是否借助证券承销机构(证券商)的不同,证券发行可以分为直接发行和间接发行。所谓直接发行,是指证券发行人直接向特定的投资者推销证券。这种方式发行费用低廉,但要求发行人经营业绩优良并有较高知名度。所谓间接发行,是指发行人委托证券承销机构发行证券。通过这种方式,发行人不用自己办理发行事务手续,但要向证券承销机构缴纳一定的手续费(佣金)。

当前,国际上发行证券绝大多数采用公募、间接发行方式。这样有利于提高发行人的信誉和知名度,扩大其影响,同时也有利于保护广大投资者的利益。

【重要提示】未经依法注册,任何单位和个人不得公开发行证券。

(三) 证券发行市场

1. 证券发行市场的概念

证券发行市场也叫证券初级市场或证券一级市场,是指证券发行人为了筹集资金

首次将证券出售给投资者。证券发行是在证券发行市场上进行的,证券发行市场主要是无形市场,通常没有固定场所,没有统一的时间,也无通常的专业设备和设施。证券发行人可以直接向社会投资者或特定范围的投资者发售证券、募集资金,也可以通过中介机构向社会投资者或特定范围的证券认购人募集资金。

2. 证券发行市场的构成

证券发行市场一般是由发行人、承销机构和投资人的活动构成的。

(1)发行人。指为筹集资金而发行证券的公司或其他主体。在证券市场上,证券发行人主要有以下六类:①股份有限公司。既可以发行股票,也可以发行公司债券,而且只有股份有限公司才可以发行股票,它是股票的惟一发行主体。②有限责任公司。有限责任公司不发行股票,但可以发行公司债券。③国有独资公司。指国家授权的部门单独投资设立的有限责任公司。④其他企业法人。指除了有限公司或股份有限公司以外的企业法人。例如可以发行债券的国有企业或集体企业、外国投资企业等。⑤金融机构。包括银行和非银行金融机构,它们都可以成为金融债券的发行主体。⑥政府。包括中央政府和地方政府,其作为特殊发行人,可以通过证券市场发行政府债券。

(2)承销机构。又称承销商,即证券公司,承销机构应当依照法律、行政法规的规定承销发行人向社会公开发行证券。

(3)投资人。即根据发行人的招募要约,已认购或购买证券或者将要认购或购买证券的个人或组织。通常包括国家(政府投资者)、工商企业投资者、其他机构投资者以及个人投资者。

(四)证券承销

证券承销是指发行人委托承销机构向证券市场上不特定的投资者公开销售股票、债券及其他投资证券的活动。我国《证券法》规定,证券承销业务有两种方式:包销和代销。所谓证券包销,是指承销商将发行人的证券按照协议全部购入或者在承销期结束时将售后剩余证券全部自行购入的承销方式。所谓证券代销,是指承销商代发行人发售证券,在承销期结束时,将未售出的证券全部退还给发行人的承销方式。

【重要提示】证券的代销、包销期限最长不得超过90日。

(五)证券发行注册制度

在国际上,证券发行审核主要存在两种不同的体制,即注册制和核准制。所谓注册制,又称申报制或形式审查制,是指证券发行审核机关对证券发行申请只作形式审查,如果符合法律规定的形式要件,即予登记的发行审核制度。也就是说,注册制是指只要符合法律、法规的要求,将一切应公开的文件等资料公开,没有遗漏、误导和虚假,即可以登记注册发行。比如,以美国、日本为代表的许多国家采取这种证券发行管理制度。所谓核准制,又称实质审查制,即是指证券主管机关有权依照法律规定的限制性条件(实质条件),对发行人作出的发行申请和呈报的资料作出实质性价值审查,发行人获得证券主管机关的批准后,才能发行证券。核准制的目的是为了保护投资者的利益,便于政府利用公务对证券发行作适当监督,如以美国部分州的"蓝天法"

和欧洲国家公司法为代表的准则主义。

我国对证券发行采取注册制。《证券法》第九条规定：公开发行证券，必须符合法律、行政法规规定的条件，并依法报经国务院证券监督管理机构或者国务院授权的部门注册。未经依法注册，任何单位和个人不得公开发行证券。

【重要提示】发行证券的信息依法公开前，任何知情人不得公开或者泄露该信息。

（六）证券发行保荐制度

保荐制度又称保荐人制度，是指由保荐人对发行人发行证券进行推荐和辅导，并核实其发行文件中所载资料是否真实、准确、完整，协助发行人建立严格的信息披露制度，承担风险防范责任的制度。在我国，证券的公开发行实行保荐制度。保荐人为证券公司，其资格及其管理办法由证监会规定。保荐人的职责是推荐发行人证券发行，持续督导发行人履行规范运作、遵守承诺、披露信息等义务。保荐人在推荐发行人首次公开发行股票前，应当按照证监会的规定对发行人进行辅导。保荐人应当对其推荐的发行人出具的文件的真实性、准确性和完整性进行审慎核查，否则可能导致其与发行人承担连带责任。

我国《证券法》第十条规定：发行人申请公开发行股票、可转换为股票的公司债券，依法采取承销方式的，或者公开发行法律、行政法规规定实行保荐制度的其他证券的，应当聘请证券公司担任保荐人。保荐人应当遵守业务规则和行业规范，诚实守信，勤勉尽责，对发行人的申请文件和信息披露资料进行审慎核查，督导发行人规范运作。

（七）证券发行失败制度

为了促进证券发行的市场化，降低证券公司采用单一包销方式所带来的承销风险，与国际上通行的做法相一致，我国《证券法》规定了发行失败制度，其第三十三条规定：股票发行采用代销方式，代销期限届满，向投资者出售的股票数量未达到拟公开发行股票数量70%的，为发行失败。发行人应当按照发行价并加算银行同期存款利息返还股票认购人。

## 二、股票的发行

（一）股票的发行条件

根据《证券法》第十二条规，公司公开发行新股，应当符合下列条件：①具备健全且运行良好的组织机构；②具有持续经营能力；③最近3年财务会计报告被出具无保留意见审计报告；④发行人及其控股股东、实际控制人最近3年不存在贪污、贿赂、侵占财产、挪用财产或者破坏社会主义市场经济秩序的刑事犯罪；⑤经国务院批准的国务院证券监督管理机构规定的其他条件。上市公司公开发行新股，应当符合经国务院批准的国务院证券监督管理机构规定的条件，具体管理办法由国务院证券监督管理机构规定。2006年5月6日，证监会发布了《上市公司证券发行管理办法》，对新股发行的一般条件从组织机构、盈利能力、财务状况、会计记录、募集资金等方面进行了详细规定。

## (二)股票发行的程序

(1)申请。发行人公开发行新股,应当报送募股申请。

(2)披露。发行人申请首次公开发行股票的,在提交申请文件后,应当按照国务院证券监督管理机构的规定预先披露有关申请文件。招股说明书内容与格式准则是信息披露的最低要求。不论准则是否有明确规定,凡是对投资者作出投资决策有重大影响的信息,均应当予以披露。

(3)注册。国务院证券监督管理机构或者国务院授权的部门应当自受理证券发行申请文件之日起3个月内,依照法定条件和法定程序作出予以注册或者不予注册的决定。

(4)公告。证券发行申请经注册,发行人应当依照法律、行政法规的规定,在证券公开发行前,公告公开发行募集文件,并将该文件置备于指定场所供公众查阅。

**补充阅读12-3　首次公开发行股票(IPO)**

首次公开发行股票(Initial Public Offerings,简称IPO):指股份有限公司第一次向社会公众公开招股的发行方式。一般来说,一旦首次公开上市完成后,公司就可以申请到证券交易所或报价系统挂牌交易,因此,首次公开发行股票常与公司上市相联系,故又被认为是公司上市的一种方法。2006年5月17日,我国证监会公布了《首次公开发行股票并上市管理办法》,就公司首次公开发行股票规定了相应的条件。这些条件适用于在上海证券交易所主板上市的公司和在深圳证券交易所中小板市场上市的公司。2014年2月11日,证监会公布了《首次公开发行股票并在创业板上市管理办法》,就首次公开发行股票并在创业板上市的公司的股票发行条件进行了规定。2019年3月1日,证监会公布了《科创板首次公开发行股票注册管理办法(试行)》,就科创板试点注册制的总体原则、审核程序及监督、差异化的信息披露等进行了规定。

### 三、公司债券的发行

#### (一)公司债券发行的条件

我国《证券法》第十五条规定:公开发行公司债券,应当符合下列条件:

①具备健全且运行良好的组织机构;②最近3年平均可分配利润足以支付公司债券1年的利息;③国务院规定的其他条件。

另外,有下列情形之一的,不得再次公开发行公司债券:

①对已公开发行的公司债券或者其他债务有违约或者延迟支付本息的事实,仍处于继续状态;②违反《证券法》的规定,改变公开发行公司债券所募资金的用途。

#### (二)公司债券发行的程序

(1)公司债券发行决议。根据《公司法》的规定,股份有限公司或有限责任公司发行公司债券,应由股东大会或股东会作出决议。国有独资公司应由国家授权投资的机构或国家授权的部门作出决定。

(2)申请。申请公开发行公司债券,应当向国务院授权的部门或者国务院证券监督管理机构申报。

(3) 注册。证监会应当自受理证券发行申请文件之日起 3 个月内，依照法定条件和法定程序作出予以注册或者不予注册的决定，发行人根据要求补充、修改发行申请文件的时间不计算在内；不予注册的，应当说明理由。

## 第三节 证券上市与交易制度

### 一、证券上市制度

(一) 证券上市的概念

证券上市是指证券发行人已发行的有价证券，经批准在证券交易所市场上自由公开地买卖。这里所指的证券发行人，即上市公司。凡在证券交易所内买卖的有价证券，均称为上市证券。

【重要提示】国家鼓励符合产业政策并符合上市条件的公司股票上市交易。

(二) 证券上市的条件

证券上市交易的条件由证券交易所上市规则规定。证券交易所上市规则规定的上市条件，应当对发行人的经营年限、财务状况、最低公开发行比例和公司治理、诚信记录等提出要求。上市交易的证券，不再符合上市条件的，或者有上市规则规定的其他情形的，由证券交易所按照业务规则终止其上市交易。

(三) 证券上市的程序

(1) 上市申请。申请证券上市交易，应当向证券交易所提出申请。

(2) 上市审核。申请证券上市交易，由证券交易所依法审核同意。政府证券上市经国务院授权部门决定后，由证券交易所安排上市。

(3) 上市协议。证券上市申请经证券交易所审核同意后，上市公司应与证券交易所签订证券上市协议。上市协议是证券交易所与上市公司之间权利义务关系的法律文件。

(4) 挂牌交易。履行以上程序后，上市公司即可按照证券交易所安排的时间将其证券在证券交易所公开挂牌交易。

(四) 证券上市的终止

为了保护公共利益和投资人的利益，上市交易的证券，不再符合上市条件的，或者有上市规则规定的其他情形的，由证券交易所按照业务规则终止其上市交易。证券交易所决定终止证券上市交易的，应当及时公告，并报国务院证券监督管理机构备案。

### 二、证券交易

(一) 证券交易的概念

证券交易是指在证券交易所市场或场外市场买卖证券的行为。证券交易是证券转让的一种，证券转让除了证券交易以外，还有赠与、继承等。证券交易所和场外市场是证券交易的场所，即证券交易市场。

（二）证券交易市场

证券交易市场又称二级市场，是指投资者进行证券交易而形成的市场。按证券交易是否在证券交易所进行为标准，证券交易市场可分为场内交易市场和场外交易市场。场内交易市场是指证券交易所；场外交易市场是指在证券交易所以外，为证券交易提供条件的场所，包括证券公司、全国中小企业股份转让系统等。证券交易市场主要由客户、证券公司、证券登记结算机构、证券交易的服务机构以及证券交易场所构成。

（三）证券交易方式

依照证券交易完成的场所不同，可以将其分为场内交易和场外交易。

（1）场内交易，是指在证券交易所进行的证券交易，又被称为挂牌交易。场内交易采取集中竞价的方式进行，成交顺序遵循价格优先、时间优先和客户委托优先原则。场内交易要求交易者具有会员资格，否则需要委托会员来从事交易。

（2）场外交易，是指在证券交易所以外进行的证券交易，又被称为柜台交易。交易价格可以由交易双方协商确定或者按照国务院证券监督管理部门规定的其他方式确定。

（四）证券交易的程序

（1）开立账户。投资者需在证券登记结算机构和证券公司分别开立证券专户和资金专户。开设证券专户主要是为了对投资人的资格和信用进行审查和确认。开设资金专户是为了存取交易用现金、结算和领取股息红利。

（2）委托。委托是投资人向证券公司发出的同意以某种价格交易一定数量的某种证券的指示。其形式可以是书面、电话或互联网等形式。

（3）成交。成交是指证券交易双方通过集中竞价交易方式，就证券交易的价格和数量达成一致行为。成交后，证券公司应向投资者出具买卖成交报告。

（4）清算与过户。证券登记结算机构根据成交结果，按照清算交割规则，进行证券和资金的清算交割，办理证券的登记过户手续。

### 三、证券交易的禁止行为及其法律责任

（一）禁止内幕交易

内幕交易，又称内部人交易，是指知悉证券交易内幕信息的知情人员或者非法获取内幕信息的其他人员，在内幕信息公开前自己买入或者卖出所持有的该公司的证券，或者泄露该信息，或者建议他人买卖该公司证券的行为。

1. 知情人员

根据《证券法》第五十一条规定，证券交易内幕信息的知情人包括：①发行人及其董事、监事、高级管理人员；②持有公司5%以上股份的股东及其董事、监事、高级管理人员，公司的实际控制人及其董事、监事、高级管理人员；③发行人控股或者实

际控制的公司及其董事、监事、高级管理人员；④由于所任公司职务或者因与公司业务往来可以获取公司有关内幕信息的人员；⑤上市公司收购人或者重大资产交易方及其控股股东、实际控制人、董事、监事和高级管理人员；⑥因职务、工作可以获取内幕信息的证券交易场所、证券公司、证券登记结算机构、证券服务机构的有关人员；⑦因职责、工作可以获取内幕信息的证券监督管理机构工作人员；⑧因法定职责对证券的发行、交易或者对上市公司及其收购、重大资产交易进行管理可以获取内幕信息的有关主管部门、监管机构的工作人员；⑨国务院证券监督管理机构规定的可以获取内幕信息的其他人员。

### 2. 内幕信息

内幕信息是指证券交易活动中，涉及公司的经营、财务或者对该公司证券的市场价格有重大影响的尚未公开的信息。根据《证券法》的规定，以下可能对证券交易价格产生较大影响的重大事件皆为内幕信息：

（1）可能对上市公司、股票交易价格产生较大影响的重大事件：公司的经营方针和经营范围的重大变化；公司的重大投资行为，公司在1年内购买、出售重大资产超过公司资产总额30%，或者公司营业用主要资产的抵押、质押、出售或者报废一次超过该资产的30%；公司订立重要合同、提供重大担保或者从事关联交易，可能对公司的资产、负债、权益和经营成果产生重要影响；公司发生重大债务和未能清偿到期重大债务的违约情况；公司发生重大亏损或者重大损失；公司生产经营的外部条件发生的重大变化；公司的董事、三分之一以上监事或者经理发生变动，董事长或者经理无法履行职责；持有公司5%以上股份的股东或者实际控制人持有股份或者控制公司的情况发生较大变化，公司的实际控制人及其控制的其他企业从事与公司相同或者相似业务的情况发生较大变化；公司分配股利、增资的计划，公司股权结构的重要变化，公司减资、合并、分立、解散及申请破产的决定，或者依法进入破产程序、被责令关闭；涉及公司的重大诉讼、仲裁，股东大会、董事会决议被依法撤销或者宣告无效；公司涉嫌犯罪被依法立案调查，公司的控股股东、实际控制人、董事、监事、高级管理人员涉嫌犯罪被依法采取强制措施；国务院证券监督管理机构规定的其他事项。

（2）可能对上市交易公司债券的交易价格产生较大影响的重大事件：公司股权结构或者生产经营状况发生重大变化；公司债券信用评级发生变化；公司重大资产抵押、质押、出售、转让、报废；公司发生未能清偿到期债务的情况；公司新增借款或者对外提供担保超过上年末净资产的20%；公司放弃债权或者财产超过上年末净资产的10%；公司发生超过上年末净资产10%的重大损失；公司分配股利，作出减资、合并、分立、解散及申请破产的决定，或者依法进入破产程序、被责令关闭；涉及公司的重大诉讼、仲裁；公司涉嫌犯罪被依法立案调查，公司的控股股东、实际控制人、董事、监事、高级管理人员涉嫌犯罪被依法采取强制措施；国务院证券监督管理机构规定的其他事项。

### 3. 内幕交易的形式

内幕交易行为有以下几种：①知悉内幕信息的人员利用内幕信息买卖所持有的该公司的证券；②知悉内幕信息的人员泄露该信息，使他人利用该信息进行内幕交易；

③知悉内幕信息的人员建议他人买卖该公司证券。

【重要提示】禁止证券交易内幕信息的知情人和非法获取内幕信息的人利用内幕信息从事证券交易活动。

4. 内幕交易的法律责任

证券交易内幕信息的知情人或者非法获取内幕信息的人，在涉及证券的发行、交易或者其他对证券的价格有重大影响的信息公开前，买卖该证券，或者泄露该信息，或者建议他人买卖该证券的，责令依法处理非法持有的证券，没收违法所得，并处以违法所得1倍以上10倍以下的罚款；没有违法所得或者违法所得不足50万元的，处以50万元以上500万元以下的罚款。单位从事内幕交易的，还应当对直接负责的主管人员和其他直接责任人员给予警告，并处以20万元以上200万元以下的罚款。国务院证券监督管理机构工作人员进行内幕交易的，从重处罚。内幕交易行为给投资者造成损失的，行为人应当依法承担赔偿责任。触犯刑法者，应承担刑事责任。根据《刑法》第一百八十条的规定，内幕交易情节严重的，处5年以下有期徒刑或者拘役，并处或者单处违法所得1倍以上5倍以下罚金；情节特别严重的，处5年以上10年以下有期徒刑，并处违法所得1倍以上5倍以下罚金。单位犯前款罪的，对单位判处罚金，并对其直接负责的主管人员和其他直接责任人员，处5年以下有期徒刑或者拘役。

### 案例12-2　内幕交易行为

**案情**：绿能源公司是上市公司，因与H银行发生重大经济纠纷，用于抵押的本公司办公大楼可能将被法院拍卖，拍卖评估价格为7000万元，占绿能源公司固定资产比例的35%。小林是本公司的文职人员，在打印一份文件时，知晓了上述信息，于是将自己持有的2000份股票脱手，获利2万元。同时，小林还将此事告知了好友张某，张某也及时卖出了自己持有的绿能源公司的股票。

**请问**：小林的行为属于什么性质的行为？根据《证券法》的规定应当承担何种法律责任？

**点评**：小林的行为属于《证券法》所禁止的内幕交易行为。内幕交易是指知悉证券交易内幕信息的知情人员或者非法获取内幕信息的其他人员，在内幕信息公开前自己买入或者卖出所持有的该公司的证券，或者泄露该信息，或者建议他人买卖该证券的行为。小林作为公司的文职人员，因职务原因，能够知悉内幕信息，属于知情人员。小林根据掌握的内幕信息，买卖所持有的本公司的证券，并将内幕信息泄露给好友张某，违反了《证券法》第五十三条的规定，根据《证券法》第一百九十一条的规定，应当责令依法处理非法持有的证券，没收违法所得，并处以违法所得1倍以上10倍以下的罚款。

### （二）禁止操纵市场

操纵证券市场是指个人或者机构背离市场自由竞争和供求关系原则，人为地操纵证券交易价格，以引诱他人参与证券交易，为自己牟取利益的行为。

### 1. 操纵证券市场的行为

操纵证券市场的行为有以下几种：①单独或者通过合谋，集中资金优势、持股优势或者利用信息优势联合或者连续买卖；②与他人串通，以事先约定的时间、价格和方式相互进行证券交易；③在自己实际控制的账户之间进行证券交易；④不以成交为目的，频繁或者大量申报并撤销申报；⑤利用虚假或者不确定的重大信息，诱导投资者进行证券交易；⑥对证券、发行人公开作出评价、预测或者投资建议，并进行反向证券交易；⑦利用在其他相关市场的活动操纵证券市场；⑧操纵证券市场的其他手段。

### 2. 操纵市场的法律责任

根据《证券法》的规定，对违反规定操纵证券市场者，责令依法处理其非法持有的证券，没收违法所得，并处以违法所得1倍以上10倍以下的罚款；没有违法所得或者违法所得不足100万元的，处以100万元以上1000万元以下的罚款。单位操纵证券市场的，还应当对直接负责的主管人员和其他直接责任人员给予警告，并处以50万元以上500万元以下的罚款。操纵证券市场行为给投资者造成损失的，行为人应当依法承担赔偿责任。触犯刑法者，依法追究刑事责任。根据《刑法》第一百八十二条规定，操纵市场行为情节严重的，处5年以下有期徒刑或者拘役，并处或者单处违法所得1倍以上5倍以下罚金。单位犯前款罪的，对单位判处罚金，并对其直接负责的主管人员和其他直接责任人员，处5年以下有期徒刑或者拘役。

## （三）禁止虚假信息误导

虚假信息误导是指对与证券的发行与交易相关的信息作出不实、严重误导或重大遗漏的陈述，导致投资者在受蒙蔽的情况下进行证券交易的行为。

### 1. 虚假信息误导主要表现

虚假信息误导主要表现为：①任何单位和个人编造、传播虚假信息或者误导性信息。②证券交易场所、证券公司、证券登记结算机构、证券服务机构及其从业人员，证券业协会、证券监督管理机构及其工作人员，在证券交易活动中作出虚假陈述或者信息误导。③各种传播媒介传播证券市场信息不真实、不客观，存在误导。

### 2. 虚假信息误导的法律责任

我国《证券法》对从事虚假信息误导行为作了如下责任规定：任何单位或个人编造、传播虚假信息或者误导性信息，扰乱证券市场的，没收违法所得，并处以违法所得1倍以上10倍以下的罚款；没有违法所得或者违法所得不足20万元的，处以20万元以上200万元以下的罚款。证券交易场所、证券公司、证券登记结算机构、证券服务机构及其从业人员，证券业协会、证券监督管理机构及其工作人员，在证券交易活动中作出虚假陈述或者信息误导的，责令改正，处以20万元以上200万元以下的罚款；属于国家工作人员的，还应当依法给予处分。传播媒介及其从事证券市场信息报道的工作人员违反规定，从事与其工作职责发生利益冲突的证券买卖的，没收违法所得，并处以买卖证券等值以下的罚款。

《刑法》第一百八十二条规定，编造并且传播影响证券交易的虚假信息，扰乱证券交易市场，造成严重后果的，处5年以下有期徒刑或者拘役，并处或者单处1万元以上10万元以下罚金。证券交易所、证券公司的从业人员，证券业协会或者证券管理部门的工作人员，故意提供虚假信息或者伪造、变造、销毁交易记录，诱骗投资者买卖证券，造成严重后果的，处5年以下有期徒刑或者拘役，并处或者单处1万元以上10万元以下罚金；情节特别恶劣的，处5年以上10年以下有期徒刑，并处2万元以上20万元以下罚金。单位犯前两款罪的，对单位判处罚金，并对其直接负责的主管人员和其他直接责任人员，处5年以下有期徒刑或者拘役。

（四）禁止欺诈客户

欺诈客户是指证券公司及其从业人员在证券交易活动中从事的违背客户真实意思表示、损害投资者利益的行为。

1. 欺诈客户的行为

欺诈客户的行为有以下几种：①违背客户的委托为其买卖证券；②不在规定时间内向客户提供交易的确认文件；③未经客户的委托，擅自为客户买卖证券，或者假借客户的名义买卖证券；④为牟取佣金收入，诱使客户进行不必要的证券买卖；⑤其他违背客户真实意思表示，损害客户利益的行为。

2. 欺诈客户的法律责任

《证券法》第一百九十四条规定：证券公司及其从业人员有欺诈行为的，给予警告，没收违法所得，并处以违法所得1倍以上10倍以下的罚款；没有违法所得或者违法所得不足10万元的，处以10万元以上100万元以下的罚款；情节严重的，暂停或者撤销相关业务许可。

（五）其他禁止行为

除上述禁止行为外，《证券法》还规定了以下禁止行为：①任何单位和个人不得违反规定，出借自己的证券账户或者借用他人的证券账户从事证券交易；②禁止资金违规流入股市；③禁止投资者违规利用财政资金、银行信贷资金买卖证券。

## 第四节 上市公司收购制度

### 一、上市公司收购概述

（一）上市公司收购的概念和意义

上市公司收购是指投资者为达到对股份有限公司控股或者兼并的目的，而依法购买其已发行上市的股份的行为。上市公司收购是公司购并的一种重要形式，有利于优化资源配置，加速资本集聚，促进规模经济的形成；有利于证券市场的稳定和有序运作；能维护投资公众特别是被收购公司小股东的合法权益。

就本质而言，上市公司的收购仍属于证券交易，收购人的目的是取得或强化对上市公司的控制权。收购行为不仅可以改变公司的隶属关系，还可能影响到股市价格。为了稳定证券市场，各国立法均对上市公司收购进行了专门规范。我国《证券法》第四章专门规定了上市公司收购制度，为了使上述制度更具有操作性，证监会发布了《上市公司收购管理办法》。

(二) 上市公司收购的分类

1. 要约收购与协议收购

依收购方式为标准，可将上市公司收购分为要约收购和协议收购。要约收购，是指收购方通过向被收购方的股东发出收购要约的方式进行的收购；协议收购，是指收购方依照法律或行政法规的规定，同被收购公司的股东以协议方式进行股权转让。

2. 友好收购与敌意收购

依目标公司与收购人的合作与否为标准，可将上市公司收购分为友好收购和敌意收购。友好收购是指得到了目标公司经营者合作而进行的收购；敌意收购是指在目标公司经营者不知情或拒绝合作的情况下进行的收购。

3. 部分要约收购和全部要约收购

依收购人收购目标公司股份数量为标准，可将上市公司收购分为部分要约收购和全部要约收购。部分要约收购是收购人向目标公司全体股东发出要约，收购一定比例股份的行为。全部要约收购是收购人向目标公司全体股东发出要约，收购所有股份的行为。

4. 现金收购、换股收购和混合收购

依支付方式为标准，可将上市公司收购分为现金收购、换股收购和混合收购。现金收购是指收购人以支付现金的方式收购目标公司的股份；换股收购是指收购人以本公司的股份作价来交换目标公司的股份；混合收购是指收购人在收购活动中，支付方式既包括现金，也包括股票和其他有价证券。

根据《证券法》第六十二条的规定，投资者可以采取要约收购、协议收购及其他合法方式收购上市公司。下文主要介绍要约收购和协议收购两种方式。

## 二、要约收购

(一) 要约收购的特点

要约收购是一种特殊的证券交易行为，具有以下特点：

(1) 公开性。要约收购的收购人必须向目标公司的所有股东发出收购要约，因为目标公司股东人数较多，且不断变动。

(2) 公平性。收购要约中提出的各项收购条件，适用于目标公司的所有股东，收购人不得区别对待。

(3) 期限性。收购要约约定的收购期限不得少于30日，并不得超过60日。

(4) 排他性。收购人在收购要约期限内，不得采取要约规定以外的方式收购目标公司的股份。

(二) 要约收购的程序

(1) 公告和提交收购报告。收购人在发出收购要约前，必须公告上市公司收购报告书，并载明下列事项：收购人的名称、住所；被收购的上市公司名称；收购目的；

收购股份的详细名称和预定收购的股份数额；收购期限、收购价格；收购所需资金额及资金保证；公告上市公司收购报告书时持有被收购公司股份数占该公司已发行的股份总数的比例。收购人还应当将上市公司收购报告书同时提交证券交易所。

(2) 收购。收购要约约定的收购期限不得少于 30 日，并不得超过 60 日。在收购要约确定的承诺期限内，收购人不得撤销其收购要约。收购人需要变更收购要约的，必须及时公告，载明具体变更事项，且不得存在降低收购价格、减少预定收购股份数额、缩短收购期限等情形。收购要约提出的各项收购条件，适用于被收购公司的所有股东，但上市公司发行不同种类股份的，收购人可以针对不同种类股份提出不同的收购条件。采取要约收购方式的，收购人在收购期限内，不得卖出被收购公司的股票，也不得采取要约规定以外的形式和超出要约的条件买入被收购公司的股票。

(3) 报告与公告。收购行为完成后，收购人应当在 15 日内将收购情况报告国务院证券监督管理机构和证券交易所，并予公告。

### 三、协议收购

(一) 协议收购的特点

与要约收购相比较，协议收购具有以下特点：

(1) 收购对象的限定性。协议收购仅限于目标公司的少数特定股东。

(2) 收购过程具有不公开性。协议收购中，收购人与目标公司的股东分别协商收购条件，协议过程并不公开。这与要约收购的公开性完全不同。

(3) 收购条件的非公平性。由于协议收购具有不公开性，所以收购人与每个股东商定的收购条件并不完全相同，当然协议收购不具有要约收购的公平性。

(4) 收购不具有期限性。协议收购过程中，双方当事人可以反复进行协商，法律对协商期限没有限制。

(5) 收购不具有排他性。协议收购中，收购人在同目标公司股东私下协商的同时，仍可以在证券交易所通过集中竞价方式买卖目标公司的股票。

(二) 协议收购的程序

(1) 订立收购协议。收购意向确定后，收购人应就有关收购事项与目标公司股东进行磋商、谈判，以达成收购协议。

(2) 报告与公告。以协议方式收购上市公司时，达成协议后，收购人必须在 3 日内将该收购协议向国务院证券监督管理机构及证券交易所作出书面报告，并予公告。公告前不得履行收购协议。

(3) 履行收购协议。

(4) 报告与公告。收购行为完成后，收购人应当在 15 日内将收购情况报告国务院证券监督管理机构和证券交易所，并予公告。

### 四、上市公司收购的法律效果

上市公司收购期限届满，被收购公司股权分布不符合上市条件的，该上市公司的股票应当由证券交易所依法终止上市交易；其余仍持有被收购公司股票的股东，有权向收购人以收购要约的同等条件出售其股票，收购人应当收购。收购行为完成后，被收购公司不再具备股份有限公司条件的，应当依法变更企业形式。收购人持有的被收购的上市公司的股票，在收购行为完成后的18个月内不得转让。

收购行为完成后，收购人与被收购公司合并，并将该公司解散的，被解散公司的原有股票由收购人依法更换。

## 第五节 信息披露

### 一、信息披露的概念和意义

信息披露，是指证券发行人或上市公司依法将其财务、经营等状况向证券监督管理机构报告，并以公告形式向社会公众投资者公开的活动。由于从证券发行、上市到交易期间，信息公开必须持续进行，因此，又被称为持续信息公开。

信息披露是证券法的基本原则之一。其意义有以下几个方面：①便于投资者理性决策，维护投资者利益；②有利于证券发行和交易形成合理的价格；③有利于证券监督管理机构对证券市场的监督和管理；④有利于证券发行人和上市公司改善经营管理，更好地对投资者负责。

### 二、信息披露的要求和方式

1. 信息披露的要求

根据《证券法》第七十八条规定，发行人及法律、行政法规和国务院证券监督管理机构规定的其他信息披露义务人，应当及时依法履行信息披露义务。信息披露义务人披露的信息，应当真实、准确、完整，简明清晰，通俗易懂，不得有虚假记载、误导性陈述或者重大遗漏。证券同时在境内境外公开发行、交易的，其信息披露义务人在境外披露的信息，应当在境内同时披露。

2. 信息披露的方式

依法披露的信息，应当在证券交易场所的网站和符合国务院证券监督管理机构规定条件的媒体发布，同时将其置备于公司住所、证券交易场所，供社会公众查阅。另外，信息公开义务人应该向国务院证券监督管理机构和证券交易所提交报告。

### 三、信息披露的内容

根据我国《证券法》和《公司法》的规定，信息披露的内容主要有以下方面：

1. 证券发行文件

证券公开发行前，发行人应当公告公开发行募集文件，如招股说明书、公司债券募集办法等，并将该文件置备于指定场所供公众查阅。

2. 定期报告

上市公司、公司债券上市交易的公司、股票在国务院批准的其他全国性证券交易场所交易的公司,应当按照国务院证券监督管理机构和证券交易场所规定的内容和格式编制定期报告,并按照以下规定报送和公告:在每一会计年度结束之日起4个月内,报送并公告年度报告,其中的年度财务会计报告应当经符合证券法规定的会计师事务所审计;在每一会计年度的上半年结束之日起2个月内,报送并公告中期报告。

3. 临时报告

发生可能对上市公司、股票在国务院批准的其他全国性证券交易场所交易的公司的股票、上市交易公司债券交易价格产生较大影响的重大事件,投资者尚未得知时,公司应当立即将有关该重大事件的情况向国务院证券监督管理机构和证券交易场所报送临时报告,并予公告,说明事件的起因、目前的状态和可能产生的法律后果。所谓重大事件请参阅内幕交易章节。

【重要提示】信息披露义务人披露的信息应当同时向所有投资者披露,不得提前向任何单位和个人泄露。但是,法律、行政法规另有规定的除外。

### 案例12-3　违反信息披露行为

案情:W&H公司在股票发行申报材料中对当地国土管理部门未批准处置的两块土地作了违规处理,按照评估结果计入公司总资产,由此虚增公司无形资产2000万元。后来,该公司与当地市政府签订了《市郊区土地开发战略合作框架协议》,但未及时向社会公告签约事宜。同年,该公司发现公司在某银行账户中的1亿元存款被他人分三笔非法转走,公司虽及时向公安机关报案,但考虑到公司的名誉,没有向社会公开此事。

请问:W&H公司违反了哪些法律规定?应当承担何种法律责任?

点评:本案是一起股份有限公司在股票发行中对重大事项有虚假记载和重大事件未予披露的违法行为。我国《证券法》第七十八条第二款规定:"信息披露义务人披露的信息,应当真实、准确、完整,简明清晰,通俗易懂,不得有虚假记载、误导性陈述或者重大遗漏。"第八十条第一款规定:"发生可能对上市公司、股票在国务院批准的其他全国性证券交易场所交易的公司的股票交易价格产生较大影响的重大事件,投资者尚未得知时,公司应当立即将有关该重大事件的情况向国务院证券监督管理机构和证券交易场所报送临时报告,并予公告,说明事件的起因、目前的状态和可能产生的法律后果。"本案中,W&H公司虚增公司无形资产违反了《证券法》第七十八条的规定;签署《市郊区土地开发战略合作框架协议》及巨额银行存款失窃均属于"对上市公司股票交易价格产生较大影响的中大事件",公司未及时披露,违反了《证券法》第八十条的规定。

根据《证券法》第八十五条的规定,信息披露义务人未按照规定披露信息,或者公告的证券发行文件、定期报告、临时报告及其他信息披露资料存在虚假记载、误导性陈述或者重大遗漏,致使投资者在证券交易中遭受损失的,信息披露义务人应当承担赔偿责任;发行人的控股股东、实际控制人、董事、监事、高级管理人员和其他直接责任人员以及保荐人、承销的证券公司及其直接责任人员,应当与发行人承担连带赔偿责任,但是能够证明自己没有过错的除外。另,《证券法》第一百九十七条规定:"信息披露义务人未按照本法规定报送有关报告或者履行信息披露义务的,责令改正,给予警告,并处以50万元以上500万元以下的罚款;对直接负责的主管人员和其他直接责任人员给予警告,并处以20万元以上200万元以下的罚款。发行人的控股股东、实际控制人组织、指使从事上述违法行为,或者隐瞒相关事项导致发生上述情形的,处以50万元以上500万元以下的罚款;对直接负责的主管人员和其他直接责任人员,处以20万元以上200万元以下的罚款。信息披露义务人报送的报告或者披露的信息有虚假记载、误导性陈述或者重大遗漏的,责令改正,给予警告,并处以100万元以上1000万元以下的罚款;对直接负责的主管人员和其他直接责任人员给予警告,并处以50万元以上500万元以下的罚款。发行人的控股股东、实际控制人组织、指使从事上述违法行为,或者隐瞒相关事项导致发生上述情形的,处以100万元以上1000万元以下的罚款;对直接负责的主管人员和其他直接责任人员,处以50万元以上500万元以下的罚款。"

## 第六节　投资者保护

为了保护投资者合法权益,我国证券法规定了一系列保护投资者的制度。

### 一、投资者适当性制度

投资者适当性制度,是指证券公司向投资者销售证券、提供服务时,应确保投资者的财务状况、投资目标、知识经验以及风险承受能力等相匹配,不得将高风险证券销售给低风险承受能力的投资者而导致其利益受损。《证券法》第八十八条规定:"证券公司向投资者销售证券、提供服务时,应当按照规定充分了解投资者的基本情况、财产状况、金融资产状况、投资知识和经验、专业能力等相关信息;如实说明证券、服务的重要内容,充分揭示投资风险;销售、提供与投资者上述状况相匹配的证券、服务。投资者在购买证券或者接受服务时,应当按照证券公司明示的要求提供前款所列真实信息。拒绝提供或者未按照要求提供信息的,证券公司应当告知其后果,并按照规定拒绝向其销售证券、提供服务。证券公司违反第一款规定导致投资者损失的,应当承担相应的赔偿责任。"

### 二、代理权征集制度

代理权征集,是指当股份公司的股东不能或不愿出席股东大会,也没有委派代理人时,公司及公司以外的人将记载必要事项的空白授权委托书交付公司股东,并在股东授权范围内代为行使股东权利的行为。《证券法》第九十条规定:"上市公司董事会、独立董事、持有百分之一以上有表决权股份的股东或者依照法律、行政法规或者国务院证券监督管理机构的规定设立的投资者保护机构(以下简称投资者保护机构),可以作为征集人,自行或者委托证券公司、证券服务机构,公开请求上市公司股东委托其代为出席股东大会,并代为行使提案权、表决权等股东权利。依照前款规定征集股东权利的,征集人应当披露征集文件,上市公司应当予以配合。禁止以有偿或者变相有偿的方式公开征集股东权利。公开征集股东权利违反法律、行政法规或者国务院证券监督管理机构有关规定,导致上市公司或者其股东遭受损失的,应当依法承担赔偿责任。"

### 三、现金股利制度

《证券法》第九十一条规定:"上市公司应当在章程中明确分配现金股利的具体安排和决策程序,依法保障股东的资产收益权。上市公司当年税后利润,在弥补亏损及提取法定公积金后有盈余的,应当按照公司章程的规定分配现金股利。"

### 四、债券持有人会议制度和债券受托人制度

根据《证券法》的规定,公开发行公司债券的,应当设立债券持有人会议,并应当在募集说明书中说明债券持有人会议的召集程序、会议规则和其他重要事项。公开发行公司债券的,发行人应当为债券持有人聘请债券受托管理人,并订立债券受托管理协议。债券受托管理人应当勤勉尽责,公正履行受托管理职责,不得损害债券持有人利益。

### 五、先行赔付制度

发行人因欺诈发行、虚假陈述或者其他重大违法行为给投资者造成损失的,发行人的控股股东、实际控制人、相关的证券公司可以委托投资者保护机构,就赔偿事宜与受到损失的投资者达成协议,予以先行赔付。先行赔付后,可以依法向发行人以及其他连带责任人追偿。

### 六、代表人诉讼制度

代表人诉讼,是指具有共同或者同种类法律利益的一方当事人人数众多,其中一人或数人代表其他人提起和进行诉讼,法院所作出的判决对所有被代表的人都有约束力的诉讼形式。《证券法》第九十五条规定:"投资者提起虚假陈述等证券民事赔偿诉讼时,诉讼标的是同一种类,且当事人一方人数众多的,可以依法推选代表人进行诉讼。对按照前款规定提起的诉讼,可能存在有相同诉讼请求的其他众多投资者的,人民法院可以发出公告,说明该诉讼请求的案件情况,通知投资者在一定期间向人民法院登记。人民法院作出的判决、裁定,对参加登记的投资者发生效力。"

## 第七节 证券监管制度

### 一、证券监督管理机构

(一)证券监督管理机构的地位

证券监督管理机构是指依法对证券市场实行监督管理的行政性执法机构。我国的

证券监督管理机构,又称国务院证券监督管理机构,就是国务院证券监督管理委员会,即简称证监会。我国《证券法》第一百六十八条规定:国务院证券监督管理机构依法对证券市场实行监督管理,维护证券市场公开、公平、公正,防范系统性风险,维护投资者合法权益,促进证券市场健康发展。

(二)证券监督管理机构的职责

证券监督管理机构的职责在对证券市场实施监督管理中履行下列职责:

(1)依法制定有关证券市场监督管理的规章、规则,并依法进行审批、核准、注册,办理备案;

(2)依法对证券的发行、上市、交易、登记、存管、结算等行为,进行监督管理;

(3)依法对证券发行人、证券公司、证券服务机构、证券交易场所、证券登记结算机构的证券业务活动,进行监督管理;

(4)依法制定从事证券业务人员的行为准则,并监督实施;

(5)依法监督检查证券发行、上市、交易的信息披露;

(6)依法对证券业协会的自律管理活动进行指导和监督;

(7)依法监测并防范、处置证券市场风险;

(8)依法开展投资者教育;

(9)依法对证券违法行为进行查处;

(10)法律、行政法规规定的其他职责。

(三)证券监督管理机构的执法措施

根据《证券法》第一百八十条的规定,国务院证券监督管理机构依法履行职责,有权采取下列措施:

(1)对证券发行人、证券公司、证券服务机构、证券交易场所、证券登记结算机构进行现场检查;

(2)进入涉嫌违法行为发生场所调查取证;

(3)询问当事人和与被调查事件有关的单位和个人,要求其对与被调查事件有关的事项作出说明;或者要求其按照指定的方式报送与被调查事件有关的文件和资料;

(4)查阅、复制与被调查事件有关的财产权登记、通讯记录等文件和资料;

(5)查阅、复制当事人和与被调查事件有关的单位和个人的证券交易记录、登记过户记录、财务会计资料及其他相关文件和资料;对可能被转移、隐匿或者毁损的文件和资料,可以予以封存、扣押;

(6)查询当事人和与被调查事件有关的单位和个人的资金账户、证券账户、银行账户以及其他具有支付、托管、结算等功能的账户信息,可以对有关文件和资料进行复制;对有证据证明已经或者可能转移或者隐匿违法资金、证券等涉案财产或者隐匿、伪造、毁损重要证据的,经国务院证券监督管理机构主要负责人或者其授权的其他负责人批准,可以冻结或者查封,期限为6个月;因特殊原因需要延长的,每次延长期限不得超过3个月,冻结、查封期限最长不得超过2年;

(7)在调查操纵证券市场、内幕交易等重大证券违法行为时,经国务院证券监督管理机构主要负责人或者其授权的其他负责人批准,可以限制被调查的当事人的证券买卖,但限制的期限不得超过3个月;案情复杂的,可以延长3个月;

(8)通知出境入境管理机关依法阻止涉嫌违法人员、涉嫌违法单位的主管人员和其他直接责任人员出境。

为防范证券市场风险,维护市场秩序,国务院证券监督管理机构可以采取责令改正、监管谈话、出具警示函等措施。

(四)对证券监督管理机构及人员的约束

国务院证券监督管理机构依法履行职责,进行监督检查或者调查,其监督检查、调查的人员不得少于2人,并应当出示合法证件和监督检查、调查通知书或者其他执法文书。监督检查、调查的人员少于2人或者未出示合法证件和监督检查、调查通知书或者其他执法文书的,被检查、调查的单位和个人有权拒绝。

国务院证券监督管理机构工作人员在任职期间,或者离职后在《中华人民共和国公务员法》规定的期限内,不得到与原工作业务直接相关的企业或者其他营利性组织任职,不得从事与原工作业务直接相关的营利性活动。

国务院证券监督管理机构或者国务院授权的部门有下列情形之一的,对直接负责的主管人员和其他直接责任人员,依法给予行政处分:

①对不符合证券法规定的发行证券、设立证券公司等申请予以核准、注册、批准的;②违反证券法规定采取现场检查、调查取证、查询、冻结或者查封等措施的;③违反证券法规定对有关机构和人员采取监督管理措施的;④违反证券法规定对有关机构和人员实施行政处罚的;⑤其他不依法履行职责的行为。

## 二、证券业协会

(一)证券业协会的地位

证券业协会是指由证券经营机构组成的,依其自律规则对证券经营者进行管理的自律性的社会团体法人。区别于政府对行业的管理,它是依其章程、规则等确立的纪律规范约束成员行为的。

(二)证券业协会的职责

《证券法》第一百六十六条规定,证券业协会履行下列职责:

(1)教育和组织会员及其从业人员遵守证券法律、行政法规,组织开展证券行业诚信建设,督促证券行业履行社会责任;

(2)依法维护会员的合法权益,向证券监督管理机构反映会员的建议和要求;

(3)督促会员开展投资者教育和保护活动,维护投资者合法权益;

(4)制定和实施证券行业自律规则,监督、检查会员及其从业人员行为,对违反法律、行政法规、自律规则或者协会章程的,按照规定给予纪律处分或者实施其他自律管理措施;

(5)制定证券行业业务规范,组织从业人员的业务培训;

(6)组织会员就证券行业的发展、运作及有关内容进行研究,收集整理、发布证券相关信息，提供会员服务，组织行业交流，引导行业创新发展；

（7）对会员之间、会员与客户之间发生的证券业务纠纷进行调解；

（8）证券业协会章程规定的其他职责。

【本章小结】

证券法的目的为了规范证券发行和交易行为，保护投资者的合法权益，维护社会经济秩序和社会公共利益，促进社会主义市场经济的发展，纠其本质是规范发行人、投资者、证券交易场所、中介机构、证券监督机构等证券市场主体之间的权利和义务关系。证券发行分为股票发行和债券发行两种，二者的发行均有严格的条件要求和程序规定。证券交易的本质是证券买卖，是买卖合同的一种，但证券买卖又不同于一般的货物买卖，其标的是一种财产性权利，是债券化的权利，其交易风险远高于普通货物交易。因此，各国无不对证券交易进行严格的法律规制。内幕交易、操纵市场、欺诈客户、虚假信息误导是比较典型的违法交易行为，为我国证券法严格禁止。为了更好地保护投资者合法利益，我国证券法规定了投资者适当性、代理权征集、先行赔付、代表人诉讼等一系列制度。证券收购是一种特殊的证券交易，收购者的目的是通过收购行为实现对被收购上市公司的控制权或管理权。要约收购和协议收购是比较典型的收购形式。因为收购将会影响到被收购公司的治理、少数股东的利益和股市价格，因此，我国证券法对公司收购规定了相对谨慎的审查条款。违反证券法根据情节不同将会承担不同的法律责任：轻者赔偿损失；重者将会受到行政处罚，甚至刑事处罚。

【思考与练习题】

一、名词解释

1. 证券  2. 证券公司  3. 证券发行  4. 信息披露制度  5. 证券交易  6. 上市公司收购  7. 代理权征集

二、简答题

1. 股票发行和股票交易条件。
2. 信息披露制度的基本内容。
3. 我国《证券法》规定的证券交易禁止行为。
4. 投资者保护制度。

三、论述题

1. 论证券法的公开、公平、公正原则。
2. 论内幕信息与知情人员的范围。

四、案例分析

某甲上市公司因财务会计报告中作虚假记载，致使中小投资者在股票交易中遭受重大损失，被中国证券监督管理委员会查处。中国证券监督管理委员会在对甲公司的查处中还发现下列事实：

管理机构主要负责人或者其授权的其他负责人批准，可以限制被调查的当事人的证券买卖，但限制的期限不得超过3个月；案情复杂的，可以延长3个月；

(8)通知出境入境管理机关依法阻止涉嫌违法人员、涉嫌违法单位的主管人员和其他直接责任人员出境。

为防范证券市场风险，维护市场秩序，国务院证券监督管理机构可以采取责令改正、监管谈话、出具警示函等措施。

(四)对证券监督管理机构及人员的约束

国务院证券监督管理机构依法履行职责，进行监督检查或者调查，其监督检查、调查的人员不得少于2人，并应当出示合法证件和监督检查、调查通知书或者其他执法文书。监督检查、调查的人员少于2人或者未出示合法证件和监督检查、调查通知书或者其他执法文书的，被检查、调查的单位和个人有权拒绝。

国务院证券监督管理机构工作人员在任职期间，或者离职后在《中华人民共和国公务员法》规定的期限内，不得到与原工作业务直接相关的企业或者其他营利性组织任职，不得从事与原工作业务直接相关的营利性活动。

国务院证券监督管理机构或者国务院授权的部门有下列情形之一的，对直接负责的主管人员和其他直接责任人员，依法给予行政处分：

①对不符合证券法规定的发行证券、设立证券公司等申请予以核准、注册、批准的；②违反证券法规定采取现场检查、调查取证、查询、冻结或者查封等措施的；③违反证券法规定对有关机构和人员采取监督管理措施的；④违反证券法规定对有关机构和人员实施行政处罚的；⑤其他不依法履行职责的行为。

## 二、证券业协会

(一)证券业协会的地位

证券业协会是指由证券经营机构组成的，依其自律规则对证券经营者进行管理的自律性的社会团体法人。区别于政府对行业的管理，它是依其章程、规则等确立的纪律规范约束成员行为的。

(二)证券业协会的职责

《证券法》第一百六十六条规定，证券业协会履行下列职责：

(1)教育和组织会员及其从业人员遵守证券法律、行政法规，组织开展证券行业诚信建设，督促证券行业履行社会责任；

(2)依法维护会员的合法权益，向证券监督管理机构反映会员的建议和要求；

(3)督促会员开展投资者教育和保护活动，维护投资者合法权益；

(4)制定和实施证券行业自律规则，监督、检查会员及其从业人员行为，对违反法律、行政法规、自律规则或者协会章程的，按照规定给予纪律处分或者实施其他自律管理措施；

(5)制定证券行业业务规范，组织从业人员的业务培训；

(6)组织会员就证券行业的发展、运作及有关内容进行研究，收集整理、发布证

券相关信息,提供会员服务,组织行业交流,引导行业创新发展;

(7)对会员之间、会员与客户之间发生的证券业务纠纷进行调解;

(8)证券业协会章程规定的其他职责。

【本章小结】

证券法的目的为了规范证券发行和交易行为,保护投资者的合法权益,维护社会经济秩序和社会公共利益,促进社会主义市场经济的发展,纠其本质是规范发行人、投资者、证券交易场所、中介机构、证券监督机构等证券市场主体之间的权利和义务关系。证券发行分为股票发行和债券发行两种,二者的发行均有严格的条件要求和程序规定。证券交易的本质是证券买卖,是买卖合同的一种,但证券买卖又不同于一般的货物买卖,其标的是一种财产性权利,是债券化的权利,其交易风险远高于普通货物交易。因此,各国无不对证券交易进行严格的法律规制。内幕交易、操纵市场、欺诈客户、虚假信息误导是比较典型的违法交易行为,为我国证券法严格禁止。为了更好地保护投资者合法利益,我国证券法规定了投资者适当性、代理权征集、先行赔付、代表人诉讼等一系列制度。证券收购是一种特殊的证券交易,收购者的目的是通过收购行为实现对被收购上市公司的控制权或管理权。要约收购和协议收购是比较典型的收购形式。因为收购将会影响到被收购公司的治理、少数股东的利益和股市价格,因此,我国证券法对公司收购规定了相对谨慎的审查条款。违反证券法根据情节不同将会承担不同的法律责任:轻者赔偿损失;重者将会受到行政处罚,甚至刑事处罚。

【思考与练习题】

一、名词解释

1. 证券  2. 证券公司  3. 证券发行  4. 信息披露制度  5. 证券交易  6. 上市公司收购  7. 代理权征集

二、简答题

1. 股票发行和股票交易条件。
2. 信息披露制度的基本内容。
3. 我国《证券法》规定的证券交易禁止行为。
4. 投资者保护制度。

三、论述题

1. 论证券法的公开、公平、公正原则。
2. 论内幕信息与知情人员的范围。

四、案例分析

某甲上市公司因财务会计报告中作虚假记载,致使中小投资者在股票交易中遭受重大损失,被中国证券监督管理委员会查处。中国证券监督管理委员会在对甲公司的查处中还发现下列事实:

(1)甲公司多次以自己为交易对象，进行不转移所有权的自买自卖，影响甲公司股票的交易价格和成交量。

(2)甲公司董事会讨论通过对乙上市公司的收购方案，董事 A 第二天将该收购方案透露给自己的大学同学张某，张某根据该信息在对甲公司股票的短线操作中获利 20 万元。

(3)注册会计师王某接受甲公司的委托，为甲公司的年度报告出具审计报告，甲公司的年度报告于 2020 年 3 月 1 日公布。2020 年 3 月 4 日，王某将自己持有的甲公司股票全部卖出，获利 10 万元。

根据以上事实和我国《证券法》的规定，分析回答下列问题：

(1)指出本题要点(1)中甲公司的行为属于何种行为？并说明理由。
(2)董事 A 的行为是否符合法律规定？并说明理由。
(3)注册会计师王某的行为是否符合法律规定？并说明理由。
(4)因甲公司提供虚假的财务会计报告，中小投资者的损失应如何处理？

## 【推荐阅读书目】

1. 证券法原理．董安生．北京大学出版社，2018.
2. 证券法学．李东方．中国政法大学出版社，2017.
3. 中国证券法精要．刘新民．北京大学出版社，2013.

# 第十三章 税 法

学习引导

税收是国家取得财政收入和进行宏观调控的重要工具,税法是税收的法律依据,也是我国经济法律制度的重要组成部分。依法纳税是每个公民的基本义务,也是每个企业义不容辞的社会责任和义务。因此,了解一定的税法知识对于企事业单位及公民依法纳税、照章办事具有十分重要的意义。通过本章的学习,学生应了解税法的基础知识,理解不同税种之间的主要差异、税收征收管理过程中当事人的基本权利、义务及法律责任,重点掌握增值税、企业所得税和个人所得税的基本计税方法。

## 第一节 税法概述

### 一、税法的概念和构成要素

(一)税收的概念与特征

税收是国家为了满足社会公共需要,依照税法规定,凭借政治权力,强制取得财政收入的一种形式。税收是国家参与社会产品分配和再分配的重要手段,是国家进行宏观调控的重要工具,税收的收入是国家财政收入的主要来源。

税收与其他财政收入相比,具有以下三个特征:

(1)强制性。税收制度是国家依据政治权力,用法律法规等形式加以规定的,法律一经确定征税,纳税人即负有依法纳税的义务,不依法纳税者要受到法律的制裁。

(2)无偿性。税务机关征收的税款归国家所有,不再归还给纳税人,也不支付任何代价或报酬。

(3)固定性。税务机关按照法律预先规定的征税对象、征收标准和征收环节征收税款,未经立法程序不得随意变更或修改。

(二)税法的概念和构成要素

1. 税法的概念

税法是调整国家通过税务机关与纳税人之间产生的,无偿征收一定货币或者实物的税收征纳关系的法律规范的总称。税法是国家税务机关及一切纳税单位和个人依法征税、依法纳税的行为规范,其目的是保障国家经济利益和纳税人的合法权益,维护税收秩序,保障国家的财政收入。

2. 税法的构成要素

税法的构成要素是指构成税法的必要因素。税收法律制度主要由以下基本要素

构成：

（1）纳税主体。纳税主体又称纳税人或纳税义务人，是指税法规定的直接负有纳税义务的单位和个人。税法对每一具体税种都规定了特定的纳税人。

与纳税人相关联的概念是负税人和扣缴义务人。负税人是税收的实际负担人。纳税人不一定是负税人，有些税种可以通过一定途径将税款转嫁出去，此时纳税人就不是负税人，如增值税的负税人是最终消费者，纳税人则是商品或应税服务的提供者；而有些税则是由纳税人直接负担税收，如所得税。税法只规定纳税人而不规定负税人。扣缴义务人是税法规定的负有代收代缴、代扣代缴税款义务的单位和个人。在有些情况下，纳税人直接缴纳税款有困难时，国家为了防止税款流失，规定由持有纳税人收入（或收取纳税人费用）的单位或个人作为税款的扣缴义务人，如出版社代扣作者稿酬所得的个人所得税、委托加工应税消费品的受托方应代收委托方应缴纳的消费税等。

（2）征税对象。征税对象又称纳税客体或课税对象，是指对什么进行征税。不同的征税对象是区分不同税种的主要标志。征税对象的内容十分广泛，包括货物、劳务、财产、收入、土地和行为等等。每个税种都有各自的征税对象，如增值税的征税对象是增值额，所得税的征税对象是所得额。

与征税对象相关联的概念主要有税目、征税范围和计税依据。税目是各个税种所规定的具体征税项目，是征税对象的具体化。征税范围是指税法规定的征税对象的具体区间，是对征税对象的进一步具体化。计税依据是计算每种税应纳税额的依据，是征税对象在量上的具体化。

（3）税率。税率是指纳税额占征税对象数额的比例，是计算税额的尺度。税率的高低，直接关系到国家财政收入的多少和纳税人的税负高低。

我国现行税法采用的税率主要有以下三种：

第一，比例税率。是对同一征税对象或同一税目，不分数额的大小，都按规定的同一个百分比征税。目前增值税、营业税、企业所得税等采取的都是比例税率。

第二，累进税率。是根据征税对象数额的大小，规定不同等级的税率，即征税对象数额越大，税率越高。如我国个人所得税、土地增值税采用的就是累进税率。

第三，定额税率。是按征税对象确定的计算单位，直接规定一个固定的税额，不采用百分比形式。目前采用定额税率的有车船税、城镇土地使用税等。

（4）纳税环节。纳税环节是指应税产品在其流转过程中，税法规定应缴税款的环节。如消费税在应税消费品的生产、委托加工和进口环节缴纳。

（5）纳税期限。纳税期限是指税法规定纳税人缴纳税款的具体期限。

（6）纳税地点。纳税地点是纳税人依据税法规定向征税机关申报纳税的具体地点。

（7）税收优惠。税收优惠是国家为了体现鼓励或扶植政策，对某些纳税人和征税对象采取减少征税或免于征税的特殊规定，包括减免税、起征点和免征额三方面内容。起征点又称"征税起点"或"起税点"，是指税法规定对征税对象开始征税的起点数额。征税对象的数额达到起征点的就全部数额征税，未达到起征点的不征税。免征额是税法规定的扣税对象全部数额中免予征税的数额。当课税对象小于起征点和免征额时,都不予征税;当课税对象大于起征点和免征额时,起征点制度要对课税对象的全部数额征收,免征额制度仅对课税对象超过免征额部分征税。我国税法在增值税、营业税等税种中都设有起征点制度,在个人所得税等税种中设有免征额制度。

(8)税收法律责任。税收法律责任是税收法律关系的主体因违反税收法律规范所应承担的法律后果。税收法律责任依其性质和形式不同,可以分为经济责任、行政责任和刑事责任。

## 二、税收法律关系

### (一)税收法律关系的概念和特点

税收法律关系是指税法所规定的,国家与纳税人之间在税收分配及管理过程中,以国家强制力保障实施的具有经济内容的权利和义务关系。

税收法律关系有以下特点:

(1)税收是以国家为主体的特定分配关系,因而税收法律关系中征税一方主体只能是国家,征税机关代表国家行使税收征收管理权。

(2)税收法律关系中,征税一方享有单方面的征税权利,纳税人负有单方面的纳税义务,征税一方在征税后不负担相应的补偿义务。

(3)税法一旦规定了纳税人的纳税义务,纳税人必须履行纳税义务,税务机关应当行使征税的职责,而不以征纳双方的主观意志为转移。

### (二)税收法律关系的要素

税收法律关系的要素由主体、内容和客体构成。

#### 1. 税收法律关系的主体

税收法律关系的主体,是指在税收法律关系中权利的享有者和义务的承担者,包括征税主体和纳税主体。①征税主体是代表国家行使征税职责的国家税务机关,包括国家税务局、地方税务局、海关及财政部。②纳税主体是税法所规定的负有纳税义务的单位和个人,包括企业和其他经济组织、个体工商户、公民(居民)以及从中国境内取得应税收入的外国企业及其他经济组织、外籍人、无国籍人等。

#### 2. 税收法律关系的内容

税收法律关系的内容,是指征税主体与纳税主体所享有的权利和应承担的义务。这是税收法律关系中最实质的内容,它具体规定了主体可以有什么行为,不可以有什么行为,如果违反了税法应当承担什么法律责任等问题。

#### 3. 税收法律关系的客体

税收法律关系的客体,是指税收法律关系主体的权利和义务共同指向的对象,包括货币、实物和行为,即征税对象的法律表现。如所得税中的所得额,财产税中的财产数量、价值或租价,特定行为税中一定的行为。

### 三、现行税种及税制改革

(一)现行税种

根据征税对象不同,我国现行税法体系中的税种包括:

1. 流转税

流转税的征税对象是流转额,"流转额"既包括商品的销售额,也包括各种劳动及服务业务的收入额,征税伴随着商品交换和非商品服务进行,计税的依据是商品的价格和服务的收费。流转税是我国税制体系中的主体税种,包括增值税、消费税、关税。

2. 所得税

所得税的征税对象是所得额或纯收益,税额的多少取决于纳税人的收益额,包括企业所得税和个人所得税。

3. 财产税

财产税的征税对象是房屋等财产的价值额或租价额,税额只和财产的数量或价值相关,可以就财产的占有征税,也可以就财产的转移征税,因而对限制财产占有、奖励居民自建房屋和保护房主的合法利益方面有特殊的调节作用。财产税包括房产税、车船税、印花税、城镇土地使用税和契税。

4. 特定行为税

特定行为税是国家为实现一定的社会经济目的而对是某些特定的行为征收的税种。行为税具有鲜明的政策性和因时制宜的灵活性,特别是在抑制各类消费行为方面起着特殊作用。主要包括固定资产投资方向调节税(暂停)、城市维护建设税、土地增值税、耕地占用税、车辆购置税、船舶吨税和烟叶税等。

(二)税制改革

新中国成立以来,我国进行了多次大规模的税制改革,其中,1994年的"分税制"改革力度是最大的,奠定了现行税制的基础。所谓"分税制"是指将国家的全部税种在中央和地方政府之间进行划分,借以确定中央财政和地方财政的收入范围的一种财政管理体制。它是市场经济国家普遍推行的一种财政管理体制模式,其实质是根据中央政府和地方政府的事权确定其相应的财权,通过税种的划分形成中央与地方的收入体系。

【重要提示】依据中央税收和地方税收体系,在2018年前分设中央和地方两套税务机构分别征管。2018年的机构改革,将国税和地税两套机构合并。

现行税制形成之后,特别是进入21世纪以来,从政府的调控目标到纳税人的身份以及国际形势等诸多环境因素都发生了巨大的变化。为了更好地服务于改革开放及与国际惯例接轨的需要,我国税收制度也在不断作出调整。如多次修订《中华人民共和国个人所得税法》,提高了个人所得税中工资、薪金和承包所得的月扣除标准以及增加了扣除项目并调整了税率;按照"国民待遇"原则统一内外资企业所得税;营业税改征增值税(以下简称"营改增")的改革工作已实现较大突破;废除了筵席税、屠宰税、农业税、营业税等税种，开征了烟叶税等税种；另外对于消费税的征税范围、增值税的起征点和税率等也都进行了调整。未来的几年中，还可能会开征环保税、房产税、遗产税等税种；消费税、资源税的改革也将进一步深入。

 **补充阅读 13-1 "营改增"**

2011 年，经国务院批准，财政部、国家税务总局联合下发营业税改征增值税试点方案。从 2012 年 1 月 1 日起，在上海交通运输业和部分现代服务业开展营业税改征增值税试点。至此，货物劳务税收制度的改革拉开序幕。目前交通运输业、邮政业、电信业和部分现代服务业纳入试点范围。金融业、房地产业和建筑业等行业的营改增试点工作也于 2015 年内启动。2016 年 5 月 1 日，经国务院批准，在全国范围内全面推行营改增试点。依据财政部和国家税务总局 2016 年 3 月 23 日发布的《营业税改征增值税试点实施办法》，"营改增"全面试点后，原来营业税的纳税人全部缴纳增值税。2017 年 10 月 30 日，国务院第 191 次会议通过了《国务院关于废止〈中华人民共和国营业税暂行条例〉和修改〈中华人民共和国增值税暂行条例〉的决定》，正式废除了营业税，全面征收增值税。

## 第二节 流转税法

流转税是以商品流转额和非商品流转额（劳务收入）为征税对象的一个类别的税。流转税税源大、范围广，在我国各种税收收入中占第一位。由于流转税的税额是商品价格或服务收费的组成部分，纳税人纳税后一般可将税负转嫁出去。

### 一、增值税

增值税是以商品生产和流通中各环节新增加的价值作为征税对象的一种税。其特点有两个：一是实行价外计税的办法，即以不含增值税税额的价格为计税依据；二是实行根据增值税专用发票注明的增值税额进行抵扣的制度，即上一环节购进货物或获取应税劳务时支付款额时得到的增值税专用发票上注明的增值税税额，在计算本环节销售货物或提供应税劳务应纳税款时予以扣除，以避免出现重复征税的现象。增值税 1954 年起源于法国，目前已被 100 多个国家和地区采用，是一个国际性的重要税种。

增值税的主要法律依据是《中华人民共和国增值税暂行条例》(1993 年 12 月 13 日中华人民共和国国务院令第 134 号发布，2008 年 11 月 5 日国务院第 34 次常务会议修订通过，2009 年 1 月 1 日起实施，以下简称《增值税暂行条例》)、《中华人民共和国增值税暂行条例实施细则》(2008 年 12 月 18 日财政部、国家税务总局令第 50 号公布；根据 2011 年 10 月 28 日《关于修改〈中华人民共和国增值税暂行条例实施细则〉和〈中华人民共和国营业税暂行条例实施细则〉的决定》修订)、《关于全国实施增值税转型改革若干问题的通知》(2008 年 12 月 29 日财政部、国家税务总局印发公布，2009 年 1 月 1 日起实施)及《关于调整增值税纳税申报有关事项的通知》(国家税务总局 2008 年 12 月 30 日公布)、《关于简并增值税征收率政策的通知》(2014 年 6 月 13 日财政部、国家税务总局发布，2014年7月14日起执行）、《营业税改征增值税试点实施办法》（财政部和国家税务总局2016年3月23日发布）、2017年10月30日，国务院第191次会议通过了《国务院关于废止〈中华人民共和国营业税暂行条例〉和修改〈中华人民共和国增值税暂行条例〉的决定》，并自发布之日起实施等。

**补充阅读13-2　增值税的类型**

按照外购的资本性货物所含的税金是否可以从进项税额中扣除，增值税可以分为生产型增值税、收入型增值税和消费型增值税。生产型增值税只允许扣除非固定资产的那部分生产资料的税款，不允许扣除固定资产价值中所含有的税款，该类型增值税的征税对象大体上相当于国民生产总值，因此称为生产型增值税。收入型增值税指在征收增值税时，只允许扣除固定资产折旧部分所含的税款，未提折旧部分不得计入扣除项目金额。该类型增值税的征税对象大体上相当于国民收入，因此称为收入型增值税。消费型增值税指在征收增值税时，允许将固定资产价值中所含的税款全部一次性扣除。这样，就整个社会而言，生产资料都排除在征税范围之外。该类型增值税的征税对象仅相当于社会消费资料的价值，因此称为消费型增值税。目前，世界上实行增值税的国家中，绝大多数实行的是消费型增值税。我国1984年开始正式开征增值税，当时采用的是生产型增值税，从2009年起实行消费型增值税。

（一）增值税的纳税义务人

凡在中华人民共和国境内销售货物或者提供加工、修理修配劳务，销售服务、无形资产、不动产以及进口货物的单位和个人，为增值税的纳税义务人。

出于征税管理的需要，《增值税暂行条例》还借鉴了国际通行的做法，将增值税纳税人划分为一般纳税人和小规模纳税人。小规模纳税人是指年销售额在规定标准以下，并且会计核算不健全，不能按规定报送有关税务资料的增值税纳税人。这部分纳税人主要是小企业和个体户。一般纳税人是指小规模纳税人以外的纳税人。一般纳税人须向税务机关办理认定手续，以取得法定资格。年应税销售额未超过标准的小规模企业，会计核算健全，能准确核算并提供销项税额、进项税额的，可申请办理一般纳税人认定手续。

（二）增值税的征税范围

增值税征税范围包括货物的生产、批发、零售和进口四个环节，2016年5月1日以后，伴随着营业税改征增值税试点实施办法以及相关配套政策的实施，"营改增"试点行业扩大到销售服务、无形资产或者不动产（以下称应税行为），增值税的征税范围覆盖第一产业、第二产业和第三产业。

1. 销售货物

"货物"是指有形动产，包括电力、热力和气体在内。销售货物是指有偿转让货物的所有权。"有偿"不仅指从购买方取得货币，还包括取得货物或其他经济利益。

**补充阅读13-3　纳税人的下列行为视同销售货物**

(1)将货物交付他人代销；(2)销售代销货物；(3)设有两个以上机构并实行统一

核算的纳税人,将货物从一个机构移送其他机构用于销售,但相关机构设在同一县(市)的除外;(4)将自产或委托加工的货物用于非应税项目;(5)将自产、委托加工或购买的货物作为投资,提供给其他单位或个体经营者;(6)将自产、委托加工或购买的货物分配给股东或投资者;(7)将自产、委托加工的货物用于集体福利或个人消费;(8)将自产、委托加工或购买的货物无偿赠送他人。(9)无偿提供交通运输业和部分现代服务业服务,但以公益活动为目的或者以社会公众为对象的除外。

### 2. 销售劳务

销售劳务是指提供加工和修理修配劳务。"加工"是指接收来料承做货物,加工后的货物所有权仍属于委托者的业务,即通常所说的委托加工业务。"修理修配"是指受托对损伤和丧失功能的货物进行修复,使其恢复原状和功能的业务。这里的"提供加工和修理修配劳务"都是指有偿提供加工和修理修配劳务。但单位或个体工商户聘用的员工为本单位或雇主提供加工、修理修配劳务则不包括在内。

### 3. 销售服务

销售服务是指提供交通运输服务、邮政服务、电信服务、建筑服务、金融服务、现代服务、生活服务。

(1)交通运输服务。交通运输服务,是指使用运输工具将货物或者旅客送达目的地,使其空间位置得到转移的业务活动。包括陆路运输服务、水路运输服务、航空运输服务和管道运输服务。

(2)邮政服务。邮政服务,是指中国邮政集团公司及其所属邮政企业提供邮件寄递、邮政汇兑和机要通信等邮政基本服务的业务活动。包括邮政普遍服务、邮政特殊服务和其他邮政服务。

(3)电信服务。电信服务,是指利用有线、无线的电磁系统或者光电系统等各种通信网络资源,提供语音通话服务,传送、发射、接收或者应用图像、短信等电子数据和信息的业务活动。包括基础电信服务和增值电信服务。

(4)建筑服务。建筑服务,是指各类建筑物、构筑物及其附属设施的建造、修缮、装饰,线路、管道、设备、设施等的安装以及其他工程作业的业务活动。包括工程服务、安装服务、修缮服务、装饰服务和其他建筑服务。

(5)金融服务。金融服务,是指经营金融保险的业务活动。包括贷款服务、直接收费金融服务、保险服务和金融商品转让。

(6)现代服务。现代服务,是指围绕制造业、文化产业、现代物流产业等提供技术性、知识性服务的业务活动。包括研发和技术服务、信息技术服务、文化创意服务、物流辅助服务、租赁服务、鉴证咨询服务、广播影视服务、商务辅助服务和其他现代服务。

(7)生活服务。生活服务,是指为满足城乡居民日常生活需求提供的各类服务活动。包括文化体育服务、教育医疗服务、旅游娱乐服务、餐饮住宿服务、居民日常服务和其他生活服务。

### 4. 销售无形资产

销售无形资产,是指有偿转让无形资产,是转让无形资产所有权或者使用权的业务活动。无形资产,是指不具实物形态,但能带来经济利益的资产,包括技术、商标、著作权、商誉、自然资源使用权和其他权益性无形资产。技术,包括专利技术和非专利技术。自然资源使用权,包括土地使用权、海域使用权、探矿权、采矿权、取水权和其他自然资源使用权。其他权益性无形资产,包括基础设施资产经营权、公共事业特许权、配额、经营权(包括特许经营权、连锁经营权、其他经营权)、经销权、分销权、代理权、会员权、席位权、网络游戏虚拟道具、域名、名称权、肖像权、冠名权、转会费等。

5. 销售不动产

销售不动产,是指有偿转让不动产,是转让不动产所有权的业务活动。不动产,是指不能移动或者移动后会引起性质、形状改变的财产,包括建筑物、构筑物等。建筑物,包括住宅、商业营业用房、办公楼等可供居住、工作或者进行其他活动的建造物。构筑物,包括道路、桥梁、隧道、水坝等建造物。转让建筑物有限产权或者永久使用权的,转让在建的建筑物或者构筑物所有权的,以及在转让建筑物或者构筑物时一并转让其所占土地的使用权的,按照销售不动产缴纳增值税。有偿,是指取得货币、货物或者其他经济利益。

6. 进口货物

进口货物是指申报进入我国海关境内的货物。确定一项货物是否属于进口货物,必须看其是否办理了报关进口手续。通常,境外产品要输入境内,必须向我国海关申报进口,并办理有关报关手续。只要是报关进口的应税货物,均属于增值税征税范围,在进口环节缴纳增值税(享受免税政策的货物除外)。

(三)增值税税率

增值税的税率几经削减,从 2017 年 7 月 1 日,取消 13%档税率,增值税四档税率变三档。到 2018 年 5 月 1 日,将制造业等行业增值税税率从 17%降至 16%,交通运输、建筑等行业税率从 11%降至 10%。2019 年 3 月 21 日,财政部、税务总局、海关总署联合发布关于深化增值税改革有关政策的公告,新的增值税的税率自 2019 年 4 月 1 日开始实施。

1. 基本税率

纳税人销售或者进口货物、提供加工、修理修配劳务及提供有形动产租赁服务的,除国家另有规定外,税率为 13%。

2. 低税率

增值税的低税率分别为 9%、6%。

(1)适用 9%税率。纳税人提供交通运输业、邮政业服务、基础电信服务、建筑、不动产租赁服务,销售不动产、转让土地使用权,按 9%计征增值税。

销售或者进口下列货物,亦按 9%计征增值税。主要有粮食等农产品、食用植物油和食用盐;自来水、暖气、冷气、热水、煤气、石油液化气、天然气、沼气、居民用煤炭制品;图书、报纸、杂志、音像制品和电子出版物;饲料、化肥、农药、农机、农膜;国务院规定的其他货物。

(2)适用6%税率。纳税人销售服务、无形资产(除法律另有规定以外)。

3. 零税率

纳税人出口货物,税率为零。但零税率仅适用于法律不限制或不禁止的报关出口货物,以及输往海关管理的保税工厂、保税仓库和保税区的货物。

境内单位和个人跨境销售国务院规定范围内的服务、无形资产,税率为零。

4. 征收率

增值税对小规模纳税人及一些特殊情况采用简易计征办法,不得抵扣任何进项税额。一般纳税人销售的货物进项税额不易确认和计量的,以及提供财政部和国家税务总局规定的特定应税服务的,可按简易办法计算缴纳增值税。目前,按简易计征方法计算增值税的征收率统一为3%。

(四)增值税应纳税额的确定

1. 一般纳税人应纳增值税税额的确定

一般纳税人销售货物、提供应税劳务和应税服务,应纳税额为当期销项税额抵扣当期进项税额后的余额。其计算公式为:

$$应纳税额 = 当期销项税额 - 当期进项税额$$

(1)销项税额。销项税额是指纳税人销售货物、提供应税劳务和应税服务,按照销售额和税法规定的税率计算并向购买方收取的增值税税额。其计算公式是:

$$销项税额 = 销售额 \times 税率$$

销售额是指纳税人向购买方收取的全部价款和价外费用,但是不包括收取的销项税额。

在实践中,纳税人销售货物或者应税劳务常常将销售额和销项税额合并收取,这就会造成含税销售额。在确定销项税额时需要将含税销售额换算为不含税销售额,换算公式是:

$$不含税销售额 = 含税销售额 \div (1+税率)$$

> **案例 13-1  一般纳税人增值税的计算**
>
> 案情:某月某商店向消费者销售50台电视机,每台含税销售价为2340元。
> 请问:该商店这个月的销售额和销项税额是多少?
> 点评:不含税销售额 =(2340×50)÷(1+13%)= 103539.83(元)
> 销项税额 = 103539.83×13% =13460.18(元)

(2)进项税额。进项税额是指纳税人购进货物、接受应税劳务或应税服务所支付或负担的增值税额。

根据税法规定,准予从销项税额中抵扣的进项税额,主要包括下列情况:①从销售方或提供方取得的增值税专用发票上注明的增值税额;②从海关取得的完税凭证上注明的增值税额;③购进免税农业产品准予抵扣的进项税额,按照10%的扣除率计算,计算公式为买价×10%。

纳税人购进货物或应税劳务和服务,没有按照规定取得并且保存增值税抵扣凭证或增值税扣税凭证上未按规定注明增值税额计其它有关事项的，不得抵扣进项税额。会计核算不健全、或者不能够提供准确税务资料的，其进项税额不得从销项税额中抵扣。另外，依据《增值税暂行条例》和"营改增"的规定，发生下列情况，进项税额也不得从销项税额中抵扣：①用于简易计税方法计税项目、非增值税应税项目、免征增值税项目、集体福利或者个人消费的购进货物、应税劳务或应税服务。②非正常损失的购进货物及相关的加工、修理修配劳务或交通运输业服务。所谓非正常损失是指因管理不善造成被盗、丢失、霉烂变质的损失。③非正常损失的在产品、产成品所耗用的购进货物或者应税劳务和服务。④接受的旅客运输服务。

此外，因进货退出或折让、发生服务中止而收回的增值税额，应从发生进货退出或折让当期的进项税额中扣减。

2. 简易计税方法应纳增值税税额的确定

简易计税方法按照销售额和3%的征收率确定应纳税额，不得抵扣进项税额。其计算公式为：

$$应纳税额 = 销售额 \times 征收率$$

销售额不包括应纳税额。如果纳税人销售货物或应税劳务、服务采用销售额和应纳税额合并定价的方法，需要将其换算为不含税销售额。换算公式是：

$$不含税销售额 = 含税销售额 \div (1+征收率)$$

---

**案例13-2　进项税额的计算**

案情：某食品厂从农家购进粮食1000公斤，取得的收购发票上注明的价款是2500元；从某粮油公司购进食用油500公斤，增值税专用发发票上注明的进项税额为395元。

请问：该食品厂可以抵扣多少进项税额？

点评：该食品厂可以抵扣的进项税额为 $2500 \times 9\% + 395 = 620$（元）

---

3. 进口货物应纳增值税税额的确定

进口货物的收货人或办理报关手续的单位和个人，为进口货物增值税的纳税义务人。

纳税人进口货物，按照组成计税价格和税法规定的税率确定增值税应纳税额，不得抵扣任何税额，进口货物增值税的组成计税价格中包括已纳关税税额，如果进口货物属于消费税应税消费品，其组成计税价格中还要包括已纳消费税额。组成计税价格和应纳税额计算公式是：

$$组成计税价格 = 关税完税价格 + 关税 + 消费税$$
$$应纳税额 = 组成计税价格 \times 税率$$

（五）增值税纳税义务发生的时间及纳税期限

1. 增值税纳税义务的发生时间

纳税义务发生时间，是纳税人发生应税行为应当承担纳税义务的起始时间。增值税纳税义务的发生时间是：销售货物或者应税劳务，为收讫销售款或者取得索取销售款凭据的当天；进口货物，为报关进口的当天。

2. 增值税的纳税期限

纳税人的纳税期限分别为1日、3日、5日、10日、15日或者1个月。纳税人的具体纳税期限，由主管税务机关根据纳税人应纳税额的大小分别核定；不能按照固定期限纳税的，可以按次纳税。

(六) 增值税的税收优惠

1.《增值税暂行条例》规定的免税项目

①农业生产者销售的自产农产品；②避孕药品和用具；③古旧图书；④直接用于科学研究、科学试验和教学的进口仪器、设备；⑤外国政府、国际组织无偿援助的进口物资和设备；⑥由残疾人的组织直接进口供残疾人专用的物品；⑦销售的自己使用过的物品(不包括游艇、摩托车和应征消费税的小汽车)。

2. 增值税的其他减免

(1) 补充减免。除上述减免项目外，财政部、国家税务总局还陆续规定了一些减免税项目，如鼓励资源综合利用、销售再生资源、文化产业和动漫产业的税收优惠等。

(2) "营改增"试点过渡期的免税政策。如个人转让著作权、残疾人提供应税服务、飞机撒播农药服务、试点纳税人提供技术转让、技术开发和与之相关联的技术咨询、技术服务等。

3. 起征点的优惠规定

增值税的起征点适用于个人(不包括认定为一般纳税人的个体工商户)和小规模纳税人：①销售货物、提供应税劳务、服务和无形资产的，为每月销售额10万元。②以一个季度为纳税期的，季度销售额30万元。③个人采取一次性收取租金形式出租不动产取得的租金收入，可在对应的租赁期内平均分摊，分摊后的月租金收入10万元。

(七) 增值税专用发票的使用及管理

增值税实行凭国家印发的增值税专用发票(以下简称专用发票)注明的税款进行抵扣的制度。专用发票不仅是反映纳税人经济活动的重要会计凭证，而且是记载销货方销项税额和购货方进项税额的合法证明，对增值税计算和管理起到决定性的作用。

为了规范专用发票的使用，进一步加强增值税的征收管理，国家税务总局于2006年10月修订了《增值税专用发票使用规定》(国家税务总局国税发[2006]156号印发)，从2007年1月1日起实施。

1. 专用发票的领购

专用发票由国家税务总局监制设计印制，只限于增值税一般纳税人领购使用。一般纳税人凭"发票领购簿"、IC卡或经办人身份证明领购专用发票。

一般纳税人有下列情形者，不得领购和使用专用发票：

(1) 会计核算不健全，且不能按会计制度和税务机关的要求准确核算和提供增值税的销项税额、进项税额和应纳税额数据及其他有关增值税税务资料者。

(2)有《税收征管法》规定的税收违法行为,拒不接受税务机关处理的。

(3)有下列行为之一,经税务机关责令限期改正而仍未改正的。主要包括私自印制专用发票、虚开增值税专用发票、向个人或税务机关以外的单位买取专用发票、借用他人专用发票、未按规定要求开具专用发票、未按规定保管专用发票和专用设备、未按规定申请办理防伪税控系统变更发行、未按规定接受税务机关检查。

2. 专用发票的开具

一般纳税人销售货物或者提供应税劳务、服务,应向购买方开具专用发票。小规模纳税人需要开具专用发票的,可向主管税务机关申请代开。商业企业一般纳税人零售的烟、酒、食品、服装、鞋帽(不包括劳保专用部分)、化妆品等消费品不得开具专用发票。销售免税货物不得开具专用发票,法律、法规及国家税务总局另有规定的除外。

专用发票应按下列要求开具:项目齐全,与实际交易相符;字迹清楚,不得压线、错格;发票联和抵扣联加盖财务专用章或者发票专用章;按照增值税纳税义务的发生时间开具。对不符合上列要求的专用发票,购买方有权拒收。

## 二、消费税

消费税是国家为体现消费政策,有选择地对生产、委托加工和进口的应税消费品和消费行为的流转额征收的一种税,它是建立在增值税普遍征收的基础上,发挥特殊调节功能的税种。消费税只选择部分消费品或消费行为征税,且只在生产销售、委托加工或进口环节一次性征收。

消费税的基本法律依据是《中华人民共和国消费税暂行条例》(2008年11月5日国务院第34次常务会议修订,2009年1月1日起实施)、《中华人民共和国消费税暂行条例实施细则》(2008年12月25日,财政部、国家税务总局发布,2009年1月1日起实施)、《关于调整消费税政策的通知》(财税2014(93)号,2014年11月25日,财政部、国家税务总局发布,2015年1月1日起实施)、《关于对电池、涂料征收消费税的通知》(财税[2015]16号,财政部、国家税务总局发布)、《关于调整化妆品消费税政策的通知》([2016]103号,财政部、国际税务总局)等。此外,自2016年12月1日起,对每辆零售价格在120万元(不含增值税)及以上的超豪华小汽车,在零售环节加征消费税,税率为10%。

(一)消费税的纳税义务人

在中华人民共和国境内生产、委托加工和进口应税消费品的单位和个人,为消费税纳税义务人。

(二)消费税的征税范围、税目和税率

我国现行消费税的征税范围是在中国境内生产、委托加工和进口的应税消费品,可以概括为以下几类消费品:①过度消费会对人类健康、社会秩序和生态环境等造成危害的消费品,包括烟、酒、鞭炮焰火、实木地板、木制一次性筷子、电池、涂料等税目。②奢饰品、非生活必需品,包括化妆品、贵重首饰及珠宝玉石、游艇、高档手表、高尔夫球及球具等税目。③高能耗的高档消费品，包括小汽车、摩托车等税目。④石油类消费品，包括成品油一个税目。有的税目还划分为若干子目，如烟这个税目划分为卷烟、雪茄烟和烟丝3个子目；酒划分为粮食白酒、薯类白酒、黄酒、啤酒、其他酒。

消费税采用比例税率和定额税率两种形式，根据不同的税目或子目确定相应的税率或单位税额。

(三)消费税应纳税额的确定

消费税实行从价定率法、从量定额法或从价率和从量定额复合计税法计算应纳税额。在应税消费品中，对一些供求矛盾突出、价格差异较大、计量单位不规范的应税消费品，如贵重首饰、化妆品等，实行从价定率法；对一些供求关系基本平衡、价格差异不大、计量单位规范的应税消费品(如汽油、柴油等)，实行从量定额法；对于一些价格和利润差别大、容易采用转让定价方法来规避纳税的应税消费品，如烟、酒等，则采用从量与从价相结合的复合计税方法。

适用比例税率的消费品的应纳税额的计算公式为：

$$应纳税额 = 销售额 \times 税率$$

适用定额税率的消费品的应纳税额的计算公式为：

$$应纳税额 = 销售数量 \times 定额税率$$

### 三、关税

关税是由海关对进出国境或关境的货物、物品征收的一种税。其法律依据主要是《中华人民共和国海关法》(由第六届全国人民代表大会常务委员会第十九次会议于1987年1月22日修订通过，自1987年7月1日起施行。2000年7月8日、2013年6月29日两次修订，以下简称《海关法》)、《中华人民共和国进出口关税条例》(2003年11月23日国务院发布，2004年1月1日起实施)以及2020年《中华人民共和国海关进出口税则》(以下简称《海关进出口税则》)等。

(一)关税的纳税义务人

根据税法规定，进口货物的收货人、出口货物的发货人、进出境物品的所有人，是关税的纳税义务人。进出口货物的收货人、发货人是依法取得对外贸易经营权，并进口或者出口货物的法人或其他社会团体。进出境物品的所有人包括物品的所有人和推定为所有人的人。

(二)关税的征税对象、税则、税目和税率

关税的征税对象是准许进出我国国境的货物和物品。所谓货物，是指贸易性商品；物品是指入境旅客随身携带的行李和物品、个人邮递物品、各种运输工具上的服务人员携带进口的自用物品、馈赠物品以及其他方式进入国境的个人物品。

关税的税目、税率都由《海关进出口税则》规定。我国1992年公布的《海关进出口税则》是以国际海关合作理事会编制的《商品名称及编码协调制度》为基础，结合我国进出口商品的实际而编排的，全部应税商品共分为21大类。现行税则是2020年1月

1 日起实施的，进出口税目总数为 8651 个。

关税分为进口税和出口税，税率以比例税率为主。加入 WTO 后，为了履行我国在加入 WTO 关税减让谈判中的承诺的有关义务，我国将进口税率分为最惠国税率、协定税率、特惠税率、普通税率等，进口货物在一定期限内，可以实行暂定税率。我国为鼓励出口，对于一般出口商品不征出口税。但对国内外价差大，国际市场容量有限而又竞争性强的商品，以及需要限制出口的极少数原料和半制成品，征收适当的出口税。出口关税税率分为出口税率和年度暂定税率两类，出口税率实行差别比例税率和从量定额税率。

(三) 关税应纳税额的确定

关税的计税依据是关税的完税价格，计算的基本公式为

$$应纳税额 = 关税的完税价格 \times 关税税率$$

进口货物的完税价格包括货物的货价、货物运抵我国境内输入地点起卸前的运输及其相关费用、保险费。

出口货物应当以海关审定的货物向境外销售的成交价格为基础，并应包括货物运至我国境内输出地点装载前的运输及相关费用、保险费为完税价格，但其中包含的出口关税税额应当扣除。

## 第三节 所得税法

所得税又称收益税，是以纳税人的收益额为征税对象的税。其特征是：首先，其征税对象是纳税人的所得额，只是不同税种间各项所得额包含的范围有所不同；其次，它以纳税人的实际负担能力为征税原则，所得多的多征，所得少的少征，无所得的不征；再次，所得税是直接税，纳税人与实际负担人是一致的，税负不能转嫁。

### 一、企业所得税

企业所得税是对我国境内的企业和其他取得收入的组织的生产经营所得和其他所得征收的一种税。现行企业所得税法的法律依据主要有《中华人民共和国企业所得税法》(2007 年 3 月 16 日第十届全国人民代表大会第五次会议通过，自 2008 年 1 月 1 日起施行，2017 年修正，以下简称《企业所得税法》)、《中华人民共和国企业所得税法实施条例》(2007 年 11 月 28 日国务院颁布，自 2008 年 1 月 1 日起施行，2019 年 4 月 23 日修订。)等。

(一) 企业所得税的纳税义务人

企业所得税的纳税义务人为在我国境内的企业和其他取得收入的组织，不包括依照中国法律法规成立的个人独资企业和合伙企业。企业所得税的纳税义务人分为居民企业和非居民企业。居民企业是指依法在中国境内成立，或者依照外国(地区)法律成立但实际管理机构在中国境内的企业。非居民企业是指依照外国(地区)法律成立且实际管理机构不在中国境内，但在中国境内设立机构、场所的，或在中国境内未设立机

构、场所,但有来源于中国境内的所得的企业。

(二)企业所得税的税率

我国企业所得税的法定税率为25%的比例税率。

符合条件的小型微利企业(不包括非居民企业)适用20%的税率。符合条件的小型微利企业,是指从事国家非限制和禁止行业,并符合下列条件的企业:工业企业,年度应纳税所得额不超过30万元,从业人数不超过100人,资产总额不超过3000万元;其他企业,年度应纳税所得额不超过30万元,从业人数不超过80人,资产总额不超过1000万元。此外,自2012年1月1日至2016年12月31日,对年应纳税所得额低于6万元(含6万元)的小型微利企业,其所得减按50%计入应纳税所得额,按20%的税率缴纳企业所得税。

另外,我国对于部分非居民企业实行20%的预提所得税率,目前减按10%征收。预提所得税的适用范围为在中国境内未设立机构、场所,但有来源于中国境内的所得的非居民企业;在中国境内设立了机构、场所,来源于中国境内的与其所设机构、场所没有实际联系的所得。

(三)企业所得税的应纳税所得额的确定

企业所得税的应纳税所得额为纳税人每一纳税年度的收入总额减除不征税收入、免税收入、各项扣除和允许弥补的以前年度亏损后的余额。

1. 收入总额

企业的收入总额包括以货币形式和非货币形式从各种来源取得的收入,主要有:销售货物收入、提供劳务收入、转让财产收入、股息红利等权益性投资收益、利息收入、租金收入、特许权使用费收入、接受捐赠收入、其他收入(如企业资产溢出余额、补贴收入、违约金收入、确实无法偿付的应付款项等)。另外,企业发生非货币性资产交换,以及将货物、财产、劳务用于捐赠、偿债、赞助、集资、广告、样品、职工福利或利润分配等用途的,应当视同销售货物、转让财产或提供劳务,但对货物在同一法人实行内部之间的转移的除外。

2. 不征税收入和免税收入

企业所得税法规定,收入总额中的下列收入为不征税收入:财政拨款、依法收取并纳入财政管理的行政事业性收费与政府性基金及经国务院批准的财政性资金收入。免税收入主要包括国债利息收入、居民企业直接投资于其他居民企业取得的投资收益及非营利组织的依法免税的收入等。

3. 准予扣除项目

企业所得税法规定,企业实际发生的与取得收入有关的合理的支出,准予在计算应纳税所得额时扣除。准予扣除的项目包括:①成本,即纳税人为生产、经营商品和提供劳务等所发生的各项直接费用和各项间接费用;②费用,即纳税人为生产、经营商品和提供劳务等所发生的销售(经营)费用、管理费用和财务费用;③税金,即纳税人按规定缴纳的所得税和允许抵扣的增值税以外的各项税金及其附加;④损失,即纳税人生产、经营过程中的各项营业外支出,已发生的经营亏损和投资损失;⑤其他支出,即纳税人除上述项目外,在生产经营活动中发生的与生产经营活动有关的合理支出。另外,税法还对一些准予扣除的项目规定了具体的扣除标准。如,根据税法规定,企业发生的职工福利费用支出,不超过工资薪金总额14%的部分准予扣除;公益性捐赠支出在年度利润总额12%以内的部分,准予扣除。

4. 不得扣除的项目

企业在计算应纳税所得额时,不准从收入总额中扣除的项目主要包括:①向投资者支付的股息、红利等权益性投资收益款项;②企业所得税税款;③税收滞纳金;④罚金、罚款和被没收财物的损失;⑤公益性、救济性以外的捐赠支出;⑥赞助支出;⑦未经审核的准备金支出;⑧企业对外投资期间投资资产的成本;⑨与取得收入无关的其他各项支出。

5. 亏损弥补

企业纳税年度发生的亏损准予向以后年度结转,用以后年度的所得弥补,但结转年限最长不得超过5年。5年内不论是盈利或亏损,都作为实际弥补年限连续计算。

> **案例 13-3  弥补亏损后的应纳税所得额**
>
> 案情:某企业2008年至2013年按税法计算所得分别为2008年亏损100万元,2009年亏损80万元,2010年亏损50万元,2011年盈利40万元,2012年盈利100万元,2013年盈利180万元。
>
> 请问:该企业2013年度弥补亏损后的应纳税所得额为多少?
>
> 点评:根据税法规定,2008年亏损可以在以后5年内弥补,即2009年至2013年。同时,2011年、2012年、2013年也可以弥补2008年、2009年及2010年的亏损。因此,2013年弥补亏损后的应纳税所得额为40+100+180-100-80-50=90(万元)。

(四)企业所得税的缴纳办法、纳税期限及纳税地点

企业所得税实行按年计算,分月或者分季预缴,年终汇算清缴,多退少补的缴纳方法。企业应自月份或者季度终了后15日内预缴,年度终了后5个月内汇算清缴。居民企业的纳税地点为企业登记注册地或实际管理机构所在地;非居民企业的纳税地点为在中国设立的机构、场所所在地,根据规定应由扣缴义务人代扣代缴所得税的,纳税地点为扣缴义务人所在地。

## 三、个人所得税

我国的个人所得税是指对中国居民来源于中国境内外的一切所得和非中国居民来源于中国境内的所得征收的一种税。其主要的法律依据是《中华人民共和国个人所得税法》(1980年9月10日第五届全国人民代表大会第三次会议通过,该法分别于1993年、1999年、2005年、2007年、2011年和2018年进行了七次修正,以下简称《个人所得税法》)。另外,还有《中华人民共和国个人所得税法实施条例》(1994年1月28日中华人民共和国国务院令第142号发布,分别于2005年、2007年、2011年和2018年进行了四次修订)、《个体工商户个人所得税计税办法》(2014年12月19日国家税

务总局 2014 年度第 4 次局务会议审议通过，现予公布，自 2015 年 1 月 1 日起施行）等。此外，还有 2018 年国务院发布的《个人所得税专项附加扣除暂行办法》和国家税务总局发布的《个人所得税专项附加扣除操作办法（试行）》、《个人所得税扣缴申报管理办法（试行）》等。

（一）纳税义务人

我国个人所得税的纳税义务人分为居民纳税义务人和非居民纳税义务人。

居民纳税义务人是指在中国境内有住所，或者无住所而一个纳税年度内在中国境内居住累计满 183 天的个人。居民个人从中国境内和境外取得的所得，依照《个人所得税法》的规定缴纳个人所得税。

非居民纳税义务人是指在中国境内无住所又不居住或者无住所而一个纳税年度内在中国境内居住累计不满 183 天的个人。非居民个人从中国境内取得的所得，依照《个人所得税法》的规定缴纳个人所得税。

【重要提示】纳税年度，自公历 1 月 1 日起至 12 月 31 日止。

为了便于个人所得税的征收管理和从源泉控制税源，我国税法规定，对除个体工商户生产经营所得以外的其他各项应税所得，个人所得税均以支付应税所得的单位或个人为扣缴义务人。另外，根据《个人所得税法》第十条的规定，有下列情形之一的，纳税人应当依法办理纳税申报：①取得综合所得需要办理汇算清缴；②取得应税所得，没有扣缴义务人；③取得应税所得，扣缴义务人未扣缴税款；④取得境外所得；⑤因移居境外注销中国户籍；⑥非居民个人从中国境内两处以上取得工资、薪金所得；⑦国务院规定的其他情形。

（二）应税所得项目、税率与应纳税额

1. 应税所得项目

（1）工资、薪金所得。工资、薪金所得是指个人因任职或受雇而从任职或受雇单位取得的全部劳动报酬。

（2）个体工商户的生产、经营所得。个体工商户的生产、经营所得是指个体工商户（包括个人独资企业、合伙企业投资者和对企事业单位的承包经营、承租经营）依法从事生产与经营活动而取得的所得。另外，个体工商户、从事经营的个人、个人独资企业及合伙企业的投资者取得的与生产经营无关的其他应税所得，应分别按照其他应税项目的有关规定计算缴纳个人所得税。

（3）企事业单位的承包经营、所得。企事业单位的承包经营、所得是指个人承包、承租经营及转包转租取得的所得，包括个人按月或按次取得的工资、薪金性质的所得。

（4）劳务报酬所得。劳务报酬所得是指个人独立从事非雇佣的各种劳务所取得的所得。

（5）稿酬所得。稿酬所得是指个人因其作品以图书、报刊形式出版或发表而取得的所得。

（6）特许权使用费所得。特许权使用费所得是指个人提供专利权、商标权、著作权、非专利技术以及其他特许权的使用权取得的所得。提供著作权的使用权取得的所得不包括稿酬所得。

(7)利息、股息、红利所得。利息、股息、红利所得是指个人拥有债权、股权而取得的利息、股息、红利所得。

(8)财产租赁所得。财产租赁所得是指个人出租、转租建筑物、土地使用权、机器设备、车船以及其他财产取得的所得。

(9)财产转让所得。财产转让所得是指转让有价证券、股权、建筑物、土地使用权、机器设备、车船以及其他财产取得的所得。但现阶段对股票转让所得暂不征收个人所得税。

(10)偶然所得。偶然所得是指个人得奖、中奖、中彩以及其他偶然性质的所得。

(11)经国务院财政部门确定征税的其他所得。是指除上述项目外,其他确有必要征税的个人所得,由国务院财政部门确定。

2. 税率

(1)居民个人综合所得适用七级超额累进税率,税率为3%至45%。

(2)个体工商户(包括个人独资企业和合伙企业)的生产、经营所得和对企事业单位的承包经营、承租经营所得,适用5%至35%的五级超额累进税率。

(3)利息、股息、红利所得,财产租赁所得,偶然所得和其他所得适用20%的比例税率。

3. 应纳税所得额的确定

(1)综合所得的应纳税所得额的确定。居民个人的综合所得,以每一纳税年度的收入额减除费用6万元以及专项扣除、专项附加扣除和依法确定的其他扣除后的余额,为应纳税所得额。

在综合所得中,劳务报酬所得、稿酬所得、特许权使用费所得以收入减除20%的费用后的余额为收入额。稿酬所得的收入额减按70%计算。

上述的专项扣除,包括居民个人按照国家规定的范围和标准缴纳的基本养老保险、基本医疗保险、失业保险等社会保险费和住房公积金等;上述的专项附加扣除,包括子女教育、继续教育、大病医疗、住房贷款利息或者住房租金、赡养老人等支出。

【重要提示】2018年12月22日,国务院正式对外发布《个人所得税专项附加扣除暂行办法》并于2019年1月1日起施行。该办法规定了各项专项附加扣除的具体标准。

(2)分类所得的应纳税所得额的确定。经营所得,以每一纳税年度的收入总额,减除成本、费用以及损失后的余额,为应纳税所得额。

财产租赁所得每次收入不超过4000元的,减除费用800元;4000元以上的,减除20%的费用,其余额为应纳税所得额。

财产转让所得的应纳税所得额为转让财产的收入额减除财产原值和合理费用后的余额。

利息、股息、红利所得,偶然所得和其他所得,以每次收入额为应纳税所得额。

非居民个人的工资、薪金所得,以每月收入额减除费用5000元后的余额为应纳税所得额;劳务报酬所得、稿酬所得、特许权使用费所得,以每次收入额为应纳税所得额。

4. 应纳税额的确定

应纳税额=(税前收入-"三险一金"-免征额-依法确定的其他扣除-专项附加扣除)×适用税率-速算扣除数

> **案例13-4　个人所得税应纳税额的确定**
>
> 案情:小王在一家企业工作,合同中约定的月薪为12000元,每月单位为其代扣代缴的三险一金合计1800元,每月房租1200元。
>
> 请问:小王的应纳税额为多少?
>
> 点评:小王的应纳税所得额=(12000-1800-1200-5000)×12=48000(元)
>
> 小王的年纳税所得额已经超过36000元,适用10%的税率。
>
> 小王的应纳税额=48000×10%-2520=2280。

(三)税收优惠

1. 免征个人所得税的情形

《个人所得税法》规定,下列各项个人所得,免纳个人所得税:①省级人民政府、国务院部委和中国人民解放军军级以上单位,以及外国组织、国际组织颁发的科学、教育、技术、文化、卫生、体育、环境保护等方面的奖金;②国债和国家发行的金融债券利息;③按照国家统一规定发给的补贴、津贴;④福利费、抚恤金、救济金;⑤保险赔款;⑥军人的转业费、复员费;⑦按照国家统一规定发给干部、职工的安家费、退职费、退休工资、离休工资、离休生活补助费;⑧依照我国有关法律规定应予免税的各国驻华使馆、领事馆的外交代表、领事官员和其他人员的所得;⑨中国政府参加的国际公约、签订的协议中规定免税的所得;⑩经国务院财政部门批准免税的所得。

2. 减征个人所得税的情形

有下列情形之一的,经批准可以减征个人所得税:①残疾、孤老人员和烈属的所得;②因严重自然灾害造成重大损失的;③其他经国务院财政部门批准免税的。

> **案例13-5　个人所得税免税项目的确定**
>
> 案情:某运动员在奥运会上获得金牌,国家体育总局颁发给其奖金50万元,其所属的省队颁发给其奖金50万元,家乡镇政府送给其一套价值80万元的住房,家乡当地某企业赞助其30万元。
>
> 请问:该运动员哪些奖金可以免税?
>
> 点评:运动员获得的奖金属于体育项目,只有国家级、省级部门颁发的奖金可以免税,地方镇政府及企业的奖金不能免税。因此,可以免税的只有100万元,其余110万元不能免税。

## 第四节 税收征收管理法

### 一、税收征收管理法概述

税收征收管理是税务机关根据税法对征税活动所实施的组织、指挥、控制和监督，是对纳税人履行纳税义务采用的一种管理、征收和检查行为，是税务管理的重要组成部分。

税收征收管理法律制度是国家税法体系的重要组成部分。1992年9月4日，第七届全国人大常委会第二十七次会议通过了《中华人民共和国税收征收管理法》（以下简称《税收征管法》），自1993年1月1日起施行。1995年2月、2001年4月、2013年6月，对《税收征管法》进行了3次修订，现行《税收征管法》自2013年6月29日起施行。《税收征管法》的颁布与实施，对于加强税收征收管理，保障国家税收收入，规范税收征收和缴纳行为，保护纳税人的合法权益，促进经济和社会发展具有重要的现实意义。

### 二、税收征管法的主要内容

《税收征管法》第二条规定，该法适用于由税务机关征收的各种税收的征收管理。

（一）税务管理

税务管理是税务机关对税收征纳过程实施的基础性的管理制度和管理行为，包括税务登记、账证管理、发票管理和纳税申报等内容。

1. 税务登记

税务登记又称为纳税登记，是税务机关对纳税人的开业、变动、以及生产经营范围变化实行法定登记的一项制度。税务登记包括：开业登记，变更登记，停业、复业登记，注销登记，外出经营报验登记等。

2. 账簿、凭证管理

从事生产、经营的纳税人，应当自领取营业执照之日起15日内，按照国务院财政、税务主管部门的规定设置账簿，根据合法、有效凭证记账，进行核算。

增值税专用发票由国务院税务主管部门指定的企业印制；其他发票，按照国务院税务主管部门的规定，分别由省、自治区、直辖市国家税务局、地方税务局指定企业印制。

3. 纳税申报

纳税人、扣缴义务人必须在法律、行政法规规定或者税务机关依照法律、行政法规的规定确定的申报期限内办理纳税申报，报送纳税申报表、财务会计报表以及税务机关根据实际需要要求报送的其他纳税资料。

（二）税款征收

税款征收是税收征收管理中的中心环节。根据《税收征管法》的规定，税务机关必须依照法律、行政法规的规定征收税款，不得违反法律、行政法规的规定开征、停征、多征或者少征税款。纳税人、扣缴义务人必须按照法律、行政法规规定或者税务机关依照法律、行政法规的规定确定的期限，缴纳或者解缴税款。税务机关可以根据纳税人的不同情况，采取查账征收、查定征收、查验征收、定期定额征收、代扣代缴、代收代缴等方式征收税款。

为了保证税款的及时入库，税务机关有权采用以下措施：

1. 加收滞纳金

纳税人、扣缴义务人未按照法律、行政法规规定或者税务机关依照法律、行政法规的规定确定的期限缴纳或者解缴税款的，税务机关除责令限期缴纳外，从滞纳税款之日起，按日加收滞纳税款万分之五的滞纳金。

2. 核定应纳税额

根据《税收征管法》第三十五条的规定：纳税人有下列情形之一的，税务机关有权核定其应纳税额：①依照法律、行政法规的规定可以不设置账簿的；②依照法律、行政法规的规定应当设置但未设置账簿的；③擅自销毁账簿的或者拒不提供纳税资料的；④虽设置账簿，但账目混乱或者成本资料、收入凭证、费用凭证残缺不全，难以查账的；⑤发生纳税义务，未按照规定的期限办理纳税申报，经税务机关责令限期申报，逾期仍不申报的；⑥纳税人申报的计税依据明显偏低，又无正当理由的。

3. 合理调整税基

企业或者外国企业在中国境内设立的从事生产、经营的机构、场所与其关联企业之间的业务往来，应当按照独立企业之间的业务往来收取或者支付价款、费用；不按照独立企业之间的业务往来收取或者支付价款、费用，而减少其应纳税的收入或者所得额的，税务机关有权进行合理调整。

4. 税收保全措施

税收保全措施是税务机关对可能由于纳税人的行为或者某种客观因素造成的应征税款不能得到有效保证或难以保证的情况所采取的确保税款完整的措施。

税务机关有根据认为从事生产、经营的纳税人有逃避纳税义务行为的，可以在规定的纳税期之前，责令限期缴纳应纳税款；在限期内发现纳税人有明显的转移、隐匿其应纳税的商品、货物以及其他财产或者应纳税的收入的迹象的，税务机关可以责成纳税人提供纳税担保。如果纳税人不能提供纳税担保，经县以上税务局（分局）局长批准，税务机关可以采取下列税收保全措施：①书面通知纳税人开户银行或者其他金融机构暂停支付纳税人的相当于应纳税款的存款；②扣押、查封纳税人的价值相当于应纳税款的商品、货物或者其他财产。纳税人在上述规定的限期内缴纳税款的，税务机关必须立即解除税收保全措施；限期期满仍未缴纳税款的，经县以上税务局（分局）局长批准，税务机关可以书面通知纳税人开户银行或者其他金融机构从其暂停支付的存款中扣缴税款，或者拍卖所扣押、查封的商品、货物或者其他财产，以拍卖所得抵缴税款。采取税收保全措施不当，或者纳税人在限期内已缴纳税款，税务机关未立即解除税收保全措施，使纳税人的合法利益遭受损失的，税务机关应当承担赔偿责任。

5. 强制执行措施

从事生产、经营的纳税人、扣缴义务人未按照规定的期限缴纳或者解缴税款,纳税担保人未按照规定的期限缴纳所担保的税款,由税务机关责令限期缴纳,逾期仍未缴纳的,经县以上税务局(分局)局长批准,税务机关可以采取下列强制执行措施:①书面通知其开户银行或者其他金融机构从其存款中扣缴税款;②扣押、查封、拍卖其价值相当于应纳税款的商品、货物或者其他财产,以拍卖所得抵缴税款。税务机关采取强制执行措施时,对上述纳税人、扣缴义务人、纳税担保人未缴纳的滞纳金同时强制执行。

税务机关扣押商品、货物或者其他财产时,必须开付收据;查封商品、货物或者其他财产时,必须开付清单。税务机关采取税收保全措施和强制执行措施必须依照法定权限和法定程序,不得查封、扣押纳税人个人及其所扶养家属维持生活必需的住房和用品。

6. 税款追征

因纳税人、扣缴义务人计算错误等失误,未缴或者少缴税款的,税务机关在3年内可以追征税款、滞纳金;有特殊情况的,追征期可以延长到5年。对偷税、抗税、骗税的,税务机关追征其未缴或者少缴的税款、滞纳金或者所骗取的税款,不受期限的限制。

因税务机关的责任,致使纳税人、扣缴义务人未缴或者少缴税款的,税务机关在3年内可以要求纳税人、扣缴义务人补缴税款,但是不得加收滞纳金。

7. 其他有关税款征收的规定

(1)税务机关征收税款,税收优先于无担保债权,法律另有规定的除外;纳税人欠缴的税款发生在纳税人以其财产设定抵押、质押或者纳税人的财产被留置之前的,税收应当先于抵押权、质权、留置权执行。纳税人欠缴税款,同时又被行政机关决定处以罚款、没收违法所得的,税收优先于罚款、没收违法所得。

(2)欠缴税款的纳税人因怠于行使到期债权,或者放弃到期债权,或者无偿转让财产,或者以明显不合理的低价转让财产而受让人知道该情形,对国家税收造成损害的,税务机关可以依照《合同法》第七十三条、第七十四条的规定行使代位权、撤销权。税务机关依照前款规定行使代位权、撤销权的,不免除欠缴税款的纳税人尚未履行的纳税义务和应承担的法律责任。

(3)纳税人超过应纳税额缴纳的税款,税务机关发现后应当立即退还;纳税人自结算缴纳税款之日起3年内发现的,可以向税务机关要求退还多缴的税款并加算银行同期存款利息,税务机关及时查实后应当立即退还。

(三)税务检查

税务机关派出的人员进行税务检查时,应当出示税务检查证件,并有责任为被检查人保守秘密。纳税人、扣缴义务人必须接受税务机关依法进行的税务检查,如实反映情况,提供有关资料,不得拒绝、隐瞒。税务机关依法进行税务检查时,有关部门和单位应当支持、协助,向税务机关如实反映有关情况,提供有关资料及证明材料。

### （四）违反税法的法律责任

**1. 违反税收征管程序的法律责任**

纳税人有下列行为之一的，由税务机关责令限期改正，逾期不改正的，可以处以2000元以下的罚款；情节严重的，处以2000元以上1万元以下的罚款：①未按照规定的期限申报办理税务登记、变更或者注销登记的；②未按照规定设置、保管账簿或者保管记账凭证和有关资料的；③未按照规定将财务、会计制度或者财务会计处理办法报送税务机关备查的；④未按照规定将其全部银行账号向税务机关报告的；⑤未按照规定安装、使用税控装置，或者损毁或者擅自改动税控装置的。

扣缴义务人未按照规定设置、保管代扣代缴、代收代缴税款账簿或者保管代扣代缴、代收代缴税款记账凭证及有关资料的，由税务机关责令限期改正，逾期不改正的，可以处以2000元以下的罚款；情节严重的，处以2000元以上5000元以下的罚款。

纳税人不办理税务登记的，由税务机关责令限期改正；逾期不改正的，经税务机关提请，由工商行政管理机关吊销其营业执照。纳税人未按照规定使用税务登记证件，或者转借、涂改、损毁、买卖、伪造税务登记证件的，处2000元以上1万元以下的罚款；情节严重的，处1万元以上5万元以下的罚款。

纳税人未按照规定的期限办理纳税申报的，或者扣缴义务人未按照规定的期限向税务机关报送代扣代从代收代缴税款报告表的，由税务机关责令限期改正，可以处以2000元以下的罚款；逾期不改正的，可以处以2000元以上1万元以下的罚款。

**2. 偷税、抗税、骗取出口退税款、欠税的法律责任**

（1）偷税。纳税人采取伪造、变造、隐匿、擅自销毁账簿、记账凭证，在账簿上多列支出或者不列、少列收入，或者进行虚假的纳税申报的手段，不缴或者少缴应纳税款的，是偷税。偷税数额占应纳税额的10%以上并且偷税数额在1万元以上的，或者因偷税被税务机关给予二次行政处罚又偷税的，除由税务机关追缴其偷税款外，依照《刑法》追究刑事责任；偷税数额不满1万元或者偷税数额占应纳税额不到10%的，由税务机关追缴其偷税款、滞纳金，并处不缴或者少缴的税款50%以上5倍以下的罚款。

（2）抗税。以暴力、威胁方法拒不缴纳税款的，是抗税，除由税务机关追缴其拒缴的税款外，依照《刑法》追究刑事责任。情节轻微，未构成犯罪的，由税务机关追缴其拒缴的税款、滞纳金，并处拒缴税款1倍以上5倍以下的罚款。

（3）骗取出口退税款。以假报出口等欺骗手段，骗取国家出口退税款，数额较大的，除由税务机关追缴其骗取的退税款外，依照《刑法》追究刑事责任；骗取的国家出口退税款额不满10000元的，由税务机关追缴其骗取的退税款，处以骗取税款1倍以上5倍以下的罚款。

（4）欠税。纳税人欠缴应纳税款，采取转移或者隐匿财产的手段，妨碍税务机关追缴欠缴的税款的，由税务机关追缴欠缴的税款、滞纳金，并处欠缴税款50%以上5倍以下的罚款；构成犯罪的，依法追究刑事责任。

纳税人、扣缴义务人在规定期限内不缴或者少缴应纳或者应解缴的税款，经税务机关责令限期缴纳，逾期仍未缴纳的，税务机关除依法采取强制执行措施追缴其不缴或者少缴的税款外，可以处不缴或者少缴的税款50%以上5倍以下的罚款。扣缴义务人应扣未扣、应收而不收税款的，由税务机关向纳税人追缴税款，对扣缴义务人处应扣未扣、应收未收税款50%以上3倍以下的罚款。

3. 税务机关及税务人员违反税法行为的法律责任

根据《税收征管法》的规定，税务机关及税务人员应对下列行为承担相应责任：

(1)违反规定擅自改变税收征收管理范围和税款入库预算级次的，责令限期改正，对直接负责的主管人员和其他直接责任人员依法给予降级或者撤职的行政处分。

(2)税务机关、税务人员查封、扣押纳税人个人及其所扶养家属维持生活必需的住房和用品的，责令退还，依法给予行政处分；构成犯罪的，依法追究刑事责任。

(3)税务人员利用职务上的便利，收受或者索取纳税人、扣缴义务人财物或者谋取其他不正当利益，构成犯罪的，依法追究刑事责任；尚不构成犯罪的，依法给予行政处分。

(4)税务人员徇私舞弊或者玩忽职守，不征或者少征应征税款，致使国家税收遭受重大损失，构成犯罪的，依法追究刑事责任；尚不构成犯罪的，依法给予行政处分。

(5)税务人员滥用职权，故意刁难纳税人、扣缴义务人的，调离税收工作岗位，并依法给予行政处分。

(6)税务人员对控告、检举税收违法违纪行为的纳税人、扣缴义务人以及其他检举人进行打击报复的，依法给予行政处分；构成犯罪的，依法追究刑事责任。

(7)税务人员违反法律、行政法规的规定，故意高估或者低估农业税计税产量，致使多征或者少征税款，侵犯农民合法权益或者损害国家利益，构成犯罪的，依法追究刑事责任；尚不构成犯罪的，依法给予行政处分。

(8)违反法律、行政法规的规定提前征收、延缓征收或者摊派税款的，由其上级机关或者行政监察机关责令改正，对直接负责的主管人员和其他直接责任人员依法给予行政处分。

(9)违反法律、行政法规的规定，擅自作出税收的开征、停征或者减税、免税、退税、补税以及其他同税收法律、行政法规相抵触的决定的，除依照本法规定撤销其擅自作出的决定外，补征应征未征税款，退还不应征收而征收的税款，并由上级机关追究直接负责的主管人员和其他直接责任人员的行政责任；构成犯罪的，依法追究刑事责任。

(10)税务人员在征收税款或者查处税收违法案件时，未按照本法规定进行回避的，对直接负责的主管人员和其他直接责任人员，依法给予行政处分。

(11)未按照本法规定为纳税人、扣缴义务人、检举人保密的，对直接负责的主管人员和其他直接责任人员，由所在单位或者有关单位依法给予行政处分。

(五)税务争议的解决程序

根据《税收征管法》的规定，纳税人、扣缴义务人、纳税担保人同税务机关在纳税上发生争议时，必须先依照税务机关的纳税决定缴纳或者解缴税款及滞纳金或者提供相应的担保，然后可以依法申请行政复议；对行政复议决定不服的，可以依法向人民法院起诉。所谓纳税争议，是指纳税人、扣缴义务人、纳税担保人对税务机关确定纳税主体、征税对象、征税范围、减税、免税及退税、适用税率、计税依据、纳税环节、纳税期限、纳税地点以及税款征收方式等具体行政行为有异议而发生的争议。

## 【本章小结】

本章主要探讨了税法的概念和构成要素、我国的主要税种及税制改革的主要成果、我国现行流转税与所得税的主要内容及税收征收管理法律制度等问题。主要知识点包括：税法是调整税收征纳关系的法律规范的总称，它的主要内容是规定纳税主体、征税对象、税率、纳税环节、纳税期限、地点及税收优惠等内容；根据征税对象不同，我国的现行税种包括流转税、所得税、财产税和特定行为税；近年来我国一直在进行税制改革工作，其中最重要的是取消了外商企业所得税以及"营业税改征增值税"的改革；我国的流转税包括增值税、消费税和关税；流转税中增值税是主体税种，原缴纳营业税的税种，全部改缴增值税；消费税是国家为体现消费政策，有选择地对生产、委托加工和进口的应税消费品和消费行为的流转额征税的税种。关税是由海关对进出国境或关境的货物、物品征收的一种税；所得税是所得额征收的税，我国目前的所得税包括企业所得税和个人所得税，个人所得税的最大变化就是增加的专项附加扣除项目；《税收征管法》是税务机关进行税收征管工作的法律依据，它主要从税务管理、税款征收、税务检查及法律责任等几方面规定税收征管活动中各方的权利与义务。

## 【思考与练习题】

**一、名词解释**

1. 征税对象　2. 增值税　3. 消费税　4. 进项税额　5. 汇算清缴　6. 税收保全措施

**二、简答题**

1. 什么是税收？税收和税法的的关系是怎样的？
2. 增值税的征税范围。
3. 哪些增值税的进项税额可以从销项税额当中抵扣，哪些不得抵扣？
4. 企业所得税的居民纳税人和非居民纳税人有何区别？
5. 个人所得的税的居民纳税人和非居民纳税人如何区分？
6. 根据税法，企业所得税中准予从收入总额中扣除的项目有哪些？
7. 简述个人所得税的征税范围。
8. 简述个人所得税的扣除项目。
9. 税款征税的主要措施包括哪些？

**三、论述题**

1. 试述偷税、抗税、欠税含义及其法律责任。

2. 试述我国的增值税专用发票的管理制度。
3. 论述"营改增"。

四、案例分析

1. 某个体户开设的修车店，修理自行车、三轮车、摩托车，2019 年 5 月营业额为 6870 元，请计算该个体户 5 月应纳增值税的税额。

2. 某公司 2017 年年底经审计后认定的经营亏损金额为 11 万元。2018 年营业收入为 150 万元，年度报表决算时，公司财务账面上已经列支的成本、费用、损失合计为 128 万元，并计算出当年实现利润总额为 25 万元。经核对发现，该公司 2013 年度营业外支出中直接列支税收滞纳金 0.7 万元，管理费用中列支赞助某歌星演出 3 万元，业务招待费超过税法规定标准 2 万元。该公司适用的所得税税率为 25%。根据上述材料计算该公司 2018 年度应缴纳的企业所得税额。

3. 王某，年龄 37 岁，独子，月收入 2 万元，有一女儿正在上小学，父母均年过 65 岁，每月缴纳三险一金 3000 元。请计算王某的年应缴纳的个人所得税。

**【推荐阅读书目】**

1. 经济法学(第四版). 张守文. 中国人民大学出版社，2018.
2. 税法. 全国税务师执业资格考试教材编写组. 中国税务出版社，2018.
3. 中华人民共和国个人所得税法. 中国法制出版社，2018.
4. 税法. 周晖，梁红霞. 清华大学出版社，2014.
5. 税法(第六版). 王曙光. 东北财经大学出版社，2014.
6. 税法习题与解答(第六版). 王曙光，张小锋，李兰. 东北财经大学出版社，2014.
7. 税法(第二版). 王红云. 人民大学出版社，2103.
8. 税法实务与案例. 蔡报纯，任高飞. 东北财经大学出版社，2014.

# 第五篇
# 环境与资源保护法

# 第十四章 环境保护法

学习引导

保护和改善环境,防治污染和其他公害是环境保护法的直接目的,保障公众健康是环境保护法的根本任务,推进生态文明建设,促进经济社会可持续发展,体现了我国新时期的发展观和基本理念。通过本章的学习,要了解环境保护法的概念和特征,理解环境保护法的基本原则,掌握环境保护规划制度、环境影响评价与"三同时"制度、排污收费制度、环境事故报告制度、生态保护红线制度等内容,了解环境法律责任。

## 第一节 环境保护法概述

近代以来人类社会对环境与资源的过度开发利用,造成严重的环境污染和生态破坏,影响到人与人之间的关系即社会关系,环境保护法由此应运而生。为保护和改善环境,促进人与自然和谐,使经济社会发展同环境保护相协调,我国在环境保护方面制定了一系列的法律法规,对推动生态文明建设起到了重要的保障作用。

### 一、环境保护法的概念和特征

(一)环境保护法的概念

环境保护法作为一个新兴的部门法,其概念和理论体系还存在比较大的分歧。在表述上除"环境保护法"外,还有"环境法""环境与资源保护法""环境资源法""生态法"等,但其实质内容并无根本区别,都着眼于对在开发利用和保护环境中所产生的社会关系的调整。

环境保护法,是指调整因保护和改善环境,合理开发利用自然资源,防治环境污染和其他公害而产生的社会关系的法律规范的总称。

(二)环境保护法的特征

从环境保护法的定义可以看出环境保护法具有以下特征:

1. 环境保护法所调整的对象归根结底是人与人之间的社会关系

环境保护法要求的协调人类-环境关系的目标,只有通过调整人与人之间的关系,即通过调整环境社会关系才能实现;人类也只有在一定的社会关系中从事活动才能与环境发生联系。所以,环境保护法作为人制定的行为规范,不能直接调整人与自然的关系。法的意志性无法加诸环境这一客观物质世界之上,只有通过将正确运用和遵循生态规律及其他客观规律的行为准则上升为国家意志,以法的形式来规范人的行为,

从而保证将人们的活动控制在有利于保护环境的范围之内，才能实现人与环境协调发展的目的，因此环境保护法所调整的对象归根结底是人与人之间的社会关系。

2. 环境保护法所调整的环境社会关系具有整体性

环境是以人类社会为主体的外部世界的总和，环境保护法所调整的是因人类-环境关系而产生的环境社会关系，它所保护的是人类赖以生存和发展的物质环境，目的在于协调人类与环境的关系，使人类按着自然客观规律开发利用环境。因此，环境保护法的任务不是保护某一个或某些环境要素，更不是单纯的污染治理，而是保护人类生存环境的整体，通常包括人类在生物圈、大气圈、地质圈以及所有的植物群和动物群中所产生的环境社会关系。

3. 环境保护法所调整的环境社会关系具有明确的秩序性

环境保护法作为国家管理环境的重要工具以及公民行使环境权利的直接依据，与其他法律部门一样，也是经过国家制定或认可，并由国家强制力保证实施的社会规范，它以明确、肯定、普遍的形式规定了人们在环境保护方面的权利和义务，以建立和保护存在于法律社会中的人们相互间关系有条不紊的状态，形成人、机构、关系、原则和规则的环境法律秩序。环境保护法具有高度的概括性、强烈的规范性及普遍的约束力，人们只有遵守和执行环境保护法，才可能有良好的环境法律秩序。

## 二、环境保护法的体系

环境保护法的效力体系是根据各种形式意义上的环境保护法制定机关、具体内容的不同，按照不同的效力等级或层次而划分的环境保护法的内部结构。我国现行的环境保护法效力体系可表述如下：

1. 宪法中关于环境保护的条款

《中华人民共和国宪法》第九条第二款规定："国家保障自然资源的合理利用，保护珍贵的动物和植物。禁止任何组织或者个人用任何手段侵占或者破坏自然资源。"第二十六条第一款规定："国家保护和改善生活环境和生态环境，防治污染和其他公害。"这是我国制定和实施环境保护法的宪法依据。

2. 环境保护基本法

《中华人民共和国环境保护法》（以下简称《环境保护法》），1979年试行，1989年正式颁布，2014年4月24日第十二届全国人民代表大会常务委员会第八次会议修订重新发布，这是对我国环境保护法实践深刻反思的结果，标志着在经济发展与环境保护共赢的战略共识下、生态文明制度改革的顶层设计下、环境质量改善的总体目标下，环境政策法制改革与发展的新起点。它是我国环境保护的综合性的基本法，该法对环境保护的重大问题作出了规定：

(1)规定了环境法的基本任务：保护和改善环境，防治污染和其他公害，保障公众健康，推进生态文明建设，促进经济社会可持续发展。

(2)规定了环境保护的对象：影响人类生存和发展的各种天然的和经过人工改造的自然因素的总体，包括大气、水、海洋、土地、矿藏、森林、草原、湿地、野生生物、自然遗迹、人文遗迹、自然保护区、风景名胜区、城市和乡村等。

（3）规定了环境保护的基本原则和要求：一是规定环境保护的基本理念，保护环境是国家的基本国策。国家采取有利于节约和循环利用资源、保护和改善环境、促进人与自然和谐的经济、技术政策和措施，使经济社会发展与环境保护相协调；二是规定环境保护坚持的原则：保护优先、预防为主、综合治理、公众参与、损害担责的原则。三是规定了环境保护的主要制度：环境资源承载能力监测预警、生态保护红线、污染物总量控制、排污许可、环境影响评价、跨行政区域联合防治等。

（4）规定了保护自然环境、防治环境污染的基本要求和相应的法律义务，如加强对农业环境的保护，防止土壤污染、沙化和水土流失，建立环境保护责任制等。

（5）规定了环境管理机构对环境监督管理的权限、任务以及单位和个人保护环境的义务和法律责任。

【重要提示】2014年修订的《环境保护法》在总则中强化了环境保护的战略地位，将环境保护融入经济社会发展之中。

### 3. 环境单行法

环境单行法是针对特定的生态环境保护对象和特定的污染防治对象而制定的单项法律。在我国由全国人大常委会制定，包括《中华人民共和国森林法》《中华人民共和国水法》等生态环境立法和《中华人民共和国水污染防治法》《中华人民共和国大气污染防治法》等污染防治立法。

### 4. 环境行政法规

环境行政法规是由国务院制定并公布或者经国务院批准而由有关部门公布的有关环境保护的规范性文件。国务院为治理淮河污染专门制定发布的《淮河流域水污染防治暂行条例》即属环境行政法规。

### 5. 环境保护部门规章

环境保护部门规章是以有关的环境法律和行政法规为依据，由国务院环境保护行政主管部门或有关部门发布的环境保护规范性文件，如国家环境保护部发布的《环境保护公众参与办法》。

### 6. 地方性环境法规和地方政府环境规章

地方性环境法规是各省、自治区、直辖市、省人民政府所在地的城市以及国务院批准的较大城市的人民代表大会或其常委会制定的有关环境保护的规范性文件；地方政府环境规章是各省、自治区、直辖市、省人民政府所在地的城市以及国务院批准的较大城市的人民政府制定的有关环境保护的规范性文件。它们是以实施国家环境法律、行政法规为目的，以解决本地区某一特殊环境问题为目标，因地制宜而制定的，如《北京市实施〈中华人民共和国大气污染防治法〉办法》《武汉市环境保护条例》《深圳市资源综合利用条例》等。

### 7. 环境标准

环境标准是环境保护法效力体系的一个特殊组成部分。在我国，环境标准有国家级环境标准和地方级环境标准两级。国家级环境标准由国家环保局制定，地方级环境标准由省一级人民政府制定，并须报国家环保总局备案。环境标准可分为环境质量标准、污染物排放标准、环境基础标准、样品标准和方法标准。

8. 国际环境保护条约

经我国批准和加入的国际条约、公约和议定书，与国内法具有同等的法律效力，但我国声明保留的条款除外。因此，国际环境保护条约也是我国环境保护法效力体系的重要组成部分。我国已经先后加入了《保护臭氧层维也纳公约》《控制危险废物越境转移及其处置巴塞尔公约》《生物多样性公约》《关于环境保护的南极条约议定书》等国际环境保护条约。

## 第二节 环境保护法的基本原则

### 一、环境保护法的基本原则概述

环境保护法基本原则应当能够简约、明了地概括和揭示环境保护法的根本价值及其基本理念，此为确立环境保护法基本原则的实质依据之所在。因此，可以将环境保护法基本原则界定为：在环境保护法形成和发展过程中，承载环境保护法根本价值或者揭示环境保护法基本理性，对环境保护法具有普遍性指导意义和法律约束力的高度抽象高度概括的环境保护法的根本性或基础性准则。

环境保护法的基本原则具有几个方面的特征：第一，必须是环境保护法所确认和体现的，是环境保护法本质的集中体现。第二，在环境保护法各部分中具有普遍的指导意义，是环境立法、执法、司法和守法等环境法律活动所应遵循的基本准则。第三，是环境保护法各项具体原则、制度和规范的基础。

### 二、环境保护法基本原则

(一) 经济社会发展与环境保护相协调原则

经济社会发展与环境保护相协调的原则，简称协调发展原则，是指环境保护与经济建设和社会发展统筹规划，同步实施协调发展，实现经济效益、社会效益和环境效益的统一。这一原则，正确地反映了经济社会发展与环境保护的关系，同时也指出了如何正确对待和处理它们之间的关系。

环境问题，多半是伴随着经济社会的发展而产生的，与经济活动、社会问题，尤其是人口问题和科学技术的发展有着密切的关系。因为许多环境问题都是在人口急剧增长的压力下产生的，为了维持人们基本生产条件和生活条件，对自然资源的需求也必将增加，当人们对自然资源的需求超过环境资源的承载能力时，就会导致自然生态环境恶化和影响生态系统的良性循环。而环境问题的解决，除了经济条件之外，在很大程度上又受到科学技术水平和劳动者素质的制约。因此，必须正确认识和处理经济社会发展和环境保护的关系。

【重要提示】我国《环境保护法》第四条规定，国家采取有利于节约和循环利用资源、保护和改善环境、促进人与自然和谐的经济、技术政策和措施，使经济社会发展与环境保护相协调。

### (二)保护优先、预防为主、综合治理原则

保护优先、预防为主、综合治理原则,是指在环境保护工作中将保护置于优先位置,采取各种预防措施,防止环境问题的产生和恶化,或者把环境污染和生态破坏控制在能够维持生态平衡,保护人体健康和社会物质财富以及保障经济社会持续发展的限度之内,并对已经造成的环境污染和生态破坏积极进行治理。这项原则明确了保护和发展、预防和治理的关系,确定了治理环境污染和修复生态破坏的有效途径和方式。它要求在经济建设活动中把环境保护放在优先位置,从根本上改变重经济增长轻环境保护,以经济指标论英雄的倾向,彻底扭转一些地区边建设边破坏的被动局面。确立这项原则,是由于环境问题的复杂性,不可逆性和严重性,以及总结国内外防治环境污染和生态破坏的经验教训提出来的。从国内的情况来看,主要是由环境问题本身的特点决定的:①环境污染和生态破坏是不可逆转的,往往难以消除和恢复,有些甚至是无法补救的,如重金属污染、物种灭绝、原始森林遭受破坏等;②环境遭受污染、破坏后再去治理,一般要比采取预防措施所花费的代价高;③环境问题的产生主要是在经济社会发展中忽视环境保护的结果,如果在经济建设的前期和过程中重视环境保护,采取预防措施,许多环境问题是可以得到解决的,即使出现一些问题,也可以控制在一定的限度之内;④环境污染和生态破坏所造成的后果往往比较严重,对群众健康和社会稳定造成严重威胁。据此,《环境保护法》确立了保护优先、预防为主、综合治理原则。

### (三)公众参与原则

公众参与原则,亦称依靠群众保护环境原则或环境民主原则,是指环境保护和自然资源开发利用必须依靠社会公众的广泛参与,公众有权参与解决环境问题的决策过程,参与环境管理,并对环境管理部门以及单位、个人与环境有关的行为进行监督。其目的在于制约和保障政府依法公正、合理地行使行政权力。该原则是党的群众路线在环境保护领域中的体现,是民主体制精神在环境管理活动中的延伸,是政府环境决策科学化、民主化的必然要求。它要求国家对环境保护的监督管理与公众的广泛参与相结合,把依法保护环境与人民群众的自觉维护相结合。因为环境质量的好坏直接影响到经济社会的持续发展和人民群众的身体健康,而公众的广泛参与是推动环境保护事业发展的重要力量。只有依靠群众,为了群众,充分发挥各行各业和每个公民的自觉性、积极性和创造性,才能有效地搞好环境保护工作。

【重要提示】我国《环境保护法》第五条明确规定了公众参与原则。

### (四)损害担责原则

损害担责原则,是指污染环境、破坏生态造成环境损害,损害者应当为其造成的环境损害依法承担责任。所谓损害是指有污染环境和破坏生态的行为即为损害,行为人就要承担责任,而非有了损害结果才承担责任。该原则与国际上通行的污染者负担原则的含义基本相同,只是拓展了其负责的范围,涵盖了环境污染和生态破坏。关于这个问题,在国外都存在一个认识的过程。从国际范围来看,在一个相当长的时期内,西方工业国家对造成环境污染和破坏者,只要没有对具体的人身健康或者财产造成直

接损害就不承担任何责任。随着环境问题日益恶化,各国政府不断加大财政投入用于污染治理,从而给社会公共财政造成沉重的负担。这种"企业赚钱污染环境,政府出资治理环境"给社会带来了不公平的现象。为了改变这种现象,经济学家认为,必须将治理环境的外部费用内部化,即由损害环境者承担治理环境污染和破坏的费用。这样,有利于促使损害者治理环境污染和破坏。

【重要提示】我国《环境保护法》第六十四条规定,因污染环境和破坏生态造成损害的,应当依照《中华人民共和国侵权责任法》的有关规定承担侵权责任。

 **补充阅读14-1 环境危害与环境风险**①

环境危害意味着特定物质(如杀虫剂)在特定情境下对于人体和环境产生负面影响的可能性,相关的危险或者不利影响发生的可能性取决于当时的许多相关因素。

环境风险则是由人类活动引起或由人类活动与自然界的运动过程共同作用造成的,通过环境介质传播的,能对人类社会及其生存、发展的基础环境产生破坏、损失乃至毁灭性作用等不利后果的事件的发生概率。风险的特征在于虽然存在发生危险和损害的可能性,但是由于现有科学知识的局限性,风险与最终的危害结果之间具有相当程度的不确定性。这种不确定性不仅源于风险事件与行为本身的随机性,也源于对于风险影响理解与把握的不确定性。

## 第三节 环境保护法的主要制度

### 一、环境保护法基本制度的概念及特征

环境保护法基本制度是根据环境保护的任务和目的,以环境保护法基本原则为指导而建立的具有重要作用的法律制度,是由环境法律规范所组成的相互配合相互联系的特定体系。环境权为国家承担环境保护职责,实施环境管理提供了合法性基础,也是建立环境保护法基本制度的基本依据。在结构上,它是由调整环境社会关系的环境法律规范构成的具体的环境法律制度,是国家为调整环境社会关系而创设的以国家强制力保障实施的环境保护法规范体系。在内容上,它是以环境管理权赋予和行使为核心,调整在环境保护监管过程中形成的环境社会关系。

由于环境保护法是由多种性质和不同层级的法律规范组成的庞大体系,其中必然存在有多种、多层次的制度。从立法实践看,我国已经建立起了比较完备的环境保护法律制度体系,各项制度相互配合,形成有机整体,保证我国的环境保护工作能够"有法可依"。这些制度涵盖了国土空间管理、战略规划、综合决策和单项措施等多个环节,形成了层层递进的环境保护制度体系。在这个制度体系中,既包括环境保护的基本法律制度,也包括一般的环境保护法律制度。

---

① 资料来源:1. Lee,C C. Dictionary of Environmental Legal Terms,McGraw-Hill,1997。
2.《环境科学大辞典》,北京:中国环境科学出版社,2008。

## 二、环境保护规划制度

环境保护规划简称环境规划,是指根据国家或者一定地区的环境状况和经济社会发展的需要,对一定时期和一定范围内环境的保护和改善活动所做的总体部署和安排。它是国民经济和社会发展规划的有机组成部分,是人类为使环境与经济社会协调发展而对自身活动和环境所做的在时间和空间上的合理安排,实质上是一种克服人类经济社会活动和环境保护活动出现的盲目性和主观随意性的科学决策活动。其目的是在经济社会发展的同时保护好环境,促进经济社会与环境全面、协调、可持续发展。环境规划包括如下类型:

1. 长期环境规划、中期环境规划和短期环境规划

长期环境规划,一般跨越时间为10年以上的宏观计划,是依据对长远环境目标和战略措施制定的;中期环境规划,一般跨越时间为5年至10年,5年的环境规划一般称五年环境规划,以便于与国民经济和社会发展规划同步,并纳入其中;短期环境规划,是五年环境规划分年度实施的具体安排。

2. 国家环境规划、区域环境规划(含流域县域)和部门环境规划

国家环境规划,是全国经济社会发展规划的组成部分,它对全国的环境保护工作起指导性作用;区域环境规划(含流域,县域),其综合性和地域性很强,它是国家环境规划的基础,又是制定城市环境规划、大型经济技术开发区环境规划的前提;部门环境规划,包括工业部门环境规划、农业部门环境规划和交通运输部门环境规划等。

3. 污染综合防治规划、生态建设与生态保护规划、环境科技发展规划

此类是按规划性质不同而划分。污染综合防治规划,亦称污染控制规划,是当前环境规划的重点。按其内容可以分为工业(行业工业区)污染控制规划、农业污染控制规划和城市污染控制规划;生态建设与生态保护规划,如生态建设规划、自然资源开发与保护规划、生物多样性休护规划、自然保护区规划等;环境科技发展规划,如国家环境保护"十一五"科技发展规划,其主要内容包括环境形势与科技需要、指导思想、规划原则和规划目标、重点领域与优先主题、加强环境科技基础能力建设、保障措施等。

## 三、环境影响评价与"三同时"制度

### (一)环境影响评价制度

环境影响评价的概念,是1964年在加拿大召开的国际环境质量评价会议上首次提出来的。《中华人民共和国环境影响评价法》规定:"本法所称环境影响评价,是指对规划和建设项目实施后可能造成的环境影响进行分析、预测和评估,提出预防或者减轻不良环境影响的对策和措施,进行跟踪监测的方法与制度。"它是在长期进行环境保护活动的实践中发展起来的一种科学方法和法律制度。

1. 环境影响评价的适用范围

环境影响评价的适用对象是规划和建设项目。其中规划包括国务院有关部门、设

区的市级以上地方人民政府及其有关部门组织编制的土地利用的有关规划；区域、流域、海域的建设、开发利用规划；工业、农业、畜牧业、林业、能源、水利、交通、城市建设、旅游、自然资源开发的有关专项规划。建设项目是指在中华人民共和国领域和中华人民共和国管辖的其他海域内建设对环境有影响的项目。

2. 建设项目环境影响评价分类管理

国家根据建设项目对环境的影响程度，对建设项目的环境影响评价实行分类管理。

①可能造成重大环境影响的，应当编制环境影响报告书，对产生的环境影响进行全面评价；②可能造成轻度环境影响的，应当编制环境影响报告表，对产生的环境影响进行分析或者专项评价；③对环境影响很小，不需要进行环境影响评价的，应当填报环境影响登记表。

3. 信息公开与公众参与

对于规划的环境影响评价，专项规划的编制机关对可能造成不良环境影响并直接涉及公众环境权益的规划，应当在该规划草案报送审批前，举行论证会、听证会或者采取其他形式，征求有关单位、专家和公众对环境影响报告书草案的意见。但是，国家规定需要保密的情形除外。规划编制机关应当认真考虑有关单位、专家和公众对环境影响报告书草案的意见，并应当在报送审查的环境影响报告书中附具对意见采纳或者不采纳的说明。

【重要提示】我国《环境保护法》第十九条规定："编制有关开发利用规划，建设对环境有影响的项目，应当依法进行环境影响评价。"

**补充阅读 14-2　环境影响评价制度的历史和环境影响评价制度的核心**①

"环境影响评价"是 1964 年在加拿大召开的国际环境质量评价会议上首次提出来的。当时，环境影响评价仅仅是一种科学的理论和方法，之后，人们将其运用于开发建设项目对环境影响的预测评价实践中，通过进一步改进和完善，终于使这项学术研究成果逐步成熟并被法律所确立。

环境影响评价制度是美国于 20 世纪 60 年代末在《国家环境政策法》（NEPA）中首创的，之后很快被各国环境与资源保护立法所借鉴。

我国于 20 世纪 70 年代末开始建立环境影响评价制度。1978 年，中共中央在批转国务院关于《环境保护工作汇报要点》的报告中首次提出了进行环境影响评价工作的意向；1979 年颁布的《环境保护法（试行）》正式确立了环境影响评价制度；1998 年，国务院发布的《建设项目环境保护管理条例》对建设项目环境影响评价制度作了专章规定；2002 年全国人大常委会通过的《环境影响评价法》对环境影响的评价范围、原则、内容、程序及法律责任作了全面规定；2009 年国务院通过的《规划环境影响评价条例》对规划环评的范围和程序作了详细的规定。

---

① 资料来源：汪劲著，《中外环境影响评价制度比较研究》，北京：北京大学出版社，2006。

## (二)"三同时"制度

"三同时"制度是指一切可能对环境有影响的建设项目,其环境保护设施必须与主体工程同时设计、同时施工、同时投产使用的制度。这项制度在环境法律关系的调整时间顺序中仅次于环境影响评价制度,而先于其他制度。

我国《环境保护法》第四十一条规定:"建设项目中防治污染的设施,应当与主体工程同时设计、同时施工、同时投产使用。防治污染的设施应当符合经批准的环境影响评价文件的要求,不得擅自拆除或者闲置。"

"三同时"制度为我国所独创,是控制新污染源的产生、实现预防为主原则的重要途径。"三同时"的提法最早出现于 1973 年经国务院批准的作为环境管理的行政规定的《关于保护和改善环境的若干规定(试行)》中,1979 年试行的《环境保护法》将其确定为环境保护法的一项主要制度,此后的各种环境保护法律、法规也都体现了这项制度的要求。

"三同时"制度的适用范围开始时仅限于新建、改建和扩建的企业,后来不断扩大,根据 1998 年发布的《建设项目环境保护管理条例》的规定,"三同时"制度适用于以下开发建设项目:新建、扩建、改建项目;技术改造项目;一切可能对环境造成污染和破坏的工程建设项目;确有经济效益的综合利用项目。

---

**案例 14-1　环评报告书是否合法**[①]

案情:A 化工厂在筹建过程中,遭到当地部分居民的强烈反对。然而,当地居民发现环保部门公布的化工厂的环境影响评价(简称"环评")报告书的公众参与部分,并未对不采纳其提出的诸多反对意见说明理由。居民认为,该环评报告书存在程序上的瑕疵,环保部门不应批准。环保部门认为,既然大多数的居民都支持该项目,是否对不采纳少数人的反对意见说明理由就是一个微不足道的瑕疵,遂仍然批准了该报告书。

请问:环保部门批准该环评报告书的做法是否合法?

点评:不合法。依照《环境影响评价法》(第二十九条)规定,规划编制机关违反该法规定,组织环境影响评价时弄虚作假或者有失职行为,造成环境影响评价严重失实的,对直接负责的主管人员和其他直接责任人员,由上级机关或者监察机关依法给予行政处分。

---

## 四、排污收费制度

排污收费制度又称征收排污费制度,是指国家环境管理机关根据法律规定,对排放污染物者征收一定费用的法律制度。

我国《环境保护法》第四十三条规定:"排放污染物的企业事业单位和其他生产经营者,应当按照国家有关规定缴纳排污费。排污费应当全部专项用于环境污染防治,

---

[①] 资料来源:金瑞林,《环境与资源保护法学》(第三版),北京:高等教育出版社,2013。

任何单位和个人不得截留、挤占或者挪作他用。依照法律规定征收环境保护税的，不再征收排污费。"

排污收费制度是运用经济手段来保护环境的一项法律制度，其自20世纪初在德国产生以来，已为世界各国普遍采用，20世纪70年代初期被世界经济合作与发展组织环境委员会确定为污染者负担原则，在世界各国特别是在发达国家得到了程度不同但较为广泛的运用。这项制度能够为进一步消除污染以及技术进步提供持续不断的压力并刺激创新，因而更加有利于预防性环境政策和可持续发展的实现。征收排污费是最重要的经济手段，它体现的是污染者负担原则。排污收费的范围、标准、方法、收费的使用等具体规定各国不尽一致。美国、日本、英国和德国的通行做法是，排污费主要应用于污水和噪声的控制，排污超标违法的并加重收费。此外，美国还对固体废弃物征收排污费，日本对大气污染物征收排污费。排污收费制度属于国家强制性征收，征收的排污费纳入国家财政预算，作为环境保护专项资金使用。这项制度的意义在于：首先，它体现了利用经济杠杆调节经济发展与环境保护的关系，将环境保护与排污者的经济利益直接联系起来，从根本上改变了"污染有理，治理吃亏"的旧观念。其次，这项制度有利于促使排污者进行技术改造，开展综合利用，促进了对污染源的治理。最后，实行排污收费制度为治理污染开辟了一条重要的资金渠道，增强了治理污染的能力，并有利于加强环境监督管理机构的自身建设，提高各级环境保护管理部门和环境监测部门的业务能力。

### 五、环境事故报告制度

环境事故报告制度又称环境污染与破坏事故报告及处理制度，或环境污染事故和环境紧急情况的报告及处理制度。这项制度是指发生事故或者其他突然事件，使环境受到或者可能受到严重污染或破坏，事故或事件的当事人必须立即采取措施处理，及时向可能受到环境污染与破坏危害的公众通报，并向当地环境保护行政主管部门和有关部门报告，接受调查处理的法律制度。

环境污染与破坏事故是指因事故或意外事件等因素，致使环境受到污染或破坏，公众的生命健康和财产受到危害或威胁的紧急情况。根据事故的类型可分为水污染、大气污染、噪声与振动危害、固体废物污染、农药与有毒化学品污染、放射性污染事故和国家重点保护的野生动植物及自然保护区破坏事故等；根据事故危害的程度，可分为一般、较大、重大和特大环境污染与破坏事故。环境污染与破坏事故一般都具有突发性、蔓延性和危害性极大等特点，随着一些具有高度危险来源的产业规模的扩大，环境污染与破坏事故的范围更广，危害更深。据英国核能安全局统计，20世纪80年代以后，全世界平均每年发生200多起严重的污染事故。印度博帕尔农药泄漏事件、苏联切尔诺贝利核电站泄漏事故造成的惨重危害令人震惊。但更可怕的是一些环境事故的当事人出于各种目的而故意隐瞒事故真相，人为地造成环境事故的危害范围扩大，时间持久，使本来可以及时避免或减轻的污染后果得不到有效控制。为了防止这种悲剧的重演，污染事故报告与处理制度便应运而生。

环境事故报告制度的意义在于：首先，它可以使政府和环境保护监督管理部门及时掌握环境污染与破坏事故的情况,查明事故原因,确定危害程度,便于采取有效措施,防止事故的蔓延和扩大。其次,它可以使受到环境污染和破坏威胁的公众提前采取防范措施,避免或减少损失,最大限度地降低事故的危害程度。

【重要提示】1989 年修订的《环境保护法》确认了这项制度,2014 年新修订的《环境保护法》第 47 条中加以明确规定。

### 六、生态保护红线制度

我国于 2011 年首次提出了划定生态保护红线,随后生态保护红线逐步上升为国家生态保护和生态文明的意志和决心。目前,我国已经在资源和生态环境管理领域应用红线概念和制度,形成了诸如能源消费红线、水资源红线、耕地红线、生态保护红线等红线制度,具有空间约束和数量约束的性质。2014 年修订后的《环境保护法》,首次将生态保护红线写入法律。该法第二十九条规定:"国家在重点生态功能区、生态环境敏感区和脆弱区等区域划定生态保护红线,实行严格保护。"

生态保护红线,是指对维护国家和区域生态安全及经济社会可持续发展,保障人民群众健康具有关键作用,在提升生态功能、改善环境质量、促进资源高效利用等方面必须实行严格保护的空间边界控制与数量限值,具体可包括生态保障基线、环境质量安全底线和自然资源利用上线。

生态保护红线划定后,必须一体遵行,通过实施最严格的管理制度实现以下保护目标:①保护性质不改变,即红线保护的主要对象保持相对稳定,区位不可随意调整;②主体功能不降低,即红线区域的主导功能应通过强化保护与监管逐步得到改善;③管理要求不放宽,包括保护面积不减少,管理限值与管理措施宜严不宜宽。

生态红线具有如下特征:

(1)系统性。生态保护红线的划定与监管是一项综合性很强的系统工程,涉及生态保护、环境管理、资源开发利用等多个领域,需要在国家层面考虑,有序实施。

(2)协调性。生态保护红线划定与监管应立足于我国资源环境和生态保护的现状,与国家和区域重大区划或规划相协调,与经济社会发展需求和当前环境管理制度与能力相适应,与人口环境资源相均衡,经济社会生态效益相统一。

(3)差异性。基于我国资源环境禀赋与经济社会发展水平的区域差异性,生态保护红线划定与管理应因地制宜,切合实际,在生态空间保护、环境质量控制与资源利用管理等方面制定和执行与区域特点相适宜的政策制度,提出分类、分区及分级管理要求。

(4)强制性。生态保护红线一旦制定,必须实行严格管理。牢固树立生态保护红线观念,制定和执行严格的环境准入制度与管理措施,做到不越雷池一步,否则就应受到惩罚。

(5)动态性。生态保护红线划定后并非一成不变,为不断优化和完善国土生态安全格局,生态保护红线可进行适当调整,确保空间面积不减少,保护性质不改变,生态功能不退化。

(6)操作性。生态保护红线划定后遵循自然规律与经济社会发展规律,确保红线本身科学合理；配套的管理制度和政策应具可操作性；划定的红线目标要充分考虑各有关因素，具备可实现性。生态保护红线制度，是指有关生态保护红线划定对象、基本原则、主要制度、配套措施及罚则等一系列法律规定的总称。

> **案例 14-2　有关"三同时"制度的案例①**
>
> 　　案情：2016 年 12 月某铁路客运专线全线贯通投入使用，2017 年 10 月经某省环保厅同意投入试运行，但其配套建设的环保设施一直未申请经环境保护部验收。2018 年 11 月，环境保护部向该客运专线运行公司发出"改正违法行为决定书"，要求该工程必须在 2019 年 3 月底之前通过环保验收，否则将责令该客运专线停止使用。该客运专线运行公司认为，该工程是连接京沪铁路的繁忙干线，一旦停止使用、中断运输，将给国家社会、经济、国防造成重大损失，旅客出行受阻影响社会稳定。到 2019 年 3 月底，该客运专线并未通过环保验收。
>
> 　　请问：本案应当如何处理？
>
> 　　点评：我国《环境保护法》(第三十七条)规定："未经环境保护行政主管部门同意，擅自拆除或者闲置防治污染的设施，污染物排放超过规定的排放标准的，由环境保护行政主管部门责令重新安装使用，并处罚款。"

## 第四节　环境法律责任

环境法律责任，就是指违反环境保护法，破坏或者污染环境的单位或者个人所应当承担的责任。包括环境民事责任、环境行政责任和环境刑事责任。

### 一、环境民事责任

(一)环境民事责任的概念

民事责任是指民事主体因违反了民事义务或侵害了他人的人身权利或财产权利而应当承担的责任。放置到环境法领域，即演变成环境民事责任，即指公民、法人或其他组织的污染或破坏行为，给生态造成了损害，从而导致人身或财产的损失而应承担的法律责任。

传统民事责任的构成要件包括四个方面：第一，主观上有过错；第二，具有加害行为，且该行为具备违法性；第三，客观上发生了损害后果；第四，加害行为与损害后果之间具有因果关系。

而环境民事责任，在其构成要件上对传统的内容做了一番修正：第一，主观上不再必需过错，无过错也要承担责任；第二，抛弃了违法性的要求，只要存在某种客观的加害行为即可；第三，客观上出现了损害后果，这种损害不仅包括传统的人身和财产损害，而且涵盖了新型的生态损害；第四，加害行为与损害后果之间具有因果关

---

①　资料来源：金瑞林，《环境与资源保护法学》(第三版)，北京：高等教育出版社，2013。

系，但在因果关系的认定上相对容易了一些。

(二)环境民事责任的主要方式

《民法总则》第一百七十九条规定承担民事责任的方式主要有：停止侵害；排除妨碍；消除危险；返还财产；恢复原状；修理、重作、更换；继续履行；赔偿损失；支付违约金；消除影响、恢复名誉；赔礼道歉。法律规定惩罚性赔偿的，依照其规定。

这些责任方式，从性质和作用上可以作如下的区分：第一种是防止性的方式，比如停止侵害、排除妨碍、消除危险。此方式发生在加害行为刚刚发生之时，为了避免损害后果的产生或者加大而及时采取。第二种是补偿性的方式，比如返还财物、恢复原状、赔偿损失、消除影响、恢复名誉等。此方式发生在实际的损害也已发生的情况下，为了救济而提供相应的补偿。第三种是处罚性的方式，比如支付违约金。支付违约金多适用于不履行或者不适当履行合同时，违约方当事人向另外一方支付一定的金额。这三种方式中，补偿性的方式最为常见和普遍，因为我国所确立的民事责任实际上就是事后性的、填补性的责任。然而在环境法上，仅仅运用这种责任并不妥当，因为环境法坚持预防为主原则，如果一味被动和消极地应对已经发生的环境侵害，诸多受到污染或破坏的环境和生态可能无法恢复到原来状态。因此，我国的《环境保护法》及其相关的法律法规等主要确立了排除危害、赔偿损失、恢复原状、赔礼道歉等几种责任方式。

## 二、环境行政责任

(一)环境行政责任的概念

环境行政责任是违反环境法和国家行政法等法律法规所规定的行政义务或法律禁止的事项而应当承担的法律责任。环境行政责任介于环境民事责任与环境刑事责任之间，其违法行为的社会危害性要比犯罪行为轻，而比民事违法行为重。环境行政责任的责任主体多是企业法人的法定代表人或者直接的责任人，也包括其他的自然人。

环境行政责任的构成要件。第一，客观上存在环境行政违法行为。即环境行政法律关系的主体违反环境法律规范，造成环境污染和破坏或侵害其他行政关系但尚未构成犯罪的有过错行为。行为具备违法性是环境行政责任与环境民事责任的重要不同之一。第二，行为人主观上有过错。行为人主观过错分为故意和过失两种。在实践中，对于资源破坏多表现为故意，对于环境污染则多表现为过失。第三，行为具有危害后果。即环境行政违法行为所造成的环境污染或资源破坏的事实。基于环境污染和资源破坏的特殊性，环境损害的长期性、潜伏性和复杂性以及环境法律体系预防为主原则等方面的考虑，我国环境保护法并未将危害后果作为承担行政责任的必要条件。换言之，在某些情况下，法律规定没有造成危害后果的违法行为也要承担行政责任。第四，违法行为与危害后果之间具有因果关系。法律上的因果关系大体可以区分为直接因果关系和间接因果关系两种。因果关系的认定是环境保护法领域内非常复杂的一个问题，在此处，若法律规定不要求危害结果作为承担责任的要件，则就不涉及因果关系的认定。若需认定，则可借助环境民事责任中因果关系推定的诸多办法，以降低其证明的难度。

(二)环境行政责任的主要方式

因为环境行政法律关系涉及环境行政主体和环境行政相对人双方,所以环境行政责任可以分为环境行政主体因为违法而承担的行政责任与环境行政相对人因为违法所承担的行政责任。

1. 环境行政主体的行政责任

环境行政主体在履行环境管理职能的过程中,违法行政且尚未构成犯罪的过错行为,须承担相应的行政责任。其中,针对行政主体内部的责任是行政处分,具备惩罚性特质,即在行政组织内部依法处分相应的违法工作人员;针对行政相对人的责任是行政赔偿,具备补救性特质,即如果环境行政主体的行为给相对人造成了损害,则要依照《中华人民共和国国家赔偿法》对外承担行政赔偿责任。其中惩罚性的行政责任包括:①通报批评;②行政处分。补救性的行政责任包括:①承认错误,赔礼道歉;②恢复名誉,消除影响;③履行职务;④撤销违法;⑤返还权益;⑥恢复原状;⑦行政赔偿。

2. 环境行政相对人的行政责任

环境行政相对人的违法行为所导致的行政责任,主要体现在《中华人民共和国行政处罚法》《环境保护法》等相对综合性的法律以及污染防治、资源保护等单行的法律、法规和规章等规范中。虽然各个法律对行政责任的表述有所不同,但大致有补救性的行政责任和处罚性的行政责任两类。

(1)补救性的行政责任。补救性的行政责任主要包括消除危害、支付治理费用、恢复原状、缴纳排污费、赔偿损失等。其中一些责任形式与承担民事责任的形式完全相同,这就意味着环境保护领域内行政权的扩大——渗入传统的民事领域。因为环境污染和生态破坏具备突发性、复杂性、长期性和严重性等特点,必须及时采取制止和补救措施,避免造成更大的危害。而完全依托于司法程序并不利于及时、快捷地制止非法行为,于是适度地将原应由司法机关追究的民事责任转由行政机关追究,民事责任变成了针对相对人的行政责任,最终助益于环境保护。

(2)处罚性的行政责任。处罚性的行政责任即环境行政处罚,是指环境行政主体依法对违反环境行政法律规范的相对人所给予的制裁。根据我国环境保护法、行政处罚法、行政强制法等有关规定,环境行政相对人处罚性的行政责任主要包括以下几种:警告;罚款;行政拘留;查封、扣押;停止危害。

## 三、环境刑事责任

(一)环境刑事责任的概念

环境刑事责任是指由于行为人的故意或过失,其行为严重危及环境保护,并造成了人身伤亡或环境污染或资源破坏等情形,已经构成犯罪的,需要承担的刑法上的法律责任。1978年在布达佩斯举行的第十届国际比较法大会以及1979年在汉堡举行的国际刑法学会第十二届大会进行了专门讨论。各国在环境保护中都充分地认识到,刑事责任作为国家对环境施加影响的最严厉手段,必须得到运用。但它只能作为"最后手段",即在其他较缓和的措施特别是行政措施不能奏效时才可采取,从而明确了刑事责任在环境法中的地位和作用。

根据我国《刑法》及其修正案,最高人民法院、最高人民检察院关于执行《中华人民共和国刑法》确定罪名的补充规定(二)、(三)、(四)以及《最高人民法院、最高人民检察院关于办理环境污染刑事案件适用法律若干问题的解释》的相关规定,我国有关环境资源的犯罪及相应的环境刑事责任主要有:①走私罪;②妨害文物管理罪;③破坏环境资源保护罪等。

(二)环境刑事责任实现的主要种类

根据环境刑事责任的特点和基本原则,追究行为人环境刑事责任的措施可从整体上分为刑罚措施和非刑罚措施两大类。刑罚是由国家立法机关在刑法中规定的由法院对犯罪人实施并通过特定机构执行的最为严厉的强制措施。按照我国刑法的规定,环境犯罪人承担的刑事法律责任形式与一般犯罪人并无异处。但由于环境犯罪的特点,死刑是不宜适用的,所以环境犯罪的刑罚措施主要是罚金刑和自由刑,但罚金刑的运用尤为突出。刑罚措施的运用在所有的社会控制手段中最具有威慑力,也最能满足社会正义感。但我们也要认识到相对于其他措施而言,刑罚手段的运用也具有高成本的特点。因此,非刑罚措施是刑罚措施的必要补充。我国现行刑事规范主要规定了赔偿经济损失(以刑事附带民事的诉讼形式实现)和司法行政处罚两大类,它们也适用于环境犯罪。

## 【本章小结】

环境保护法是由国家制定或认可并以国家强制力保障和推动的,为实现经济和社会可持续发展目的,调整有关保护和改善环境、合理利用自然资源等社会关系的法律规范的总称。

本章主要分为四个部分:第一部分是环境保护法概述,主要介绍了环境保护法的概念及特征,同时还介绍了我国的环境保护法的体系。第二部分为环境保护法的基本原则,主要内容包括了环境保护法的基本原则概述、经济社会发展与环境保护相协调原则、保护优先、预防为主、综合治理原则和公众参与原则、损害担责原则等内容。第三部分介绍了环境保护法的主要制度,包括环境保护法基本制度的概念及特征,环境保护规划制度、环境影响评价与"三同时"制度、排污收费制度、环境事故报告制度、生态保护红线制度等内容。第四部分为环境法律责任,环境法律责任就是指违反环境保护法,破坏或者污染环境的单位或者个人所应当承担的责任。包括环境民事责任、环境行政责任和环境刑事责任。

## 【思考与练习】

一、名词解释

1. 环境保护法　2. 损害担责原则　3. "三同时"制度　4. 生态保护红线

## 二、简答题

1. 环境保护法的特征。
2. 环境保护法的基本原则有哪几项?
3. 环境保护法的主要制度有哪些?

## 三、论述题

1. 试述环境法律责任。
2. 试述环境保护法的主要制度。

## 四、案例分析

如何认定环境污染的侵权责任案

案情简介:江苏省南京市一中学生李某从出生到1989年10月间居住在金陵石化炼油厂西生活区。居住地南边是液化气罐装站,该站经常漏气;东边是制造压力容器的工程队,该队主要是就地进行射线探伤,对容器喷漆;北边是炼油厂的生产装置;西北边是炼油厂火炬,排放出的火炬气含有害物质。1989年11月至1997年7月,李某一家住在南京炼油厂东生活区。住处的东边是炼油厂排污未封闭地带,北边是焦化装置。

2004年除夕夜,李某被诊断出患了急性混合型白血病,其家人认为是周围环境污染造成的。但金陵石化炼油厂认为:该厂一直进行密闭生产,环保部门还对排污进行了非常严格的监控,排放完全达标;生活区居住了很多人,与李某同住的人中只有她一个不幸患病,具体致病原因可能有多种。

在双方多次协商无果的情况下,李某将金陵石化炼油厂告上了法庭。李某在起诉状中表示:金陵石化炼油厂应对其人身损害承担赔偿责任;请求法院判令该单位赔偿已花费的医疗费用54万元,后续医疗费15万元,精神抚慰金26万元,交通费、住宿费、住院伙食补助费5万元,共计人民币100万元。(资料来源:《环境与资源保护法》(第三版).周珂主编.中国人民大学出版社,2017。)

分析:这是一起典型的环境污染侵权案件。本案涉及的焦点问题有三个:一是环境污染侵权责任能否成立;二是被告(金陵石化炼油厂)的抗辩是否有道理;三是原告(李某)提出的赔偿请求可否被支持。

## 【推荐阅读书目】

1. 环境法(第二版).吕忠梅.高等教育出版社,2017.
2. 环境与资源保护法.吴婧,张一心.化学工业出版社,2017.
3. 环境保护法教程.韩德培.法律出版社,2014.
4. 环境与资源保护法学(第三版).金瑞林.高等教育出版社,2014.

# 第十五章 森林法

 学习引导

森林法与其他有关森林保护的规范性法律文件共同为实现人与自然和谐共生提供了法律支持。通过本章学习,掌握森林法的概念和调整范围;掌握林权的概念和特征;掌握林权争议的解决途径;掌握森林防火的职责划分,了解森林防火规划和具体措施、森林防火报告制度、林业有害生物防治制度;掌握林地保护制度、植树造林责任制度;了解封山育林制度和退耕还林制度;掌握公益林和商品林的管理制度;掌握森林采伐制度;掌握违反森林法的法律责任。

## 第一节 森林法概述

### 一、森林法的概念及适用范围

(一)森林法的概念

森林法是调整在森林、林木的保护、培育、利用和森林、林木、林地的经营管理活动中发生的社会关系的法律规范的总称。森林法有广义和狭义之分,狭义的森林法是指全国人大常委会制定的《中华人民共和国森林法》(以下简称《森林法》),广义的森林法是指一切有关森林法律制度的规范性文件,包括法律、行政法规、地方性法规、部门规章、自治条例和单行条例等。我国有关森林保护方面的规范性法律文件还包括《中华人民共和国森林法实施条例》《森林病虫害防治条例》《森林防火条例》《林木林地权属争议处理办法》等,《森林法》与这些规范性法律文件初步形成了我国森林保护的法律体系,使森林资源保护初步实现了有法可依的局面,为森林资源的保护、林业的长远发展以及维护生态环境起到了巨大的推动作用。本章所阐释的内容为广义上的森林法。

(二)森林法的立法概况

我国在 1984 年 9 月第六届全国人民代表大会常务委员会第七次会议通过了《中华人民共和国森林法》。根据 1998 年 4 月 29 日第九届全国人民代表大会常务委员会第二次会议《关于修改〈中华人民共和国森林法〉的决定》第一次修正;根据 2009 年 8 月 27 日第十一届全国人民代表大会常务委员会第十次会议《关于修改部分法律的决定》第二次修正;2019 年 12 月 28 日第十三届全国人民代表大会常务委员会第十五次会议修订,于 2020 年 7 月 1 日起施行。

新修订的《森林法》，共9章84条，更好地践行了"绿水青山就是金山银山"的理念。主要在加强森林权属保护、实施森林分类经营、强调规划统领、加强森林资源保护、改革林木采伐管理制度、强化目标责任和监督检查6个方面作了修订。规定森林法的立法目的是为了保护、培育和合理利用森林资源，加快国土绿化，发挥森林蓄水保土、调节气候、改善环境、维护生物多样性和提供林产品等多种功能，保障森林生态安全，建设生态文明，践行"绿水青山就是金山银山"理念，实现人与自然和谐共生。

(三)森林法的适用范围

《森林法》第二条规定："在中华人民共和国领域内从事森林、林木的保护、培育、利用和森林、林木、林地的经营管理活动，适用本法。"

《森林法》以及相关的规范性文件在中华人民共和国领域内的适用范围，是除了中华人民共和国设立的特别行政区以外的中华人民共和国领土范围。根据森林法的规定，该法的调整对象为森林、林木的培育种植、采伐利用和森林、林木、林地的经营管理活动。

## 二、林业主管部门

林业主管部门是指对全国林业建设和保护负有行政管理和指导义务并负责相关林业法律规范执行的专门机构。

《森林法》第九条规定："国务院林业主管部门主管全国林业工作。县级以上地方人民政府林业主管部门，主管本行政区域的林业工作。乡镇人民政府可以确定相关机构或者设置专职、兼职人员承担林业相关工作。"其中，国务院林业主管部门是指代表国务院管理全国林业工作的机关，在现阶段就是国家林业和草原局。县级以上地方人民政府林业主管部门是指各省、自治区设立的林业和草原厅(局)及县、市级林业局。乡镇人民政府林业主管部门主要是负责具体林业工作的林业工作站。

县级以上人民政府林业主管部门依照本法规定，对森林资源的保护、修复、利用、更新等进行监督检查，依法查处破坏森林资源等违法行为。其履行森林资源保护监督检查职责，有权采取下列措施：①进入生产经营场所进行现场检查；②查阅、复制有关文件、资料，对可能被转移、销毁、隐匿或者篡改的文件、资料予以封存；③查封、扣押有证据证明来源非法的林木以及从事破坏森林资源活动的工具、设备或者财物；④查封与破坏森林资源活动有关的场所。

这里需要强调的是，省级以上人民政府林业主管部门对森林资源保护发展工作不力、问题突出、群众反映强烈的地区，可以约谈所在地区县级以上地方人民政府及其有关部门主要负责人，要求其采取措施及时整改。约谈整改情况应当向社会公开。

【重要提示】根据《森林法》第六十八条规定："破坏森林资源造成生态环境损害的，县级以上人民政府自然资源主管部门、林业主管部门可以依法向人民法院提起诉讼，对侵权人提出损害赔偿要求。"

## 第二节 森林权属法律制度

新修订的《森林法》新增"森林权属"一章,突出了生态环境保护和经济发展两者之间的有机统一关系,强调森林权属保护,凸显了对森林、林木、林地的所有权、使用权进行登记保护的制度。加强了对所有者和使用者合法权益的保护,同时也调动了经营主体维护权益的积极性。

### 一、林权的概念和类型

#### (一)林权的概念

森林、林木、林地的权属,通常也称为林权,主要是指森林、林木和林地的所有权和使用权。"所有权"是指所有人依法对自己所有的森林、林木、林地享有占有、使用、收益和处分的权利;"使用权"则是指使用者对森林、林木、林地享有的占有、使用和收益的权利。

#### (二)林权的类型

1. 国家所有权

我国《宪法》第九条明确规定:"矿藏、水流、森林、山岭、草原、荒地、滩涂等自然资源,都属于国家所有,即全民所有;由法律规定属于集体所有的森林、山岭、草原、荒地、滩涂除外。"《森林法》第十四条规定:"森林资源属于国家所有,由法律规定属于集体所有的除外。国家所有的森林资源的所有权由国务院代表国家行使。国务院可以授权国务院自然资源主管部门统一履行国有森林资源所有者职责。"

2. 集体所有权

根据《宪法》第九条的规定,法律规定属于集体所有的森林,属于集体所有。由此,森林、林木和林地可以由集体依照法律规定享有所有权,主要是遵循《中华人民共和国土地改革法》在土地改革时分配给广大农民,通过农业集体化由农民个体所有转化为农民集体所有的森林、林木和林地,以及在农民集体所有的土地上由农村集体经济组织种植、培育的林木。

3. 个人林木所有权和林地使用权

个人所有的林木,主要是指农村居民在房前屋后、自留地、自留山和农业集体经济组织指定的其他地方种植的树木,在以承包和其他合法方式取得的有使用权的林地上和在承包的荒山、荒地、荒滩上种植的树木(按照承包合同约定归个人所有的)以及城镇居民在自有房屋的庭院内种植的树木。个人的林地使用权,是指承包造林的林地及其他依法取得的林地使用权。在我国,土地不可以由个人所有,所以个人只能拥有林地的使用权,而不能有林地的所有权。

【重要提示】除国家、集体和个人之外,《森林法》第二十条第一款规定:"国有企业事业单位、机关、团体、部队营造的林木,由营造单位管护并按照国家规定支配林木收益。"

(三)林权所有者、使用者和经营者的权利和义务

森林、林木、林地的所有者和使用者的合法权益受法律保护,任何组织和个人不得侵犯。

1. 森林、林木、林地的所有者、使用者和经营者的权利

(1)国家所有的林地和林地上的森林、林木可以依法确定给林业经营者使用。林业经营者依法取得的国有林地和林地上的森林、林木的使用权,经批准可以转让、出租、作价出资等。具体办法由国务院制定。

(2)集体所有和国家所有依法由农民集体使用的林地实行承包经营的,承包方享有林地承包经营权和承包林地上的林木所有权,合同另有约定的从其约定。承包方可以依法采取出租(转包)、入股、转让等方式流转林地经营权、林木所有权和使用权。

(3)未实行承包经营的集体林地以及林地上的林木,由农村集体经济组织统一经营。经本集体经济组织成员的村民会议三分之二以上成员或者三分之二以上村民代表同意并公示,可以通过招标、拍卖、公开协商等方式依法流转林地经营权、林木所有权和使用权。

(4)集体林地承包经营权人可以流转林地经营权,集体林地经营权流转应当签订书面合同。林地经营权流转合同一般包括流转双方的权利义务、流转期限、流转价款及支付方式、流转期限届满林地上的林木和固定生产设施的处置、违约责任等内容。受让方违反法律规定或者合同约定造成森林、林木、林地严重毁坏的,发包方或者承包方有权收回林地经营权。

2. 森林、林木、林地的所有者、使用者和经营者的义务

(1)森林、林木、林地的所有者和使用者应当依法保护和合理利用森林、林木、林地,不得非法改变林地用途和毁坏森林、林木、林地。

(2)林业经营者应当履行保护、培育森林资源的义务,保证国有森林资源稳定增长,提高森林生态功能。

【重要提示】《森林法》第十五条第一款规定:"林地和林地上的森林、林木的所有权、使用权,由不动产登记机构统一登记造册,核发证书。国务院确定的国家重点林区的森林、林木和林地,由国务院自然资源主管部门负责登记。"

(四)林权争议处理

1. 林权争议的概念

林权争议是指森林、林木、林地的所有者和使用者就占有、使用、收益、处分森林、林地、林木所发生的争议。林权争议的核心在于相关的所有权或者使用权的争议,其性质属于民事财产争议的范畴。

2. 林权争议的解决途径

(1)协商。当事人协商解决是指当事人之间就林权问题发生纠纷时,当事人可以就争议事项进行商量,协调双方的权利义务关系,消除矛盾,解决争议,但协商不是解决林权争议的必经程序,只是国家对当事人自行协商解决林权争议这种方式予以法律的认可。不愿协商或者协商不成的,当事人有权通过行政途径或者诉讼途径解决争议。

(2) 调解。林权争议调解是指双方当事人以外的第三方，以国家法律、法规以及社会公德等为依据，对纠纷双方进行疏导、劝说，促使他们之间进行协商，自愿达成协议以解决纠纷的活动。当事人可以请求相关的人民调解委员会进行调解，也可以请求林权争议处理机构进行调解。林权争议经林权争议处理机构调解达成协议的，当事人应当在协议上签名或者盖章，并由调解人员署名，加盖林权争议处理机构印章，报同级人民政府或者林业行政主管部门备案。当事人之间达成的林权争议处理协议，自当事人签字之日起生效。

(3) 行政处理。当事人之间不愿意协商或者协商未果的，或者经林权争议处理机构调解未达成调解协议的，林权争议处理机构应当制作处理意见书，报同级人民政府作出决定。根据《森林法》第二十二条第一款、第二款的规定，单位之间发生的林木、林地所有权和使用权争议，由县级以上人民政府依法处理。个人之间、个人与单位之间发生的林木所有权和林地使用权争议，由乡镇人民政府或者县级以上人民政府依法处理。

(4) 诉讼。《森林法》第二十二条第三款规定："当事人对有关人民政府的处理决定不服的，可以自接到处理决定通知之日起30日内，向人民法院起诉。"从该条规定来看，行政处理是诉讼的前置程序，即林权纠纷未经行政程序不得直接进行诉讼，必须先申请行政处理，对行政处理决定不服，才能进行诉讼。

【重要提示】林权争议解决之前，任何一方当事人都不得毁损有争议的林木。林权争议经人民法院审理完毕之后，由相应的县级以上人民政府根据法院的审理结果登记造册，确认权属。

**案例 15-1　争议双方各持有《山林地使用权证》纠纷案**

案情：2018年6月，幸福村的甲村民小组将玉山出租给商人张某。乙村民小组对此表示不满，乙村民小组认为玉山的权属有问题，向县人民政府提出确权申请，县政府受理本案以后，派员对本案中的争议地块进行调查，并且对争议的双方村民进行调解，但是由于争议双方各执己见，无法达成共识。双方都持有玉山的《山林地使用权证》，而且经过调查查明，双方所持的《山林地使用权证》皆为合法有效证书。只是乙村所持的林权证注明的四至界址与争议地不一致。甲村林权证注明的四至界限与争议所在地相一致。据此，县人民政府于2018年9月13日对玉山地带的使用权作出处理决定，判定使用权归属于甲村民。乙村民不服，向市政府申请行政复议，市政府作出维持县政府处理的决定。乙村于同年9月25日向县人民法院提起诉讼。

请问：本案应该如何处理？

评析：如果按照2019年修订的《森林法》处理，第二十二条规定，单位之间发生的林木、林地所有权和使用权争议，由县级以上人民政府依法处理。个人之间、个人与单位之间发生的林木所有权和林地使用权争议，由乡镇人民政府或者县级以上人民政府依法处理。在实务中，林权证是判断林权权属争议的关键性依据。但是，实务中也经常会遇到登记内容与实际情况不一致的情况。本案中，甲村和乙村均持有玉山地块《山林地使用权证》，在这种情况下，就应当审查《山林地使用权证》记载的内容是否与争议地块相符。本案中，甲村提供的林地权属证书中记载的山名和四至界址与争议地块相一致。乙村虽然持有合法的《山林地使用权证》，但是它记载的权利内容与争议地块不相符合。因此，乙村的林权证属于错发的权利证书，应当予以撤销。

## 第三节 森林保护法律制度

森林资源保护关系到生态环境和国民经济的可持续发展，为了保护和永续利用森林资源，加强生态资源的保护，提供林产品，我国《森林法》专门规定了森林防火制度、森林植物检疫与有害生物防治制度以及林地保护制度等。

### 一、森林防火制度

森林火灾具有破坏性大、影响范围广、突发性强的特点，有效地预防和控制火灾的发生和蔓延是保护森林资源和促进生态环境改善的主要手段之一。

（一）森林防火职责划分

《森林法》第三十四条规定，地方各级人民政府负责本行政区域的森林防火工作，发挥群防作用；县级以上人民政府组织领导应急管理、林业、公安等部门按照职责分工密切配合做好森林火灾的科学预防、扑救和处置工作：①组织开展森林防火宣传活动，普及森林防火知识；②划定森林防火区，规定森林防火期；③设置防火设施，配备防灭火装备和物资；④建立森林火灾监测预警体系，及时消除隐患；⑤制定森林火灾应急预案，发生森林火灾，立即组织扑救；⑥保障预防和扑救森林火灾所需费用。

县级以上地方人民政府林业主管部门负责本行政区域森林防火的监督和管理工作，承担本级人民政府森林防火指挥机构的日常工作。

森林、林木、林地的经营单位和个人，在其经营范围内承担森林防火责任。

国家综合性消防救援队伍承担国家规定的森林火灾扑救任务和预防相关工作。

此外，《森林防火条例》规定了森林火灾应急预案制度，明确规定了不同主体的具体职责。根据《森林防火条例》第十六至十七条的规定，国务院林业主管部门应当按照有关规定编制国家重大、特别重大森林火灾应急预案，报国务院批准。县级以上地方人民政府林业主管部门应当按照有关规定编制森林火灾应急预案，报本级人民政府批准，并报上一级人民政府林业主管部门备案。

县级人民政府应当组织乡（镇）人民政府根据森林火灾应急预案制定森林火灾应急处置办法；村民委员会应当按照森林火灾应急预案和森林火灾应急处置办法的规定，协助做好森林火灾应急处置工作。

县级以上人民政府及其有关部门应当组织开展必要的森林火灾应急预案的演练。

【重要提示】森林具有跨行政区域的特点，基于这一特点，有关地方人民政府应当建立森林防火联防机制。根据森林分布的具体范围，确定联防区域，保持信息畅通，加强监督检查。

（二）森林火灾报告制度

县级以上地方人民政府应当公布森林火警电话，建立森林防火值班制度。任何单位和个人发现森林火灾，应当立即报告。接到报告的当地人民政府或者森林防火指挥机构应当立即派人赶赴现场，调查核实，采取相应的扑救措施，并按照有关规定逐级报上级人民政府和森林防火指挥机构。

发生下列森林火灾，省、自治区、直辖市人民政府森林防火指挥机构应当立即报告国家森林防火指挥机构，由国家森林防火指挥机构按照规定报告国务院，并及时通报国务院有关部门：①国界附近的森林火灾；②重大、特别重大森林火灾；③造成3人以上死亡或者10人以上重伤的森林火灾；④威胁居民区或者重要设施的森林火灾；⑤24小时尚未扑灭明火的森林火灾；⑥未开发原始林区的森林火灾；⑦省、自治区、直辖市交界地区危险性大的森林火灾；⑧需要国家支援扑救的森林火灾。

---

**案例15-2　沈某故意放火罪**

案情：被告人沈某为了扩张自家的耕地面积，于2018年1月14日18时15分许，使用柴火棒把位于本村北侧的杂草点燃，此处距离灵山次生林地仅30米远。沈某任由火势扩张，放任不管，火势很快蔓延至耕地附近的灵山林地。经当地林业局勘测，过火面积达到11.58公顷，火灾现场属于林地，主要以杨树、冬青、樟树为主的公益林。

2018年1月15日沈某因涉嫌放火罪被某公安机关刑事拘留，经某检察院批准，于2018年1月18日被执行逮捕。法院审理认为，被告人沈某违反法律规定，放火烧荒，引发山林火灾，情节严重。火灾发生后，被告人未采取任何扑救措施，其行为对公共利益造成巨大的危害，使公共财产遭受重大损失，其行为已经触犯了《中华人民共和国刑法》第一百一十五条之规定，判决被告人沈某犯放火罪，判处其有期徒刑10年。

请问：法院以故意犯罪追究沈某的刑事责任是否正确？

评析：本案被告人沈某采用燃烧杂草的方式，以达到扩大自家耕地面积的目的。由于沈某的耕地距离灵山的林地距离只有30米，点燃杂草后，过火面积达到11.58公顷。对此，沈某放任不管导致特别重大的森林火灾事件的发生。本案中的当事人的行为，并不属于过于自信的过失犯罪，而是属于刑法理论中的故意犯罪。发生森林火灾的严重后果，不违背沈某当初实施犯罪行为的意图。《刑法》第一百一十五条之规定，放火、决水、爆炸以及投放毒害性、放射性、传染病病原体等物质或者以其他危险方法致人重伤、死亡或者使公私财产遭受重大损失的，处10年以上有期徒刑、无期徒刑或者死刑。沈某放火，致使过火面积达到11.58公顷，属于公私财产遭受重大损失。所以，应当根据上述《刑法》的规定，追究沈某的刑事责任。

## 二、林业有害生物防治制度

林业有害生物防治指的是森林、林木及其种苗、竹材的病虫害的预防和除治。我国森林所发生的病虫害种类繁多,局部地区发生病虫害的面积比较大,导致了严重的生态环境损失和经济财产损失。

(一)林业有害生物防治的责任制度

《森林法》第三十五条第一款规定:"县级以上人民政府林业主管部门负责本行政区域的林业有害生物的监测、检疫和防治。"

(二)林业有害生物的检疫与除治

森林植物检疫指的是森林植物检疫机构运用专业技术性手段对输出或者输入的森林植物及其产品是否带有病、虫、杂草等有害生物进行检疫检验和检疫处理的行政管理行为。省级以上人民政府林业主管部门负责确定林业植物及其产品的检疫性有害生物,划定疫区和保护区。

重大林业有害生物灾害防治实行地方人民政府负责制。发生暴发性、危险性等重大林业有害生物灾害时,当地人民政府应当及时组织除治。

林业经营者在政府支持引导下,对其经营管理范围内的森林有害生物进行防治。

## 三、林地保护制度

(一)林地保有量的规定

《森林法》第三十六条规定:"国家保护林地,严格控制林地转为非林地,实行占用林地总量控制,确保林地保有量不减少。各类建设项目占用林地不得超过本行政区域的占用林地总量控制指标。"

(二)建设用地审批的规定

《森林法》第三十七条规定:"矿藏勘查、开采以及其他各类工程建设,应当不占或者少占林地;确需占用林地的,应当经县级以上人民政府林业主管部门审核同意,依法办理建设用地审批手续。占用林地的单位应当缴纳森林植被恢复费。森林植被恢复费征收使用管理办法由国务院财政部门会同林业主管部门制定。县级以上人民政府林业主管部门应当按照规定安排植树造林,恢复森林植被,植树造林面积不得少于因占用林地而减少的森林植被面积。上级林业主管部门应当定期督促下级林业主管部门组织植树造林、恢复森林植被,并进行检查。"

(三)临时使用林地的规定

《森林法》第三十八条规定:"需要临时使用林地的,应当经县级以上人民政府林业主管部门批准;临时使用林地的期限一般不超过二年,并不得在临时使用的林地上修建永久性建筑物。临时使用林地期满后一年内,用地单位或者个人应当恢复植被和林业生产条件。"

(四)破坏林地的禁止性规定

《森林法》第三十九条规定:"禁止毁林开垦、采石、采砂、采土以及其他毁坏林木和林地的行为;禁止向林地排放重金属或者其他有毒有害物质含量超标的污水、污泥,以及可能造成林地污染的清淤底泥、尾矿、矿渣等;禁止在幼林地砍柴、毁苗、放牧;禁止擅自移动或者损坏森林保护标志。"

## 第四节 造林绿化法律制度

《森林法》第三条规定:"保护、培育、利用森林资源应当尊重自然、顺应自然,坚持生态优先、保护优先、保育结合、可持续发展的原则。"本条为加强森林保护,注重人与自然和谐共生,为林业资源的可持续发展提供了法治保障。

### 一、植树造林规划

(一)规划编制机构

规划分为发展规划和专项规划。根据《森林法》的规定,县级以上人民政府林业主管部门应当根据森林资源保护发展目标,编制林业发展规划。下级林业发展规划依据上级林业发展规划编制。

县级以上人民政府林业主管部门可以结合本地实际,编制林地保护利用、造林绿化、森林经营、天然林保护等相关专项规划。

(二)植树造林规划遵循的原则

各级人民政府组织造林绿化,应当科学规划、因地制宜,优化林种、树种结构,鼓励使用乡土树种和林木良种、营造混交林,提高造林绿化质量。国家投资或者以国家投资为主的造林绿化项目,应当按照国家规定使用林木良种。

### 二、植树造林责任制度

《森林法》第四十三条规定:"各级人民政府应当组织各行各业和城乡居民造林绿化。宜林荒山荒地荒滩,属于国家所有的,由县级以上人民政府林业主管部门和其他有关主管部门组织开展造林绿化;属于集体所有的,由集体经济组织组织开展造林绿化。"

城市规划区内、铁路公路两侧、江河两侧、湖泊水库周围,由各有关主管部门按照有关规定因地制宜组织开展造林绿化;工矿区、工业园区、机关、学校用地,部队营区以及农场、牧场、渔场经营地区,由各该单位负责造林绿化。组织开展城市造林绿化的具体办法由国务院制定。

国家所有和集体所有的宜林荒山荒地荒滩可以由单位或者个人承包造林绿化。

为鼓励植树造林,《森林法》第十三条还规定了对植树造林事业有突出贡献主体的奖励制度。即对在造林绿化、森林保护、森林经营管理以及林业科学研究等方面成绩显著的组织或者个人,按照国家有关规定给予表彰、奖励。

【重要提示】《森林法》第十条和第四十四条分别规定,植树造林、保护森林,是公民应尽的义务。各级人民政府应当组织开展全民义务植树活动。每年三月十二日为植树节;国家鼓励公民通过植树造林、抚育管护、认建认养等方式参与造林绿化。

### 三、封山育林制度

《森林法》第四十六条第一款规定:"各级人民政府应当采取以自然恢复为主、自然恢复和人工修复相结合的措施,科学保护修复森林生态系统。新造幼林地和其他应当封山育林的地方,由当地人民政府组织封山育林。"森林生态修复纳入了新《森林法》,为森林生态系统的健康运行提供了法律层面的支撑。

封山育林的意义在于恢复森林植被。封山育林措施,对于涵养水土,净化空气,改善自然环境,促进动植物资源良性循环等方面都起着重要的作用。在自然环境适宜的区域实行定期封山,培育林木生长,就能够恢复森林植被,改善本区域的生态平衡。

### 四、退耕还林制度

各级人民政府应当对国务院确定的坡耕地、严重沙化耕地、严重石漠化耕地、严重污染耕地等需要生态修复的耕地,有计划地组织实施退耕还林还草。退耕还林应当统筹规划。国务院林业行政主管部门负责退耕还林总体规划的编制,并经国务院西部开发工作机构协调、国务院发展计划部门审核后,报国务院批准实施。

省级人民政府林业行政主管部门根据上述退耕还林总体规划,与有关部门共同编制本行政区域的退耕还林规划,经本级人民政府批准,报国务院有关部门备案。

【重要提示】《退耕还林条例》第十六条规定:"基本农田保护范围内的耕地和生产条件较好、实际粮食产量超过国家退耕还林补助粮食标准并且不会造成水土流失的耕地,不得纳入退耕还林规划;但是,因生态建设特殊需要,经国务院批准并依照有关法律、行政法规规定的程序调整基本农田保护范围后,可以纳入退耕还林规划。制定退耕还林规划时,应当考虑退耕农民长期的生计需要。"

## 第五节 森林经营管理法律制度

2020年7月1日起施行的《森林法》新增了森林分类经营管理制度,将森林分为公益林和商品林。国家根据生态保护的需要,将发挥生态效益为主要目的的林地和林地上的森林划定为公益林,未划定为公益林的林地和林地上的森林属于商品林。公益林实行严格保护,主要发挥生态功能;商品林主要发挥经济功能,由林业经营者依法自主经营。通过对公益林和商品林的分类经营管理,最大限度地实现人类与自然的和谐发展。

### 一、公益林的经营管理制度

(一)公益林的划定范围

生态公益林的管理与发展是生态文明建设中的重要组成部分,对生态环境的改善与保护有着重要影响。公益林由国务院和省、自治区、直辖市人民政府划定并公布。

下列区域的林地和林地上的森林，应当划定为公益林：①重要江河源头汇水区域；②重要江河干流及支流两岸、饮用水水源地保护区；③重要湿地和重要水库周围；④森林和陆生野生动物类型的自然保护区；⑤荒漠化和水土流失严重地区的防风固沙林基干林带；⑥沿海防护林基干林带；⑦未开发利用的原始林地区；⑧需要划定的其他区域。

（二）公益林的划定与调整程序

公益林划定涉及非国有林地的，应当与权利人签订书面协议，并给予合理补偿。公益林进行调整的，应当经原划定机关同意，并予以公布。

（三）公益林划定与管理办法的制定机构

国家级公益林划定和管理的办法由国务院制定；地方级公益林划定和管理的办法由省、自治区、直辖市人民政府制定。

（四）公益林的保护和管理措施

根据森林法的规定，国家对公益林实施严格保护。县级以上人民政府林业主管部门应当有计划地组织公益林经营者对公益林中生态功能低下的疏林、残次林等低质低效林，采取林分改造、森林抚育等措施，提高公益林的质量和生态保护功能。

（五）公益林的合理利用

为了最大限度发挥公益林的经济价值，《森林法》规定，在符合公益林生态区位保护要求和不影响公益林生态功能的前提下，经科学论证，可以合理利用公益林林地资源和森林景观资源，适度开展林下经济、森林旅游等。利用公益林开展上述活动应当严格遵守国家有关规定。

## 二、商品林经营管理制度

《森林法》第五十条规定：国家鼓励发展下列商品林：①以生产木材为主要目的的森林；②以生产果品、油料、饮料、调料、工业原料和药材等林产品为主要目的的森林；③以生产燃料和其他生物质能源为主要目的的森林；④其他以发挥经济效益为主要目的的森林。

在保障生态安全的前提下，国家鼓励建设速生丰产、珍贵树种和大径级用材林，增加林木储备，保障木材供给安全。

【重要提示】《森林法》第五十一条规定："商品林由林业经营者依法自主经营。在不破坏生态的前提下，可以采取集约化经营措施，合理利用森林、林木、林地，提高商品林经济效益。"

## 三、在林地上修筑工程设施制度

根据《森林法》第五十二条规定：在林地上修筑下列直接为林业生产经营服务的工程设施，符合国家有关部门规定的标准的，由县级以上人民政府林业主管部门批准，不需要办理建设用地审批手续；超出标准需要占用林地的，应当依法办理建设用地审批手续：①培育、生产种子、苗木的设施；②贮存种子、苗木、木材的设施；③集材道、运材道、防火巡护道、森林步道；④林业科研、科普教育设施；⑤野生动植物保护、护林、林业有害生物防治、森林防火、木材检疫的设施；⑥供水、供电、供热、供气、通讯基础设施；⑦其他直接为林业生产服务的工程设施。

### 四、森林采伐制度

为了保护森林资源，防止滥砍滥伐行为，保证森林资源可持续利用，我国实施森林采伐管理制度，对于森林采伐的限额、采伐对象、采伐方式、采伐规程，以及采伐后更新造林等都规定了严格的条件。

(一) 森林年采伐限额及采伐行为的限制性规定

《森林法》第五十四条规定："国家严格控制森林年采伐量。省、自治区、直辖市人民政府林业主管部门根据消耗量低于生长量和森林分类经营管理的原则，编制本行政区域的年采伐限额，经征求国务院林业主管部门意见，报本级人民政府批准后公布实施，并报国务院备案。重点林区的年采伐限额，由国务院林业主管部门编制，报国务院批准后公布实施。"

根据《森林法》第五十五条规定，采伐森林、林木应当遵守下列规定：

(1) 公益林只能进行抚育、更新和低质低效林改造性质的采伐。但是，因科研或者实验、防治林业有害生物、建设护林防火设施、营造生物防火隔离带、遭受自然灾害等需要采伐的除外。

(2) 商品林应当根据不同情况，采取不同采伐方式，严格控制皆伐面积，伐育同步规划实施。

(3) 自然保护区的林木，禁止采伐。但是，因防治林业有害生物、森林防火、维护主要保护对象生存环境、遭受自然灾害等特殊情况必须采伐的和实验区的竹林除外。

(二) 采伐许可证制度

1. 申请采伐许可证的情形

采伐林地上的林木应当申请采伐许可证，并按照采伐许可证的规定进行采伐；采伐自然保护区以外的竹林，不需要申请采伐许可证，但应当符合林木采伐技术规程。农村居民采伐自留地和房前屋后个人所有的零星林木，不需要申请采伐许可证。禁止伪造、变造、买卖、租借采伐许可证。

2. 采伐许可证核发部门及提交的材料

采伐许可证由县级以上人民政府林业主管部门核发。县级以上人民政府林业主管部门应当采取措施，方便申请人办理采伐许可证。

农村居民采伐自留山和个人承包集体林地上的林木，由县级人民政府林业主管部门或者其委托的乡镇人民政府核发采伐许可证。

申请采伐许可证，应当提交有关采伐的地点、林种、树种、面积、蓄积量、方式、更新措施和林木权属等内容的材料。超过省级以上人民政府林业主管部门规定面积或者蓄积量的，还应当提交伐区调查设计材料。

符合林木采伐技术规程的，审核发放采伐许可证的部门应当及时核发采伐许可证。但是，审核发放采伐许可证的部门不得超过年采伐限额发放采伐许可证。

3. 不得核发采伐许可证的情形

为加强森林保护和森林更新，《森林法》规定以下情形不得核发采伐许可证：

(1) 采伐封山育林期、封山育林区内的林木；

(2) 上年度采伐后未按照规定完成更新造林任务；

(3) 上年度发生重大滥伐案件、森林火灾或者林业有害生物灾害，未采取预防和改进措施；

(4) 法律法规和国务院林业主管部门规定的禁止采伐的其他情形。

【重要提示】《森林法》第六十一条规定："采伐林木的组织和个人应当按照有关规定完成更新造林。更新造林的面积不得少于采伐的面积，更新造林应当达到相关技术规程规定的标准。"

## 第六节　违反森林法的法律责任

### 一、国家工作人员未履行相关职责的法律责任

县级以上人民政府林业主管部门或者其他有关国家机关未依照《森林法》规定履行职责的，对直接负责的主管人员和其他直接责任人员依法给予处分。

依法应当作出行政处罚决定而未作出的，上级主管部门有权责令下级主管部门作出行政处罚决定或者直接给予行政处罚。

国有林业企业事业单位未履行保护培育森林资源义务、未编制森林经营方案或者未按照批准的森林经营方案开展森林经营活动的，由县级以上人民政府林业主管部门责令限期改正，对直接负责的主管人员和其他直接责任人员依法给予处分。

### 二、违反森林保护制度的法律责任

(一) 森林防火方面的法律责任

依据《森林防火条例》第四十七条之规定，县级以上地方人民政府及其森林防火指挥机构、县级以上人民政府林业主管部门或者其他有关部门及其工作人员，有下列行为之一的，由其上级行政机关或者监察机关责令改正；如果情节严重的，对直接负责的主管人员和其他直接责任人员依法给予处分；构成犯罪的，依法追究刑事责任：①未按照有关规定编制森林火灾应急预案的；②发现森林火灾隐患未及时下达森林火灾隐患整改通知书的；③对不符合森林防火要求的野外用火或者实弹演习、爆破等活动予以批准的；④瞒报、谎报或者故意拖延报告森林火灾的；⑤未及时采取森林火灾扑救措施的；⑥不依法履行职责的其他行为。

(二) 违反林业有害生物防治制度的法律责任

《森林病虫害防治条例》规定，有下列行为之一的，责令限期除治、赔偿损失，可

以并处100元至2000元的罚款：用带有危险性病虫害的林木种苗进行育苗或者造林的；发生林业有害生物不除治或者除治不力，造成林业有害生物蔓延成灾的；隐瞒或者虚报林业有害生物情况，造成林业有害生物蔓延成灾的。

(三)违反森林植物检疫制度的法律责任

对于以下情形，森检机构应当责令纠正，可以处以50元至2000元罚款；造成损失的，应当责令赔偿：未依照规定办理《植物检疫证书》或者在报检过程中弄虚作假的；伪造、涂改、买卖、转让植物检疫单证、印章、标志、封识的；未依照规定调运、隔离试种或者生产应施检疫的森林植物及其产品的；违反规定，擅自开拆森林植物及其产品的包装，调换森林植物及其产品，或者擅自改变森林植物及其产品的规定用途的；违反规定，引起疫情扩散的。

根据《刑法》第三百三十七条规定，违反有关动植物防疫、检疫的国家规定，引起重大动植物疫情的，或者有引起重大动植物疫情危险，情节严重的，处三年以下有期徒刑或者拘役，并处或者单处罚金。单位犯前款罪的，对单位判处罚金，并对其直接负责的主管人员和其他直接责任人员，依照前款的规定处罚。

(四)违反林地管理制度的法律责任

1. 擅自改变林地用途的法律责任

未经县级以上人民政府林业主管部门审核同意，擅自改变林地用途的，由县级以上人民政府林业主管部门责令限期恢复植被和林业生产条件，可以处恢复植被和林业生产条件所需费用3倍以下的罚款。在临时使用的林地上修建永久性建筑物，或者临时使用林地期满后一年内未恢复植被或者林业生产条件的，可以处恢复植被和林业生产条件所需费用3倍以下的罚款。

2. 非法占用林地的法律责任

《森林法》第七十三条规定："虽经县级以上人民政府林业主管部门审核同意，但未办理建设用地审批手续擅自占用林地的，依照《中华人民共和国土地管理法》的有关规定处罚。"

3. 毁坏林木林地行为的法律责任

依照《森林法》第七十四条的规定，违反本法规定，进行开垦、采石、采砂、采土或者其他活动，造成林木毁坏的，由县级以上人民政府林业主管部门责令停止违法行为，限期在原地或者异地补种毁坏株数1倍以上3倍以下的树木，可以处毁坏林木价值5倍以下的罚款；造成林地毁坏的，由县级以上人民政府林业主管部门责令停止违法行为，限期恢复植被和林业生产条件，可以处恢复植被和林业生产条件所需费用3倍以下的罚款。

在幼林地砍柴、毁苗、放牧造成林木毁坏的，由县级以上人民政府林业主管部门责令停止违法行为，限期在原地或者异地补种毁坏株数1倍以上3倍以下的树木。

### 三、违反经营管理制度的法律责任

（一）盗伐、滥伐林木的法律责任

盗伐林木的，由县级以上人民政府林业主管部门责令限期在原地或者异地补种盗伐株数1倍以上5倍以下的树木，并处盗伐林木价值5倍以上10倍以下的罚款。

滥伐林木的，由县级以上人民政府林业主管部门责令限期在原地或者异地补种滥伐株数1倍以上3倍以下的树木，可以处滥伐林木价值3倍以上5倍以下的罚款。

（二）伪造、变造、买卖、租借采伐许可证的法律责任

伪造、变造、买卖、租借采伐许可证的，由县级以上人民政府林业主管部门没收证件和违法所得，并处违法所得1倍以上3倍以下的罚款；没有违法所得的，可以处2万元以下的罚款。

（三）收购、加工、运输非法来源的林木的法律责任

收购、加工、运输明知是盗伐、滥伐等非法来源的林木的，由县级以上人民政府林业主管部门责令停止违法行为，没收违法收购、加工、运输的林木或者变卖所得，可以处违法收购、加工、运输林木价款3倍以下的罚款。

（四）拒绝、阻碍监督检查的法律责任

拒绝、阻碍县级以上人民政府林业主管部门依法实施监督检查的，可以处5万元以下的罚款，情节严重的，可以责令停产停业整顿。

【重要提示】《刑法》第三百四十二条规定，违反土地管理法规，非法占用耕地、林地等农用地，改变被占用土地用途，数量较大，造成耕地、林地等农用地大量毁坏的，处5年以下有期徒刑或者拘役，并处或者单处罚金。《刑法》第三百四十五条规定，盗伐森林或者其他林木，数量较大的，处3年以下有期徒刑、拘役或者管制，并处或者单处罚金；数量巨大的，处3年以上7年以下有期徒刑，并处罚金；数量特别巨大的，处7年以上有期徒刑，并处罚金。违反森林法的规定，滥伐森林或者其他林木，数量较大的，处3年以下有期徒刑、拘役或者管制，并处或者单处罚金；数量巨大的，处3年以上7年以下有期徒刑，并处罚金。盗伐、滥伐国家级自然保护区内的森林或者其他林木的，从重处罚。

### 【本章小结】

本章探讨了《森林法》以及相关规范性法律文件的基本内容，其涵盖了森林法的立法概况和适用范围、森林权属法律制度、森林保护法律制度、造林绿化法律制度、森林经营管理法律制度，并且对违反森林法的法律责任进行了详细的阐释。本章包含以下主要知识点：

森林法是指调整在森林、林木的保护、培育、利用和森林、林木、林地的经营管理活动中发生的社会关系的法律规范的总称。森林法的立法目的是为了保护、培育和合理利用森林资源，加快国土绿化，发挥森林蓄水保土、调节气候、改善环境、维护

生物多样性和提供林产品等多种功能，保障森林生态安全，建设生态文明，践行"绿水青山就是金山"银山理念，实现人与自然和谐共生。

森林、林木、林地的权属，通常也称为林权，主要是指森林、林木和林地的所有权和使用权。"所有权"是指所有人依法对自己所有的森林、林木、林地享有占有、使用、收益和处分的权利；"使用权"则是指使用者对森林、林木、林地享有的占有、使用和收益的权利。

植树造林责任制度规定，各级人民政府应当组织各行各业和城乡居民造林绿化。宜林荒山荒地荒滩，属于国家所有的，由县级以上人民政府林业主管部门和其他有关主管部门组织开展造林绿化；属于集体所有的，由集体经济组织组织开展造林绿化。

各级人民政府应当对国务院确定的坡耕地、严重沙化耕地、严重石漠化耕地、严重污染耕地等需要生态修复的耕地，有计划地组织实施退耕还林还草。

国家对公益林实施严格保护。县级以上人民政府林业主管部门应当有计划地组织公益林经营者对公益林中生态功能低下的疏林、残次林等低质低效林，采取林分改造、森林抚育等措施，提高公益林的质量和生态保护功能。

未履行森林法律制度规定的相关职责的国家工作人员，会受到行政处罚。违反森林保护法律制度、违反造林绿化法律制度、违反森林经营法律制度的行为都要承担相应的法律责任。

## 【思考与练习】

**一、名词解释**

1. 森林法  2. 林权  3. 林权争议  4. 林业主管部门  5. 森林植物检疫

**二、简答题**

1. 简述森林法的立法概况。
2. 简述林权的概念和类型。
3. 简述林业有害生物的检疫与除治。
4. 森林防火方面的法律责任。

**三、论述题**

1. 试述林权争议的解决途径。
2. 试述公益林的经营管理制度。
3. 试述林权所有者、使用者和经营者的权利和义务。

**四、案例分析题**

1. 2018年8月，甲村村民张某计划在该村南面空闲地内建房，遂到区林业局申请砍伐地内4株杨树，区林业局划号定株，准予张某按照许可证内容砍伐树木。在张某建房过程中，张某未经批准，擅自把附近地域的2棵樟树砍掉，以便于其建房过程中，能够有地域堆放建筑材料，并且将2棵樟树以950元的价格卖给收木材的人员。有观点认为，此案件属于滥伐林木刑事案件，应当按照滥伐林木罪进行处理。也有观点认为，此案应当定性为故意毁坏林木案件，应当按照毁坏林木案件处理。还有观点认为，此案当事人的行为是盗伐林木案件，应当按照盗伐林木案件处理。你认为哪种意见是正确的,为什么?

## 【推荐阅读书目】

1. 常用林业名词解释. 莫小林. 中国林业出版社, 2016.
2. 中国林业发展报告(2017). 国家林业局. 中国林业出版社, 2017.
3. 林业法律知识读本(以案释法版). 陈泽宪. 中国民主法制出版社, 2017.
4. 林业政策问答手册. 国家林业局农村林业改革发展司. 知识产权出版社, 2018.
5. 林业行政执法实用手册. 国家林业局森林资源行政案件稽查办公室. 中国林业出版社, 2014.
6. 林业政策法规知识读本. 魏华. 中国林业出版社, 2017.
7. 林业政策法规实务. 徐鹭霞. 中国林业出版社, 2014.

# 第十六章 野生动植物保护法

学习引导

野生动植物不仅有重要的经济价值、科研价值，也有重要的生态价值。野生动物保护法和野生植物保护法作为我国经济法律体系中一个重要的组成部分，是社会主义市场经济建设、生态文明建设必不可少的法律。通过本章的学习掌握野生动物、野生植物保护的相关立法及基本法律制度；了解我国野生动物资源及野生植物资源概况；增强自觉保护野生动植物意识。

## 第一节 野生动物保护法

### 一、野生动物的概念及其资源状况

（一）野生动物的概念

野生动物（Wildlife）在国际上的定义是：所有非经人工饲养而生活于自然环境下的各种动物。学界一般将野生动物界定为：凡生存在天然自由状态下，或者来源于天然自由状态的虽然已经短期驯养但还没有产生进化变异的各种动物。

全世界的野生动物分为濒危野生动物、有益野生动物（指那些有益于农、林、牧业及卫生、保健事业的野生动物，如肉食鸟类等）、经济野生动物和有害野生动物等四种。《中华人民共和国野生动物保护法》（以下简称《野生动物保护法》）规定的受本法保护的野生动物有特定的范围，《野生动物保护法》第二条规定："本法规定保护的野生动物，是指珍贵、濒危的陆生、水生野生动物和有重要生态、科学、社会价值的陆生野生动物。本法规定的野生动物及其制品，是指野生动物的整体（含卵、蛋）、部分及其衍生物。"本法第二条第四款规定："珍贵、濒危的水生野生动物以外的其他水生野生动物的保护，适用《中华人民共和国渔业法》等有关法律的规定。"

【重要提示】并非一切生存于自然状态的野生动物都受现行野生动物保护法律的保护。

补充阅读 16-1　1975 年美国田纳西流域管理局诉希尔案①

田纳西流域管理局于 1967 年开始在小田纳西河上建设一座大坝。1973 年，科学家在大坝上游的小田纳西河附近发现了一种新的鱼类——蜗牛镖。之后美国国会颁布了《濒临物种法》，授权内政部部长可以宣布某个物种为"濒危物种"并指定其"关键性

---

① 资料来源：汪劲.《环境法学》（第四版）"导教导学"，北京：北京大学出版社，2018。

栖息地",并要求所有的联邦机构必须确保其授权、资助或者执行的行动不会破坏或者改变濒危物种的关键性栖息地。该法通过后不久,内政部部长把蜗牛镖列入濒危物种的名单,并把小田纳西河靠近泰利库大坝的这一段列为蜗牛镖的"关键性栖息地"。紧接着,一个叫做"希尔"的环保团体向美国联邦地区法院提起诉讼,以大坝蓄水将淹没蜗牛镖的关键性栖息地并导致蜗牛镖灭绝为由要求禁止大坝建设和蓄水。此时投资数千万美元的大坝已基本建成但尚未蓄水。

联邦地区法院审理后驳回了原告的请求,认为虽然水库蓄水可能危及蜗牛镖的持续生存,但"在一个联邦工程如此接近完成而又无法更改的时刻,一个衡平法院不应当适用一部在工程开始之后很久才颁布的法律去产生一个不合理的结果"。对此,环保团体不服提起上诉。

上诉法院推翻了地区法院的判决,并且命令地区法院永久地禁止工程的完工,除非"国会通过适当的立法免除大坝遵守该法的义务,或者蜗牛镖被从濒危物种名单中删除,或者内政部部长实质性地重新指定它的关键性栖息地为止。"对此,田纳西流域管理局申请联邦最高法院重审本案。最高法院最终维持了上诉法院的判决,要求泰利库大坝停止建设和蓄水。最高法院指出:从《濒危物种法》立法和措辞可以看出,它授予濒危物种凌驾于联邦部门的"首要任务"之上的优先权,而且并未豁免在其颁布之前就已建设的联邦工程。由于大坝蓄水将不可避免地损害蜗牛镖的关键性栖息地,所以应当禁止其继续建设。

(二)我国野生动物资源状况

我国地域辽阔,气候、地形复杂,野生动物种类极为丰富。据《中国生物多样性保护战略与行动计划》(2011—2030年)统计,我国有脊椎动物6445种,占世界总种数的13.7%。其中,哺乳动物564种,占世界总种数的13.1%,鸟类1269种,占世界总种数13.9%,是世界鸟类种类最丰富国家之一,爬行动物403种,占世界总种数4.1%,两栖类347种,占世界总种数6.3%,鱼类3862种,占世界鱼类总种数的17.5%。但是,由于各种原因,我国野生动物濒危程度不断加剧,有233种脊椎动物面临灭绝,约44%的野生动物呈数量下降趋势,非国家重点保护野生动物种群下降趋势明显。

## 二、我国野生动物保护立法概述

(一)我国野生动物保护的相关立法

我国对野生动物保护的相关法律主要有综合性法律《野生动物保护法》(1988年第七届全国人民代表大会常务委员会第四次会议通过,2004年、2009年修正,2016年修订,2018年第三次修正)和一些专门法律、行政法规和规章,如《陆生野生动物保护实施条例》《水生野生动物保护实施条例》《国家重点保护野生动物名录》等。另外,《宪法》《环境保护法》《刑法》《海洋环境保护法》等相关法律文件中也有野生动物保护的规定。

(二)我国野生动物保护的立法目的及保护方针

1. 野生动物保护的立法目的

野生动物保护的立法目的是维护生物多样性和生态平衡，推进生态文明建设。《野生动物保护法》第一条规定："为了保护野生动物，拯救珍贵、濒危野生动物，维护生物多样性和生态平衡，推进生态文明建设，制定本法。"2016年修订的《野生动物保护法》加强了野生动物栖息地的保护，限制和规范野生动物的利用，重视野生动物的损害赔偿，推动保险机构对野生动物致害赔偿保险业务，特别规定了更加严格的法律责任，并对失职、渎职的政府官员规定了更严厉的惩罚措施。

2. 野生动物保护的保护方针

野生动物保护的保护方针是保护优先、规范利用、严格监管。《野生动物保护法》第四条规定："国家对野生动物实行保护优先、规范利用、严格监管的原则，鼓励开展野生动物科学研究，培育公民保护野生动物的意识，促进人与自然和谐发展。"

**案例 16-1 尼玛多吉非法收购、运输、出售珍贵、濒危野生动物制品案**[①]

案情：2016年12月2日，尼玛多吉从桑培手中以每只8000元的价格购买了五只麝香，合计40000元。随后又从布恩手中以每只6000元的价格购买了五只麝香，合计30000元。十只麝香共计70000元。2016年12月5日，尼玛多吉携带十只麝香在玉树市相古村卡沙社设卡点被公安人员查获，当场缴获了十只麝香。经宁夏绿森源森林资源司法鉴定中心鉴定，案涉十只马麝，价值为75000元。玉树市人民检察院以非法收购、运输、出售珍贵、濒危野生动物制品罪对尼玛多吉提起公诉。青海省玉树市人民法院一审认为，尼玛多吉明知麝香为珍贵、濒危野生动物制品而予以购买交易的行为已触犯我国刑法，构成非法收购、运输、出售珍贵、濒危野生动物制品罪。鉴于尼玛多吉归案后能够如实交代自己的犯罪事实，认罪态度较好，确有悔罪表现，同时向公安机关提供了赃物来源的线索，为侦破案件提供了真实情况，属于立功表现，量刑时予以酌情从轻考虑。判处尼玛多吉有期徒刑三年，缓刑四年，并处罚金3000元，对十只麝香予以没收。

请问：(1)本案中尼玛多吉触犯了《野生野生动物保护法》和《刑法》的哪些相关规定？(2)本案的典型意义何在？

点评：本案中尼玛多吉触犯了《动物保护法》第五十一条规定，违反本法第三十二条规定，为违法出售、购买、利用野生动物及其制品或者禁止使用的猎捕工具提供交易服务的，由县级以上人民政府工商行政管理部门责令停止违法行为，限期改正，没收违法所得，并处违法所得二倍以上五倍以下的罚款；没有违法所得的，处一万元以上五万元以下的罚款；构成犯罪的，依法追究刑事责任。触犯了《刑法》中的非法收购、运输、出售珍贵、濒危野生动物制品罪。本案系青海省玉树藏族自治州玉树市法院生态法庭成立以来审理的首起环境资源刑事案件，对于加强三江源地

---

[①] 资料来源：人民法院报"尼玛多吉非法收购、运输、出售珍贵、濒危野生动物制品案" 2017年12月5日。

区生态环境保护有着特殊意义。三江源地区被誉为长江上游生态安全屏障、"中华水塔"，是我国重要的生态功能区。鉴于三江源地区特殊的生态环境地位，人民法院要重点关注区域内环境污染和自然资源破坏案件，坚决打击采矿、砍伐、狩猎以及擅自采集国家和省级重点保护野生动植物等违法行为，促进三江源地区自然资源的持久保育和永续利用，筑牢国家生态安全屏障。麝是我国一级保护动物，也是世界濒危物种之一，麝香是一种极其稀缺的名贵药材。随着麝香市场价格日益昂贵，不法分子为获取暴利不断猎杀野生麝，我国的麝和天然麝香资源已处于极为严重稀缺的状态。"没有买卖就没有杀害"。社会各方都要充分关注濒危野生动物的保护，共同守护美丽家园。

### 三、我国野生动物保护的基本法律制度

（一）野生动物资源权属制度

我国实行野生动物资源国家所有制。《野生动物保护法》第三条规定："野生动物资源属于国家所有。国家保障依法从事野生动物科学研究、人工繁育等保护及相关活动的组织和个人的合法权益。"野生动物作为国家所有的财产，任何人均负有对其保护的法定义务。法律也同时规定，因保护本法规定保护的野生动物，造成人员伤亡、农作物或者其他财产损失的，由当地人民政府给予补偿。具体办法由省、自治区、直辖市人民政府制定。有关地方人民政府可以推动保险机构开展野生动物致害赔偿保险业务。

（二）野生动物分级分类保护制度

在我国，野生动物种类繁多，现阶段由于各方面发展因素的限制不能对所有野生动物进行法律保护。国家对野生动物实行分类分级保护。国家对珍贵、濒危的野生动物实行重点保护。国家重点保护的野生动物分为一级保护野生动物和二级保护野生动物。国家重点保护野生动物名录，由国务院野生动物保护主管部门组织科学评估后制定，并每5年根据评估情况确定对名录进行调整。国家重点保护野生动物名录报国务院批准公布。地方重点保护野生动物，是指国家重点保护野生动物以外，由省、自治区、直辖市重点保护的野生动物。地方重点保护野生动物名录，由省、自治区、直辖市人民政府组织科学评估后制定、调整并公布。有重要生态、科学、社会价值的陆生野生动物名录，由国务院野生动物保护主管部门组织科学评估后制定、调整并公布。实施野生动物分级分类保护制度能够更好地做到量力而行，有的放矢，在有限的条件下更好地保护重点野生动物。

【重要提示】实施野生动物分级分类保护制度有利于更好地保护珍贵、濒危的野生动物。

（三）实施许可证制度

许可证制度是野生动物管理的重要内容之一，为了更好地保护野生动物资源，防止人为地破环野生动物资源，我国对野生动物资源的猎捕、驯养繁殖、收购、经营、

运输、出口实施许可制度。主要有驯养繁殖许可证和特许猎捕证、狩猎证、持枪证、进出口证明书等。

1. 禁止猎捕、杀害国家重点保护野生动物

禁止猎捕、杀害国家重点保护野生动物。因科学研究、种群调控、疫源疫病监测或者其他特殊情况，需要猎捕国家一级保护野生动物的，应当向国务院野生动物保护主管部门申请特许猎捕证；需要猎捕国家二级保护野生动物的，应当向省、自治区、直辖市人民政府野生动物保护主管部门申请特许猎捕证。

2. 实行猎捕许可证制度

猎捕非国家重点保护野生动物的，应当依法取得县级以上地方人民政府野生动物保护主管部门核发的狩猎证，并且服从猎捕量限额管理。取得猎捕证和狩猎证的，应按规定的种类、数量、地点、工具、方法和期限进行猎捕。持枪猎捕的，应当依法取得公安机关核发的持枪证。

3. 鼓励人工繁育野生动物

国家支持有关科学研究机构因物种保护目的人工繁育国家重点保护野生动物。前款规定以外的人工繁育国家重点保护野生动物实行许可制度。人工繁育国家重点保护野生动物的，应当经省、自治区、直辖市人民政府野生动物保护主管部门批准，取得人工繁育许可证，但国务院对批准机关另有规定的除外。

4. 严格管理野生动物及其产品的经营利用和进出口

禁止出售、购买、利用国家重点保护野生动物及其制品。因科学研究、人工繁育、公众展示展演、文物保护或者其他特殊情况，需要出售、购买、利用国家重点保护野生动物及其制品的，应当经相关部门批准，并按照规定取得和使用专用标识，保证可追溯。出售、利用非国家重点保护野生动物的，应当提供狩猎、进出口等合法来源证明或相关检疫证明。

法律还规定，禁止伪造、变造、买卖、转让、租借特许猎捕证、狩猎证、人工繁育许可证及专用标识，出售、购买、利用国家重点保护野生动物及其制品的批准文件，或者允许进出口证明书、进出口等批准文件。除此之外，我国法律还对违反野生动物保护许可的相关违法行为进行了相关责任处罚规定，以更好地执行许可证制度，从而更好地保护野生动物。

**案例 16-2** 湖南省岳阳楼区人民检察院诉何建强等非法杀害珍贵、濒危野生动物案[①]

案情：2014 年 11 月至 2015 年 1 月期间，何建强、钟德军在湖南省东洞庭湖国家级自然保护区收鱼时，与养鱼户及帮工人员方建华、龙雪如、龙启明和涂胜保、余六秋、张连海、任小平等人商定投毒杀害保护区内野生候鸟，由何建强提供农药并负责收购。此后，何建强等人先后多次在保护区内投毒杀害野生候鸟，均由何建

---

① 资料来源：中国法院网"湖南省岳阳楼区人民检察院诉何建强等非法杀害珍贵、濒危野生动物罪、非法狩猎罪刑事附带民事诉讼案"，载 https：//www.chinacourt.org/article/detail/2017/06/id/2901571.shtml，最后访问时间 2018-07-04。

强统一收购后贩卖给李强介绍的汪前平。2015年1月18日，何建强、钟德军先后从方建华及余六秋处收购了8袋共计63只候鸟，在岳阳市君山区壕坝码头被自然保护区管理局工作人员当场查获。经鉴定，上述63只候鸟均系中毒死亡；其中12只小天鹅及5只白琵鹭均属国家二级保护野生动物；其余苍鹭、赤麻鸭、赤颈鸭、斑嘴鸭、夜鹭等共计46只，均属国家"三有"保护野生动物。查获的63只野生候鸟核定价值为人民币44617元。湖南省岳阳楼区人民检察院以何建强等七人犯非法猎捕、杀害珍贵濒危野生动物罪，向岳阳市岳阳楼区人民法院提起公诉。岳阳市林业局提起刑事附带民事诉讼，请求七名被告人共同赔偿损失53553元，湖南省岳阳楼区人民检察院支持起诉。裁判结果：湖南省岳阳市岳阳楼区人民法院一审认为：何建强伙同钟德军、方建华在湖南东洞庭湖国家级自然保护区内，采取投毒方式非法杀害国家二级保护动物小天鹅、白琵鹭及其他野生动物，李强帮助何建强购毒并全程负责对毒杀的野生候鸟进行销售，何建强、钟德军、方建华、李强的行为均已构成非法杀害珍贵、濒危野生动物罪，属情节特别严重。龙雪如、龙启明、龙真在何建强的授意下，采取投毒方式，分别在国家级自然保护区内猎杀野生候鸟，破坏野生动物资源，情节严重，其行为均已构成非法狩猎罪。何建强、钟德军的犯罪行为同时触犯非法杀害珍贵、濒危野生动物罪和非法狩猎罪，应择一重罪以非法杀害珍贵、濒危野生动物罪定罪处罚。此外，因何建强等七人的犯罪行为破坏了国家野生动物资源，致使国家财产遭受损失，各方应承担赔偿责任。相应损失以涉案63只野生候鸟的核定价值认定为44617元，根据各人在犯罪过程中所起的具体作用进行分担，判决何建强、钟德军、方建华、李强犯非法杀害珍贵、濒危野生动物罪，判处有期徒刑六年至十二年不等，并处罚金。龙雪如、龙真、龙启明犯非法狩猎罪，判处有期徒刑一年至二年不等，其中二人缓刑二年。由何建强等七人共同向岳阳市林业局赔偿损失人民币44617元。

请问：(1)本案中何建强等触犯了《野生动物保护法》和《刑法》的哪些相关规定？(2)本案的典型意义何在？

点评：本案中何建强等触犯了《野生动物保护法》第二十一条规定和《野生动物保护法》第四十五条规定，禁止猎捕、杀害国家重点保护野生动物。本案中何建强等也触犯了《刑法》第三百四十一条的规定，构成非法猎捕、杀害珍贵、濒危野生动物罪禁止猎捕、杀害国家重点保护野生动物。本案的典型意义在于本案系非法猎捕、杀害珍贵、濒危野生动物刑事附带民事诉讼案件。刑罚是环境治理的重要方式，面对日趋严峻的环境资源问题，运用刑罚手段惩治和防范环境资源犯罪，加大环境资源刑事司法保护力度，是维护生态环境的重要环节。本案发生于东洞庭湖国家级自然保护区内，在检察机关提起公诉的同时，由相关环境资源主管部门提起刑事附带民事诉讼、检察机关支持起诉，依法同时追究行为人刑事责任和民事责任，具有较高借鉴价值。一审法院在认定七名被告人均具有在自然保护区内投毒杀害野生候鸟的主观犯意前提下，正确区分各自的客观行为，根据主客观相一致原则对七名被告人分别以杀害珍贵、濒危野生动物罪和非法狩猎罪定罪；并根据共同犯罪理论区分主从犯，分别对七名被告人判处 1 年至 12 年不等的有期徒刑，部分适用缓刑，既体现了从严惩治环境资源犯罪的基本价值取向，突出了环境法益的独立地位，又体现了宽严相济的刑事政策，充分发挥了刑法的威慑和教育功能。此外，本案不仅追究了被告人杀害野生候鸟的刑事责任，还追究了被告人因其犯罪行为给国家野生动物资源造成损失的民事赔偿责任，对环境资源刑事犯罪和民事赔偿案件的一并处理具有较好的示范意义。

(四)野生动物重要栖息地保护制度

野生动物栖息地即野生动物生存或繁衍的环境，在我国，野生动物栖息地面积减少、破碎化、隔离是造成野生动物资源减少和物种濒危的主要因素。因此，保护野生动物栖息地是保护野生动物的前提和基础，是保护野生动物最有效的方法和关键性措施。法律规定对野生动物及其栖息地状况进行调查、监测和评估，建立健全野生动物及其栖息地档案，确定并发布野生动物重要栖息地名录，划定相关自然保护区域。

1. 划定自然保护区

自然保护区不仅是生物物种的储备地，是濒危生物物种的庇护所，也是人类研究自然生态系统的场所，设立自然保护区能够更好地促进人与自然的协调发展。因此，为了更好地保护野生动物，防止规划和建设项目对野生动物的破坏，我国法律规定了野生动物重要栖息地名录和自然保护区制度，对野生动物重要栖息地进行调查、检测和评估，禁止或者限制在相关自然保护区域内引入外来物种、营造单一纯林、过量施洒农药等人为干扰、威胁野生动物生息繁衍的行为。禁止在相关自然保护区域建设法律法规规定不得建设的项目。规划项目和建设项目编制的环境影响评价报告书的审批部门要征求野生动物保护主管部门意见。《野生动物保护法》第十二条规定："国务院野生动物保护主管部门应当会同国务院有关部门，根据野生动物及其栖息地状况的调查、监测和评估结果，确定并发布野生动物重要栖息地名录。省级以上人民政府依法划定相关自然保护区域，保护野生动物及其重要栖息地，保护、恢复和改善野生动物生存环境。对不具备划定相关自然保护区域条件的，县级以上人民政府可以采取划定禁猎(渔)区、规定禁猎(渔)期等其他形式予以保护。禁止或者限制在相关自然保护区域内引入外来物种、营造单一纯林、过量施洒农药等人为干扰、威胁野生动物生息繁衍的行为。相关自然保护区域，依照有关法律法规的规定划定和管理。"

2. 分析、预测和评估规划项目对野生动物及其栖息地保护的整体影响

《野生动物保护法》规定，县级以上人民政府及其有关部门在编制有关开发利用规划时，应当充分考虑野生动物及其栖息地保护的需要，分析、预测和评估规划实施可能对野生动物及其栖息地保护产生的整体影响，避免或者减少规划实施可能造成的不利后果。禁止在相关自然保护区域建设法律法规规定不得建设的项目。机场、铁路、公路、水利水电、围堰、围填海等建设项目的选址选线，应当避让相关自然保护区域、野生动物迁徙洄游通道；无法避让的，应当采取修建野生动物通道、过鱼设施等措施，消除或者减少对野生动物的不利影响。建设项目可能对相关自然保护区域、野生动物迁徙洄游通道产生影响的，环境影响评价文件的审批部门在审批环境影响评价

文件时，涉及国家重点保护野生动物的，应当征求国务院野生动物保护主管部门意见；涉及地方重点保护野生动物的，应当征求省、自治区、直辖市人民政府野生动物保护主管部门意见。

3. 监视、监测环境对野生动物的影响

由于环境影响对野生动物造成危害时，野生动物保护主管部门应当会同有关部门进行调查处理。

【重要提示】对违反上述规定的，依照《环境影响评价法》《陆生野生动物保护实施条例》《自然保护区条例》等有关法律法规的规定处罚。

（五）野生动物名录制度

如前所述，我国野生动物繁多，现阶段由于各方面因素的限制，不能对所有野生动物实行保护。为此，我国法律规定了野生动物名录制度，对重点野生动物实行名录制度。野生动物名录制度是保护野生动物的重要制度之一，它为国家和地方保护野生动物的范围提供了法律依据。

1. 国家重点保护野生动物名录

现行《国家重点保护野生动物名录》（原林业部、原农业部1988年制定，2003年调整）共列出了国家一级保护野生动物97种、国家二级保护野生动物161种。2003年2月21日，国家林业局令第7号发布，将麝科麝属所有种由国家二级保护野生动物调整为国家一级保护野生动物，以全面加强麝资源保护。野生动物造成人员伤亡、农作物或者其他财产损失的由当地人民政府给予补偿。目前，我国云南、陕西、北京、西藏、安徽等地已经制定了相关的补偿办法。

2. 濒危野生动植物种国际贸易公约（CITES）附录

中华人民共和国缔结或者参加的国际公约禁止或者限制贸易的野生动物或者其制品名录，由国家濒危物种进出口管理机构制定、调整并公布。1993年4月14日，原林业部发出通知，决定将《濒危野生动植物种国际贸易公约》（CITES）附录一和附录二所列非原产中国的所有野生动物（如犀牛、食蟹猴、袋鼠、鸵鸟、非洲象、斑马等），分别核准为国家一级和国家二级保护野生动物。进出口列入中华人民共和国缔结或者参加的国际公约禁止或者限制贸易的野生动物或者其制品名录的野生动物或者其制品的，出口国家重点保护野生动物或者其制品的，应当经相关部门批准并取得进出口证明书并取得检疫证明。

3. 人工繁育国家重点保护野生动物名录

我国法律规定，对人工繁育技术成熟稳定的国家重点保护野生动物，经科学论证，纳入国务院野生动物保护主管部门制定的人工繁育国家重点保护野生动物名录。对列入名录的野生动物及其制品，可以凭人工繁育许可证直接取得专用标识，凭专用标识出售和利用，保证可追溯。

【重要提示】实施野生动物名录制度有利于更好地保护珍贵、濒危的野生动物。野生动物造成人员伤亡、农作物或者其他财产损失的，由当地人民政府给予补偿。

### 案例16-3  女子非法猎捕国家二级重点保护野生动物猕猴获刑[①]

**案情**：2018年1月，广西大新县人民法院公开宣判一起非法猎捕珍贵、濒危野生动物案，被告人黄某某非法猎捕国家二级重点保护野生动物猕猴一只，构成非法猎捕珍贵、濒危野生动物罪，被判处有期徒刑八个月，缓刑一年，并处罚金人民币二千元；同时对其作案使用的铁链一条、皮扣一条、铁夹二只，予以没收。据悉，黄某某(48岁)系家住大新县某乡一名农村妇女。2017年5月份，黄某某在位于大新县某乡自家的玉米地里安装铁夹，防止鼠害。同年7月1日下午，黄某某在放牛途中，发现安装的铁夹夹住一只野生猴子的脚部后，遂将猴子带回家中饲养。同年7月6日晚，捕来的猴子死亡，紧接着黄某某的丈夫将猴子的体毛、内脏进行清理并肢解，放入冰箱内冷藏。次日晚上，公安机关根据群众举报，前往黄某某住处查处时，从黄某某家的冰箱内起获四袋疑似猴子肉，并扣押黄某某捕获猴子使用的铁链一条、皮扣一条、铁夹二只。随后，黄某某经公安机关依法传唤到案并如实交代自己捕获猴子的事实。经鉴定，从黄某某家起获的四袋疑似猴子肉为猕猴所有，该物种被列入国家二级重点保护野生动物名录。法院经审理认为，被告人黄某某非法猎捕国家二级重点保护野生动物猕猴一只，其行为已构成非法猎捕珍贵、濒危野生动物罪。鉴于黄某某归案后如实供述自己的罪行，当庭自愿认罪，依法可以从轻处罚。综合考虑被告人黄某某的犯罪情节、危害后果及悔罪表现，法院决定对其适用缓刑并依法作出上述判决。

**请问**：(1)本案中黄某某触犯了《野生动物保护法》和《刑法》的哪些相关规定？(2)本案的典型意义何在？

**点评**：本案中黄某某触犯了《野生动物保护法》第二十一条和第四十五条规定，禁止猎捕、杀害国家重点保护野生动物。在相关自然保护区域、禁猎(渔)区、禁猎(渔)期猎捕国家重点保护野生动物，未取得特许猎捕证、未按照特许猎捕证规定猎捕、杀害国家重点保护野生动物，或者使用禁用的工具、方法猎捕国家重点保护野生动物的，由县级以上人民政府野生动物保护主管部门、海洋执法部门或者有关保护区域管理机构按照职责分工没收猎获物、猎捕工具和违法所得，吊销特许猎捕证，并处猎获物价值2倍以上10倍以下的罚款；没有猎获物的，并处1万元以上5万元以下的罚款；构成犯罪的，依法追究刑事责任。本案中黄某某也触犯了《刑法》第三百四十一条的规定，构成非法猎捕、杀害珍贵、濒危野生动物罪；非法收购、运输、出售珍贵濒危野生动物、珍贵、濒危野生动物制品罪。非法猎捕、杀害国家重点保护的珍贵、濒危野生动物的，或者非法收购、运输、出售国家重点保护的珍贵、濒危野生动物及其制品的，处5年以下有期徒刑或者拘役，并处罚金；情节严重的，处5年以上10年以下有期徒刑，并处罚金；情节特别严重的，处10年以上有期徒刑，并处罚金或者没收财产；本案的典型意义在于能够对国家重点保护野生动物起到警示作用，因为猕猴被列入国家二级重点保护野生动物名录，属于国家重点保护的野生动物。

---

[①] 资料来源：广西新闻网"女子非法猎捕国家二级重点保护野生动物猕猴获刑"，2018-01-30。

## 第二节 野生植物保护法

### 一、野生植物的概念及其资源状况

#### (一)野生植物的概念

野生植物是指非人工培植、在自然状态下生长的植物,包括藻类、菌类、地衣、苔藓、蕨类和种子等植物。《中华人民共和国野生植物保护条例》(以下简称《野生植物保护条例》)规定的野生植物范围比较窄,仅指珍贵、濒危、稀有植物。《野生植物保护条例》第二条规定:"本条例所保护的野生植物,是指原生地天然生长的珍贵植物和原生地天然生长并具有重要经济、科学研究、文化价值的濒危、稀有植物。"

【重要提示】并非一切生存于自然状态的野生植物都受现行野生植物保护条例的保护。

 补充阅读 16-2　世界物种灭绝的速度①

　　自地球出现生物以来,经历了 30 亿年漫长的进化过程。现今地球上共生存着大约 500 万~1000 万种生物。物种灭绝本是生物发展中的一个自然现象,物种灭绝和物种形成的速率也是平衡的。但是,随着人类经济社会的高速发展,这种平衡遭到了破坏,物种灭绝的速度不断加快,动植物资源正在以前所未有的速度丧失。以高等动物中的鸟类和兽类为例,从 1600 年至 1800 年的 200 年间,总共灭绝了 25 种,而从 1800 年至 1950 年的 150 年间则共灭绝了 78 种。同样,高等植物每年大约灭绝 200 种左右,如果再加上其他物种,目前世界大致上每天就要灭绝一个物种。

#### (二)我国野生植物资源状况

我国是世界上生物多样性最为丰富的 12 个国家之一,拥有森林、灌丛、草甸、草原、荒漠、湿地等地球陆地生态系统,以及黄海、东海、南海、黑潮流域大海洋生态系统。据《中国生物多样性保护战略与行动计划》(2011—2030 年)统计,我国作为世界上野生植物资源最多国家之一,拥有高等植物 34984 种,居世界第三位;已查明真菌种类 1 万多种,占世界总种数的 14%,然而,由于对自然环境的过度开发和利用,致使我国大量的野生植物资源遭到破坏,据估计,我国野生高等植物濒危比例达 15%~20%,其中,裸子植物、兰科植物等高达 40%以上。保护野生植物迫在眉睫。

### 二、我国野生植物保护立法概述

#### (一)野生植物保护的相关立法

目前,我国野生植物保护的法律、法规和规章主要有 1996 年颁布的《野生植物保护条例》(2017 年修订)、1997 年《植物新品种保护条例》(2014 年修订)、《农业野

---

① 资料来源:参见《濒危野生动植物种国际贸易公约》。

植物保护办法》(2017年修订)、1994年的《自然保护区条例》(2011年修订)、2000年的《森林法实施条例》、1984年的《森林法》(2019年修订)、1984年的《中国珍稀、濒危保护植物名录》等。此外，我国《宪法》《环境保护法》《物权法》及《草原法》《渔业法》《动植物检疫法》等法律中也对野生植物的保护作出了原则性规定。尤其是2007年颁布的《物权法》，明确了野生植物资源的产权，这将大大有利于野生植物的保护。

(二)野生植物保护的立法目的

《野生植物保护条例》第一条规定："为了保护、发展和合理利用野生植物资源，保护生物多样性，维护生态平衡，制定本条例。"该条规定了我国野生植物保护的立法目的。为了实现这一目的，《野生植物保护条例》第三条规定，国家对野生植物资源实行加强保护、积极发展、合理利用的方针。

### 三、我国野生植物保护的基本法律制度

(一)野生植物分级分类保护及名录制度

在我国，野生植物种类繁多，一些珍稀植物已经灭绝或濒临灭绝，保护珍贵、濒危、稀有植物成为重中之重。为了更有效地保护珍贵、濒危、稀有植物，我国现行法律实施野生植物分级分类保护制度和名录制度。

1. 野生植物分级分类保护制度

我国对重点野生植物保护进行了分级分类，《野生植物保护条例》第十条规定："野生植物分为国家重点保护野生植物和地方重点保护野生植物。国家重点保护野生植物分为国家一级保护野生植物和国家二级保护野生植物。"主要包括以下一些物种：植株极少、野生种群极小、分布范围窄且处于濒危灭绝的物种；具有重要经济、科学或文化价值的濒危种或稀有种；重要作物的野生种群和有遗传价值的近缘种；有重要经济价值但因过度开发利用导致野外资源急剧下降、生存受到威胁或严重威胁的物种。

2. 野生植物名录制度

我国对野生植物实施名录制度，分为国家重点保护植物名录和地方重点保护名录。《野生植物保护条例》第十条规定："国家重点保护野生植物名录，由国务院林业行政主管部门、农业行政主管部门(以下简称国务院野生植物行政主管部门)商国务院环境保护、建设等有关部门制定，报国务院批准公布。地方重点保护野生植物，是指国家重点保护野生植物以外，由省、自治区、直辖市保护的野生植物。地方重点保护野生植物名录，由省、自治区、直辖市人民政府制定并公布，报国务院备案。"1984年国务院环境保护委员会公布了我国第一批《珍稀濒危保护植物名录》，将国家重点保护的野生植物分为濒危、渐危、稀有三类共354种，并分别确定了每种植物的保护级别。其中一级保护的8种，二级保护的143种，三级保护的203种。1999年《国家重点保护野生植物名录》(第一批)公布(1999年9月9日国家林业局令第4号；国务院1999年8月4日批准)，为掌握我国重点保护野生植物的资源状况，为保护管理和合理利用野生植物资源提供科学依据。实施野生植物分级分类保护制度和名录制度能够

更好地实现野生植物的经济价值、科研价值、文化价值,促进人与自然的和谐发展。

【重要提示】目前,国家一级重点保护野生植物有 56 种,国家二级重点保护野生植物有 204 种。

(二)野生植物监测制度

为了更有效地保护野生植物,防止环境对野生植物生长造成不良影响,我国现行法律对野生植物实行监测制度,监测环境对国家重点保护野生植物生长和地方重点保护野生植物生长的影响,并采取措施,维护和改善国家重点保护野生植物和地方重点保护野生植物的生长条件。建设项目影响国家重点保护野生植物和地方重点保护野生植物的生长环境的应对其环境影响报告书进行评价。对生长受到威胁的国家重点保护野生植物和地方重点保护野生植物相关部门应当采取拯救措施,保护或者恢复其生长环境。

《野生植物保护条例》第十二条规定:"野生植物行政主管部门及其他有关部门应当监视、监测环境对国家重点保护野生植物生长和地方重点保护野生植物生长的影响,并采取措施,维护和改善国家重点保护野生植物和地方重点保护野生植物的生长条件。由于环境影响对国家重点保护野生植物和地方重点保护野生植物的生长造成危害时,野生植物行政主管部门应当会同其他有关部门调查并依法处理。"

《野生植物保护条例》第十三条规定:"建设项目对国家重点保护野生植物和地方重点保护野生植物的生长环境产生不利影响的,建设单位提交的环境影响报告书中必须对此作出评价;环境保护部门在审批环境影响报告书时,应当征求野生植物行政主管部门的意见。"《野生植物保护条例》第十四条规定:"野生植物行政主管部门和有关单位对生长受到威胁的国家重点保护野生植物和地方重点保护野生植物应当采取拯救措施,保护或者恢复其生长环境,必要时应当建立繁育基地、种质资源库或者采取迁地保护措施。"实施野生植物监测制度能够及时发现问题,防患于未然或及时采取补救措施更好地保护野生植物。

【重要提示】实施野生植物监测制度能够及时发现问题,更好地保护野生植物。

 **补充阅读 16-3　各国外来入侵物种防治立法的模式**①

外来入侵物种是指在自然、半自然生态系统或生境中,建立种群并影响和威胁到本地生物多样性的一种外来物种。各国的外来入侵物种立法模式包括两种:专门性立法模式和部门式立法模式。专门性立法又细分为三种:第一,综合性专门立法,即制定一部法律覆盖所有物种、所有部门和所有的生态系统,并且能够为采取全方位的外来入侵物种管理行动提供全面的保障的综合性法律,代表性立法例是新西兰的《有害固体废物和新生物体法》和《生物安全法》;第二,核心性专门立法,即在保留现有关于外来入侵物种的法律法规的基础上,将其共同的基本要素归纳出来,制定一部专门针对外来物种入侵防治的核心法律,代表性立法例是日本的《关于防止特定外来生物致生态系统损害的法律》;第三,特定领域专门立法,即针对不同领域的外来物种或

---

① 资料来源:汪劲.《环境法学》(第四版)"导教导学",北京:北京大学出版社,2018.

者外来物种管理体制方面的重大问题制定特定领域的专门性法律,同时在其他的相关法律中也包含应对外来物种事务的规定,代表性立法例是美国的《联邦野生动物保护法》、《非本土水生有害物种预防和控制法》和《国家入侵物种法》。

近年来,虽然有一些外来入侵物种如互花米草、水葫芦、紫茎泽兰、薇甘菊等一对我国生物多样性和生态环境造成了严重的破坏和巨大的经济损失,但目前我国还没有专门的外来入侵物种防治法律,只在《农业法》《畜牧法》《海洋环境保护法》等法律之中有一些原则性规定。防止外来入侵物种必须坚持"预防为主,防治结合"的方针。我国应建立引进外来物种的环境影响评价制度和对外来入侵物种调查制度,并制定专门的外来入侵物种防止法律来防治外来入侵物种对我国生物多样性和生态环境的破坏。

(三)野生植物采集制度

为了防止人类对野生植物的非法采集更好地保护珍贵、濒危、稀有植物,我国现行法律对重点保护野生植物实施采集证制度。《野生植物保护条例》规定,禁止采集国家一级保护野生植物。因科学研究、人工培育、文化交流等特殊需要,采集国家一级保护野生植物的,应当按照管理权限向国务院林业行政主管部门或者其授权的机构申请采集证;或者向采集地的省、自治区、直辖市人民政府农业行政主管部门或者其授权的机构申请采集证。采集国家二级保护野生植物的,必须经采集地的县级人民政府野生植物行政主管部门签署意见后,向省、自治区、直辖市人民政府野生植物行政主管部门或者其授权的机构申请采集证。采集城市园林或者风景名胜区内的国家一级或者二级保护野生植物的,须先征得城市园林或者风景名胜区管理机构同意,并分别依照前述规定申请采集证。采集珍贵野生树木或者林区内、草原上的野生植物的,依照森林法、草原法的规定办理。

获得采集证的单位和个人必须按照采集证规定的种类、数量、地点、期限和方法进行采集并接受相关部门的监督。未取得采集证或者未按照采集证的规定采集国家重点保护野生植物的,承担相应的法律责任,由野生植物行政主管部门没收所采集的野生植物和违法所得,可以并处违法所得10倍以下的罚款;有采集证的,并可以吊销采集证。

野生植物采集制度是控制珍贵、濒危、稀有植物非法采集的重要手段,在一定程度上减少了对野生植物的破坏。

【重要提示】国家鼓励和支持野生植物科学研究、野生植物的就地保护和迁地保护。

(四)野生植物经营利用制度

1. 野生植物的出售、收购管理制度

为了更好地保护野生植物资源有效控制野生植物的经营利用,我国现行法律规定禁止出售、收购国家一级保护野生植物。出售、收购国家二级保护野生植物的,必须经省级人民政府野生植物行政主管部门或者其授权的机构批准;外国人不得在中国境内采集或者收购国家重点保护野生植物;外国人在中国境内如果对国家重点保护野生植物进行野外考察的,必须按规定程序得到相关部门批准。违反本条例规定,出售、收购国家重点保护野生植物的,由工商行政管理部门或者野生植物行政主管部门按照职责分工没收野生植物和违法所得,可以并处违法所得10倍以下的罚款。

2. 重点保护野生植物进出口许可制度

出口国家重点保护野生植物或者进出口中国参加的国际公约所限制进出口的野生植物的,应当按照管理权限经国务院林业行政主管部门批准,或者经进出口者所在地的省、自治区、直辖市人民政府农业行政主管部门审核后报国务院农业行政主管部门批准,并取得国家濒危物种进出口管理机构核发的允许进出口证明书或者标签。国务院野生植物行政主管部门应当将有关野生植物进出口的资料抄送国务院环境保护部门。未定名的或者新发现并有重要价值的野生植物,禁止出口。

《野生植物保护条例》第二十八条规定:"违反本条例规定,构成犯罪的,依法追究刑事责任。"实施野生植物经营利用制度,有利于市场经济条件下更好地保护国家一级保护野生植物和更好地规范国家二级保护野生植物的经营利用。

【重要提示】实施野生植物经营利用制度,有利于市场经济条件下更好地保护国家一级保护野生植物和更好地规范国家二级保护野生植物的经营利用。

(五)自然保护区制度

野生植物的生长环境对野生植物的保护十分重要,国家保护野生植物及其生长环境,禁止任何单位和个人破坏其生长环境。为了更好地保护野生植物的生长环境,我国现行法律规定在在国家重点保护野生植物物种和地方重点保护野生植物物种的天然集中分布区域,应当依照有关法律、行政法规的规定,建立自然保护区;在其他区域,县级以上地方人民政府野生植物行政主管部门和其他有关部门可以根据实际情况建立国家重点保护野生植物和地方重点保护野生植物的保护点或者设立保护标志。禁止破坏国家重点保护野生植物和地方重点保护野生植物的保护点的保护设施和保护标志。

 **补充阅读16-4 我国自然保护区概况**①

自1956年建立第一处自然保护区以来,我国已基本形成类型比较齐全、布局基本合理、功能相对完善的自然保护区体系。截至2017年年底,我国保护区领域概况如下:

我国(不含香港、澳门特别行政区和台湾地区,下同)共建立各种类型、不同级别的自然保护区2750个,其中国家级469个。自然保护区总面积达到147万平方千米,约占全国陆地面积的14.84%。全国超过90%的陆地自然生态系统都建有代表性的自然保护区,89%的国家重点保护野生动植物种类以及大多数重要自然遗迹在自然保护区内得到保护,部分珍稀濒危物种野外种群逐步恢复。大熊猫野外种群数量达到1800多只,东北虎、东北豹、亚洲象、朱鹮等物种数量明显增加。全国自然保护区从业人

---

① 资料来源:光明日报"从数字看中国自然保护区",2015年5月8日;人民日报"我国自然保护区占陆地面积近一成半",2018年4月18日。

员35万,其中专职管理人员总计4.5万人(含专业技术人员1.3万人)。国家级自然保护区均已建立相应管理机构,多数已建成管护站点等基础设施。自然保护区分为国家级自然保护区和地方级自然保护区。国家林业和草原局负责全国自然保护区的综合管理。

我国有32处自然保护区加入联合国教科文组织"人与生物圈"保护区网络,44处列入国际重要湿地名录,32处成为世界自然遗产地,30处加入世界地质公园网络。我国积极履行《生物多样性公约》,与全球环境基金(GEF)、世界自然基金会(WWF)、世界自然保护联盟(IUCN)等国际组织建立了良好的合作关系;成立了中俄总理定期会晤委员会环保分委会,下设跨界自然保护区和生物多样性保护工作组,已召开8次工作组会议,有力推进了跨界自然保护区的国际合作。

## 【本章小结】

本章主要讲解了野生动物保护法和野生植物保护法。野生动物保护法讲解了我国《野生动物保护法》规定保护的野生动物范围、野生动物保护的相关立法、立法目的、保护方针及野生动物保护的基本法律制度。其中,《野生动物保护法》规定保护的野生动物范围是指珍贵、濒危的陆生、水生野生动物和有重要生态、科学、社会价值的陆生野生动物。野生动物保护的基本法律制度主要有实施野生动物实行分级分类保护制度、实施许可证制度、实施野生动物重要栖息地名录和自然保护区制度、实施野生动物名录制度。野生植物保护法讲解了我国《野生植物保护条例》所保护的野生植物范围、野生植物保护的相关立法、立法目的、保护方针及我国野生植物保护的基本法律制度。其中,我国《野生植物保护条例》所保护的野生植物范围是指原生地天然生长的珍贵植物和原生地天然生长并具有重要经济、科学研究、文化价值的濒危、稀有植物。我国野生植物保护的基本法律制度主要有实施野生植物分级分类保护制度和名录制度、实施野生植物监测制度、实施野生植物采集制度、实施野生植物经营利用制度、实施自然保护区制度。

## 【思考与练习】

**一、名词解释**

1. 野生动物  2. 野生植物

**二、简答题**

1. 保护野生动物的意义。
2. 保护野生植物的意义。

**三、论述题**

1. 我国野生动物保护的基本法律制度。
2. 我国野生植物保护的基本法律制度。

**四、案例分析**

1. 2018年4月26日,哈尔滨海关查获特大濒危动物制品走私案。一辆大型俄罗斯籍厢式货柜车由虎林口岸边境驶入虎林办事处海关查验现场,检查中警员发现大量用塑料包装的走私货物,经清点,暗格中共夹藏9个品种,其中羚羊角1276根、猛犸象牙156根、海象牙406根、象牙2根、熊牙70枚、鲸牙226枚、熊胆44个、马鹿鞭4根、海参319公斤,总案值达1.06亿元人民币,仅1276根羚羊角案值就高达1.02亿元。其中,1276根羚羊角来自638只高鼻羚羊。大部分均属濒危动物制品种类。当天上午,涉嫌走私货物全部清点整理完毕,连同涉案运输工具、俄籍驾驶员、俄籍车主、中国籍货主3人移交至牡丹江海关缉私分局。此案是哈尔滨关区有史以来查获濒危动物制品种类、数量最多的一起,其中非洲象牙、海象牙、鲸牙等都是首次查到。经国家林业局野生动植物检测中心鉴定,此次查获的羚羊角、非洲象牙、海象牙、鲸牙,以及熊牙、熊胆等,均属于《濒危野生动植物种国际贸易公约》所列濒危野生动物制品,同时也是我国《国家重点保护野生动物名录》一、二级国家重点保护动物制品。据牡丹江海关缉私分局最新消息,目前此案已抓获国内外嫌疑人8名,案件正在进一步侦办中。①

试分析:

(1)本案中犯罪嫌疑人触犯了《野生动物保护法》和《刑法》的哪些相关规定?

(2)本案的典型意义何在?

2. 2017年11月10日下午,江西省会昌县查处一起非法盗采野生植物案。接群众举报,在江西省县湘江源自然保护区山场有人盗采(割)野生植物木通,接报后,会昌县生态环境综合执法大队联合县林业局,县湘江源管委会执法人员立即赶往事发地点富城乡板坑村,当即查获一车野生植物木通。经查,当事人曾某利用当地人进入湘江源自然保护区核心区山场盗采(割)野生植物木通,坐地收购进行贩卖销售,正装车准备运走,数量约2吨。按照相关法律法规规定,任何人未经批准,不得在自然保护区区域进行采、割野生植物,违者给予处罚。目前,执法人员依法依规对曾某予以没收非法盗采(割)的木通并作出行政处罚。②

试分析:

(1)本案中犯罪嫌疑人触犯了《野生动物保护法》和《刑法》的哪些相关规定?

(2)本案的典型意义何在?

## 【推荐阅读书目】

1. 环境与资源保护法(第三版). 曹明德. 中国人民大学出版社,2016.
2. 环境法学(第四版). 汪劲. 北京大学出版社,2018.
3. 环境保护法教程(第八版). 韩德培. 法律出版社,2018.
4. 环境法学(第四版). 金瑞林. 北京大学出版社,2016.
5. 环境与资源保护法(第四版). 周珂,等. 中国人民大学出版社,2019.

---

① 来源:法制日报"哈尔滨海关查获特大濒危动物制品走私案 1276根羚羊角来自638只高鼻羚羊",2018-07-18.

② 来源:搜狐网"会昌查处一起非法盗采野生植物案",2017-11-19.

# 第六篇

# 劳动与社会保障法

# 第十七章　社会保障法

学习引导

在经济法中，社会保障法是经济法律制度的保障，建立完善的社会保障法律制度可以促进经济法制度的良性运行。本章中所讲解的社会保险法律制度是我国现行社会保障法律制度的主体，其中，养老保险、医疗保险、工伤保险、失业保险是与每一个劳动者都息息相关的制度，掌握这些内容不仅仅具有理论意义，更有维护自身权益的实践价值。通过本章学习，了解重要与常用社会保障法律制度；理解社会保障法的概念和历史、现状；了解常见的社会保险法律制度；掌握我国主要的社会救助法律制度；掌握养老保险、医疗保险、失业保险等重要的社会保障制度内容。

## 第一节　社会保障法概述

### 一、社会保障法的概念

社会保障法是现代经济社会中重要的法律制度，为整个社会的稳定、发展提供基本的保障。在法学理论研究中，一般与劳动法一起被并称为"劳动与社会保障法"。本书出于方便读者了解的角度，将其一并放入经济法律制度中加以讲解。

关于社会保障与社会保障法的定义，学者们从不同角度进行了归纳总结。一般认为，社会保障是社会成员在特定情况下遭遇困难，由国家和社会给予帮助，以此保障其基本生活，促进社会稳定、经济协调发展的社会制度。而社会保障法则是调整在社会保障过程中所产生的社会关系的法律规范的总称。主要由社会保险法、社会救助法以及社会福利法所构成。

社会保障法与其他法律制度相比，具有以下特征：

(1)社会保障法具有严格的强制性。社会保障的目的是为遭遇风险的社会成员提供帮助，以维持其最低生活水平。其关于保障项目的范围及水平、保障资金的筹集、运营与分配、保障待遇的落实等都由法律作出严格规定。

(2)国家是社会保障权的主要义务主体。现代社会分工使得社会成员抗御风险的能力降低，国家与社会的救助成为抵抗风险必备措施。无论是直接的社会救济，还是社会保险制度的建立与运作，都需要国家的组织与参与。

(3)社会保障法的权利主体具有普遍性。社会保障法应当普及到每一个遭遇风险的社会成员，而无论其身份、地域的差异。第二次世界大战（以下简称"二战"）后，社会保障普及化程度在全球范围内大幅度提升，我国目前也在进行消除社会保障法中的城乡差别、公务员与工人的差别的改革。

社会保障法通过对社会成员的社会保障权进行规定，以国民收入的再分配向社会保障权利主体提供帮助，以保障对象维持生存所必须的基本生活需要，客观上也有利于社会整体的稳定与发展。在社会保障制度比较健全的国家，社会保障的范围已经超越了物资帮助，也涵盖了心理、精神层面的援助。也就是说，国家或者社会已经开始承担社会成员在遭遇风险后所必要的心理治疗、精神疏导的费用。现代社会保障法中所确立的社会保障权，是指社会成员在因年老、失业、工伤、疾病、生育、死亡、遭遇灾害等情形而面临生产、生活困难时，从国家和社会获得帮助，以保障其生存需要的权利。其最终落脚点是权利，也就是说，国家和社会作为对应的义务的主体，有义务提供法定的社会保障。这不同于古代社会认为社会救助等本质上属于政府额外施恩的理念。

### 二、社会保障法的历史及现状

社会保障制度具有悠久的历史，在古代主要表现为济贫制度。我国古代就有家族义田制度，家族成员共同出资买一些田地，无偿或者低息给家族中的贫困成员种植，但其使用范围有限，仅局限于家族内部成员之间；也只有富裕的家族才有能力购买义田。《汉谟拉比法典》中就有"要保护寡妇、孤儿"的原则规定；古希腊政府也曾对贫困者发放补助。《摩西律法》中明确规定了，农田的主人在收割时不得拾取散落的麦穗，以便穷人可以拾取过活，其规定将拾取麦穗界定为穷人的一项权利、而非富人施舍的恩惠，被学者誉为早期的社会保障权，形成了现代社会保障制度的雏形。

但从总体来看，在社会化大生产出现以前的传统社会，社会成员对风险的分担形式主要是家族支援、亲友接济等。虽然当时也存在政府负责进行风险的救灾活动，制定有零星的政府救助法律规范，但这种再分配机制主要是一种社会控制方式，其目的是缓解社会矛盾。这种救济属于国家给予人民的恩惠，而非具有法律上请求权基础的积极性权利。比如，我国封建社会每次救灾后都要发动百姓感念皇帝的厚德仁心，把当时有限的灾害救济完全看作政府的施舍和恩惠。还不存在系统性的社会保障法律制度，只有一些零星的和救灾相关的法律规范，主要集中于对官员救灾不力，对救灾中出现的以公谋私、中饱私囊行为的惩处措施，法律制度设计的着眼点在于维护社会秩序的稳定。加之，当时国家财政的核心是"王室财政"，即财政收入的获取、分配和使用都是围绕作为生产资料所有者的奴隶主和地主服务的，其目的是为维护生产资料的所有者的权益服务。王室的需要是财政运作的服务对象，而国家的社会管理职能所派生的公共需要不占主导地位，财政资金中只有极少一部分用来应对大规模的自然灾害等可能危及政权稳定的突发事件。

近代工业化以后，家庭的保障能力更加无法应对各种社会风险，加之以满足社会大众的公共需求为目的的公共财政为越来越多的国家所采用，对社会成员遭遇风险后的救助作为公共需求的重要内容，被国家财政负担的比例越来越大，社会保障法律制度也逐步建立起来。1601年英国颁布了世界上第一部《济贫法》，首次以立法方式规定政府在解决贫困问题上的职责，以征收专项的济贫税来救济贫民。德国于1883年颁布了《疾病保险法》、1884年颁布了《工伤保险法》、1889年颁布了《老年和残疾保障法》。这些社会保险立法强制规定所有劳动者都是被保险人，由雇主与劳动者联合组成的自治机构进行办理，政府监督。在 20 世纪 30 年代的经济危机的影响下，美国于 1935 年颁布了《社会保障法》，是一部综合性的立法，对社会保险、社会福利和社会救助都有规定。1942 年英国颁布的《贝弗里奇报告》提出了较为完整的现代福利国家的蓝图，覆盖了从摇篮到坟墓的所有可预见的社会保障需要，对二战后其他国家的社会保障制度的建立具有深远的影响。这一时期的社会成员接受社会保障的行为，已经超越了政府恩惠论的影响，被认为是公民社会权的一种。也就是说，政府存在的目的以及以税收等方式获取财政收入的合理性来源于其向社会提供公共物品、满足社会公共需求。社会成员遭遇年老、失业、工伤、疾病、生育、死亡、遭遇灾害等情形而面临生产困难时所产生的需求，是其自身所无法解决的，属于典型的需要集合群体之力来加以应对的公共需求，社会保障权也成为现代社会中公民重要的一项社会权利。

学者把目前主要市场经济国家所采用的社会保障法立法模式归纳为以下三种：

(1) 福利国家型的社会保障法模式。主要分布在英国、北欧诸国等福利国家，以"收入均等、福利普遍、就业充分"为目标，其社会保障的覆盖面广，项目齐全；推崇公平，不强调或少强调制度的效率价值，以国家财政作主要支持。这种模式的优点是福利化程度高、覆盖面广，缺点是国家财政负担过重。

(2) 社会保险为主的社会保障法模式。主要分布在德国、美国、日本、荷兰、奥地利等国，以社会保险作为社会保障的主要构成，一般实行雇主和雇员的责任共担，即社会保险费用由雇主和雇员共同缴纳；当保险基金开支入不敷出时，才由国家财政预算拨付。同时，交费与享受待遇挂钩，交费额大小与待遇的多寡挂钩。部分国家实行现收现付模式，由当期的缴费来支付各种保险开支。

(3) 强制储蓄型的社会保障法模式。主要分布在以新加坡为代表的东南亚各国，马来西亚、印度尼西亚、斯里兰卡等国。用于社会保障支出的中央公积金是雇主和雇员共同参与的强制储蓄性保险，公积金由雇主和雇员共同缴纳。政府主要起到监督所有雇主和雇员参加的引导作用，有些国家甚至采用完全积累式的个人账户制度。这种模式下，国家财政负担很轻，社会保险的激励机能强，但这种模式的社会再分配功能效果差，缺乏社会保障的互助性功能，许多学者对此种模式提出了质疑，认为其并非严格意义上的社会保障制度。

1949 年以后，我国的社会保障法经历了创建、调整、探索等时期。与经济法的整体发展一致，从 1992 年我国确立了社会主义市场经济体制后，逐渐建立了主要由社会保险法律制度、社会救助法律制度以及社会福利法律制度所构成的与市场经济体制相一致的社会保障法律制度。社会保险法律制度是社会保障法的核心内容，也是本章第二节详述的内容；社会救助法律制度是国家和社会对生活特殊困难的公民和灾民进行物质帮助的行为规范，目前我国建立了城乡最低生活保障制度等，尚未建立统一的法律体系。社会福利法律制度是国家、集体和社会为保障全体公民的基本生活，提供福利性的物质帮助、福利设施和服务的规则，目前散见于《残疾人保障法》《未成年人保护法》《妇女权益保障法》等法律之中。

## 第二节 社会保险法

### 一、社会保险法概述

社会保险法是以保险的方式强制建立社会保险基金,从而帮助社会成员在年老、疾病、工伤、失业、死亡等特殊事件发生时,给予帮助、克服风险的法律规范的总称。其特点在于以保险的方式来保障社会成员遇到的风险,平时集合可能遭遇相同风险的社会成员及其雇主缴纳的保险费,建立保险基金,当有投保人发生风险时,以该保险基金用来支付。其基本的运作原理与商业保险类似,但社会保险是国家立法所强制规定的,凡符合法定条件的劳动者和雇主都必须参加,否则要承担法律责任;社会保险基金不以营利为目的,以保障社会成员遭遇风险时的基本生活需要为目的。

【重要提示】有的企业在招聘工作人员时,提出公司没有参加社会保险,而是以现金的形式把社会保险发放给员工;或是要求工作人员在签订入职合同前写下"自愿不买社保"的保证字样,否则公司不予录用,此类做法都属于违反社会保险法和劳动合同法的行为。依法缴纳社会保险费是用人单位的法定义务,具有强制性,对于社保费用缴纳的标准也有强制性规定,既不属于劳资双方可以协商的范围,也不属于劳动者可以自愿放弃的权利。

社会保险法的当事人包括保险人、投保人、被保险人和受益人。其中,保险人是筹集资金和支付保险费的义务人,包括国家或经国家授权或委托的办事机构、基金公司或者商业保险公司;投保人是负有社会保险缴费义务的主体,一般是雇主和劳动者,也包括个体劳动者和其他自愿参加社会保险的公民;被保险人是投保人指定享有保险金请求权的人,一般为劳动者;受益人是包括被保险人本人或者他们的家庭成员。

1994年制定的《中华人民共和国劳动法》第七十条和第七十三条对我国的社会保险制度进行了原则上规定;《中华人民共和国社会保险法》(2010年10月28日第十一届全国人民代表大会常务委员会第十七次会议通过,根据2018年12月29日第十三届全国人民代表大会常务委员会第七次会议《关于修改〈中华人民共和国社会保险法〉的决定》修正,以下简称《社会保险法》)具体规定了基本养老保险、基本医疗保险、工伤保险、失业保险、生育保险。2019年3月6日《国务院办公厅关于全面推进生育保险和职工基本医疗保险合并实施的意见》(国办发〔2019〕10号),规定"全面推进生育保险和职工基本医疗保险(以下统称两项保险)合并实施",生育保险将并入职工基本医疗保险体系。

**补充阅读17-1 五险一金**

通常所说的用人单位必须要为员工缴纳"五险一金","五险"就是指养老保险、医疗保险、失业保险、工伤保险和生育保险;"一金"指的是住房公积金。其中养老保险、医疗保险和失业保险,这三种险是由企业和个人共同缴纳的保费;工伤保险和生育保险完全是由企业承担的，个人不需要缴纳。这里要注意的是"五险"是法定的，而"一金"不是法定的。生育保险与职工基本医疗保险合并以后，将变为"四险一金"。

## 二、养老保险

2014年以前，我国的养老保险制度由职工基本养老保险、机关事业单位养老制度、城镇居民社会养老保险制度、新型农村社会养老保险制度组成。养老金存在"多轨制"，不同主体的养老金之间的缴费比例、支付办法各不相同，也引发了很多问题。比如，目前规定的城乡居民规定的基本养老金标准与企业职工的养老金待遇相差多倍，与机关事业单位养老金的差距更为悬殊。而且，以往机关单位的公务员并不需要事先缴纳养老保险费，其退休金由国家财政统一拨付。2014年4月21日，国务院发布《关于建立统一的城乡居民基本养老保险制度的意见》，将新型农村社会养老保险和城镇居民社会养老保险两项制度合并实施，在全国范围内建立统一的城乡居民基本养老保险制度。同年5月15日，国务院颁布《事业单位人事管理条例》，规定从当年的7月1日起，要求事业单位及其工作人员依法参加养老金缴费；2015年2月6日，国务院发布《关于机关事业单位工作人员养老保险制度改革的决定》，规定不管是公务员还是事业单位工作人员，其养老保险金的缴纳、退休核定和退休金发放及标准都实行统一管理，主要就是将公务员养老保险并入到统一的社会养老金体系中，实现机关事业单位养老制度与职工基本养老保险的并轨，以期从体系上、模式上以及缴费公式上，两大板块的养老保险制度渐趋一致。但还没有专门的规定对机关事业单位工作人员养老保险内容进行具体规定，本书参照职工基本养老保险制度进行介绍。

（一）职工基本养老保险

1. 覆盖范围

我国基本养老保险的覆盖范围是中华人民共和国境内用人单位的职工，由用人单位和职工共同缴纳基本养老保险费；无雇工的个体工商户、未在用人单位参加基本养老保险的非全日制从业人员以及其他灵活就业人员可以参加基本养老保险，由个人缴纳基本养老保险费；公务员和参照公务员法管理的工作人员养老保险的办法由国务院专门规定，未来要和企业职工的基本养老保险实现统一。

2. 筹资渠道

基本养老保险基金的筹资渠道在大部分国家实行国家、劳动者与雇主三方共同出资的方式。我国基本养老保险基金由用人单位和个人缴费以及政府补贴等组成，实行社会统筹与个人账户相结合。其中，用人单位应当按照国家规定的本单位职工工资总额的比例缴纳基本养老保险费，记入基本养老保险统筹基金。职工应当按照国家规定的本人工资的比例缴纳基本养老保险费，记入个人账户。无雇工的个体工商户、未在用人单位参加基本养老保险的非全日制从业人员以及其他灵活就业人员参加基本养老保险的，应当按照国家规定缴纳基本养老保险费，分别记入基本养老保险统筹基金和个人账户。也就是说，无雇工的个体工商户、未在用人单位参加基本养老保险的非全日制从业人员以及其他灵活就业人员的养老保险金完全由自己缴纳。政府承担的筹资范围是：国有企业、事业单位职工参加基本养老保险前，视同缴费年限期间应当缴纳的基本养老保险费由政府承担；基本养老保险基金出现支付不足时，政府给予补贴。

3. 领取养老金的条件

领取养老保险金的条件是，参加基本养老保险的个人，达到法定退休年龄时累计缴费满 15 年的，按月领取基本养老金。参加基本养老保险的个人，达到法定退休年龄时累计缴费不足 15 年的，可以缴费至满 15 年，按月领取基本养老金；也可以转入新型农村社会养老保险或者城镇居民社会养老保险，按照国务院规定享受相应的养老保险待遇。我国目前的法定退休年龄根据工人和干部的身份而有所不同的规定，随着我国老龄化人口比例的不断上升，推迟退休年龄也被列入修改相关立法的议程。

4. 养老金的构成

对应地，参保人在达到法定领取条件时能够领取到的基本养老金也由统筹养老金和个人账户养老金组成。基本养老金根据个人累计缴费年限、缴费工资、当地职工平均工资、个人账户金额、城镇人口平均预期寿命等因素确定。同时，国家建立基本养老金正常调整机制。根据职工平均工资增长、物价上涨情况，适时提高基本养老保险待遇水平。个人账户则完全由投保人缴纳的计入个人账户的资金组成，个人账户不得提前支取，记账利率不得低于银行定期存款利率，免征利息税。个人死亡的，个人账户余额可以继承。如果在参保人在参保过程中发生了意外，即参加基本养老保险的个人，因病或者非因工死亡的，其遗属可以领取丧葬补助金和抚恤金；在未达到法定退休年龄时因病或者非因工致残完全丧失劳动能力的，可以领取病残津贴。所需资金从基本养老保险基金中支付。

5. 养老保险金全国统筹体系

为了鼓励劳动力的自由流动，促进人力资源的优化配置，我国正在逐步建立养老保险金的全国统筹体系。例如，一个劳动者在广东工作了 3 年后又去陕西工作了 10 年，最后回到浙江老家工作了 15 年，其达到法定退休年龄时领取的养老保险金的计算，应当包括其在所工作过的 3 个省份所缴纳的养老保险费用。也就是说，个人跨统筹地区就业的，其基本养老保险关系随本人转移，缴费年限累计计算。个人达到法定退休年龄时，基本养老金分段计算、统一支付，具体办法由国务院规定。

(二) 城乡居民基本养老保险制度

1. 覆盖范围

我国城乡居民基本养老保险制度的覆盖范围是年满 16 周岁(不含在校学生)，非国家机关和事业单位工作人员及不属于职工基本养老保险制度覆盖范围的城乡居民。其不属于强制性保险，以上的合格主体可以自愿选择在户籍地参加城乡居民养老保险。

2. 基金来源

城乡居民养老保险基金由个人缴费、集体补助、政府补贴构成，其中，个人缴费部分的标准由人力资源和社会保障部会同财政部依据城乡居民收入增长等情况适时调整。集体经济组织应当对参保人缴费给予补助，补助标准由村民委员会召开村民会议民主确定，鼓励有条件的社区将集体补助纳入社区公益事业资金筹集范围。鼓励其他社会经济组织、公益慈善组织、个人为参保人缴费提供资助。补助、资助金额不超过当地设定的最高缴费档次标准。最后，政府补贴采取分地区区别补贴的办法：政府对符合领取城乡居民养老保险待遇条件的参保人全额支付基础养老金，对重度残疾人等缴费困难群体，地方人民政府为其代缴部分或全部最低标准的养老保险费。

3. 保险金构成

城乡居民养老保险采用社会统筹与个人账户相结合的制度模式。国家为每个参保人员建立终身记录的养老保险个人账户，个人缴费、地方人民政府对参保人的缴费补贴、集体补助及其他社会经济组织、公益慈善组织、个人对参保人的缴费资助，全部记入个人账户。个人账户储存额按国家规定计息。

相应的，城乡居民养老保险待遇由基础养老金和个人账户养老金构成，支付终身。其中针对基础养老金，中央确定基础养老金最低标准，建立基础养老金最低标准正常调整机制，根据经济发展和物价变动等情况，适时调整全国基础养老金最低标准。地方人民政府可以根据实际情况适当提高基础养老金标准；对长期缴费的，可适当加发基础养老金，提高和加发部分的资金由地方人民政府支出，具体办法由省级人民政府规定，并报人力资源和社会保障部备案。对于个人账户养老金，个人账户养老金的月计发标准，目前为个人账户全部储存额除以计发系数。

4. 领取条件

参加城乡居民养老保险的个人，年满60周岁、累计缴费满15年，且未领取国家规定的基本养老保障待遇的，可以按月领取城乡居民养老保险待遇。新农保或城居保制度实施时已年满60周岁，在2014年4月21日前未领取国家规定的基本养老保障待遇的，不用缴费，自2014年4月起，可以按月领取城乡居民养老保险基础养老金；距规定领取年龄不足15年的，应逐年缴费，也允许补缴，累计缴费不超过15年；距规定领取年龄超过15年的，应按年缴费，累计缴费不少于15年。城乡居民养老保险待遇领取人员死亡的，从次月起停止支付其养老金。有条件的地方人民府可以结合本地实际探索建立丧葬补助金制度。参保人死亡，个人账户资金余额可以依法继承。

5. 账户转移

为了保障居民的迁徙自由，参加城乡居民养老保险的人员，在缴费期间户籍迁移、需要跨地区转移城乡居民养老保险关系的，可在迁入地申请转移养老保险关系，一次性转移个人账户全部储存额，并按迁入地规定继续参保缴费，缴费年限累计计算；已经按规定领取城乡居民养老保险待遇的，无论户籍是否迁移，其养老保险关系不转移。城乡居民养老保险制度与职工基本养老保险、优抚安置、城乡居民最低生活保障、农村五保供养等社会保障制度以及农村部分计划生育家庭奖励扶助制度的衔接，按有关规定执行。

6. 全国统筹体系

为了确保基金的正常运行，国务院规定将新农保基金和城乡居民养老保险基金合并为城乡居民养老保险基金，完善城乡居民养老保险基金财务会计制度和各项业务管理规章制度。城乡居民养老保险基金纳入社会保障基金财政专户，实行收支两条线管理，单独记账、独立核算，任何地区、部门、单位和个人均不得挤占挪用、虚报冒领。各地要在整合城乡居民养老保险制度的基础上，逐步推进城乡居民养老保险基金省级管理。城乡居民养老保险基金按照国家统一规定投资运营，实现保值增值。

各级人力资源和社会保障部门为国务院授权的基金监督机构。各级人力资源和社会保障部门要会同有关部门认真履行监管职责，建立健全内控制度和基金稽核监督制度，对基金的筹集、上解、划拨、发放、存储、管理等进行监控和检查，并按规定披露信息，接受社会监督。财政部门、审计部门按各自职责，对基金的收支、管理和投资运营情况实施监督。

### 三、医疗保险

我国现行的医疗保险制度由职工基本医疗保险和城乡居民基本医疗保险制度组成。医疗保险业务原来由人力资源和社会保障部统一管理，2018年3月，为完善统一的城乡居民基本医疗保险制度和大病保险制度，根据第十三届全国人民代表大会第一次会议批准的国务院机构改革方案，将人力资源和社会保障部的城镇职工和城镇居民基本医疗保险、生育保险职责整合，组建中华人民共和国国家医疗保障局，作为国务院直属机构国家。国家医疗保障局成为新的医疗保险管理机构。2019年《国务院办公厅关于全面推进生育保险和职工基本医疗保险合并实施的意见》(国办发〔2019〕10号)，对全面推进两项保险合并实施制定了具体实施意见。

(一) 职工基本医疗保险

1. 覆盖范围

我国职工基本医疗保险的覆盖范围是中华人民共和国境内用人单位的职工，由用人单位和职工共同缴纳职工基本医疗保险费；无雇工的个体工商户、未在用人单位参加职工基本医疗保险的非全日制从业人员以及其他灵活就业人员可以参加职工基本医疗保险，由个人缴纳职工基本医疗保险费。也就是说，必须参加城镇职工基本医疗保险的单位和职工，既包括国有经济也包括非国有经济单位，既包括效益好的企业，也包括困难企业，因为这是职工健康权的重要制度保障。针对农民工的基本医疗保险，劳动和社会保障部1999年作出过规定，农民合同制职工参加单位所在地的社会保险，社会保险经办机构为职工建立基本医疗保险个人帐户。农民合同制职工在终止或解除劳动合同后，社会保险经办机构可以将基本医疗保险个人帐户储存额一次性发给本人。医疗支出的不可预期性大、信息不对称强，对于职工基本医疗保险的细节问题，国家没有统一的具体规定，由各省根据本省的情况自行规定。

2. 医疗基金来源

在医疗基金的来源上，国务院要求，各统筹地区要确定一个适合当地职工负担水平的个人基本医疗保险缴费率，一般为工资收入的2%；由个人以本人工资收入为基数，按规定的当地个人缴费率缴纳基本医疗保险费；个人缴费一般由单位从工资中代扣代缴。基本医疗保险的缴费基数是用人单位以国家规定的职工工资总额为缴费基数，职工以本人上年工资收入为缴费基数。职工工资收入高于当地职工平均工资300%的，以当地职工平均工资的300%为缴费基数。参加职工基本医疗保险的个人，达到法定退休年龄时累计缴费达到国家规定年限的，退休后不再缴纳基本医疗保费，按照国家规定享受基本医疗保险待遇；未达到国家规定年限的，可以缴费至国家规定年限。

在医疗资金的构成上，采用个人账户与社会统筹账户相结合的模式。其中，个人账户的注入资金来自于个人缴费和单位缴费两部分：个人缴费的全部记入个人账户，单位缴费的一部分记入个人账户。单位缴费一般按30%左右划入个人账户。但由于每个年龄段职工的医疗消费支出水平存在很大差别，因此在统筹地区确定单位缴费记入每个职工划入账户比例时，要考虑年龄因素，确定不同年龄档次的不同划入比例。确定单位缴费划入个人账户的具体比例，由统筹地区根据个人账户的支付范围和职工年龄等因素确定。统筹基金的注入资金主要来自单位缴费部分。单位缴费用于划入个人账户后剩余的部分即为统筹基金的资金。职工个人医疗保险账户的本金和利息均归职工个人所有，可以结转使用和继承。因此，参加基本医疗保险的职工死亡后，其个人医疗账户仍有余额的，可作为遗产，由其亲属继承。

3. 使用条件及方式

职工基本医疗保险的参保人因为患病而可以获得的待遇标准按照国家规定执行。符合基本医疗保险药品目录、诊疗项目、医疗服务设施标准以及急诊、抢救的医疗费用，按照国家规定从基本医疗保险基金中支付。参保人员医疗费用中应当由基本医疗保险基金支付的部分，由社会保险经办机构与医疗机构、药品经营单位直接结算。为了确保医疗费用的可控制性，职工基本医疗保险试行定点医疗制度，即参保职工不能任意选择就医机构，必须在事先指定的医疗机构就医。根据劳动保障部的规定，参保人员在获得定点资格的医疗机构范围内，提出个人就医的定点医疗机构选择意向，由所在单位汇总后，统一报送统筹地区社会保险经办机构。社会保险经办机构根据参保人的选择意向统筹确定定点医疗机构。除获得定点资格的专科医疗机构和中医医疗机构外，参保人员一般可再选择3~5家不同层次的医疗机构，其中至少应包括1~2家基层医疗机构。参保人员对选定的定点医疗机构，可在1年后提出更改要求，由统筹地区社会保险经办机构办理变更手续。参保人员应在选定的定点医疗机构就医，并可自主决定在定点医疗机构购药或持处方到定点零售药店购药。除急诊和急救外，参保人员在非选定的定点医疗机构就医发生的费用，不得由基本医疗保险基金支付。特别需要指出的是，医疗期内用人单位不能解除劳动合同。

(二) 城乡居民基本医疗保险

城乡居民基本医疗保险由原来的城镇居民基本医疗保险和新型农村合作医疗两项制度整合而来。2016年1月《国务院关于整合城乡居民基本医疗保险制度的意见》发布，指出整合城镇居民基本医疗保险和新型农村合作医疗两项制度，建立统一的城乡居民基本医疗保险制度。部分地区已经实现城镇居民基本医疗保险与新型农村合作医疗一体化，统称为城乡居民医疗保险。

1. 覆盖范围

我国的城镇居民基本医疗保险的参保范围，是不属于城镇职工基本医疗保险制度覆盖范围的中小学阶段的学生、少年儿童和其他非从业城镇居民。城镇居民基本医疗保险不具有强制性，符合条件的人员可以自愿参加城镇居民基本医疗保险。

新型农村合作医疗是一项农民自愿参加的合作医疗制度，实行个人缴费与集体补助、政府补贴相结合的筹资原则。因为我国地域广阔，各地经济发展不均衡。目前筹资的比例与数目，国务院授权各个地方根据自己的情况，制定适用于各地的实施细则。

#### 2. 基本内容

整合后的城乡居民基本医疗保险的基本内容包括：

（1）统一覆盖范围。城乡居民医保制度覆盖范围包括现有城镇居民医保和新农合所有应参保（合）人员，即覆盖除职工基本医疗保险应参保人员以外的其他所有城乡居民。农民工和灵活就业人员依法参加职工基本医疗保险，有困难的可按照当地规定参加城乡居民医保。

（2）统一筹资政策。坚持多渠道筹资，继续实行个人缴费与政府补助相结合为主的筹资方式，鼓励集体、单位或其他社会经济组织给予扶持或资助。各地要统筹考虑城乡居民医保与大病保险保障需求，按照基金收支平衡的原则，合理确定城乡统一的筹资标准。

（3）统一保障待遇。遵循保障适度、收支平衡的原则，均衡城乡保障待遇，逐步统一保障范围和支付标准，为参保人员提供公平的基本医疗保障。城乡居民医保基金主要用于支付参保人员发生的住院和门诊医药费用。稳定住院保障水平，政策范围内住院费用支付比例保持在75%左右。

（4）统一医保目录。统一城乡居民医保药品目录和医疗服务项目目录，明确药品和医疗服务支付范围。

（5）统一定点管理。统一城乡居民医保定点机构管理办法，强化定点服务协议管理，建立健全考核评价机制和动态的准入退出机制。对非公立医疗机构与公立医疗机构实行同等的定点管理政策。

（6）统一基金管理。城乡居民医保执行国家统一的基金财务制度、会计制度和基金预决算管理制度。城乡居民医保基金纳入财政专户，实行"收支两条线"管理。基金独立核算、专户管理，任何单位和个人不得挤占挪用。

### 四、工伤保险

工伤保险是指劳动者在工作中遭受事故伤害时，其本人或者亲属被给予帮助的一项社会保险制度。为了确保劳动者遭遇事故时能够获得及时的工伤补偿，法律强制要求用人单位为职工缴纳工伤保险费。如果职工所在用人单位未依法缴纳工伤保险费，发生工伤事故的，由用人单位支付工伤保险待遇。用人单位不支付的，从工伤保险基金中先行支付。从工伤保险基金中先行支付的工伤保险待遇应当由用人单位偿还。用人单位不偿还的，社会保险经办机构可以依法进行追偿。

#### 1. 保险费来源

在保险费的来源上，工伤保险费与养老保险费不同，不存在劳动者与雇主分担的要求。工伤保险费完全由用人单位缴纳，职工不缴纳工伤保险费。国家根据不同行业的工伤风险程度确定行业的差别费率，并根据使用工伤保险基金、工伤发生率等情况在每个行业内确定费率档次。行业差别费率和行业内费率档次由国务院社会保险行政部门制定，报国务院批准后公布施行。社会保险经办机构根据用人单位使用工伤保险基金、工伤发生率和所属行业费率档次等情况，确定用人单位缴费费率。用人单位应当按照本单位职工工资总额，根据社会保险经办机构确定的费率缴纳工伤保险费。

2. 使用条件

工伤保险制度是对因公受伤的劳动者进行的补偿，更加注重对劳动者事故损失的分担，实行的是无过错责任原则。即无论雇主在劳动者遭遇工伤事故过程中是否具有主观上的过错，劳动者都可以依法要求工伤赔偿。《社会保险法》第三十六条规定，职工因工作原因受到事故伤害或者患职业病，且经工伤认定的，享受工伤保险待遇；其中，经劳动能力鉴定丧失劳动能力的，享受伤残待遇。除非职工因为故意犯罪、醉酒或者吸毒、自残或者自杀以及法律、行政法规规定的其他情形导致本人在工作中伤亡的，不认定为工伤外，其余情况下所遭遇的事故都应当认定为工伤。也就是说，即使职工对工伤的发生存在一定的责任，比如疏忽大意，但只要不是故意行为，都可以请求工伤赔付。

 **补充阅读 17-2 工伤保险的认定**

根据《工伤保险条例》(2011年修订)第十四条规定，职工有下列情形之一的，应当认定为工伤：①在工作时间和工作场所内，因工作原因受到事故伤害的；②工作时间前后在工作场所内，从事与工作有关的预备性或者收尾性工作受到事故伤害的；③在工作时间和工作场所内，因履行工作职责受到暴力等意外伤害的；④患职业病的；⑤因工外出期间，由于工作原因受到伤害或者发生事故下落不明的；⑥在上下班途中，受到非本人主要责任的交通事故或者城市轨道交通、客运轮渡、火车事故伤害的；⑦法律、行政法规规定应当认定为工伤的其他情形。《工伤保险条例》(2011年修订)第十五条规定，职工有下列情形之一的，视同工伤：①在工作时间和工作岗位，突发疾病死亡或者在48小时之内经抢救无效死亡的；②在抢险救灾等维护国家利益、公共利益活动中受到伤害的；③职工原在军队服役，因战、因公负伤致残，已取得革命伤残军人证，到用人单位后旧伤复发的。

3. 工伤赔付的费用构成

工伤赔付的费用范围包括两部分，分别由工伤保险基金和用人单位分别承担。首先，工伤保险基金应当支付：治疗工伤的医疗费用和康复费用；住院伙食补助费；到统筹地区以外就医的交通食宿费；安装配置伤残辅助器具所需费用；生活不能自理的，经劳动能力鉴定委员会确认的生活护理费；一次性伤残补助金和一至四级伤残职工按月领取的伤残津贴；终止或者解除劳动合同时，应当享受的一次性医疗补助金；因工死亡的，其遗属领取的丧葬补助金、供养亲属抚恤金和因工死亡补助金；劳动能力鉴定费。其次，用人单位应当支付：治疗工伤期间的工资福利；五级、六级伤残职工按月领取的伤残津贴；终止或者解除劳动合同时，应当享受的一次性伤残就业补助金。

由于第三人的原因造成工伤，第三人不支付工伤医疗费用或者无法确定第三人的,由工伤保险基金先行支付。为了保障工伤保险基金的充足性,工伤保险基金先行支付后,有权向第三人追偿;工伤职工符合领取基本养老金条件的,停发伤残津贴,享受基本养老保险待遇。基本养老保险待遇低于伤残津贴的,从工伤保险基金中补足差额。

> **案例 17-1 外地出差违章穿行发生交通事故的工伤认定**
>
> 案情:刘某系某公司业务员,2018年9月公司指派其到外地联系业务。刘某在联系业务途中因急于赶路而违章穿行马路,被出租汽车撞断双腿。此事故经当地公安交管部门处理,认定刘负事故主要责任。事后,刘向单位提出工伤保险待遇申请,单位以刘在交通事故中负主要责任为由,不同意认定工伤。刘又向当地劳动保障部门提出申请,经调查,确认刘是在去外地出差、联系业务期间发生交通事故受伤。
>
> 请问:当地社会保障部门是否应认定刘某为工伤?
>
> 点评:《工伤保险条例》规定,因工外出期间,由于工作原因受到伤害,应当认定为工伤。本案中职工受企业领导指派出差联系业务,是从事本单位工作的职务行为,属于因公外出。职工因工作原因,发生交通事故的,不管是无责、负次要责任还是主要责任,只要不属故意犯罪、醉酒或吸毒、自杀、自残等行为,都应按照工伤进行认定。本案中刘某有严重违章行为,导致事故发生,应当引以为鉴,但是这一过错不影响工伤的认定,单位拒绝为其认定工伤的做法是错误的。

### 五、失业保险

失业保险是以保险机制分担失业风险,保障劳动者生存权的制度。《社会保险法》要求,职工应当参加失业保险,由用人单位和职工按照国家规定共同缴纳失业保险费。

**1. 覆盖范围**

《失业保险条例》第六条、第七条规定,城镇企业事业单位按照本单位工资总额的2%缴纳失业保险费。城镇企业事业单位职工按照本人工资的1%缴纳失业保险费。城镇企业事业单位招用的农民合同制工人本人不缴纳失业保险费。省、自治区、直辖市人民政府根据本行政区域失业人员数量和失业保险基金数额,报经国务院批准,可以适当调整本行政区域失业保险费的费率。失业保险基金用于下列支出:失业保险金;领取失业保险金期间的医疗补助金;领取失业保险金期间死亡的失业人员的丧葬补助金和其供养的配偶、直系亲属的抚恤金;领取失业保险金期间接受职业培训、职业介绍的补贴,补贴的办法和标准由省、自治区、直辖市人民政府规定;国务院规定或者批准的与失业保险有关的其他费用。

**2. 领取条件**

失业人员符合下列条件的,可以从失业保险基金中领取失业保险金:失业前用人单位和本人已经缴纳失业保险费满1年的;非因本人意愿中断就业的;已经进行失业登记,并有求职要求的。可以领取的失业保险金是根据其缴纳保险费年限的长短来决定:失业人员失业前用人单位和本人累计缴费满1年不足5年的,领取失业保险金的期限最长为12个月;累计缴费满5年不足10年的,领取失业保险金的期限最长为18个月;累计缴费10年以上的,领取失业保险金的期限最长为24个月。重新就业后,再次失业的,缴费时间重新计算,领取失业保险金的期限与前次失业应当领取而尚未领取的失业保险金的期限合并计算,最长不超过24个月。可以领取的失业保险金的标准,由省、自治区、直辖市人民政府确定,不得低于城市居民最低生活保障标准。单位招用的农民合同制工人连续工作满1年,本单位并已缴纳失业保险费,劳动合同期满未续订或者提前解除劳动合同的,由社会保险经办机构根据其工作时间长短,对其支付一次性生活补助。补助的办法和标准由省、自治区、直辖市人民政府规定。

3. 支付方式

失业保险金由社会保险经办机构按月发放。失业人员在领取失业保险金期间,按照规定同时享受其他失业保险待遇。除了领取失业保险金以外,失业人员还享有基本医疗保险、死亡补偿等权利。失业人员在领取失业保险金期间,由失业保险金支付参加职工基本医疗保险的保险费,失业人员享受基本医疗保险待遇。失业人员应当缴纳的基本医疗保险费从失业保险基金中支付,个人不缴纳基本医疗保险费。失业人员在领取失业保险金期间死亡的,参照当地对在职职工死亡的规定,向其遗属发给一次性丧葬补助金和抚恤金。所需资金从失业保险基金中支付。个人死亡同时符合领取基本养老保险丧葬补助金、工伤保险丧葬补助金和失业保险丧葬补助金条件的,其遗属只能选择领取其中的一项。

4. 领取程序

领取失业保险金需要按照法律规定的程序进行。用人单位应当及时为失业人员出具终止或者解除劳动关系的证明,并将失业人员的名单自终止或者解除劳动关系之日起15日内告知社会保险经办机构。失业人员应当持本单位为其出具的终止或者解除劳动关系的证明,及时到指定的公共就业服务机构办理失业登记。失业人员凭失业登记证明和个人身份证明,到社会保险经办机构办理领取失业保险金的手续。失业保险金领取期限自办理失业登记之日起计算。失业人员在领取失业保险金期间有下列情形之一的,停止领取失业保险金,并同时停止享受其他失业保险待遇:重新就业的;应征服兵役的;移居境外的;享受基本养老保险待遇的;无正当理由,拒不接受当地人民政府指定部门或者机构介绍的适当工作或者提供的培训的。

与基本养老保险、基本医疗保险鼓励支持劳动力跨地区流动的宗旨一样,《社会保险法》第五十二条规定,如果职工跨统筹地区就业的,其失业保险关系随本人转移,缴费年限累计计算。

### 六、生育保险

生育保险是对职工生育带来的经济支出进行社会分担的制度。生育保险的保险基金由用人单位职工应当参加生育保险,由用人单位按照国家规定缴纳生育保险费,职工不缴纳生育保险费。

1. 覆盖范围

《社会保险法》第五十四条规定，用人单位已经缴纳生育保险费的，其职工享受生育保险待遇；职工未就业配偶按照国家规定享受生育医疗费用待遇。所需资金从生育保险基金中支付。

【重要提示】生育保险不仅仅是女职工所专属的险种，男职工也可以交纳。

2. 资金来源

生育保险根据"以支定收，收支基本平衡"的原则筹集资金，由企业按照其工资总额的一定比例向社会保险经办机构缴纳生育保险费，建立生育保险基金。生育保险费的提取比例由当地人民政府根据计划内生育人数和生育津贴、生育医疗费等项费用确定，并可根据费用支出情况适时调整，但最高不得超过工资总额的1%。

3. 支付项目及条件

生育保险待遇包括生育医疗费用和生育津贴。生育医疗费用包括下列各项：生育的医疗费用；计划生育的医疗费用；法律、法规规定的其他项目费用。具体来说，女职工生育按照法律、法规的规定享受产假。产假期间的生育津贴按照本企业上年度职工月平均工资计发，由生育保险基金支付。职工有下列情形之一的，可以按照国家规定享受生育津贴：女职工生育享受产假；享受计划生育手术休假；法律、法规规定的其他情形。生育津贴按照职工所在用人单位上年度职工月平均工资计发。此外，女职工生育的检查费、接生费、手术费、住院费和药费由生育保险基金支付。女职工生育出院后，因生育引起疾病的医疗费，由生育保险基金支付；如果女职工产假期满后，因病需要休息治疗的，按照有关病假待遇和医疗保险待遇规定办理。

 **补充阅读17-3　生育保险与基本医疗保险合并试点**

2016年3月23日"十三五"规划纲要提出，将生育保险和基本医疗保险合并实施。这意味着，未来随着生育保险和基本医疗保险的合并，人们熟悉的"五险一金"或将变为"四险一金"。2016年12月19日，全国人大常委会审议相关决定草案，拟授权国务院在河北省邯郸市等12个生育保险和基本医疗保险合并实施试点城市行政区域暂时调整实施《中华人民共和国社会保险法》有关规定，拟将邯郸、郑州等12地作为试点，实施生育保险基金并入职工基本医疗保险基金征缴和管理。2019年3月6日《国务院办公厅关于全面推进生育保险和职工基本医疗保险合并实施的意见》(国办发〔2019〕10号)，规定"全面推进生育保险和职工基本医疗保险(以下统称两项保险)合并实施"，生育保险将并入职工基本医疗保险体系。当前，全国各地开始逐步实施生育保险将并入职工基本医疗保险，将实现参保同步登记、基金合并运行、征缴管理一致、监督管理统一、经办服务一体化。

## 第三节　社会救助法

社会救助法是指当社会成员无法维持最低生活水平时，由国家和社会按照法定的程序和标准向其提供保证其最低生活需要的援助的一项社会保障制度。社会救济制度，作为现代社会保障制度的一个组成部分，不同于传统的济贫措施，在现代社会获取社会救济是公民的一项基本权利；也不同于社会保险，社会救济的资金来源于国家财政和地方财政，列入国家财政总预算支出，社会成员无须为此承担缴费义务，符合条件者即可获得社会救济；也不同于社会福利，社会救济的潜在对象为全体社会成员，如符合法定接受社会救济的条件，依照法定程序向政府负责社会救济的部门申请即可获得救济，其目的是提供最基本的生活保障，即维持最低生活标准所需要的生活费及生活用品。

我国还没有建立起统一的社会救助法律体系，社会救助的标准、程序是按照城乡地域而有所区别的，目前分别建立了城市居民和农村最低生活保障制度，以及农村"五保"制度。

## 一、城市居民最低生活保障制度

### 1. 覆盖对象

城市居民最低生活保障制度，是对传统社会救济制度进行改革而建立的一项新型社会救济制度，其基本政策框架，是围绕最低生活保障标准来制定的，遵循保障城市居民基本生活的原则，坚持国家保障与社会帮扶相结合、鼓励劳动自救的方针。城市居民最低生活保障的对象是持有非农业户口的城市居民，凡共同生活的家庭成员人均收入低于当地城市居民最低生活保障标准的，均有从当地人民政府获得基本生活物质帮助的权利。收入是指共同生活的家庭成员的全部货币收入和实物收入，包括法定赡养人、扶养人或者抚养人应当给付的赡养费、扶养费或者抚养费，不包括优抚对象按照国家规定享受的抚恤金、补助金。

### 2. 资金来源

城市居民最低生活保障资金来源于地方政府，由地方人民政府列入财政预算，纳入社会救济专项资金支出项目，专项管理，专款专用。同时，国家鼓励社会组织和个人为城市居民最低生活保障提供捐赠、资助；所提供的捐赠资助，全部纳入当地城市居民最低生活保障资金。在管理上也实行地方各级人民政府负责制。县级以上地方各级人民政府民政部门具体负责本行政区域内城市居民最低生活保障的管理工作；县级人民政府民政部门以及街道办事处和镇人民政府负责城市居民最低生活保障的具体管理审批工作。居民委员会根据管理审批机关的委托，可以承担城市居民最低生活保障的日常管理、服务工作。

### 3. 确定标准的依据

每个地区制定城市居民最低生活保障标准的依据主要包括：维持居民的最低生活需求所需要的物品的种类和数量；生活必需品所需要的费用；市场综合物价指数，尤其是生活必需品的价格指数；居民的平均实际收入和消费水平；经济发展状况和财政收入状况；其他社会保障标准。具体程序上，直辖市、设区的市的城市居民最低生活保障标准，由市人民政府民政部门会同财政、统计、物价等部门制定，报本级人民政府批准并公布执行；县级的城市居民最低生活保障标准，由县级人民政府民政部门会同财政、统计、物价等部门制定，报本级人民政府批准并报上一级人民政府备案后公布执行。城市居民最低生活保障标准需要提高时,也依照如上程序重新核定。

#### 4. 申请条件及程序

作为符合法定要件的被保障家庭,申请享受城市居民最低生活保障待遇,由户主向户籍所在地的街道办事处或者镇人民政府提出书面申请,并出具有关证明材料,填写《城市居民最低生活保障待遇审批表》。城市居民最低生活保障待遇,由其所在地的街道办事处或者镇人民政府初审,并将有关材料和初审意见报送县级人民政府民政部门审批。管理审批机关为审批城市居民最低生活保障待遇的需要,可以通过入户调查、邻里访问以及信函索证等方式对申请人的家庭经济状况和实际生活水平进行调查核实。对无生活来源、无劳动能力又无法定赡养人、扶养人或者抚养人的城市居民,批准其按照当地城市居民最低生活保障标准全额享受;对尚有一定收入的城市居民,批准其按照家庭人均收入低于当地城市居民最低生活保障标准的差额享受。县级人民政府民政部门经审查,对不符合享受城市居民最低生活保障待遇条件的,应当书面通知申请人,并说明理由。管理审批机关应当自接到申请人提出申请之日起的30日内办结审批手续。

#### 5. 支付方式

城市居民最低生活保障待遇由管理审批机关以货币形式按月发放;必要时,也可以给付实物。对经批准享受城市居民最低生活保障待遇的城市居民,由管理审批机关采取适当形式以户为单位予以公布,接受群众监督。任何人对不符合法定条件而享受城市居民最低生活保障待遇的,都有权向管理审批机关提出意见;管理审批机关经核查,对情况属实的,应当予以纠正。享受城市居民最低生活保障待遇的城市居民家庭人均收入情况发生变化的,应当及时通过居民委员会告知管理审批机关,办理停发、减发或者增发城市居民最低生活保障待遇的手续。管理审批机关应当对享受城市居民最低生活保障待遇的城市居民的家庭收入情况定期进行核查。在就业年龄内有劳动能力但尚未就业的城市居民,在享受城市居民最低生活保障待遇期间,应当参加其所在的居民委员会组织的公益性社区服务劳动。地方各级人民政府及其有关部门,应当对享受城市居民最低生活保障待遇的城市居民在就业、从事个体经营等方面给予必要的扶持和照顾。

### 二、农村最低生活保障制度与扶贫开发

解决农村贫困人口的生活困难,2007年国务院下发了《关于在全国建立农村最低生活保障制度的通知》,在全国建立农村最低生活保障制度。2010年国务院转发了《关于做好农村最低生活保障制度和扶贫开发政策有效衔接扩大试点工作的意见》,建立农村最低生活保障制度和扶贫开发制度的有效衔接,以确保农村贫困人口共享改革发展成果。农村最低生活保障(以下简称"农村低保")是由政府资金补助贫困农村居民,以保障其维持当地最低生活水平的制度。农村扶贫是国家以资金支持和技术输入等方式对农村贫困户和贫困地区予以资助,以帮助其摆脱贫困的一种社会救济制度。

#### 1. 覆盖对象

农村低保对象,是指家庭年人均纯收入低于当地最低生活保障标准的农村居民,

主要是因病、因残、年老体弱、丧失劳动能力以及生存条件恶劣等原因造成生活常年困难的农村居民。农村扶贫对象，是指家庭年人均纯收入低于农村扶贫标准、有劳动能力或劳动意愿的农村居民，包括有劳动能力和劳动意愿的农村低保对象。

2. 领取标准

农村低保标准，由县级以上地方人民政府按照能够维持当地农村居民全年基本生活所必需的吃饭、穿衣、用水、用电等费用确定，报上一级地方人民政府备案后公布执行。扶贫标准，以国家公布的扶贫标准为准，各省（自治区、直辖市）人民政府可根据实际情况，自行确定本地扶贫标准。

3. 发放条件

在具体实施上，要坚持公开、公平、公正的原则。严格按照申请、收入核查、民主评议、审核审批等程序和民主公示的要求，认定农村低保和扶贫对象。对于申请享受两项制度的，村民委员会要按照规定分别进行调查核实，集中进行民主评议，经乡（镇）人民政府审核后，属于扶贫对象的，报县级人民政府扶贫部门审批，属于农村低保对象的，报县级人民政府民政部门审批。村民委员会、乡（镇）人民政府以及县级人民政府扶贫和民政部门，要及时向社会公布民主评议意见、审核意见和审批结果。对于已经核实的农村低保对象，县级人民政府民政部门在进行复核时，要配合扶贫部门将其中有劳动能力和申请意愿的确认为扶贫对象。对农村低保对象，要力争做到应保尽保，按照政策规定发放最低生活保障金；对扶贫对象，要根据不同情况，享受专项扶贫和行业扶贫等方面的扶持政策，确保扶贫对象受益。

4. 资金筹集

农村低保资金的筹集以地方为主，地方各级人民政府要将农村最低生活保障资金列入财政预算，省级人民政府要加大投入。地方各级人民政府民政部门要根据保障对象人数等提出资金需求，经同级财政部门审核后列入预算。中央财政对财政困难地区给予适当补助。同时，鼓励和引导社会力量为农村最低生活保障提供捐赠和资助。扶贫资金来源上实施政府支持、社会各界帮扶和农民自力更生相结合，实现对农村贫困人口的全面扶持。两项资金都实行专项管理，专账核算，专款专用，严禁挤占挪用。

### 三、农村"五保"制度

我国农村"五保"制度建立于 20 世纪 50 年代。"五保"是指"保吃、保穿、保烧、保教、保葬"。1994 年国务院制定了《农村五保供养工作条例》，使农村"五保"供养制度规范化。

"五保"供养对象是指农村村民中符合下列条件的老年人、残疾人和未成年人：无法定扶养义务人或虽有法定扶养义务人，但法定扶养义务人无扶养能力的；无劳动能力的；无生活来源的。

"五保"供养的内容包括：供给粮油和燃料；供给服装、被褥等用品和零用钱；提供符合基本条件的住房；及时治疗疾病，对生活不能自理者有人照料；妥善办理丧葬事宜。

"五保"对象是未成年人的，还应保障他们依法接受义务教育。"五保"供养的实际标准，不低于当地村民的一般生活水平，具体标准由乡、民族乡、镇政府规定。"五保"的供养根据当地的经济条件，实行集中供养和分散供养。

此外，我国还存在其他类型的社会福利制度。社会福利制度是指由国家和社会团体举办的，社会保险和社会救助之外的各种福利事业和公共服务。社会福利具有权利义务的单向性的特点，社会福利不同于社会保险，其不以事先缴纳保险费为享受福利的前提，其资金来源于国家和社会，发展社会福利是国家和社会的义务，社会福利的提供是不以营利为目的专业性社会服务。比如，灾害救济是当公民因自然灾害而造成生活困难时，由国家和社会提供必要的资金和物质，以维持其最低生活水平的一个社会救济项目。针对军人及其家庭设立的社会优抚法律制度，对其提供津贴、服务和安置条件等方式，在就业、入学、救济、贷款、住房等方面给予优厚待遇；城镇流浪乞讨人员救助法律制度，给予城市生活无着的流浪乞讨人员提供救助；犯罪被害人补偿法律制度，对法定情况下的犯罪被害人给予补偿。因这些社会保障法律制度的适用主体与范围有限，本书不再做详细讲解。

## 【本章小结】

本章探讨了社会保障法的历史及现状、养老保险制度中职工基本养老保险、城乡居民基本养老保险、医疗保险、工伤保险、失业保险、生育保险制度的覆盖范围、基金来源、支付项目、领取条件、统筹体系以及改革政策等内容；社会救助法中城市居民最低生活保障制度、农村最低生活保障制度与扶贫开发、农村"五保"制度的基本内容。

## 【思考与练习】

一、名词解释
1. 社会保障法　2. 社会保险法　3. 社会救助法

二、简答题
1. 社会保险法与社会救助法有何差别。
2. 社会保险法的主要内容。
3. 工伤保险的赔付范围。

三、论述题
1. 目前我国的社会保险制度中，政府公务员与企事业单位人员的待遇有何差别。
2. 未来我国社会救助制度，是否以及如何实现城乡统一？

## 【推荐阅读书目】

1. 劳动与社会保障法．郭捷．中国政法大学出版社，2009.
2. 劳动法．常凯．高等教育出版社，2011.
3. 当代劳动关系法律制度研究．周永平．中国方正出版社，2010.
4. 社会保障法．罗伯特·伊斯特．中国劳动社会保障出版社，2003.

# 第十八章 劳动合同法

学习引导

劳动合同法是为了完善劳动合同制度,明确劳动合同双方当事人的权利和义务,保护劳动者的合法权益,构建和发展和谐稳定的劳动关系而制定的法律。劳动合同法属于社会法的一个组成部分。通过本章的学习掌握劳动合同的主体、类型、订立、内容、解除、终止、劳务派遣、劳动争议调解仲裁等内容;了解劳动合同的效力、履行、变更、集体合同和非全日制用工等内容;理解劳动合同违法行为的法律责任。

## 第一节 劳动合同法概述

### 一、劳动合同的概念和特征

(一)劳动合同的概念

劳动合同亦称劳动契约或劳动协议,是指劳动者与用人单位确立劳动关系、明确双方权利和义务的协议。劳动合同是在工厂资本化、工人产业化、风险集中化的时代背景下产生,是为了规范劳资关系而将雇佣合同社会化的产物,虽然脱胎于传统的雇佣合同,但是已经与一般的民事雇佣合同有明显差别。我国合同法中没有明确规定雇佣合同,但是一般认为雇佣合同,也称为劳务合同,是指双方当事人约定,一方(受雇方)为另一方(雇佣方)提供劳务,另一方支付报酬的合同,适用于家庭用工、个人雇佣、企业聘用兼职人员、返聘离退休人员等非正式用工形式签订的合同。

(二)劳动合同的特征

劳动合同具有以下特征:

1. **主体具有特定性**

签订劳动合同的当事人是劳动者和用人单位,双方通过劳动合同确立劳动关系。劳动者在组织上隶属于用人单位,经济上也有一定的从属性,劳动关系中处于弱势地位,因此劳动合同法把保护劳动者利益作为立法宗旨之一。

2. **给付具有继续性**

继续性合同是合同内容非一次给付可完结,须经持续的给付才能实现合同目的的合同。其基本特色在于,时间因素在合同履行上居于重要地位,总给付的内容取决于应为给付时间的长短。劳动合同是典型的继续性合同,劳动者提供劳务并非一次给付可以完成,具有一定的持续性。

3. **内容具有人身性**

劳动合同的人身性包括两方面内容:首先劳动者在与用人单位建立劳动关系后,

必须亲自履行劳动义务，不可以将自己的劳动义务通过授权委托的形式让其他人代为履行；另一方面，基于对劳动者人身自由的保护，劳动者不履行劳动义务的，用人单位可以解除劳动合同，追究劳动者的法律责任，但不得请求强制执行。

## 二、劳动合同法立法概况

1994年第八届全国人大常委会第八次会议通过了《中华人民共和国劳动法》(1994年7月5日第八届全国人民代表大会常务委员会第八次会议通过，根据2009年8月27日第十一届全国人民代表大会常务委员会第十次会议通过的《全国人民代表大会常务委员会关于修改部分法律的决定》修正，以下简称《劳动法》)，其中第三章规定了"劳动合同和集体合同"，标志着我国劳动合同制度的正式确立。以《劳动法》为基础法，国务院及其劳动行政部门还制定了许多与其配套的行政法规和规章并分别于2001年和2006年出台了《最高人民法院关于审理劳动争议案件适用法律若干问题的解释（一）》《最高人民法院关于审理劳动争议案件适用法律若干问题的解释（二）》，就劳动合同适用法律的有关问题作出规定。

随着社会和经济的进一步发展，劳动关系日趋多样和复杂，《劳动法》中关于劳动合同的规范，难以适应劳动关系的现实需要。2007年，全国人大常委会通过了《中华人民共和国劳动合同法》(2007年6月29日第十届全国人民代表大会常务委员会第二十八次会议通过)(以下简称《劳动合同法》)，对劳动合同进行了详细、系统的规范，并于之后相继颁布《中华人民共和国劳动合同法实施条例》(2008年9月3日国务院第25次常务会议通过)(简称《劳动合同法实施条例》)、《中华人民共和国劳动争议调解仲裁法》(第十届全国人民代表大会常务委员会第三十一次会议于2007年12月29日通过)(以下简称《劳动争议调解仲裁法》)、《最高人民法院关于审理劳动争议案件适用法律若干问题的解释（三）》等配套法律法规，确保《劳动合同法》能充分发挥保障合同当事人权益、协调劳动关系的作用。《劳动合同法》于2012年12月28日经过第十一届全国人民代表大会常务委员会第三十次会议决议完成修订，自2013年7月1日起施行。

## 三、劳动合同法的适用范围

劳动合同法规范的是用人单位与劳动者之间建立劳动关系，订立、履行、变更、解除或者终止劳动合同的行为。

1. 用人单位

用人单位包括中国境内的企业、个体经济组织、民办非企业单位等组织，以及与劳动者建立劳动关系的国家机关、社会团体和事业单位。

国家机关录用公务员，适用公务员法，不适用《劳动合同法》；一部分事业单位和社会团体录用工作人员，参照公务员法进行管理，也不适用《劳动合同法》。适用《劳动合同法》的包括国家机关、事业组织、社会团体中实行劳动合同制度的以及按规定应实行劳动合同制度的工勤人员；实行企业化管理的事业组织的人员；其他通过劳动合同与国家机关、事业组织、社会团体建立劳动关系的劳动者。

**补充阅读 18-1　用人单位分支机构**

用人单位的分支机构不具有法人资格，不能独立享有权利并承担义务。《劳动合同法实施条例》第四条也规定，用人单位设立的分支机构，依法取得营业执照或者登记证书的，可以作为用人单位与劳动者订立劳动合同；未依法取得营业执照或者登记证书的，受用人单位委托可以与劳动者订立劳动合同。

2. 劳动者

劳动者是指达到法定的劳动年龄，依法享有劳动能力的自然人。根据《劳动法》规定，禁止用人单位招用未满十六周岁的未成年人；文艺、体育和特种工艺单位招用未满十六周岁的未成年人，必须依照国家有关规定，履行审批手续，并保障其接受义务教育的权利。

## 第二节　劳动合同的订立和内容

### 一、劳动合同的订立

(一) 双方的如实说明义务

用人单位与劳动者确立劳动关系之前，双方需要了解对方的基本情况，用人单位和劳动者都应当如实告知对方劳动相关的真实情况。用人单位招用劳动者时，应当如实告知劳动者工作内容、工作条件、工作地点、职业危害、安全生产状况、劳动报酬，以及劳动者要求了解的其他情况；用人单位有权了解劳动者与劳动合同直接相关的基本情况，包括专业素质、技能水平、之前的从业情况等，劳动者应当如实说明。

(二) 劳动合同与劳动关系的确立

劳动关系是用人单位与劳动者之间在实现劳动过程中建立的社会关系，也是双方就劳动而产生的权利义务关系。用人单位自用工之日起即与劳动者建立劳动关系。已建立劳动关系，未同时订立书面劳动合同的，应当自用工之日起1个月内订立书面劳动合同。用人单位与劳动者在用工前订立劳动合同的，劳动关系自用工之日起建立。

【重要提示】劳动关系的建立以用工为准，不以劳动合同订立时间为准。

(三) 用人单位招工时的义务

用人单位自用工之日起即与劳动者建立劳动关系。用人单位应当建立职工名册备查。职工名册的作用，一是作为劳动关系的证明材料，二是方便劳动行政部门依法进行监督检查。

用人单位招用劳动者，不得扣押劳动者的居民身份证和其他证件，不得要求劳动者提供担保或者以其他名义向劳动者收取财物，禁止利用自己的优势地位侵害劳动者的合法权益。

(四) 劳动合同的形式

合同的形式是指合同双方当事人意思表示的外在表现方式，包括口头形式、书面形式和其他形式等。根据《劳动合同法》第十条的规定，订立劳动合同必须采用书面形式。

 **补充阅读 18-2　合同的书面形式**

书面形式是指合同书、信件和数据电文（包括电报、电传、传真、电子数据交换和电子邮件）等可以有形地表现所载内容的形式。

(五)劳动合同的作用

劳动合同是用人单位与劳动者确立权利义务关系的主要证据，因此，劳动合同文本应当一式两份，由用人单位和劳动者各执一份。

## 二、劳动合同的种类

根据劳动合同存续期限，劳动合同分为固定期限劳动合同、无固定期限劳动合同和以完成一定工作任务为期限的劳动合同。

(一)固定期限劳动合同

固定期限劳动合同，是指用人单位与劳动者约定合同终止时间的劳动合同。用人单位与劳动者协商一致，可以订立固定期限劳动合同。

固定期限劳动合同中明确约定了合同效力的起始和终止时间，劳动合同期限届满，双方劳动关系即告终止。具体期限由用人单位与劳动者共同协商确定。

(二)无固定期限劳动合同

无固定期限劳动合同，是指用人单位与劳动者约定无确定终止时间的劳动合同。"无确定终止时间"是指劳动合同中没有约定明确的终止时间，但是符合法定或约定解除条件，或是双方当事人协商一致，可以解除劳动合同。相比较固定期限劳动合同，无固定期限劳动合同更有利于稳定劳动关系。此外，法律规定了应当订立无固定期限劳动合同的情形和视为订立无固定期限劳动合同的情形。

1. 应当订立无固定期限劳动合同的情形

无固定期限劳动合同更能够保障劳动者的劳动权益，为避免用人单位利用强势地位，强迫劳动者不断签订固定期限劳动合同，随意终止合同关系的情况发生，《劳动合同法》规定了有下列情形之一，劳动者提出或者同意续订、订立劳动合同的，除劳动者提出订立固定期限劳动合同外，应当订立无固定期限劳动合同：①劳动者在该用人单位连续工作满十年的；②用人单位初次实行劳动合同制度或者国有企业改制重新订立劳动合同时，劳动者在该用人单位连续工作满十年且距法定退休年龄不足十年的；③连续订立两次固定期限劳动合同，续订劳动合同的。

2. 视为订立无固定期限劳动合同的情形

为了督促用人单位积极签订劳动合同，规制用人单位拒绝或是拖延订立劳动合同的行为，《劳动合同法》规定，用人单位自用工之日起满一年不与劳动者订立书面劳动合同的，视为用人单位与劳动者已订立无固定期限劳动合同，对用人单位的行为加以限制。

### (三) 以完成一定工作任务为期限的劳动合同

以完成一定工作任务为期限的劳动合同，是指用人单位与劳动者约定以某项工作的完成为合同期限的劳动合同。用人单位与劳动者协商一致，可以订立以完成一定工作任务为期限的劳动合同。一定工作任务较为常见的是以项目承包方式完成的承包任务或是季节性用工。以完成一定工作任务为期限的劳动合同，一般是项目开工之日为劳动合同期限开始之日，项目完工之日为劳动合同期限届满之日。

## 三、劳动合同的内容

劳动合同的内容，即劳动合同的条款，具体是指用人单位和劳动者具体的权利义务。劳动合同的条款分为必备条款和约定条款。

### (一) 劳动合同的必备条款

**1. 劳动合同的必备条款**

劳动合同必须具备的条款包括：①用人单位的名称、住所和法定代表人或者主要负责人；②劳动者的姓名、住址和居民身份证或者其他有效身份证件号码；③劳动合同期限；④工作内容和工作地点；⑤工作时间和休息休假；⑥劳动报酬；⑦社会保险；⑧劳动保护、劳动条件和职业危害防护；⑨法律、法规规定应当纳入劳动合同的其他事项。

**2. 必备条款欠缺或约定不明的后果**

如果用人单位提供的劳动合同欠缺必备条款，根据我国法律规定，由劳动行政部门责令改正；给劳动者造成损失的，用人单位还应当承担赔偿责任。可见，必备条款的欠缺并不必然导致劳动合同的无效。

劳动合同由于劳动报酬和劳动条件等标准约定不明确，引发争议的，用人单位与劳动者可以重新协商；协商不成的，适用集体合同规定；没有集体合同或者集体合同未规定劳动报酬的，实行同工同酬；没有集体合同或者集体合同未规定劳动条件等标准的，适用国家有关规定。

### (二) 劳动合同约定条款

除必备条款外，用人单位与劳动者还可在劳动合同中约定试用期、培训、保守秘密、补充保险和福利待遇等其他事项。

**1. 试用期条款**

试用期是用人单位和劳动者为相互了解、选择而约定的不超过六个月的考察期。一般适用于初次就业或再次就业的职工。

(1) 试用期的期限。根据《劳动合同法》第十九条的规定："劳动合同期限三个月以上不满一年的，试用期不得超过一个月；劳动合同期限一年以上不满三年的，试用期不得超过二个月；三年以上固定期限和无固定期限的劳动合同，试用期不得超过六个月。"此外，试用期还有次数限制。

(2) 试用期的禁止性规定。同一用人单位与同一劳动者只能约定一次试用期；以完成一定工作任务为期限的劳动合同或者劳动合同期限不满3个月的，不得约定试用期;劳动合同仅约定试用期的,试用期不成立,该期限为劳动合同期限。

(3)违法约定试用期的后果。用人单位违法与劳动者约定试用期的,由劳动行政部门责令改正;违法约定的试用期已经履行的,由用人单位以劳动者试用期满月工资为标准,按已经履行的超过法定试用期的期间向劳动者支付赔偿金。

(4)试用期的工资标准。劳动者在试用期的工资不得低于本单位相同岗位最低档工资或者劳动合同约定工资的80%,并不得低于用人单位所在地的最低工资标准。

> **案例 18-1　试用期与经济补偿**
>
> 案情:用人单位与劳动者之间的劳动合同期限为2年,如果该用人单位与劳动者约定的试用期是6个月,试用期内的月工资为1000元,试用期满后的月工资为1500元,如果劳动者在该单位按照合同约定完成了6个月的试用期工作,而且用人单位按照合同规定支付了试用期的全部工资。
>
> 请问:(1)用人单位与劳动者约定的试用期期限是否合法?(2)如果违法,用人单位与劳动者最多可以约定试用期的期限为多长?(3)用人单位实际应当承担的成本为多少?
>
> 点评:(1)用人单位与劳动者约定的试用期违反《劳动合同法》的规定。
>
> (2)按照《劳动合同法》第十九条规定,劳动合同期限1年以上不满3年的,试用期不得超过2个月。因此用人单位与劳动者最多可以约定2个月的试用期。
>
> (3)劳动者按照合同约定履行了6个月的试用期,其中4个月是违法试用期,那么用人单位除了不能索回劳动者已经获得的6个月的试用期工资6000元外,还必须按照试用期满后的月工资标准1500元,再向劳动者赔偿这4个月的工资6000元。

2. 培训和服务期条款

服务期与专项培训相关联,服务期的存在以用人单位提供特殊劳动条件为前提。《劳动合同法》第二十二条规定,用人单位为劳动者提供专项培训费用,对其进行专业技术培训的,可以与该劳动者订立协议,约定服务期。

(1)服务期与劳动合同期限。劳动合同期限届满,但用人单位与劳动者约定的服务期尚未到期的,除有约定外,劳动合同应当延期至服务期满。

(2)劳动者违反服务期约定的后果。劳动者违反服务期约定的,应当按照约定向用人单位支付违约金。违约金的数额不得超过用人单位提供的培训费用。用人单位要求劳动者支付的违约金不得超过服务期尚未履行部分所应分摊的培训费用。培训费用内容包括有凭证的培训费、培训期间的差旅费以及因培训产生的其他直接费用。

3. 保密和竞业限制条款

竞业限制是指为保守商业秘密,劳动者在离职后的一定期限内禁止其到与原单位有竞争关系的其他用人单位任职,或者自己开业生产或经营与原单位同类的产品或业务。我国《劳动合同法》第二十三条规定,用人单位与劳动者可以在劳动合同中约定保守用人单位的商业秘密和与知识产权相关的保密事项。

(1) 竞业限制的适用范围。竞业限制适用对象限于高级管理人员、高级技术人员和其他负有保密义务的人员。竞业限制的范围主要指生产经营与原单位有竞争关系的同类产品、业务的其他用人单位。竞业限制的期限不得超过 2 年，起算点为解除或终止合同之日。用人单位和劳动者可以约定竞业限制的范围、地域、期限，但不得违反法律、法规的规定。

(2) 竞业限制的补偿。依据《劳动合同法》第二十三条规定，对负有保密义务的劳动者，用人单位可以在劳动合同或者保密协议中与劳动者约定竞业限制条款，并约定在解除或者终止劳动合同后，在竞业限制期限内按月给予劳动者经济补偿。

劳动者虽未与用人单位约定竞业限制条款，但确实履行了竞业限制义务的，可要求用人单位按照劳动者在劳动合同解除或者终止前 12 个月平均工资的 30% 按月支付经济补偿。且若月平均工资的 30% 低于劳动合同履行地最低工资标准时，按照劳动合同履行地最低工资标准支付。

若用人单位在竞业限制期限内解除竞业限制协议，劳动者可要求用人单位额外支付其 3 个月的竞业限制经济补偿。

(3) 违反竞业限制约定的后果。在劳动合同解除或终止 3 个月后，由于用人单位的原因导致劳动者未获得经济补偿的，可请求人民法院解除竞业限制约定。

劳动者若违反保密和竞业限制条款，应按照约定向用人单位支付违约金。当给用人单位造成损失时，还应当承担赔偿责任。

4. 违约金条款

根据我国《劳动合同法》的规定，违约金仅适用于劳动者违反服务期约定、保密义务和竞业限制条款，除此之外，用人单位不得与劳动者约定由劳动者承担违约金。

### 四、劳动合同的无效

无效劳动合同是指用人单位和劳动者所订立的劳动合同不符合法定条件，不能发生当事人预期的法律后果的劳动合同。劳动合同的无效由人民法院或劳动争议仲裁委员会确认，不能由用人单位和劳动者自行决定。

1. 劳动合同无效的情形

①以欺诈、胁迫的手段或者乘人之危，使对方在违背真实意思的情况下订立或者变更劳动合同的；②用人单位免除自己的法定责任、排除劳动者权利的；③违反法律、行政法规强制性规定的。

劳动合同部分内容无效，不影响其他条款效力的，其他条款仍然有效。

口头变更劳动合同，且已经实际履行超过 1 个月的，除变更后的劳动合同违反法律法规、国家政策及公序良俗外，未采用书面形式变更劳动合同不构成劳动合同无效的情形。

2. 劳动合同无效的后果

劳动合同若被确认无效，劳动者已付出劳动时，用人单位应当向劳动者支付劳动报酬。劳动报酬的数额，参照本单位同期、同工种、同岗位的工资标准确定。

由于用人单位的原因导致订立的劳动合同无效，给劳动者造成损害的，应当比照违反和解除劳动合同经济补偿金的支付标准,赔偿劳动者因合同无效所造成的经济损失。

> **案例 18-2 劳动合同的订立与辞退劳动者的条件**
>
> 案情:某公司员工赵小姐在入职 3 个月后怀孕。7 个月后,部门主管发现其怀孕事实,并要求赵小姐自动离职。据悉,赵小姐并未与该公司签订劳动合同,而入职前主管也确实告知过赵小姐 3 年内不得怀孕,否则将被辞退。
>
> 请问:请分析该公司部门主管行为是否合法?
>
> 点评:(1)赵小姐与该公司具有劳动关系,且该公司须与赵小姐补签书面劳动合同。该公司虽未与赵小姐签订书面劳动合同,但据《劳动合同法》第十条规定可知,劳动关系自用工之日起建立,赵小姐入职之日即与该公司建立起劳动关系。
>
> (2)公司因怀孕而辞退赵小姐的行为违法。根据《劳动合同法》第四十二条的规定,女职工在孕期、产期、哺乳期的,用人单位不得解除劳动合同。该公司强行辞退赵小姐的行为不合法。值得一提的是,若该公司在劳动合同中约定赵小姐在一段工作期间内不得结婚,该条款也属无效。婚姻自由是被《宪法》确认的公民基本权利,按照《劳动合同法》第二十六条的规定,其属于违反法律、行政法规强行性规定,该部分内容无效。

## 第三节 劳动合同的履行、变更、解除和终止

### 一、劳动合同的履行与变更

(一)劳动合同的履行

1. 劳动合同履行的原则

用人单位与劳动者应当按照劳动合同的约定,全面履行各自的义务。遵守合同约定,全面履行合同要求双方当事人要按照合同约定的时间、地点、按照约定的方式履行合同;劳动者需要按照劳动要求保质保量地完成劳动任务,用人单位需要按时支付约定劳动报酬,并保障劳动者合法的劳动权益,双方要相互配合、互相协助。

2. 用人单位的义务

(1)用人单位支付报酬的义务。用人单位应当按照劳动合同约定和国家规定,向劳动者及时足额支付劳动报酬。用人单位安排加班的,应当按照国家有关规定向劳动者支付加班费。用人单位拖欠或者未足额支付劳动报酬的,劳动者可以依法向当地人民法院申请支付令,人民法院应当依法发出支付令。

(2)用人单位应当保障劳动者的休息权利以及劳动卫生权利。用人单位应当严格执行劳动定额标准,不得强迫或者变相强迫劳动者加班,不得违章指挥、强令劳动者冒险作业。劳动者拒绝用人单位管理人员违章指挥、强令冒险作业的,不视为违反劳动合同。用人单位应当对劳动者提供保证生命安全和身体健康的劳动条件,劳动者对

危害生命安全和身体健康的劳动条件，有权对用人单位提出批评、检举和控告。

### （二）劳动合同的变更

劳动合同的变更包括劳动合同主体的变更和劳动合同内容的变更。劳动合同主体变化主要是用人单位发生变化。劳动合同内容变更是在不改变用人单位和劳动者的前提下，对合同内容进行更改。变更劳动合同，应当采用书面形式。

#### 1. 用人单位变更

用人单位变更名称、法定代表人、主要负责人或者投资人等事项，不影响劳动合同的履行；用人单位发生合并或者分立等情况，原劳动合同继续有效，劳动合同由承继其权利和义务的用人单位继续履行。

#### 2. 合同内容变更

用人单位与劳动者协商一致，可以变更劳动合同约定的内容。变更劳动合同内容是对原合同的内容进行部分修改、补充或是删减，需要双方当事人协商一致后对书面合同进行更改，或是另行签订一份书面合同，双方签字或盖章生效。变更后的劳动合同文本由用人单位和劳动者各执一份。

## 二、劳动合同的解除

劳动合同解除分为双方协商解除和单方解除合同。单方解除是劳动者或用人单位基于法定或是约定解除权而解除合同。

### （一）协商解除

用人单位与劳动者协商一致，可以解除劳动合同。劳动合同生效后具有法律约束力，在合同约定的期间内，双方应当全面履行。但是法律充分尊重双方当事人的自由意志，经过双方协商一致，可以提前解除劳动合同，终止劳动关系。

### （二）劳动者单方解除

基于对劳动者的人身自由权的充分尊重，法律对于劳动者主动解除劳动合同规定较为宽松，不论用人单位有责还是无责，劳动者都享有劳动合同的主动解除权。

#### 1. 用人单位无责解除

用人单位没有过错，劳动者也可以解除劳动合同，但是为了给用人单位一定的准备时间，法律规定劳动者有提前通知的义务。劳动者提前30日以书面形式通知用人单位，可以解除劳动合同；劳动者在试用期内提前3日通知用人单位，可以解除劳动合同。在通知后的30日内，劳动者应当配合用人单位完成工作交接。

#### 2. 用人单位有责解除

用人单位有过错，损害劳动者合法权益的，劳动者可以无条件解除合同，无需预先通知用人单位。具体包括以下情形：

①未按照劳动合同约定提供劳动保护或者劳动条件的；②未及时足额支付劳动报酬的；③未依法为劳动者缴纳社会保险费的；④用人单位的规章制度违反法律、法规的规定，损害劳动者权益的；⑤因用人单位过错致使劳动合同无效，劳动者可以解除合同；⑥法律、行政法规规定劳动者可以解除劳动合同的其他情形。

### 3. 劳动者的立即解除权

用人单位以暴力、威胁或者非法限制人身自由的手段强迫劳动者劳动的，或者用人单位违章指挥、强令冒险作业危及劳动者人身安全的，劳动者可以立即解除劳动合同，不需事先告知用人单位。

### (三) 用人单位单方解除

为了平衡劳动合同双方当事人的利益，法律在赋予劳动者单方解除权的同时，也赋予用人单位的单方解除权。但是为了保护弱势一方的劳动者，法律对于用人单位单方解除权的行使设置了一些限制条件。

### 1. 劳动者有责解除

劳动者有下列情形之一的，用人单位可以解除劳动合同：①在试用期间被证明不符合录用条件的；②严重违反用人单位的规章制度的；③严重失职，营私舞弊，给用人单位造成重大损害的；④劳动者同时与其他用人单位建立劳动关系，对完成本单位的工作任务造成严重影响，或者经用人单位提出，拒不改正的；⑤劳动者过错致使劳动合同无效的；⑥被依法追究刑事责任的。

### 2. 劳动者无责解除

有下列情形之一的，用人单位提前30日以书面形式通知劳动者本人或者额外支付劳动者1个月工资后，可以解除劳动合同：①劳动者患病或者非因工负伤，在规定的医疗期满后不能从事原工作，也不能从事由用人单位另行安排的工作的；②劳动者不能胜任工作，经过培训或者调整工作岗位，仍不能胜任工作的；③劳动合同订立时所依据的客观情况发生重大变化，致使劳动合同无法履行，经用人单位与劳动者协商，未能就变更劳动合同内容达成协议的。

### 3. 经济性裁员

用人单位经营状况发生严重困难或是经营方式调整等情况，确实需要裁减人员，用人单位可以单方解除劳动合同，但是必须符合法定条件。

(1) 经济性裁员的法定情况。符合以下法定情形，用人单位可以进行经济性裁员：依照企业破产法规定进行重整的，生产经营发生严重困难的；企业转产、重大技术革新或者经营方式调整，经变更劳动合同后，仍需裁减人员的；其他因劳动合同订立时所依据的客观经济情况发生重大变化，致使劳动合同无法履行的。

(2) 提前说明情况的义务。符合法定情形，需要裁减人员20人以上或者裁减不足20人但占企业职工总数10%以上的，用人单位提前30日向工会或者全体职工说明情况，听取工会或者职工的意见后，裁减人员方案经向劳动行政部门报告，可以裁减人员。

(3) 优先招用和优先留用人员。如果因经济性裁员被裁，单位在六个月内重新招用人员，应当通知被裁减的人员，并在同等条件下优先招用被裁减的人员。

裁减人员时，应当优先留用下列人员：与本单位订立较长期限的固定期限劳动合同的；与本单位订立无固定期限劳动合同的；家庭无其他就业人员，有需要扶养的老人或者未成年人的。

4. 用人单位单方解除劳动合同的禁止性条件

虽然用人单位基于劳动者有过错、劳动者不能胜任工作、经济性裁员等因素享有单方解除权，但是为了保护特殊的劳动者或是在劳动者的特殊时期，法律禁止用人单位单方解除劳动合同。具体包括以下情形：

①从事接触职业病危害作业的劳动者未进行离岗前职业健康检查，或者疑似职业病病人在诊断或者医学观察期间的；②在本单位患职业病或者因工负伤并被确认丧失或者部分丧失劳动能力的；③患病或者非因工负伤，在规定的医疗期内的；④女职工在孕期、产期、哺乳期的；⑤在本单位连续工作满十五年，且距法定退休年龄不足五年的；⑥法律、行政法规规定的其他情形。

5. 工会的监督权

用人单位单方解除劳动合同，应当事先将理由通知工会。用人单位违反法律、行政法规规定或者劳动合同约定的，工会有权要求用人单位纠正。用人单位应当研究工会的意见，并将处理结果书面通知工会。

### 三、劳动合同的终止

#### （一）劳动合同终止的事由

劳动合同终止不同于劳动合同解除。劳动合同解除是合同履行期届满之前，发生法定事由，导致无法继续履行，双方可以协商解除或是一方行使解除权可以解除合同。劳动合同终止是发生法定事由，劳动关系自动解除，不需要行使解除权。劳动合同终止的法定事由包括：①劳动合同期满的；②劳动者开始依法享受基本养老保险待遇的；③劳动者死亡，或者被人民法院宣告死亡或者宣告失踪的；④用人单位被依法宣告破产的；⑤用人单位被吊销营业执照、责令关闭、撤销或者用人单位决定提前解散的；⑥法律、行政法规规定的其他情形。

#### （二）劳动合同期满终止例外

从事接触职业病危害作业的劳动者未进行离岗前职业健康检查，或者疑似职业病病人在诊断或者医学观察期间的；在本单位患职业病或者因工负伤并被确认丧失或者部分丧失劳动能力的；患病或者非因工负伤，在规定的医疗期内的；女职工在孕期、产期、哺乳期的；在本单位连续工作满15年，且距法定退休年龄不足5年的。存在以上情形，劳动合同到期且劳动者无过错，劳动合同应当续延至相应的情形消失时终止。在本单位患职业病或者因工负伤并被确认丧失或者部分丧失劳动能力劳动者的劳动合同的终止，按照国家有关工伤保险的规定执行。

### 四、劳动合同解除和终止后的义务

用人单位解除或者终止劳动合同时，应当对劳动者给予一定的经济补偿；用人单位违法解除或者终止劳动合同的，应当向劳动者支付赔偿金。此外基于诚实信用原则，双方解除合同后依然负有保密、协助等义务，以保护对方当事人的合法权益。

(一)经济补偿

1. 用人单位应当支付劳动补偿的法定情形

(1)用人单位未按照劳动合同约定提供劳动保护或者劳动条件的;未及时足额支付劳动报酬的;未依法为劳动者缴纳社会保险费的;用人单位的规章制度违反法律、法规的规定,损害劳动者权益的;因用人单位过错致使劳动合同无效,劳动者解除合同的。

(2)用人单位向劳动者提出解除劳动合同并与劳动者协商一致解除劳动合同的。

(3)劳动者患病或者非因工负伤,在规定的医疗期满后不能从事原工作,也不能从事由用人单位另行安排的工作的;劳动者不能胜任工作,经过培训或者调整工作岗位,仍不能胜任工作的;劳动合同订立时所依据的客观情况发生重大变化,致使劳动合同无法履行,经用人单位与劳动者协商,未能就变更劳动合同内容达成协议的,用人单位依法解除合同的。

(4)因为发生依照企业破产法规定进行重整的;生产经营发生严重困难的;企业转产、重大技术革新或者经营方式调整,经变更劳动合同后,仍需裁减人员的;其他因劳动合同订立时所依据的客观经济情况发生重大变化,致使劳动合同无法履行等因素企业依法进行经济性裁员的。

(5)除用人单位维持或者提高劳动合同约定条件续订劳动合同,劳动者不同意续订的情形外,因劳动合同期满终止固定期限劳动合同的。

(6)因用人单位被依法宣告破产、用人单位被吊销营业执照、责令关闭、撤销或者用人单位决定提前解散的而终止劳动合同的。

(7)法律、行政法规规定的其他情形。

2. 支付经济补偿的规则

(1)对劳动者的经济补偿以劳动者的月工资作为计算基准,月工资是指劳动者在劳动合同解除或者终止前12个月的平均工资。

(2)经济补偿按劳动者在本单位工作的年限,每满1年支付1个月工资的标准向劳动者支付;6个月以上不满1年的,按1年计算;不满6个月的,向劳动者支付半个月工资的经济补偿。

(3)劳动者月工资高于用人单位所在直辖市、设区的市级人民政府公布的本地区上年度职工月平均工资3倍的,向其支付经济补偿的标准按职工月平均工资3倍的数额支付,向其支付经济补偿的年限最高不超过12年。

(二)赔偿金

用人单位违反本法规定解除或者终止劳动合同,劳动者要求继续履行劳动合同的,用人单位应当继续履行;劳动者不要求继续履行劳动合同或者劳动合同已经不能继续履行的,用人单位应当以劳动者在劳动合同解除或者终止前12个月的平均工资2倍支付赔偿金。

(三)劳动合同解除或终止后的义务

用人单位应当在解除或者终止劳动合同时出具解除或者终止劳动合同的证明,并在15日内为劳动者办理档案和社会保险关系转移手续,用人单位对已经解除或者终止的劳动合同的文本,至少保存2年备查。

劳动者应当按照双方约定,办理工作交接。用人单位依照本法有关规定应当向劳动者支付经济补偿的,在办结工作交接时支付。

## 第四节 集体合同、劳务派遣与非全日制用工

### 一、集体合同

（一）集体合同的概念

集体合同是指用人单位与本单位职工根据法律、法规、规章的规定,就劳动报酬、工作时间、休息休假、劳动安全卫生、职业培训、保险福利等事项,通过集体协商签订的书面协议。

 **补充阅读 18-3** 专项集体合同、行业性集体合同和区域性集体合同

企业职工一方与用人单位可以订立劳动安全卫生、女职工权益保护、工资调整机制等专项集体合同；在县级以下区域内,建筑业、采矿业、餐饮服务业等行业可以由工会与企业方面代表订立行业性集体合同,或者订立区域性集体合同。

（二）集体合同的订立及生效

1. 集体合同的订立

集体合同草案应当提交职工代表大会或者全体职工讨论通过；集体合同由工会代表企业职工一方与用人单位订立；尚未建立工会的用人单位,由上级工会指导劳动者推举的代表与用人单位订立。

2. 集体合同的生效

集体合同订立后,应当报送劳动行政部门；劳动行政部门自收到集体合同文本之日起15日内未提出异议的,集体合同即行生效。

3. 集体合同的效力

依法订立的集体合同对用人单位和劳动者具有约束力。行业性、区域性集体合同对当地本行业、本区域的用人单位和劳动者具有约束力。

集体合同中劳动报酬和劳动条件等标准不得低于当地人民政府规定的最低标准；用人单位与劳动者订立的劳动合同中劳动报酬和劳动条件等标准不得低于集体合同规定的标准。

用人单位违反集体合同,侵犯职工劳动权益的,工会可以依法要求用人单位承担责任；因履行集体合同发生争议,经协商解决不成的,工会可以依法申请仲裁、提起诉讼。

## 二、劳务派遣

（一）劳务派遣的概念

劳务派遣又称人力派遣、人才租赁，是指由劳务派遣单位与派遣劳动者订立劳动合同，把劳动者派向其他用工单位，再由其用工单位向派遣机构支付一笔服务费用的一种用工形式。

劳务派遣的最大特点是劳动力雇佣与劳动力使用相分离，劳动者与派遣单位（用人单位）签订劳动合同，发生劳动关系，而实际为被派单位（用工单位）提供劳务，形成了"用人不管人，管人不用人"的特殊形态。

（二）劳务派遣适用范围

1. 劳务派遣用工的工作岗位

劳动合同用工是我国的企业基本用工形式。劳务派遣用工是补充形式，只能在临时性、辅助性或者替代性的工作岗位上实施。

临时性工作岗位是指存续时间不超过6个月的岗位；辅助性工作岗位是指为主营业务岗位提供服务的非主营业务岗位；替代性工作岗位是指用工单位的劳动者因脱产学习、休假等原因无法工作的一定期间内，可以由其他劳动者替代工作的岗位。

2. 劳务派遣用工的比例限制

用工单位应当严格控制劳务派遣用工数量，不得超过其用工总量的一定比例，按照人力资源和社会保障部制定的《劳务派遣暂行规定》（2014年3月1日起施行）规定，劳务派遣用工比例不得超过用工总量的10%。

3. 用人单位不得自设劳务派遣单位

为防止用人单位通过自设劳务派遣单位，将本单位正式职工以改制名义分流到劳务派遣单位，然后再派回本单位的做法，《劳动合同法》规定，用人单位不得设立劳务派遣单位向本单位或者所属单位派遣劳动者。

（三）劳务派遣单位的条件

1. 劳务派遣单位的资格条件

劳务派遣单位（用人单位）经营劳务派遣业务应当具备下列条件：

①注册资本不得少于人民币200万元；②有与开展业务相适应的固定的经营场所和设施；③有符合法律、行政法规规定的劳务派遣管理制度；④法律、行政法规规定的其他条件。

2. 行政许可程序

经营劳务派遣业务，应当向劳动行政部门依法申请行政许可；经许可的，依法办理相应的公司登记。未经许可，任何单位和个人不得经营劳务派遣业务。

 **补充阅读18-4　劳务派遣行政许可实施办法**

人力资源和社会保障部2013年制定了《劳务派遣行政许可实施办法》，自2013年7月1日起施行。该办法对劳务派遣行政许可的实施及监督检查进行规范。

### (四)劳务派遣的法律关系

**1. 劳务派遣单位对劳动者的义务**

(1)签订劳动合同。劳务派遣单位,应当履行用人单位对劳动者的义务。劳务派遣单位应当与被派遣劳动者订立2年以上的固定期限劳动合同,除应当载明劳动合同的一般事项外,还应当载明被派遣劳动者的用工单位以及派遣期限、工作岗位等情况。劳务派遣单位应当将劳务派遣协议的内容告知被派遣劳动者。

(2)支付劳动报酬。劳务派遣单位,按月向劳动者支付劳动报酬;被派遣劳动者在无工作期间,劳务派遣单位应当按照所在地人民政府规定的最低工资标准,向其按月支付报酬。劳务派遣单位跨地区派遣劳动者的,被派遣劳动者享有的劳动报酬和劳动条件,按照用工单位所在地的标准执行。劳务派遣单位不得克扣用工单位按照劳务派遣协议支付给被派遣劳动者的劳动报酬。

(3)不得向被派遣劳动者收取费用。劳务派遣单位和用工单位不得向被派遣劳动者收取费用。

**2. 劳务派遣单位与用工单位的关系**

劳务派遣单位应当与用工单位订立劳务派遣协议。劳务派遣协议应当约定派遣岗位和人员数量、派遣期限、劳动报酬和社会保险费的数额与支付方式以及违反协议的法律责任。

用工单位应当根据工作岗位的实际需要与劳务派遣单位确定派遣期限,不得将连续用工期限分割订立数个短期劳务派遣协议。

**3. 用工单位对劳动者的义务**

用工单位应当履行的主要义务包括:

(1)执行国家劳动标准,提供相应的劳动条件和劳动保护;
(2)告知被派遣劳动者的工作要求和劳动报酬;
(3)支付加班费、绩效奖金,提供与工作岗位相关的福利待遇;
(4)对在岗被派遣劳动者进行工作岗位所必需的培训;
(5)连续用工的,实行正常的工资调整机制;
(6)用工单位不得将被派遣劳动者再派遣到其他用人单位。

**4. 劳动者的权利**

(1)同工同酬的权利。被派遣劳动者享有与用工单位的劳动者同工同酬的权利。用工单位应当按照同工同酬原则,对被派遣劳动者与本单位同类岗位的劳动者实行相同的劳动报酬分配办法。用工单位无同类岗位劳动者的,参照用工单位所在地相同或者相近岗位劳动者的劳动报酬确定。劳务派遣单位与被派遣劳动者订立的劳动合同和与用工单位订立的劳务派遣协议,应当载明或者约定向被派遣劳动者支付的劳动报酬。

(2)参加或组织工会的权利。被派遣劳动者有权在劳务派遣单位或者用工单位依法参加或者组织工会,维护自身的合法权益。

### 三、非全日制用工

非全日制用工，是指以小时计酬为主，劳动者在同一用人单位一般平均每日工作时间不超过 4 小时，每周工作时间累计不超过 24 小时的用工形式。

1. 合同形式与合同数量

非全日制用工双方当事人可以订立口头协议。

从事非全日制用工的劳动者可以与一个或者一个以上用人单位订立劳动合同；但是，后订立的劳动合同不得影响先订立的劳动合同的履行。

2. 合同内容

非全日制用工双方当事人不得约定试用期；非全日制用工小时计酬标准不得低于用人单位所在地人民政府规定的最低小时工资标准；非全日制用工劳动报酬结算支付周期最长不得超过 15 日。

3. 合同解除

非全日制用工双方当事人任何一方都可以随时通知对方终止用工。终止用工，用人单位不向劳动者支付经济补偿。

## 第五节  劳动争议的解决

### 一、劳动争议解决概述

(一)劳动争议的概念

劳动争议又称劳动纠纷或劳资纠纷，是指劳动者与用人单位之间发生的关于劳动权利和义务的争议。劳动争议是现实中较为常见的纠纷。纠纷的发生，不仅使正常的劳动关系得不到维护，还会使劳动者的合法利益受到损害，不利于社会的稳定。因此，应当正确把握劳动争议的特点，积极预防和解决劳动争议。我国调整劳动争议的法律依据主要是《劳动争议调解仲裁法》。

(二)劳动争议的范围

根据我国《劳动争议调解仲裁法》第二条规定，劳动争议的范围是：

(1)因确认劳动关系发生的争议；

(2)因订立、履行、变更、解除和终止劳动合同发生的争议；

(3)因除名、辞退和辞职、离职发生的争议；

(4)因工作时间、休息休假、社会保险、福利、培训以及劳动保护发生的争议；

(5)因劳动报酬、工伤医疗费、经济补偿或者赔偿金等发生的争议；

(6)劳动者与用人单位在履行劳动合同过程中发生的纠纷；

(7)劳动者与用人单位之间没有订立书面劳动合同，但已形成劳动关系后发生的纠纷；

(8)劳动者退休后，与尚未参加社会保险统筹的原用人单位因追索养老金、医疗费、工伤保险待遇和其他社会保险而发生的纠纷；

(9)法律、法规规定的其他劳动争议。

(三)劳动争议处理的基本程序

劳动争议处理的基本程序包括和解、调解、仲裁和诉讼四种程序。劳动争议发生后，当事人可自行协商，可向调解组织申请调解；不愿协商、不愿调解、协商调解不成或调解协议未获履行的情况下，可向劳动人事争议仲裁委员会申请仲裁，除另有规定的外，对仲裁裁决不服的还可依法向人民法院起诉。

我国目前处理劳动争议的机构为：劳动争议调解委员会、地方劳动争议仲裁委员会和地方人民法院。

## 二、劳动争议协商和解制度

发生劳动争议，劳动者可以与用人单位协商，也可以请工会或者第三方共同与用人单位协商，达成和解协议。协商达成一致，应当签订书面和解协议。和解协议对双方当事人具有约束力，当事人应当履行。经仲裁庭审查，和解协议程序和内容合法有效的，仲裁庭可以将其作为证据使用。但是，当事人为达成和解的目的作出妥协所涉及的对争议事实的认可，不得在其后的仲裁中作为对其不利的证据。

发生劳动争议，当事人不愿协商、协商不成或者达成和解协议后，一方当事人在约定的期限内不履行和解协议的，可以依法向调解委员会或者乡镇、街道劳动就业社会保障服务所等其他依法设立的调解组织申请调解，也可以依法向劳动人事争议仲裁委员会申请仲裁。

## 三、劳动争议调解制度

(一)调解机构

1. 调解机构的类型

根据《劳动争议调解仲裁法》规定，对于劳动争议具有调解职责的机构有三类：调解组织、劳动人事争议仲裁机构和人民法院。其中，调解组织分为三类：

(1)企业劳动争议调解委员会，企业劳动争议调解委员会由职工代表和企业代表组成。职工代表由工会成员担任或者由全体职工推举产生，企业代表由企业负责人指定。企业劳动争议调解委员会主任由工会成员或者双方推举的人员担任；

(2)依法设立的基层人民调解组织，由司法行政部门主管，接受人民法院的业务指导；

(3)乡镇、街道设立的具有劳动争议调解职能的组织。

2. 调解员的资格

劳动争议调解组织的调解员应当由公道正派、联系群众、热心调解工作，并具有一定法律知识、政策水平和文化水平的成年公民担任。

## (二)劳动争议调解程序

### 1. 申请

当事人申请劳动争议调解可以书面申请,也可以口头申请。口头申请的,调解组织应当当场记录申请人基本情况、申请调解的争议事项、理由和时间。

### 2. 调解

(1)调解期限。劳动争议调解组织在受理调解申请 15 日内后,应当充分听取双方当事人对事实和理由的陈述,耐心疏导,帮助其达成协议。

(2)调解协议书的效力。经调解达成协议的,应当制作调解协议书。调解协议书由双方当事人签名或者盖章,经调解员签名并加盖调解组织印章后生效,对双方当事人具有约束力,当事人应当履行。

(3)未达成调解协议或不履行调解协议可以申请仲裁。自劳动争议调解组织收到调解申请之日起 15 日内未达成调解协议的,当事人可以依法申请仲裁。达成调解协议后,一方当事人在协议约定期限内不履行调解协议的,另一方当事人可以依法申请仲裁。

(4)因支付拖欠劳动报酬、工伤医疗费、经济补偿或者赔偿金事项达成的调解协议申请支付令。因支付拖欠劳动报酬、工伤医疗费、经济补偿或者赔偿金事项达成调解协议,用人单位在协议约定期限内不履行的,劳动者可以持调解协议书依法向人民法院申请支付令。人民法院应当依法发出支付令。

## 四、劳动争议仲裁

### (一)劳动争议仲裁概述

劳动争议仲裁是一种解决劳动争议的独立方式,仲裁结果具有法律效力;劳动争议仲裁应当公开进行,但当事人协议不公开进行或者涉及国家秘密、商业秘密和个人隐私的除外。

【重要提示】劳动争议仲裁是劳动争议诉讼的前置程序。

### (二)劳动争议仲裁机构

#### 1. 劳动争议仲裁委员会的设立

省、自治区人民政府可以决定在市、县设立;直辖市人民政府可以决定在区、县设立。直辖市、设区的市也可以设立一个或者若干个劳动争议仲裁委员会。劳动争议仲裁委员会不按行政区划层层设立。

#### 2. 劳动争议仲裁委员会的组成

劳动争议仲裁委员会由劳动行政部门代表、工会代表和企业方面代表组成。劳动争议仲裁委员会组成人员应当是单数。

#### 3. 仲裁员的任职资格

仲裁员应当公道正派并符合下列条件之一:

①曾任审判员的;②从事法律研究、教学工作并具有中级以上职称的;③具有法律知识、从事人力资源管理或者工会等专业工作满 5 年的;④律师执业满 3 年的。

#### 4. 劳动争议仲裁管辖

劳动争议仲裁委员会负责管辖本区域内发生的劳动争议。劳动争议由劳动合同履行地或者用人单位所在地的劳动争议仲裁委员会管辖。双方当事人分别向劳动合同履行地和用人单位所在地的劳动争议仲裁委员会申请仲裁的,由劳动合同履行地的劳动争议仲裁委员会管辖。

### (三)劳动争议仲裁时效

#### 1. 仲裁时效

仲裁时效是当事人申请提起劳动争议仲裁的权利限制期间,仲裁时效届满,当事人提起劳动争议仲裁的,仲裁机构经审查后驳回仲裁申请。劳动争议申请仲裁的时效期间为1年。

#### 2. 仲裁时效的起算、中断和中止

仲裁时效期间从当事人知道或者应当知道其权利被侵害之日起计算。劳动关系存续期间因拖欠劳动报酬发生争议的,劳动者申请仲裁不受1年的时效期间限制;但是,劳动关系终止的,应当自劳动关系终止之日起1年内提出。

仲裁时效,因当事人一方向对方当事人主张权利,或者向有关部门请求权利救济,或者对方当事人同意履行义务而中断。从中断时起,仲裁时效期间重新计算。

因不可抗力或者有其他正当理由,当事人不能在1年仲裁时效期间申请仲裁的,仲裁时效中止。从中止时效的原因消除之日起,仲裁时效期间继续计算。

### (四)仲裁庭的组成

劳动争议仲裁委员会裁决劳动争议案件实行仲裁庭制。仲裁庭由3名仲裁员组成,设首席仲裁员。简单劳动争议案件可以由1名仲裁员独任仲裁。

### (五)劳动争议仲裁庭调解

仲裁庭在作出裁决前,应当先行调解。调解达成协议的,仲裁庭应当制作调解书。调解书应当写明仲裁请求和当事人协议的结果。调解书由仲裁员签名,加盖劳动争议仲裁委员会印章,送达双方当事人。调解书经双方当事人签收后,发生法律效力。

调解不成或者调解书送达前,一方当事人反悔的,仲裁庭应当及时作出裁决。

### (六)仲裁裁决

#### 1. 裁决作出的规则

裁决应当按照多数仲裁员的意见作出,少数仲裁员的不同意见应当记入笔录。仲裁庭不能形成多数意见时,裁决应当按照首席仲裁员的意见作出。裁决书应当载明仲裁请求、争议事实、裁决理由、裁决结果和裁决日期。裁决书由仲裁员签名,加盖劳动争议仲裁委员会印章。对裁决持不同意见的仲裁员,可以签名,也可以不签名。

#### 2. 裁决先予执行

对追索劳动报酬、工伤医疗费、经济补偿或者赔偿金的案件,如果当事人之间权利义务关系明确,不先予执行将严重影响申请人的生活,根据当事人的申请,仲裁庭

可以裁决先予执行,移送人民法院执行。劳动者申请先予执行的,可以不提供担保。

3. 终局裁决

(1)终局裁决的争议类型。除《劳动合同法》另有规定的外,下列劳动争议的仲裁裁决为终局裁决,裁决书自作出之日起发生法律效力,具体包括:追索劳动报酬、工伤医疗费、经济补偿或者赔偿金,不超过当地月最低工资标准12个月金额的争议;因执行国家的劳动标准在工作时间、休息休假、社会保险等方面发生的争议。

(2)劳动者提起诉讼的权利。劳动者对上述仲裁裁决不服的,可以自收到仲裁裁决书之日起15日内向人民法院提起诉讼。

(3)用人单位申请撤销裁决的权利。用人单位有证据证明终局仲裁裁决有下列情形之一,可以自收到仲裁裁决书之日起30日内向劳动争议仲裁委员会所在地的中级人民法院申请撤销裁决:适用法律、法规确有错误的;劳动争议仲裁委员会无管辖权的;违反法定程序的;裁决所根据的证据是伪造的;对方当事人隐瞒了足以影响公正裁决的证据的;仲裁员在仲裁该案时有索贿受贿、徇私舞弊、枉法裁决行为的。

仲裁裁决被人民法院裁定撤销的,当事人可以自收到裁定书之日起15日内就该劳动争议事项向人民法院提起诉讼。

4. 提起诉讼

当事人对一裁终局之外的其他劳动争议案件的仲裁裁决不服的,可以自收到仲裁裁决书之日起15日内向人民法院提起诉讼;期满不起诉的,裁决书发生法律效力。

5. 生效调解书和裁决书的效力

当事人对发生法律效力的调解书、裁决书,应当依照规定的期限履行。一方当事人逾期不履行的,另一方当事人可以依照民事诉讼法的有关规定向人民法院申请执行。受理申请的人民法院应当依法执行。

### 五、劳动争议诉讼

劳动争议诉讼,或称劳动诉讼,是指人民法院对当事人在规定期限内不服劳动争议仲裁机构的裁决或决定而起诉的劳动争议案件,依照法定程序进行审理和判决,并对当事人具有强制执行力的一种劳动争议处理方式。此外,一方当事人在法定期限内不起诉又不履行仲裁裁决的,另一方当事人可以申请人民法院强制执行。

1. 直接起诉

根据《最高人民法院关于审理劳动争议案件适用法律若干问题的解释(二)》第三条规定,劳动者以用人单位的工资欠条为证据直接向人民法院起诉,诉讼请求不涉及劳动关系其他争议的,视为拖欠劳动报酬争议,按照普通民事纠纷受理。此类案件劳动者可不经过劳动仲裁直接起诉。

2. 仲裁前置诉讼

劳动法律关系发生争议,仲裁程序是法定的必经程序,当事人必须先向劳动争议仲裁委员会申请仲裁,对仲裁裁决不服的,可以向人民法院起诉,否则,人民法院不予受理。

《劳动争议调解仲裁法》第四十七条规定的终局裁决,裁决书自作出之日起发生法律效力，劳动者不服裁决的，可以在法定期间内提起诉讼；用人单位可以基于法定事由申请撤销终局裁决，一经撤销后，用人单位可以在法定期间内提起诉讼。

对终局裁决以外的其他劳动争议案件的仲裁裁决不服的，当事人双方均可以自收到仲裁裁决书之日起 15 日内向人民法院提起诉讼；期满不起诉的，裁决书发生法律效力。

## 第六节 违反劳动合同法的法律责任

《劳动合同法》针对劳动合同不同主体，分别规定了用人单位、劳动者和其他主体违反劳动合同法的法律责任。

### 一、用人单位的法律责任

（一）用人单位在订立合同过程中的法律责任

1. 必备条款缺失的法律责任

用人单位提供的劳动合同文本未载明劳动合同必备条款，或者未将劳动合同文本交付劳动者的，由劳动行政部门责令改正；给劳动者造成损害的，应当承担赔偿责任。

2. 未订立书面劳动合同的法律责任

若用人单位自用工之日起超过 1 个月不满 1 年未与劳动者订立书面劳动合同的，应当向劳动者每月支付 2 倍的工资。用人单位违反法律规定不与劳动者订立无固定期限劳动合同的，自应当订立无固定期限劳动合同之日起向劳动者每月支付 2 倍的工资。

3. 约定试用期不合规定的法律责任

用人单位与劳动者约定试用期不符合法律规定的，由劳动行政部门责令改正；违法约定的试用期已经履行的，由用人单位以劳动者试用期满月工资为标准，按已经履行的超过法定试用期的期间向劳动者支付赔偿金。用人单位依照劳动合同法的规定应当向劳动者每月支付 2 倍的工资或者应当向劳动者支付赔偿金而未支付的，劳动行政部门应当责令用人单位支付。

4. 招用与其他用人单位尚未解除或者终止劳动合同的劳动者的法律责任

用人单位招用与其他用人单位尚未解除或者终止劳动合同的劳动者，给其他用人单位造成损失的，应当承担连带赔偿责任。

（二）用人单位履行合同过程中的法律责任

1. 规章制度违法的法律责任

用人单位在制定直接涉及劳动者切身利益的规章制度时，违反法律、法规规定的，劳动行政部门会责令其改正，给予警告，给劳动者造成损害的，应当承担赔偿责任。

2. 用人单位扣押劳动者相关物品的法律责任

用人单位扣押劳动者居民身份证等证件的；或者劳动者依法解除或者终止劳动合同，用人单位扣押劳动者档案或者其他物品的，由劳动行政部门责令限期退还劳动者本人，并给予处罚。以担保或者其他名义向劳动者收取财物的，由劳动行政部门责令限期退还劳动者本人，并以每人五百元以上二千元以下的标准处以罚款；给劳动者造成损害的，还应当承担赔偿责任。

3. 未依法支付工资报酬的法律责任

用人单位在工资报酬方面与劳动者发生纠纷，包括：①未按照劳动合同的约定或者国家规定及时足额支付劳动者劳动报酬的；②低于当地最低工资标准支付劳动者工资的；③安排加班不支付加班费的；④解除或者终止劳动合同，未依照本法规定向劳动者支付经济补偿。劳动行政部门将会责令限期支付劳动报酬、加班费或者经济补偿，劳动报酬低于当地最低工资标准的，应当支付其差额部分，逾期不支付的，责令用人单位按应付金额50%以上100%以下的标准向劳动者加付赔偿金。

4. 侵害劳动者人身权益的法律责任

用人单位如有侵害劳动者人身权益的行为，将会被依法给予行政处罚；构成犯罪的，依法追究刑事责任；给劳动者造成损害的，应当承担赔偿责任。侵害劳动者人身权益的行为包括：①以暴力、威胁或者非法限制人身自由的手段强迫劳动的；②违章指挥或者强令冒险作业危及劳动者人身安全的；③侮辱、体罚、殴打、非法搜查或者拘禁劳动者的；④劳动条件恶劣、环境污染严重，给劳动者身心健康造成严重损害的。

(四) 用人单位解除和终止合同过程中的法律责任

1. 违法解除或终止劳动合同的法律责任

用人单位违反法律规定解除或者终止劳动合同的情形，包括两类：一类是用人单位在法律明确规定不得解除劳动合同的情形下解除劳动合同，具体来说是用人单位违反《劳动合同法》第四十二条规定解除劳动合同；一类是用人单位在解除劳动合同时，没有遵守法定的程序，即违反了《劳动合同法》第四十条的规定解除合同。

用人单位违反法律规定解除或者终止劳动合同，劳动者要求继续履行劳动合同的，用人单位应当继续履行；劳动者不要求继续履行劳动合同或者劳动合同已经不能继续履行的，用人单位应当支付经济补偿，另外还应当依照经济补偿标准的2倍向劳动者支付赔偿金。

2. 未向劳动者出具解除或者终止劳动合同的书面证明的法律责任

用人单位若未向劳动者出具解除或者终止劳动合同的书面证明，由劳动行政部门责令改正；给劳动者造成损害的，应当承担赔偿责任。

## 二、劳动者的法律责任

《劳动合同法》重点关注用人单位的责任，对于处于弱势一方的劳动者，法律限制较少，规定的主要是民事赔偿责任。

劳动者违反本法规定解除劳动合同，或者违反劳动合同中约定的保密义务或者竞业限制，给用人单位造成损失的，应当承担赔偿责任。

用人单位或者劳动者订立了无效劳动合同后，其劳动合同被确认无效，给对方造成损害的，有过错的一方应当承担赔偿责任。

用人单位招用与其他用人单位尚未解除或者终止劳动合同的劳动者，给其他用人单位造成损失的，应当与劳动者承担连带赔偿责任。

### 三、其他主体的法律责任

(一) 劳务派遣单位的法律责任

劳务派遣单位未经许可，擅自经营劳务派遣业务的，由劳动行政部门责令停止违法行为，没收违法所得，并处违法所得1倍以上5倍以下的罚款；没有违法所得的，可以处5万元以下的罚款。

劳务派遣单位、用工单位违反本法有关劳务派遣规定的，由劳动行政部门责令限期改正；逾期不改正的，以每人5000元以上1万元以下的标准处以罚款，对劳务派遣单位，吊销其劳务派遣业务经营许可证。用工单位给被派遣劳动者造成损害的，劳务派遣单位与用工单位承担连带赔偿责任。

(二) 不具备合法经营资格的用人单位的违法犯罪行为的法律责任

对不具备合法经营资格的用人单位的违法犯罪行为，依法追究法律责任；劳动者已经付出劳动的，该单位或者其出资人应当依照本法有关规定向劳动者支付劳动报酬、经济补偿、赔偿金；给劳动者造成损害的，应当承担赔偿责任。

(三) 个人承包经营者的连带赔偿责任

个人承包经营违反本法规定招用劳动者，给劳动者造成损害的，发包的组织与个人承包经营者承担连带赔偿责任。

(四) 劳动行政部门及其工作人员的法律责任

劳动行政部门和其他有关主管部门及其工作人员玩忽职守、不履行法定职责，或者违法行使职权，给劳动者或者用人单位造成损害的，应当承担赔偿责任；对直接负责的主管人员和其他直接责任人员，依法给予行政处分；构成犯罪的，依法追究刑事责任。

### 【本章小结】

本章探讨了劳动合同法的适用范围、劳动合同的订立、种类、内容、效力、劳动合同的履行和变更、解除和终止、集体合同、劳务派遣、非全日制用工、劳动争议调解仲裁程序以及违反法律规定的法律责任等基本问题。主要知识点包含：劳动合同的概念和特征；劳动合同法的适用范围是用人单位与劳动者之间建立劳动关系，订立、履行、变更、解除或者终止劳动合同的行为；用人单位自用工之日起即与劳动者建立劳动关系；订立劳动合同必须采用书面形式；劳动合同分为固定期限劳动合同、无固定期限劳动合同和以完成一定工作任务为期限的劳动合同；劳动合同的试用期、竞业限制、违约金等条款；劳动合同无效；劳动者与用人单位的单方解除权；劳动合同终止的事由与期满终止例外；用人单位解除或者终止劳动合同时，应当对劳动者给予一定的经济补偿；用人单位违法解除或者终止劳动合同的，应当向劳动者支付赔偿金；集体合同、劳务派遣与非全日制用工的特殊规则；劳动争议调解、仲裁的基本程序。

## 【思考与练习】

### 一、单选题

1. 根据《劳动合同法》的规定，建立劳动关系，应当订立（　　）。
   A. 书面劳动合同　　B. 口头劳动合同　　C. 书面或者口头劳动合同

2. 根据《劳动合同法》第十四条的规定，用人单位自用工之日起满（　　）不与劳动者订立书面劳动合同的，视为用人单位与劳动者已订立无固定期限劳动合同。
   A. 1个月　　　　B. 3个月　　　　C. 6个月　　　　D. 1年

3. 根据《劳动合同法》第四十七条规定，计算经济补偿金的月工资标准是（　　）。
   A. 依据劳动者在劳动合同解除或者终止前12个月的平均工资。
   B. 劳动者解除或者终止劳动合同前12个月的平均工资低于企业月平均工资的，按企业月平均工资确定计算。
   C. 劳动者解除或者终止劳动合同前12个月的平均工资高于企业月平均工资，低于当地社会平均工资的，按当地社会平均工资标准计算。
   D. 用人单位所在地的最低工资标准。

4. 用人单位违反《劳动合同法》规定不与劳动者订立无固定期限劳动合同的，自应当订立无固定期限劳动合同之日起向劳动者每月支（　　）倍的工资。
   A. 2　　　　B. 3　　　　C. 4　　　　D. 5。

### 二、多项选择题

1. 下列关于劳动合同的表述中，不符合劳动合同法律制度规定的有（　　）。
   A. 劳动合同期限为10个月时，可约定试用期为2个月。
   B. 竞业限制仅限于高级管理人员和高级技术人员。
   C. 劳动者在用人单位连续工作满10年时应当订立无固定期限劳动合同。
   D. 用人单位可在合同中约定劳动者3年内不得结婚。

2. 依据《劳动合同法》，公司总经理小黄在什么情况下造成公司损失，需要对公司负赔偿责任（　　）。
   A. 违反保密义务　　　　　　B. 偷税漏税
   C. 违反竞业限制条例　　　　D. 侵占公司财产

### 三、案例分析

王某到某公司应聘填写录用人员情况登记表时，隐瞒了自己曾先后2次受行政、刑事处分的事实，与公司签订了3年期限的劳动合同。事隔3日，该公司收到当地检察院对王某不起诉决定书。经公司进一步调查得知，王某曾因在原单位盗窃电缆受到严重警告处分，又盗窃原单位苫布被查获，因王某认罪态度较好，故不起诉。

分析：该公司调查之后，以王某隐瞒受过处分，不符合本单位录用条件为由，在试用期内解除了与王某的劳动关系是否合理？

## 【推荐阅读书目】

1. 劳动合同法的制度与理念．郑尚元．中国政法大学出版社，2008.
2. 劳动法(第四版)．王全兴．法律出版社，2014.
3. 劳动合同法教程(第二版)．程延园．首都经济贸易大学出版社，2018.
4. 劳动法与社会保障法(第三版)．郭捷．法律出版社，2016.

# 参考文献

卞耀武. 个人独资企业法[M]. 北京：法律出版社，2000.
曹三明. 解读产品质量法[M]. 北京：中国社会出版社，2011.
曹明德. 环境与资源保护法(第三版)[M]. 北京：中国人民大学出版社，2016.
曹康泰. 中华人民共和国反垄断法解读[M]. 北京：中国法制出版社，2007.
蔡报纯，任高飞. 税法实务与案例[M]. 大连：东北财经大学出版社，2014.
陈莉. 个人独资企业投资人变更后的债务承担[J]. 人民司法，2014(22)：99-100.
常凯. 劳动法[M]. 北京：高等教育出版社，2011.
董安生. 证券法原理[M]. 北京：北京大学出版社，2018.
范健，王建文. 公司法(第五版)[M]. 北京：法律出版社，2018.
法制出版社法规中心. 中华人民共和国合伙企业法(注释本)[M]. 北京：法制出版社，2014.
法律出版社专业出版委员会. 案例导读：食品安全法及配套规定适用与解析[M]. 北京：法律出版社，2014.
弗朗思·佩宁斯，李广厦. 欧洲社会保障法的发展历程研究[J]. 温州大学学报(社会科学版)，2016(5)：3-9.
甘培忠. 企业与公司法学[M]. 北京：北京大学出版社，2014.
郭捷. 劳动与社会保障法(第三版)[M]. 北京：法律出版社，2016.
韩德培，陈汉光. 环境保护法教程(第八版)[M]. 北京：法律出版社，2018.
韩德培. 环境保护法教程(第七版)[M]. 北京：法律出版社，2015.
环境保护部，等. 中国生物多样性保护战略与行动计划[M]. 北京：中国环境科学出版社，2011.
霍斯扬，贺康. 产品质量 食品安全[M]. 北京：法律出版社，2014.
金瑞林. 环境与资源保护法学(第三版)[M]. 北京：高等教育出版社，2013.
金瑞林. 环境法学(第四版)[M]. 北京：北京大学出版社，2016.
《经济法学》编写组. 经济法学(第二版)[M]. 北京：高等教育出版社，2018.
龙明. 龙明讲商经法(讲义卷、金题卷)[M]. 北京：中国经济出版社，2020.
刘泽海. 经济法教程[M]. 北京：清华大学出版社，2014.
刘泽海. 新编经济法教程[M]. 北京：清华大学出版社，2010.
刘新民. 中国证券法精要[M]. 北京：北京大学出版社，2013.
刘志国，杜乐其. 社会保障法之"社会化"解构：基于资金与管理视角[J]. 行政与法，2013(10)：106-110.
李建伟. 公司法学(第四版)[M]. 北京：中国人民大学出版社，2018.
李建人. 经济法[M]. 北京：北京交通大学出版社，2010.
李俊，徐光红. 产品质量法案例评析[M]. 北京：对外经济贸易大学出版社，2012.
李昌麒，许明月. 消费者保护法(第四版)[M]. 北京：法律出版社，2014.
李昌麒. 经济法学[M]. 厦门：厦门大学出版社，2016.
李智勇，斯特芬·曼，叶兵. 主要国家《森林法》比较研究[M]. 北京：中国林业出版社，2009.
李芳，周维浩. 《劳动合同法》对社会主义核心价值观的彰显——以诚信观为例[J]. 广西社会科学，

2019(7):120-126.
李东方. 证券法学[M]. 北京:中国政法大学出版社,2017.
吕忠梅. 环境法(第二版)[M]. 北京:高等教育出版社,2017.
吕忠梅. 环境法学概要[M]. 北京:法律出版社,2016.
毛尉. 公平与效率原则在我国社会保障法中的价值定位探讨[J]. 才智,2016(26):207.
马强. 合伙法律制度研究[M]. 北京:人民法院出版社,2000.
欧阳卫民. 消费金融发展探索[M]. 北京:中国金融出版社,2016.
欧超荣. 个人独资企业转让的债务承担问题探讨[J]. 政法学刊,2015(2):82-85.
潘静成,刘文华. 经济法[M]. 北京:中国人民大学出版社,2001.
全国税务师执业资格考试教材编写组. 税法[M]. 北京:中国税务出版社,2018.
漆多俊,冯果. 经济法学[M]. 武汉:武汉大学出版社,2011.
石慧荣. 公司法[M]. 武汉:华中科技大学出版社,2014.
施天涛. 公司法论(第四版)[M]. 北京:法律出版社,2018.
史际春. 经济法[M]. 北京:中国人民大学出版社,2006.
田立军. 市场经济法律教程[M]. 上海:复旦大学出版社,2009.
吴婧,张一心. 环境与资源保护法[M]. 北京:化学工业出版社,2017.
吴宏伟. 消费者权益保护法[M]. 北京:中国人民大学出版社,2014.
汪劲. 环境法学(第四版)[M]. 北京:北京大学出版社,2018.
汪鑫. 金融法[M]. 北京:中国政法大学出版社,2011.
王兴运. 消费者权益保护法[M]. 北京:北京大学出版社,2015.
王全兴. 劳动法(第四版)[M]. 北京:法律出版社,2014.
王红云. 税法(第二版)[M]. 北京:人民大学出版社,2103.
王曙光. 税法(第六版)[M]. 大连:东北财经大学出版社,2014年.
王曙光,张小锋,李兰. 税法习题与解答(第六版)[M]. 大连:东北财经大学出版社,2014.
王国刚. 中国消费金融市场的发展——中日韩消费金融比较研究[M]. 北京:社会科学文献出版社,2013.
王瑞贺. 中华人民共和国反不正当竞争法释义[M]. 北京:法律出版社,2018.
王晓晔. 竞争法研究[M]. 北京:中国法制出版社,2000.
王晓红,张秋华. 经济法概论(第五版)[M]. 北京:中国人民大学出版社,2018.
王卫国. 经济法学(第四版)[M]. 北京:中国政法大学出版社,2019.
魏华. 林业政策法规知识读本[M]. 北京:中国林业出版社,2017.
魏俊,朱福娟. 经济法概论(第三版)[M]. 北京:法律出版社,2019.
魏振瀛. 民法[M]. 北京:北京大学出版社,高等教育出版社,2013.
信春鹰. 中华人民共和国劳动合同法释义[M]. 北京:法律出版社,2007.
徐孟洲. 金融法[M]. 北京:高等教育出版社,2014.
徐鹭霞. 林业政策法规实务[M]. 北京:中国林业出版社,2014.
肖彦山. 森林法的产生与发展[M]. 北京:中国政法大学出版社,2015.
于华江. 食品安全法[M]. 北京:对外经济贸易大学出版社,2010.
杨秀英. 食品安全法教程[M]. 厦门:厦门大学出版社,2011.
杨紫烜. 经济法(第五版)[M]. 北京:高等教育出版社,2014.
叶林. 证券法(第四版)[M]. 北京:中国人民大学出版社,2013.
朱锦清. 证券法学(第四版)[M]. 北京.北京大学出版社,2019.

朱少平. 中华人民共和国合伙企业法释义及适用指南[M]. 北京：中国民主法制出版社，2013.
朱锦清. 公司法学(第一版)[M]. 北京：清华大学出版社，2019.
朱明. 经济法概论[M]. 北京：科学出版社，2016.
张云，徐楠轩. 产品质量教程[M]. 厦门：厦门大学出版社，2011.
张文彬. 新编经济法教程[M]. 武汉：武汉大学出版社，2018.
张守文. 经济法学(第七版)[M]. 北京：北京大学出版社，2018.
张守文. 经济法学[M]. 北京：北京大学出版社，2014.
张守文. 经济法学(第四版)[M]. 北京：中国人民大学出版社，2018.
张家宇. 劳动规章制度的司法审查——以《劳动合同法》第39条第二项为中心[J]. 河北法学，2019(9)：161-174.
郑云新，贾石红. 经济法[M]. 北京：人民邮电出版社，2013.
郑尚元. 劳动合同法的制度与理念[M]. 北京：中国政法大学出版社，2008.
郑尚元. 劳动和社会保障法学[M]. 北京：中国政法大学出版社，2008.
周黎明. 经济法理论与实务[M]. 杭州：浙江大学出版社，2018.
周珂. 环境与资源保护法(第三版)[M]. 北京：中国人民大学出版社，2017.
周训芳，诸江，李敏. 美丽中国视域下的森林法创新研究[M]. 北京：法律出版社，2019.
周训芳. 物权法与森林法知识读本[M]. 北京：中国林业出版社，2007.
周晖，梁红霞. 税法[M]. 北京：清华大学出版社，2014.
周显志. 消费信贷风险监管法律对策研究[M]. 北京：法律出版社，2014.
赵旭东. 公司法学(第四版)[M]. 北京：高等教育出版社，2015.